《理科汉语》编委会

主 任：苏来曼·亚森
副主任：杨文革　艾斯卡尔·麦麦提　綦群高
委 员：郭　兰　曹忠军　安尼瓦尔·阿不都拉

高等学校少数民族预科汉语教材

تەبىئىي پەن خەنزۇ تىلى

理科汉语

主　编　安占峰　李豫新
副主编　吴晓丽　王　郁
编　者　(按姓氏笔画排序)
　　　　马雪梅　文　静　李炎婷
　　　　张春梅　罗　敏　徐春兰
　　　　隋　丽　董　晔

© 2015 北京语言大学出版社，社图号 15069

图书在版编目（CIP）数据

理科汉语 / 安占峰，李豫新主编 . -- 北京：北京语言大学出版社，2015.5（2016.8 重印）
 ISBN 978-7-5619-4171-3

 Ⅰ.①理… Ⅱ.①安… ②李… Ⅲ.①理科（教育）－课程－高中－教材 Ⅳ.① G634

中国版本图书馆 CIP 数据核字（2015）第 090620 号

理科汉语
LIKE HANYU

排版制作：	北京创艺涵文化发展有限公司
责任印制：	姜正周

出版发行：	北京语言大学出版社
社　　址：	北京市海淀区学院路 15 号，100083
网　　址：	www.blcup.com
电子信箱：	service@blcup.com
电　　话：	编辑部　 8610-82303390
	国内发行　8610-82303650/3591/3648
	海外发行　8610-82303365/3080/3668
	北语书店　8610-82303653
	网购咨询　8610-82303908
印　　刷：	保定市中画美凯印刷有限公司

版　次：	2015 年 5 月第 1 版	印　次：	2016 年 8 月第 2 次印刷
开　本：	787 毫米 × 1092 毫米　1/16	印　张：	28.25
字　数：	609 千字		
定　价：	58.00 元（附 MP3 光盘 1 张）		

PRINTED IN CHINA

编写说明

一、编写目的

《理科汉语》是为高校少数民族民考民预科学生编写的一本有关高中数、理、化及生物知识方面的科普类汉语教材。本教材的编写目的有三：一是帮助学生掌握数、理、化及生物课程中部分专业术语的维、汉语对应表达形式，二是帮助学生温习高中阶段数、理、化及生物要点知识，三是帮助学生了解汉语科技语体的写作方法。

二、编写原则

（一）课文语料以高中阶段数、理、化及生物课程教学大纲为依据，以通俗易懂、富有趣味的科普类文章为主进行选编。

（二）课文内容以高中阶段数、理、化及生物课程知识点排列顺序编排。

（三）词汇部分的专业词语前后课文中允许重复出现。

（四）词语解释部分以专业词语为主，在不同学科中允许重复出现，而在同一学科前后课中不重复出现。

（五）课文练习紧扣课文内容编写。

三、教材体例

（一）教材分为数学篇、物理篇、化学篇和生物篇四个单元，每个单元六课，总计二十四课；每课三篇课文，总计七十二篇课文。

（二）每篇课文由课文、词汇、词语解释、语言点、课前练习、课堂练习和课后作业等七大部分组成。

1. 课文

课文内容重视科普性、知识性、趣味性和通俗易懂性。考虑到学生的实际情况和课时，对课文的字数有所控制，最长不超过1800字。

2. 词汇

每课词汇原则上控制在50条以内，标注了词性、拼音并配有维文注释。

3. 词语解释

词语解释部分重点解释了专业词语，以便师生更好地理解。

4. 语言点

语言点部分重点对多重复句和语段表达上有特点的句式进行解释说明，并提供例句，帮助学生理解掌握。

5. 课前练习

课前练习的目的主要是督促学生加强课前预习，熟悉课文内容，发现难点，以备课堂解决。

6. 课堂练习

课堂练习均紧扣课文内容，以期通过不同角度大量反复的练习，既让学生掌握相关的数、理、化及生物知识，又提高学生的汉语水平。

7. 课后作业

课后作业属于书面作业，目的是提高学生汉字的书写能力和文章大意的概括能力。任课教师也可根据学生的实际情况酌情布置其他类型的作业。

四、教学建议

（一）本教材可供学生使用一学年（约150学时）。每课讲授学时建议为6学时，稍长的课文可适当延长2学时。

（二）教师在教学中要督促学生自主学习，课堂上要体现精讲多练原则。

五、编写分工

安占峰负责搜集生物篇的语料和数学篇、化学篇的部分语料，编写了生物篇第一课，翻译了物理篇第一课课文一的词汇和生物篇第一、二、五、六课的词汇，负责全书的统稿工作；李豫新负责搜集物理篇的语料，编写了物理篇第四~六课，翻译了物理篇第四课的词汇，协助负责全书的统稿工作；吴晓丽负责搜集化学篇部分语料，编写了化学篇第一、二课，翻译了化学篇第一课课文一的词汇，负责化学篇的统稿工作；王郁负责搜集数学篇的部分语料，编写了数学篇第一、二课，负责数学篇的统稿工作；张春梅负责数学篇第四、五课的编写工作；徐春兰负责数学篇第三、六课的编写工作；罗敏负责物理篇第一~三课的编写工作；李炎婷负责化学篇第三、四课的编写工作及词汇的翻译工作；文静负责化学篇第五、六课的编写工作；董晔负责生物篇第二课全课和第三课词汇、语言点和练习的编写工作，搜集了化学篇部分语料；马雪梅负责生物篇第三课词语解释部分和第四课的编写工作；隋丽负责生物篇第五、六课的编写工作。

在本教材的编写过程中，新疆农业大学苏来曼·亚森副校长多次过问教材的编写情况，并提出了指导性意见；中国语言学院杨文革院长多次亲自参与教材编写讨论会，提出了建设性建议；王新华搜集了物理篇部分语料；穆克热木翻译了物理篇第一课课文二、三和第二、三、五、六课的词汇；赵莉莉翻译了数学篇第三、六课和化学篇第五、六课的词汇；努尔艾力校对了物理篇的词汇翻译；王敏校对了所有词汇的词性和拼音；汉语言专业111班的阿依吐乃木帮助翻译了部分课文的词汇。特向他们的辛勤付出表示真挚的谢意！

为了使教材内容丰富多彩，我们从多方面选取了素材，并根据教学需要加以改编，在文后注明了出处和作者姓名。其中部分文章，由于转载等多种原因，作者不详。在此我们谨向原文的作者表示衷心的感谢。

本教材的编写是个开创性的工作，由于我们编写经验不足，水平有限，再加上时间仓促，本教材难免有错讹之处，敬请广大师生提出宝贵意见。

《理科汉语》编写组
2015年3月

目 录

∷ 第一单元　数学篇 ∷

第一课 / 2
　　课文一　集合论 / 2
　　课文二　没有来的人举手 / 8
　　课文三　威力无比的反证法 / 13
第二课 / 18
　　课文一　传令兵通信中的一元二次方程 / 18
　　课文二　一块钱哪里去了 / 23
　　课文三　孙子巧解"鸡兔同笼" / 27
第三课 / 31
　　课文一　函数 / 31
　　课文二　孙悟空大战牛魔王 / 38
　　课文三　开本的真相 / 43
第四课 / 48
　　课文一　射影几何与解析几何 / 48
　　课文二　初等几何 / 54
　　课文三　汽车前灯里的数学 / 60
第五课 / 65
　　课文一　等比数列小故事 / 65
　　课文二　等差数列小故事 / 69
　　课文三　阿凡提巧惩高利贷者 / 73
第六课 / 77
　　课文一　概率论产生和发展的历史 / 77
　　课文二　排座次的智慧 / 83
　　课文三　中奖的概率 / 88

∷ 第二单元　物理篇 ∷

第一课 / 93
　　课文一　抓住一颗飞行的子弹 / 94
　　课文二　自己抓起自己 / 100
　　课文三　贝克汉姆的香蕉球 / 106

第二课 / 113
    课文一　过山车中的物理知识 / 113
    课文二　能量与物理学 / 120
    课文三　从昂热桥惨案说起 / 127

第三课 / 134
    课文一　电和电流的发现 / 134
    课文二　闪电是怎么产生的 / 141
    课文三　电场线和磁感线的对话 / 148

第四课 / 155
    课文一　无法扫除的水雷 / 155
    课文二　有趣的磁铁 / 161
    课文三　涡流 / 165

第五课 / 171
    课文一　晴朗的天空为什么那样蓝 / 171
    课文二　到生活中去寻找透镜 / 177
    课文三　被砍掉的头 / 182

第六课 / 186
    课文一　深入原子核 / 186
    课文二　人造太阳 / 192
    课文三　核反应堆 / 197

第三单元　化学篇

第一课 / 204
    课文一　元素原子趣谈 / 204
    课文二　物质的分类 / 210
    课文三　谁是"纵火犯" / 217

第二课 / 221
    课文一　电子排布的秘密 / 221
    课文二　不断壮大的元素周期表 / 227
    课文三　什么是化学键 / 232

第三课 / 237
    课文一　催化剂 / 237
    课文二　酸碱指示剂与鲜花 / 244
    课文三　手机、笔记本电脑中的锂电池 / 248

第四课 / 253
    课文一　化肥 / 253
    课文二　听爸爸讲"秘密" / 262

课文三　绿色化学 / 267
第五课 / 272
　　课文一　碱金属集合 / 272
　　课文二　号称钢精的铝 / 277
　　课文三　话说"钢铁时代" / 284
第六课 / 291
　　课文一　合理营养与平衡膳食 / 291
　　课文二　绿色石油——乙醇 / 297
　　课文三　人体中的化学元素知多少 / 303

∷ 第四单元　生物篇 ∷

第一课 / 310
　　课文一　细胞 / 310
　　课文二　生命活动的主要承担者——蛋白质 / 317
　　课文三　遗传信息的携带者——核酸 / 324
第二课 / 330
　　课文一　细胞膜的化学组成及跨膜运输 / 330
　　课文二　降低化学反应活化能者——酶 / 336
　　课文三　癌细胞的形成 / 340
第三课 / 346
　　课文一　遗传变异 / 346
　　课文二　染色体与男女寿命的长短 / 351
　　课文三　细胞分裂 / 355
第四课 / 360
　　课文一　地球的生物圈 / 360
　　课文二　种群和群落 / 366
　　课文三　生态系统 / 372
第五课 / 380
　　课文一　微生物 / 380
　　课文二　病毒和花色 / 387
　　课文三　幽门螺杆菌 / 392
第六课 / 397
　　课文一　生物工程 / 397
　　课文二　什么是"克隆"技术 / 403
　　课文三　生物武器为什么令人生畏 / 409

词汇总表 / 416

第一单元 数学篇

第一课

课文一

课前练习

一、根据你所学的知识，举个例子说明集合存在于我们生活中的哪些方面

二、选择正确词语填空

渗透　古往今来　不堪重负　分支　相反　悖论　创立　多多少少　明确　进程

1. 集合论的基本概念已经（　　）到数学的所有领域。
2. 由于微积分的（　　），许多问题亟待解决。
3. （　　）的许多数学家和哲学家们都被这类集合所吸引。
4. 两千年来数学的发展都（　　）地受到了他这种观念的影响。
5. 哲学家们对于无限集合是否存在这个问题一直没有（　　）表明立场。
6. 集合论刚提出时不但没有得到当时数学家们的支持和赞同，（　　）还遭到了猛烈的抨击。
7. 康托尔（　　），得了精神分裂症，几次游走在精神崩溃的边缘。
8. 有些人认为这些（　　）就证明了它是一种错误的理论。
9. 集合论也有更新的发展，使它能够在数学的发展（　　）中继续引航。
10. 集合论是数学的一个基本的（　　）学科。

三、根据课文内容选择正确答案

1. 集合论是_____的基础之一。
   A. 古代数学　　　B. 近代数学　　　C. 现代数学　　　D. 当代数学
2. _____的概念是困扰集合论的首要难题。
   A. 无限集合　　　B. 公理集合　　　C. 朴素集合　　　D. 有限集合
3. _____对集合的理解对学术界产生了深刻的影响。
   A. 奥尔格　　　B. 康托尔　　　C. 圣彼得堡　　　D. 亚里士多德

4. 集合论创立的时间是_____
 A. 1863 年　　　B. 20 世纪之后　　C. 19 世纪末　　D. 19 世纪之前

集合论[1]

集合论是数学的一个基本的分支[2]学科，研究对象是一般集合[3]。集合论在数学中占有一个独特的地位，它的基本概念已渗透[4]到数学的所有领域[5]，是近代数学的基础之一。

集合论是德国著名数学家康托尔于19世纪末创立[6]的。奥尔格·康托尔，1845年3月3日出生于俄国圣彼得堡一个商人家庭。他在中学时期就对数学感兴趣。1862年，他到苏黎世上大学，1863年转入柏林大学。

由于微积分[7]的创立，许多问题亟待解决，集合论就是在这样的背景下产生发展起来的。

康托尔提出了集合的概念，给出的定义是：把若干确定的有区别的（不论是具体的还是抽象的）事物合并起来，看作一个整体，就称为一个集合，其中各事物称为该集合的元素。集合概念的提出为集合论的产生做了理论上的准备，有了集合才能使集合论在它的基础上产生。

无限集合[8]的概念是困扰[9]集合论的首要难题，也许正因为如此，古往今来[10]的许多数学家和哲学家都被这类集合所吸引。例如亚里士多德，他一方面承认无限集合是确实存在的，但另一方面却否认无限集合可以一个固定实体的形式存在。亚里士多德对集合的理解对学术界产生了深刻的影响，两千年来数学的发展都多多少少地受到了他这种观念的影响。

在漫长[11]的中世纪，哲学家们对于无限集合是否存在这个问题一直没有明确表明立场[12]，而集合论的真正发展经历了两个阶段：20世纪之前称为朴素集合论[13]，之后产生了所谓公理集合论[14]。

集合论的产生发展也并不是一帆风顺的。在集合论刚开始提出的时候，不但没有得到当时数学家们的支持与赞同，相反还遭到了猛烈的抨击[15]。在重重[16]重压之下，康托尔不堪重负，得了精神分裂症，几次游走在精神崩溃[17]的边缘[18]。二十多年后，集合论终于获得了世界的承认，它的价值开始在实际运用中得到体现。

按现代数学的观点，数学各分支的研究对象或者本身是带有某种特定结构的集合，或者是可以通过集合来定义的（如自然数、函数）。从这个意义上说，集合论可以看作整个现代数学的基础。

也有人说集合论是错误的理论，因为朴素集合论中出现了一些悖论[19]，有些人认为这些悖论就证明了它是一种错误的理论,所以集合论(包括朴素集合论和各种公理集合论)是错误的理论。但是这并不影响康托尔集合论对数学做出的贡献。

现在距离康托尔提出集合论已经一百多年了,事物都是不断进步发展的,集合论也有更新的发展,使它能够在数学的发展进程[20]中继续引航[21]。

(选自《数学故事总动员》,张孝天编著,石油工业出版社,2007.11,有改动 942字)

词 汇

1. 集合论	(名)	jíhélùn		توپلام نەزەريىسى
2. 分支	(名)	fēnzhī		تارماق
3. 集合	(名)	jíhé		توپلام
4. 渗透	(动)	shèntòu		سىڭىش
5. 领域	(名)	lǐngyù		ساھە؛ دائىرە
6. 创立	(动)	chuànglì		قۇرماق
7. 微积分	(名)	wēijīfēn		دىففېرېنسىئال ۋە ئىنتېگرال
8. 无限集合		wúxiàn jíhé		چەكسىز توپلام
9. 困扰	(动)	kùnrǎo		ئازابلانماق؛ ئازاب چەكمەك
10. 古往今来		gǔwǎng-jīnlái		قەدىمدىن ھازىرغىچە
11. 漫长	(形)	màncháng		ئۇزۇن
12. 立场	(名)	lìchǎng		مەيدان؛ مەۋقە
13. 朴素集合论		pǔsù jíhélùn		ساددا توپلام نەزەريىسى
14. 公理集合论		gōnglǐ jíhélùn		ئاكسىئوملار توپلام نەزەريىسى
15. 抨击	(动)	pēngjī		سوكمەك؛ زەربە بەرمەك
16. 重重	(形)	chóngchóng		قاتمۇقات؛ كۆپ؛ نۇرغۇن
17. 崩溃	(动)	bēngkuì		ھالاك بولۇش؛ يېمىرىلىش؛ بىتچىت بولۇش؛ گۇمران بولۇش
18. 边缘	(名)	biānyuán		گىرۋەك؛ چىگرا؛ چەت؛ چەك
19. 悖论	(名)	bèilùn		قارشىلىق نەزەريىسى
20. 进程	(名)	jìnchéng		مۇساپە؛ تەرەققىيات؛ جەريان؛ بېرىش
21. 引航	(动)	yǐnháng		كېمىنى پورت ئىچىگە باشلاپ (ياكى ھەيدەپ) كىرمەك

词语解释

1. **集合论**

集合论或集论是研究集合（由一堆抽象物件构成的整体）的数学理论，包含了集合、元素和成员关系等最基本的数学概念。

2. **集合**

若干具有共同属性的事物的总体。如全部自然数就成一个自然数的集合，一个单位的全体人员就成一个该单位全体人员的集合。简称"集"。

3. **微积分**

是研究微分学和积分学的统称，意为计算。微分学包括求导（كەلتۈرۈپ چىقىرىش）和微分的运算，是一套关于变化率的理论，它使得函数（فونكتسىيە）、速度、加速度和曲线斜率（يانتۇلۇق）等均可用一套通用的符号进行讨论。积分学包括不定积分和定积分的概念和应用，为定义和计算面积、体积等提供一套通用的方法。

4. **朴素集合论**

朴素集合论是由德国数学家康托尔最早创立的第一个集合论，它把集合叫作这个集合的"元素"或"成员"的搜集，未有形式化的理解。

5. **公理集合论**

是用形式化公理化方法研究集合论的一个学科。

6. **悖论**

指在逻辑上可以推导出互相矛盾之结论，但表面上又能自圆其说的命题或理论体系。悖论的定义可以这样表述：由一个被承认是真的命题为前提，设为B，进行正确的逻辑推理后，得出一个与前提互为矛盾命题的结论非B；反之，以非B为前提，亦可推得B。那么命题B就是一个悖论。当然非B也是一个悖论。

语言点

在集合论刚开始提出的时候，**不但没有**得到当时数学家们的支持与赞同，**相反**还遭到了猛烈的抨击。

"不但没有……，相反……"连接递进关系复句。后面分句的意思比前面分句进了一层，分句之间是层进关系。句中的"没有"表示了否定。例如：

（1）马上就五月份了，天气不但没有热起来，相反还下起了雪。

（2）他不但没有听母亲的话，相反还和母亲大吵了一场。

课堂练习

一、看拼音写汉字

（　jí　）合论　（　wēi　）积分　（　jí　）待领　领（　yù　）　（　pǔ　）素

二、解释下列句子中画线的词语

1. 集合论在数学中占有一个独特的地位，它的基本概念已<u>渗透</u>到数学的所有<u>领域</u>。
2. 无限集合的概念是<u>困扰</u>集合论的首要难题，也许正因为如此，<u>古往今来</u>的许多数学家和哲学家们都被这类集合所吸引。
3. 在漫长的中世纪，哲学家们对于无限集合是否存在这个问题一直没有明确表明<u>立场</u>。
4. 集合论的产生发展也并不是<u>一帆风顺</u>的。在集合论刚开始提出的时候，不但没有得到当时数学家们的支持与赞同，相反还遭到了<u>猛烈</u>的<u>抨击</u>。
5. 在<u>重重重压</u>之下，康托尔<u>不堪重负</u>，得了精神分裂症，几次游走在精神崩溃的<u>边缘</u>。
6. 也有人说集合论是错误的理论，因为朴素集合论中出现了<u>一些悖论</u>。
7. 事物都是不断进步发展的，集合论也有更新的发展，使它能够在数学的发展<u>进程</u>中继续引航。

三、模仿造句

1. <u>由于</u>微积分的<u>创立</u>，许多问题亟待解决，集合论就是在这样的背景下产生发展起来的。　　　　　　　　　　　　　　　　　　　　（由于……的创立，……）
2. 在集合论刚开始提出的时候，<u>不但没有</u>得到当时数学家们的支持与赞同，<u>相反</u>还遭到了猛烈的抨击。　　　　　　　　　　　（……不但没有……，相反……）
3. <u>按</u>现代数学<u>的观点</u>，数学各分支的研究对象或者本身是带有某种特定结构的集合，或者是可以通过集合来定义的（如自然数、函数）。　　　（按……的观点）
4. <u>从</u>这个意义<u>上说</u>，集合论可以看作整个现代数学的基础。　　（从……上说）
5. <u>因为</u>朴素集合论中出现了一些悖论，有些人认为这些悖论就证明了它是一种错误的理论，<u>所以</u>集合论是错误的理论。<u>但是</u>这并不影响康托尔集合论对数学做出的贡献。　　　　　　　　　　　　　　　（因为……，所以……，但是……）

四、根据课文内容判断正误

1. 集合论在数学中占有一个独特的地位，它的基本概念已渗透到数学的所有领域。　　　　　　　　　　　　　　　　　　　　　　　　　（　　）
2. 集合论是德国著名数学家亚里士多德于19世纪末创立的。　　　（　　）
3. 由于微积分的创立，许多问题已经解决，集合论就是在这样的背景下产生发展起来的。　　　　　　　　　　　　　　　　　　　　　　　（　　）
4. 把若干确定的有区别的事物合并起来，看作一个整体，就称为一个集合，其中各

事物称为该集合的元素。 （ ）
5. 无限集合的概念是困扰集合论的首要难题，所以古往今来的许多数学家和哲学家都不喜欢研究这类集合。 （ ）
6. 两千年来数学的发展都多多少少地受到了亚里士多德对集合的理解的影响。
 （ ）
7. 集合论的真正发展经历了两个阶段：20世纪之前称为朴素集合论，之后产生了所谓公理集合论。 （ ）
8. 集合论的产生发展不是一帆风顺的。 （ ）
9. 在重重重压之下，康托尔不堪重负，得了精神分裂症，精神崩溃了。 （ ）
10. 有些人认为朴素集合论中出现的悖论就证明了集合论是一种错误的理论。（ ）

五、名词解释

1. 集合

2. 微积分

3. 悖论

六、根据课文内容回答问题

1. 困扰集合论的首要难题是什么？
2. 亚里士多德是如何理解集合的？
3. 集合论是在何种情况下产生的？
4. 为什么说集合论是现代数学的基础？

课后作业

一、抄写词语，每个词语抄写三遍

二、概括课文大意

课文二

课前练习

一、根据你所学的知识，谈谈对集合的认识

二、选择正确词语填空

　　　　子集　不学无术　转而　口诀　莫明其妙　逐一　脱离　互余

1. 到会的人数比较多，点名很费事，于是这个（　　）的军阀就想了一个"办法"，他大声地叫道："没有来的人举手！"
2. 到会的人面面相觑，都感到（　　）。
3. 我们就把应到的人叫作"全集"，实到的人叫作它的"（　　）"。
4. 这个军阀为了了解"实到的人"这个子集，（　　）去了解这个子集的补集——未到的人的集合。
5. 这个方法是不错的，不过由于他（　　）了实际，结果闹了个大笑话。
6. 公安人员侦破案子时，总是（　　）地把确证为不可能作案的嫌疑者排除掉，从而缩小嫌疑对象的范围，这里也用到补集的思想。
7. 进位的加法的（　　）是"进一减补"，退位减法的（　　）是"退一加补"。
8. 在几何里，补角和余角，都是互补思想的运用。不过以直角为全集时，两个角的关系不叫互补，而叫（　　）罢了。

三、根据课文内容选择正确答案

1. 到会的人数比较多，点名很_____。
　　A. 费劲　　　　B. 费事　　　　C. 费时　　　　D. 费力
2. 开会时，我们把应到的人叫作_____。
　　A. 子集　　　　B. 交集　　　　C. 全集　　　　D. 补集
3. 在我们生活中常用到的是_____思想。
　　A. 子集　　　　B. 交集　　　　C. 全集　　　　D. 补集
4. 以下哪个不是补集关系？
　　A. 9和10　　　　　　　　　　　B. 3点差2分
　　C. 倒数关系　　　　　　　　　　D. 实到的人和未到的人

没有来的人举手

从前，山东省有个大军阀[1]，在一次会议开始时想点点名，了解一下哪些人来了，哪些人没来。可是，到会的人数比较多，点名很费事，于是这个不学无术[2]的军阀就想了一个"办法"，他大声地叫道："没有来的人举手！"

他认为没有来的人总是少数，只要知道哪些人没来，来的人无须一一点名就明白了。到会的人面面相觑[3]，都感到莫明其妙[4]。

在数学中，集合是一个重要的基本概念。今天会议应到的人就构成一个集合，其中实到的人是应到的人的一部分。我们就把应到的人叫作"全集[5]"，实到的人叫作它的"子集[6]"。未到的人也是应到的人的一部分，所以它也是一个子集。实到的人这个子集与未到的人这个子集加起来正好是应到的人这个全集，我们把这两个子集叫作互补[7]的集合。这个军阀为了了解"实到的人"这个子集，转而去了解这个子集的补集[8]——未到的人的集合。这个方法是不错的，不过由于他脱离[9]了实际，结果闹了个大笑话。

"补集"的思想在我们生活中是常用的。现在是什么时间了？3点差2分。这里不说2点58分，因为3点差2分比较简单明了[10]。我们在电视和小说中也常看到，公安人员侦破[11]案子时，总是逐一[12]地把确证[13]为不可能作案[14]的嫌疑者排除掉，从而缩小嫌疑对象的范围，这里也用到了补集的思想。

在小学，学习心算和速算时，补数[15]的用途很多。进位的加法的口诀[16]是"进一减补"，退位减法的口诀是"退一加补"。乘法速算用到补数的地方也不少。9加1得10，9和1可以看成是互补的。仿此，97和3，999和1也是互补的。倒数[17]关系以及初中学的相反数[18]关系，也都可以理解为一种互补的关系。

在几何[19]里，补角[20]和余角[21]，都是互补思想的运用。不过以直角[22]为全集时，两个角的关系不叫互补，而叫互余[23]罢了。

（选自《数学教学的趣味故事设计》，数学创新教学指导小组编，辽海出版社，2011.4，有改动　673字）

词　汇

1. 军阀　　　　（名）　jūnfá　　　　　　مىللىتارىست

2. 不学无术　　　　　　bùxué-wúshù　　قارا قورساق；بىلىمسىز；قابىلىيەتسىز

3. 面面相觑　　　　　　miànmiàn-xiāngqù　بىر-بىرىگە قاراشپ تۇرۇپ قالماق；ھاڭ-تاڭ بولۇپ قارىشىپ قالماق

理科汉语

4. 莫明其妙		mòmíngqímiào	هىچ چۈشىنىپ بولماسلىق؛ ھاڭ-تاڭ قالماق؛ تېڭىگە يېتەلمەسلىك
5. 全集	（名）	quánjí	ئۇنىۋېرسال توپلام؛ تولۇق توپلام
6. 子集	（名）	zǐjí	قىسمىي توپلام؛ ئىچكى توپلام
7. 互补	（动）	hùbǔ	ئۆزئارا تولۇقلاش؛ كومپلېمېنتاتسىيە
8. 补集	（名）	bǔjí	تولدۇرغۇچى توپلام
9. 脱离	（动）	tuōlí	ئاجرىتماق؛ ئايرىماق
10. 明了	（形）	míngliǎo	چۈشەنمەك؛ ئېنىق؛ چۈشىنىشلىك
11. 侦破	（动）	zhēnpò	پاش قىلىش؛ رازۋېدكا قىلىپ پاش قىلىش
12. 逐一	（副）	zhúyī	بىر-بىرلەپ؛ ئايرىم ھالدا؛ بىرىنىڭ ئارقىسىدىن بىرنى
13. 确证	（动）	quèzhèng	ھەقىقىي ئىسپات؛ ئەمەلىي ئىسپات؛ راست دەلىل
14. 作案	（动）	zuò//àn	ۋەقە توغدۇرماق؛ جىنايەت سادىر قىلماق
15. 补数	（名）	bǔshù	تولدۇرغۇچى سان (تولۇقلىغۇچى سان) تولۇقلاش
16. 口诀	（名）	kǒujué	قاپىيىلەشتۈرۈلگەن قائىدە
17. 倒数	（名）	dàoshù	ئەكس سان
18. 相反数	（名）	xiāngfǎnshù	قارمۇ قارشى سان
19. 几何	（名）	jǐhé	گېئومېتىرىيە
20. 补角	（名）	bǔjiǎo	تولدۇرغۇچى بۇلۇڭ
21. 余角	（名）	yújiǎo	قالدۇق بۇلۇڭ
22. 直角	（名）	zhíjiǎo	تىك بۇلۇڭ
23. 互余	（动）	hùyú	ئۆزئارا تولدۇرغۇچى

词语解释

1. 军阀
旧时拥有武装部队，割据一方，自成派系的人。亦泛指控制政治势力的军人集团。

2. 不学无术
原指没有学问因而没有办法。现指没有学问，没有本领。或是指不下功夫学习，没有学问，没有本事。

3. 面面相觑
觑：看。你看我，我看你，都不说话。形容人们因惊恐或无可奈何而互相望着，不知道如何是好。例如：

（1）大家都在努力地帮他想办法，可是他却甩手走了，大家面面相觑。
（2）这个突发事件让在场的人面面相觑。

4. 莫明其妙

不能明白它的妙处或道理，比喻事情奇怪或道理深奥让人不明白。例如：
今天的语文课上，老师让大学做一道数学题，同学们都感到莫明奇妙。

5. 口诀

指用于记住某些事物的短小语句。原指道家传授道术时的秘语，后多指根据事物的内容要点编成的便于记诵的语句。

6. 全集

在数学集合中，一般地，如果一个集合含有我们所研究问题中涉及的所有元素，那么就称这个集合为全集，通常记作U。

7. 子集

对于两个集合A与B，如果所有属于A的元素也属于B，我们就说A是B的子集。

8. 补集

设A是一集合，B是A的子集，则B的补集由属于A但不属于B的元素组成。

9. 补数

若两数之和是10、100、1000、……10^n的乘方数（n是正整数），这两个数就互为补数。例如：4和6、88和12、455和545等就互为补数。

10. 倒数

数学上，设一个数x，那么与其相乘的积为1的数就是x的倒数，记为1/x或x^{-1}。两个乘积是1的数互为倒数，0没有倒数。

11. 几何

是研究空间结构及性质的一门学科。它是数学中最基本的研究内容之一，与分析、代数等具有同样重要的地位，并且关系极为密切。

12. 补角

两角之和等于180°，那么这两个角互为补角，其中一个角叫作另一个角的补角。

13. 余角

如果两个角的和是直角（90°），那么称这两个角互为余角，简称"互余"，也可以说其中一个角是另一个角的余角。

14. 直角

当一条直线和另一条直线交成的邻角彼此相等时，这些角的每一个被叫作直角，而且称这一条直线垂直于另一条直线。

语 言 点

这个军阀为了了解"实到的人"这个子集，转而去了解这个子集的补集——未到的人的集合。

"转而"是带有转折意味的连词。意思是本来在做或者要做一件事情，可是因为某些原因却做了另外一件事情。例如：

（1）301路公交车人太多挤不上去，他转而坐了后面的17路。

（2）红军放弃了攻打大城市的计划，转而向敌人力量薄弱的农村进发。

课堂练习

一、看拼音写汉字

不学无（shù　） 面面相（qù　） 莫（míng　）其妙

口（jué　） （bǔ　）数 （dào　）数 互（yú　）

二、解释下列句子中画线的词语

1. 到会的人数比较多，点名很<u>费事</u>，于是这个<u>不学无术</u>的军阀就想了一个"办法"，他大声地叫道："没有来的人举手！"

2. 到会的人<u>面面相觑</u>，都感到<u>莫明其妙</u>。

3. 我们就把应到的人叫作"全集"，实到的人叫作它的"<u>子集</u>"。

4. 这个方法是不错的，不过由于他<u>脱离</u>了实际，结果<u>闹了个大笑话</u>。

5. 公安人员侦破案子时，总是<u>逐一</u>地把确证为不可能作案的<u>嫌疑</u>者排除掉，从而缩小嫌疑对象的范围，这里也用到补集的思想。

6. 在小学，学习<u>心算</u>和<u>速算</u>时，补数的用途很多。

三、模仿造句

1. 这个军阀为了了解"实到的人"这个子集，<u>转而</u>去了解这个子集的补集——未到的人的集合。　　　　　　　　　　　　　　　　　　　　　　　　　　（转而）

2. 这个方法是不错的，<u>不过</u>由于他脱离了实际，结果闹了个大笑话。

（不过）

3. 公安人员侦破案子时，总是逐一地把确证为不可能作案的嫌疑者排除掉，<u>从而</u>缩小嫌疑对象的范围，这里也用到补集的思想。　　　　　　　　　　　　（从而）

四、根据课文内容判断正误

1. 大军阀大叫"没有来的人举手"是因为点名太费事了。　　　　　　（　　）

2. 开会时，把应到的人叫作全集，实到的人叫作子集。　　　　　　（　　）

3. 开会时，未到人的子集是实到人的子集的补集。　　　　　　　　（　　）

4. 根据课文，100和0也是互补的。　　　　　　　　　　　　　　　（　　）

5. 直角为全集时，两个角的关系为互余。　　　　　　　　　　　　（　　）

五、名词解释
　　1. 全集

　　2. 补集

　　3. 补数

　　4. 互余

六、根据课文内容回答问题
　　1. 大军阀说"没有来的人举手"是想知道什么？
　　2. 为什么说大军阀闹了个大笑话？
　　3. 生活中哪些地方可以用到"补集"？

课后作业

一、抄写词语，每个词语抄写三遍
二、概括课文大意

课文三

课前练习

一、根据你所学的知识，谈谈对反证法的认识
二、选择正确词语填空

局限　顺理成章　足以　加以

1. 我们更习惯采用直接证法，由已知到结论，（　　　）。
2. 对于属于间接证法的反证法，许多同学正是因为难以走出直接证法的（　　　），所以不能深刻或正确理解反证法思想。
3. 运用反证法时，如果结论的反面不止一种情况，那么必须把各种可能的情况全部

列举出来，并且一一（　　）否定。
4. 运用反证法推理出的矛盾，可以是和已知矛盾，也可以定义、公理等矛盾，这样都（　　）说明假设错误，原命题正确。

三、根据课文内容选择正确答案
1. 反证法属于_____。
   A. 直接证法　　　B. 间接证法　　　C. 相反证法　　　D. 分析证法
2. "道旁苦李"这个故事中王戎为什么知道李子是苦的？
   A. 他猜的　　　　　　　　　　　　B. 他尝过
   C. 别人告诉他的　　　　　　　　　D. 他通过满树的李子判断的

威力无比[1]的反证法[2]

反证法一节，可以说是一个难点。因为我们更习惯采用[3]直接证法[4]，由已知到结论，顺理成章[5]。而对于属于间接证法[6]的反证法，许多同学正是因为难以走出直接证法的局限[7]，所以不能深刻或正确理解反证法思想。其实，反证法作为证明方法的一种，有时起着直接证法不可替代[8]的作用。下面这则[9]故事，对于我们正确理解反证法很有帮助。

王戎小时候，爱和小朋友在路上玩耍。一天，他们发现路边的一棵树上结满了李子[10]，小朋友一哄而上[11]，去摘李子，独有王戎没动。等到小朋友们摘了李子一尝，原来是苦的！他们都问王戎："你怎么知道李子是苦的呢？"王戎说："假如李子不苦的话，早被路人摘光了，而这树上却结满了李子，所以李子一定是苦的。"

这是很著名的"道旁苦李"的故事。实质[12]上王戎的论述也正是运用了反证法。

我们在以后运用反证法时，需要注意以下三点：

一是反证法适用于证明一些用直接证法比较困难的命题[13]。

二是使用时，第一步是"假设命题的结论不成立"，亦可理解成假设命题结论的反面成立。但此时，要考虑结论的反面可能出现的情况。如果结论的反面只有一种情况，那么只须否定这种情况就足以[14]证明原结论是正确的；如果结论的反面不止一种情况，那么必须把各种可能情况全部列举出来，并且一一加以[15]否定后，才能肯定原结论是正确的。

三是从这个假设出发，经过推理论证，得出矛盾。其中的矛盾，可以和已知矛盾，也可以和定义、公理、定理、性质等矛盾，这样都足以说明假设错误，原命题正确。

（选自"中国数学课程网"，有改动　640字）

词　汇

1. 威力无比		wēilì wúbǐ	هەيۋەتسى تەڭداشسىز؛ كۈچ-قۇدرىتى تەڭداشسىز
2. 反证法	（名）	fǎnzhèngfǎ	قارشىسىدىن چىقىپ ئىسپاتلاش ئۇسۇلى
3. 采用	（动）	cǎiyòng	قوللانماق؛ ئىشلەتمەك؛ پايدىلانماق
4. 直接证法		zhíjiē zhèngfǎ	بىۋاسىتە ئىسپاتلاش ئۇسۇلى
5. 顺理成章		shùnlǐ-chéngzhāng	تەرتىپلىك ۋە سىستېمىلىق
6. 间接证法		jiànjiē zhèngfǎ	ۋاسىتىلىك ئىسپاتلاش ئۇسۇلى
7. 局限	（动）	júxiàn	چەكلەنمەك؛ مەنئى قىلىنماق
8. 替代	（动）	tìdài	ئورنىغا قويۇش؛ ئالماشتۇرماق
9. 则	（量）	zé	مىقدار سۆز
10. 李子	（名）	lǐzi	ئەينۇلا
11. 一哄而上		yīhòng'érshàng	غاپ-غۇجىلا قىلىۋەتمەك؛ گۈررىدە ئوتتۇرىغا چىقىپ ئىشقا كىرىشمەك
12. 实质	（名）	shízhì	ماھىيەت
13. 命题	（名）	mìngtí	ھۆكۈم جۈملە
14. 足以	（动）	zúyǐ	تولۇق؛ يېتەرلىك
15. 加以	（动）	jiāyǐ	قىلماق؛ بىر تەرەپ قىلماق؛ ئۈستىگە يەنە كېلىپ

词语解释

1. 威力无比
威力大得无人可比。主要指力量，可形容的范围较广。

2. 顺理成章
写文章、做事情顺着条理就能做好。比喻随着某种情况的发展而自然产生的结果。

3. 李子
是蔷薇科植物李树的果实，别名嘉庆子、布霖、玉皇李、山李子。7～8月间成熟，形态美艳，口味甘甜。世界各地广泛栽培。

4. 一哄而上
没有经过认真准备和严密组织，一下子行动起来。同"一哄而起"。

5. 道旁苦李
源自南朝·宋·刘义庆《世说新语·雅量第六》："王戎七岁，尝与诸小儿游，看道旁李树多子折枝，诸儿竞走取之，唯戎不动。人问之，答曰：'树在道旁而多子，此必苦李。'取之，信然。"这个故事写王戎小时候，观察仔细，善于动脑筋，能根据有关现象

理科汉语

进行推理判断。告诉我们要仔细观察，善于思考，能根据有关现象进行推理判断，不犯不必要的错误，少走弯路。也可写作"道旁李苦""路旁苦李"。指路边的苦李，走过的人不摘取。用来比喻被人所弃、无用的事物或人。

6. 加以

动词，用在多音节的动词前，表示如何对待或处理前面所提到的事物。例如：施工方案必须～论证。/ 发现问题要及时～解决。"加以"跟"予以"不同之处是"予以"可以用在一般名词之前，表示给与，如"予以自新之路"，"加以"没有这种用法。

7. 命题

在数学中，一般把判断某一件事情的句子叫作命题。

8. 直接证法

直接证法是相对于间接证法说的，综合法和分析法是两种常见的直接证法。利用已知条件和某些数学定义、定理、公理等，经过一系列的推理论证，最后推导出所要证明的结论成立，这种证明方法叫作综合法。从要证明的结论出发，逐步寻求使它成立的充分条件，直至最后，把要证明的结论归结为判定一个明显成立的条件为止，这种证明方法叫作分析法。

9. 间接证法

间接证法是相对于直接证法说的，反证法是间接证法常用的方法。假设原命题不成立，经过正确的推理，最后得出矛盾，因此说明假设错误，从而证明原命题成立，这种证明方法叫作反证法。

语言点

从这个假设出发，经过推理论证，得出矛盾。

"从……出发，经过……，得出……"是一个表示事情发展过程的句型。例如：

（1）从题目出发，经过演算，得出最后的结果。

（2）从市民提供的线索出发，经过细致的搜索和侦察，警方最后得出结论，这是一起凶杀案。

课堂练习

一、看拼音写汉字

直接（zhèng）法　（wēi）力无比　顺理成（zhāng）　一（hōng）而上

二、解释下列句子中画线的词语

1. 因为我们更习惯采用直接证法，由已知到结论，<u>顺理成章</u>。
2. 这就是"<u>道旁苦李</u>"的故事。

三、模仿造句
　　1. 因为我们更习惯采用直接证法，由已知到结论，顺理成章。　　（由……到……）
　　2. 第一步是"假设命题的结论不成立"，亦可理解成假设命题结论的反面成立。（亦）
　　3. 如果结论的反面只有一种情况，那么只须否定这种情况就足以证明原结论是正确的；如果结论的反面不止一种情况，那么必须把各种可能情况全部列举出来，并且一一加以否定后，才能肯定原结论是正确的。
　　　　　　　　　　　　　　（如果……，那么……；如果……，那么……）
　　4. 从这个假设出发，经过推理论证，得出矛盾。（从……出发，经过……，得出……）

四、根据课文内容判断正误
　　1. 许多同学不能深刻或正确理解反证法思想是因为难以走出直接证法的局限。
　　　　　　　　　　　　　　　　　　　　　　　　　　　　　　　　（　　）
　　2. 运用反证法，第一步是"假设命题的结论不成立"，也就是说假设命题结论的反面成立。　　　　　　　　　　　　　　　　　　　　　　　　　　　　（　　）
　　3. 如果结论的反面不止一种情况，那么必须把各种可能情况全部列举出来，并且一一加以否定后，才能肯定原结论是正确的。　　　　　　　　　　　（　　）

五、名词解释
　　1. 反证法

　　2. 直接证法

　　3. 命题

六、根据课文内容回答问题
　　1. 许多同学为什么难以走出直接证法的局限？
　　2. 王戎为什么知道路旁的李子是苦的？
　　3. 运用反证法要注意哪几个方面？

课后作业

一、抄写词语，每个词语抄写三遍
二、概括课文大意

第二课

课文一

课前练习

一、根据你所学的知识，谈谈对一元二次方程的认识

二、选择正确词语填空

马不停蹄　快捷　显然　致命　简单起见　推进　疾驶

1. 传令兵通信，作为部队最常见的人工通信方式，在近距离通信中显得方便（　　）。
2. 在长距离或稍长距离通信中，人工通信就显示出它的（　　）弱点来。
3. 一支大军，首尾长达50英里，大军以匀速向前（　　）。
4. 任务完成后，他（　　），立即回到他的原来位置。
5. 如果这支部队停止不动，（　　）他向前走了50英里，又向后走了同样的距离。
6. 他在向前（　　）时，他与前进中的部队的相对速度为 $x-1$。
7. 为了（　　），我们不妨认为他的出发点是在方阵后沿的角上，而不是在后沿的中央。

三、根据课文内容选择正确答案

1. 求解本题时，当然要假定传令兵始终是按＿＿＿＿的。
   A. 快速运动　　　B. 匀速运动　　　C. 均速运动　　　D. 变速运动
2. ＿＿＿＿整个队伍的长度为1，大军向前推进这一长度所需的时间也等于1，由此可见大军行进的速度也是1。
   A. 设　　　　　　B. 定　　　　　　C. 让　　　　　　D. 要
3. 我们将它乘以50，即可得出最后的＿＿＿＿120.7英里。
   A. 答题　　　　　B. 结果　　　　　C. 答数　　　　　D. 结论
4. 问题的第二部分也可以用类似方法去＿＿＿＿。
   A. 解决　　　　　B. 决定　　　　　C. 解答　　　　　D. 求解

传令兵[1]通信中的一元二次方程

　　传令兵通信，作为部队最常见的人工通信方式，在近距离通信中显得方便快捷[2]。但在长距离或稍长距离通信中，人工通信就显示出它的致命[3]弱点来，最大的问题就是它的时效[4]低。如从下面正在行军[5]的一支大部队中传令兵传递信息的速度就可看出这点。

　　假设有这样一支大军，首尾长达[6]50英里[7]，大军以匀速[8]向前推进[9]时，一个传令兵从队伍的最后面，骑着快马向前疾驶[10]，传达[11]一个紧急命令。任务完成后，他马不停蹄[12]，立即回到他的原来位置。说来也巧，他返回原位时，大军正好向前推进了50英里。试问：传令兵一共走了多少路？

　　如果这支部队停止不动，显然[13]他向前走了50英里，又向后走了同样的距离，但由于大军在向前推进，因此他走到队伍前端[14]肯定不止50英里，而返回时所走的路要比50英里少，因为队伍是朝着他迎面而来的。求解[15]本题时，当然要假定传令兵始终是按匀速运动的。

　　更困难的问题是，假设有一支庞大[16]的、排成方阵[17]的军队，长与宽都达50英里，以匀速向前推进了50英里。一位传令兵开始出发时处在方阵后沿[18]的中心位置上，他绕着整个队伍环行[19]一圈，最后回到了出发点。假设传令兵的速度保持不变，他走完全部路程，返回原位时，这支部队也正好完成了推进50英里的任务。试问：传令兵一共走了多少路？

　　设整个队伍的长度为1，大军向前推进这一长度所需的时间也等于1，由此可见大军行进的速度也是1。设 x 为传令兵所走的路程，当然这也就是他的速度。他在向前疾驶时，他与前进中的部队的相对速度为 $x-1$；而在返回途中，相对速度则是 $x+1$。前进也好，返回也好，每段路程都是1（相对于这支大军而言），而这两段路程是在单位时间内完成的，从而可以得到下列方程：

$$\frac{1}{x-1}+\frac{1}{x+1}=1$$

此方程经过整理、化简[20]后，可得一元二次方程：$x^2-2x-1=0$。

　　由此求出 x 的正根为 $1+\sqrt{2}$。我们将它乘以50，即可得出最后的答数120.7英里。换句话说，传令兵所走过的路程等于大军的长度再加上该长度的 $\sqrt{2}$ 倍。

　　问题的第二部分也可以用类似方法去求解。这时，传令兵与行进中的军队的相对速度分别为：他在前进时为 $x-1$，返回时为 $x+1$，向两边走时为 $\sqrt{x^2-1}$。（他从哪里开始对问题是没有影响的，因此为了简单起见[21]，我们不妨认为他的出发点是在方阵后沿的角上，而不是在后沿的中央。）同前面一样，每段路程对这支大军而言都是1，由于他在单位时间里走完了四段路，于是我们得以列出下面的方程：

$$\frac{1}{x-1}+\frac{1}{x+1}+\frac{\sqrt{2}}{x^2-1}=1$$

经整理后，此方程是一个一元四次方程：$x^4-4x^3-2x^2+4x+5=0$。

满足问题各项条件的解只有一个，即 $x=4.18112$。再乘以50，就得到最后的答数[22]。

（选自《中外数学故事》，吴伟丽编著，中州古籍出版社，2012 12995字）

词　　汇

1. 传令兵	（名）	chuánlìngbīng		خەۋەرچى؛ بۇيرۇق يەتكۈزگۈچى
2. 快捷	（形）	kuàijié		چاپسان؛ چاپقۇر؛ يۈگۈرۈك
3. 致命	（动）	zhìmìng		ئۆلتۈرىۋېتىدىغان؛ جاننى ئالىدىغان؛ ئۆلۈمگە ئېلىپ بارىدىغان
4. 时效	（名）	shíxiào		ۋاقىت چېكى؛ سۈرۈك
5. 行军	（动）	xíngjūn		يۈرۈش؛ يۈرۈش قىلىش؛ ھەربىي يۈرۈش
6. 长达		cháng dá		يەتمەك (مەلۇم سانغا)
7. 英里	（名）	yīnglǐ		ئىنگلىزلىسى؛ مىل
8. 匀速	（名）	yúnsù		تەڭ سۈرئەت
9. 推进	（动）	tuījìn		ئىلگىرىلەتمەك؛ ئالغا سۈرمەك
10. 疾驶	（动）	jíshǐ		ناھايىتى تېز؛ ئۇچقاندەك
11. 传达	（动）	chuándá		يەتكۈزمەك؛ خەۋەر بەرمەك؛ خەۋەر قىلماق
12. 马不停蹄		mǎbùtíngtí		توختىماسلىق؛ داۋاملىق ئىلگىرىلەشمەك
13. 显然	（形）	xiǎnrán		روشەن؛ روشەنكى؛ ئېنىق؛ ئاشكارا؛ شۈبھىسىز
14. 前端	（名）	qiánduān		ئالدى ئۇچى
15. 求解	（动）	qiújiě		يېشىش
16. 庞大	（形）	pángdà		كەپلەگەنسىز؛ زور؛ ناھايىتى چوڭ
17. 方阵	（名）	fāngzhèn		چاسا سەپ
18. 后沿	（名）	hòuyán		ئارقا گىرۋەك
19. 环行	（动）	huánxíng		ئايلانماق، چۆرگىلەشمەك
20. 化简	（动）	huàjiǎn		ئاددىيلاشتۇرماق؛ قىسقارتماق

21. 起见　　　　（助）qǐjiàn　　　　... ئۇچۈن؛ ... مەقسەتتە؛ ... نى كۆزدە تۇتۇپ

22. 答数　　　　（名）dáshù　　　　جاۋاب؛ جاۋاب سان

词语解释

1. **传令兵**
旧时服侍上级军官传送他的命令的士兵。

2. **快捷**
指快速、便捷。

3. **致命**
可使丧失生命，比喻最厉害、最严重的。

4. **时效**
指在一定时期内能够发生的效用。

5. **英里**
是一种使用于美国和英联邦国家的非正式标准化的长度单位。1英里＝1.609344公里。

6. **马不停蹄**
意思是马不停止跑动。比喻一刻也不停留，一直前进。

7. **起见**
同"为了""为"配合，表示目的。带强调的语气。例如：
为了安全起见，上车请系好安全带。

课堂练习

一、看拼音写汉字

　　yún　　　　　　tí　　　　qiú　　　　huà　　　　shù
（　　）速　马不停（　　）　（　　）解　（　　）简　答（　　）

二、解释下列句子中画线的词语

1. <u>传令兵</u>通信，作为部队最常见的人工通信方式，在近距离通信中显得方便<u>快捷</u>。
2. 在长距离或稍长距离通信中，人工通信最大的问题就是它的<u>时效</u>低。
3. 任务完成后，他<u>马不停蹄</u>，立即回到他的原来位置。
4. <u>说来也巧</u>，他返回原位时，大军正好向前推进了 50 <u>英里</u>。
5. <u>求解</u>本题时，当然要假定传令兵始终是按匀速运动的。
6. 假设传令兵的速度保持不变，他走完全部路程，返回原位时，这支部队也正好完成了<u>推进</u> 50 英里的任务。
7. 由此求出 x 的<u>正根</u>为 $1+\sqrt{2}$。

三、模仿造句

1. 说来也巧，他返回原位时，大军正好向前推进了 50 英里。　　　　　（说来也巧）
2. 设整个队伍的长度为 1，大军向前推进这一长度所需的时间也等于 1，由此可见大军行进的速度也是 1。　　　　　　　　　　　　　　　　　　　（由此可见）
3. 前进也好，返回也好，每段路程都是 1。　　　　（……也好，……也好，……）
4. 因此为了简单起见，我们不妨认为他的出发点是在方阵后沿的角上，而不是在后沿的中央。　　　　　　　　　　　　　　　　　　　　　　　（为了……起见）
5. 同前面一样，每段路程对这支大军而言都是 1。　　　　　　　　　（对……而言）
6. 由于他在单位时间里走完了四段路，于是我们得以列出下面的方程。
　　　　　　　　　　　　　　　　　　　　　　　　　　　　（由于……，于是……）

四、根据课文内容判断正误

1. 传令兵通信最致命的弱点是它的时效低。　　　　　　　　　　　　　（　）
2. 由于大军在向前推进，因此传令兵走到队伍前端肯定多于 50 英里，而返回时所走的路要比 50 英里少。　　　　　　　　　　　　　　　　　　　　　（　）
3. 求解本题时，要假定传令兵始终是按匀速运动的。　　　　　　　　　（　）
4. 传令兵所走过的路程等于大军的长度。　　　　　　　　　　　　　　（　）

五、名词解释

1. 匀速运动

2. 一元二次方程

六、根据课文内容回答问题

1. 传令兵通信的优点和缺点分别是什么？
2. 解答课文中的假设问题时，应该假定传令兵按什么速度运动？
3. 在解题时，要把什么设为"1"？什么设为"x"？
4. 传令兵在前进时，他与前进中的部队的相对速度为多少？
5. 传令兵在返回时，他与前进中的部队的相对速度是多少？
6. 关于传令兵通信，课文中一共提了几个问题？
7. 解答这些问题，用到的方程式一样吗？是什么？

课后作业

一、抄写词语，每个词语抄写三遍

二、概括课文大意

课文二

课前练习

一、根据你所学的知识,谈谈对等式和不等式的认识

二、选择正确词语填空

    极好 以至于 轻而易举 悖论 显然 何必 联合 留意

1. 老板想:"( )要自找麻烦来分唱片?"
2. 这条( )是建立等式和不等式性质的( )例子。
3. 上面的例子中两者之间的差很小,( )看上去好像那一块钱是不( )造成的,或者是遗失了。
4. ( ),两套唱片合起来卖要收入同样多的钱数就必须满足 (b/a + d/c) / 2 = (b + d) / (a + c)。
5. 这个例子告诉我们,当看到不同种类的货物( )销售时,要判断我们是否真的买到了便宜货并不是一件( )的事。

三、根据课文内容选择正确答案

1. 一个唱片商店里,卖30张_____,一块钱卖2张,另外30张唱片是一块钱卖3张。
  A. 老唱片 B. 硬唱片 C. 老式硬唱片 D. 硬式老唱片
2. 如果30张唱片是一块钱卖2张,30张是一块钱卖3张,_____把60张唱片放在一起,按两块钱5张来卖?
  A. 何不 B. 何必 C. 想必 D. 未必

一块钱哪里去了

  一个唱片[1]商店里,卖30张老式硬唱片,一块钱卖2张,另外30张唱片是一块钱卖3张。那天,这60张唱片全卖完了。30张一块钱2张的唱片收入15元,30张一块钱3张的唱片收入10元,总共是25元。

  第二天商店老板又拿出60张唱片放到柜台上。老板想:"何必要自找麻烦

来分唱片？如果30张唱片是一块钱卖2张，30张是一块钱卖3张，何不把60张唱片放在一起，按两块钱5张来卖？这是一样的。"

商店关门时，60张唱片全按两块钱5张卖出去了。可是，商店老板点钱时发现只卖得24元，不是25元，这使他很吃惊。

你认为这一块钱到哪里去了？是不是有个伙计[2]偷了？是不是给顾客找错了钱？

这条悖论是建立等式[3]和不等式[4]性质的极好例子。正如上面的故事所表明的，那个老板觉得把两种唱片放在一起，每5张卖两块钱，和分开来一种卖2张一块钱，一种卖3张一块钱是"同样的"，这就搞错了。没有任何道理能说明两种卖法应该收入同样的钱数。上面的例子中两者之间的差很小，以至于看上去好像那一块钱是不留意[5]造成的，或者是遗失[6]了。

现在，我们对此悖论做一下代数[7]分析。假设价格较高的唱片是每a张卖b元，价格较低的唱片是每c张卖d元。若所有唱片都各以两种不同的价格卖，则一张唱片的平均价格是b/a和d/c之和的一半。如果两种唱片合起来，按一个价格卖，那么（a+c）张唱片就卖（b+d）元钱，一张唱片的平均价格就是（b+d）/（a+c）。显然，两套唱片合起来卖要收入同样多的钱数就必须满足（b/a+d/c）/2=（b+d）/（a+c），但令人吃惊的是，这个等式只有在a=c时成立，而与b和d的值无关。如果a＞c，则两套唱片合起来卖可得的钱多一些；如果a＜c，则合起来卖就要赔钱（如上面所举的唱片例子）。

这个例子告诉我们，当看到不同种类的货物联合[8]销售时，要判断我们是否真的买到了便宜货并不是一件轻而易举[9]的事。

（选自《数字悖论集锦》，九章出版社编辑部编，九章出版社，1988.10，有改动　694字）

词　汇

1. 唱片	（名）	chàngpiàn		پلاستىنكا
2. 伙计	（名）	huǒji		شېرىك؛ ھەمراھ
3. 等式	（名）	děngshì		تەڭلىك
4. 不等式	（名）	bùděngshì		تەڭسىزلىك
5. 留意	（动）	liú//yì		دىققەت قىلماق؛ پەخەس بولماق؛ ئېھتىيات قىلماق
6. 遗失	（动）	yíshī		يوقاتماق؛ چۈشۈرۈپ قويماق
7. 代数	（名）	dàishù		ئالگېبرا
8. 联合	（动）	liánhé		بىرلەشمەك؛ بىرلەشمە؛ قوشما
9. 轻而易举		qīng'éryìjǔ		ئاسانلا؛ ئوڭغايلا؛ ھېچ كۈچ سەرپ قىلمايلا

词语解释

1. 唱片

是一种音乐传播的介质概括，其物质形态可以分为早期的胶木 78 转唱片、黑胶唱片及今时今日的 CD 光盘等等。

2. 以至于

表示由于上文所说的情况的程度很深而导致的结果。

3. 代数

代数是研究数、数量、关系与结构的数学分支。初等代数一般在中学时讲授，研究当我们对数字做加法或乘法时会发生什么，介绍变量的概念和如何建立多项式并找出它们的根。代数的研究对象不仅是数字，还有各种抽象化的结构。

4. 轻而易举

形容事情容易做，不费力，省事。

语言点

如果 30 张唱片是一块钱卖 2 张，30 张是一块钱卖 3 张，何不把 60 张唱片放在一起，按两块钱 5 张来卖？

"如果……，何不……？"中"如果"引导了一个假设句，后面的"何不"是一个反问句，意同"为什么不"。用来向对方提出建议，语气比较委婉。例如：

（1）如果你能提前来，何不过来找我？

（2）如果明天不上课，我们何不去逛逛街？

课堂练习

一、看拼音写汉字

不等（shì　）　　（dài　）数　　轻而（yì　）举

二、解释下列句子中画线的词语

1. <u>何必</u>要自找麻烦来分唱片？

2. 是不是有个<u>伙计</u>偷了？

3. 这条<u>悖论</u>是建立等式和不等式性质的极好例子。

4. 上面的例子中两者之间的差很小，<u>以至于</u>看上去好像那一块钱是不<u>留意</u>造成的，或者是<u>遗失</u>了。

5. 如果 a < c，则合起来卖就要<u>赔钱</u>（如上面所举的唱片例子）。

6. 当看到不同种类的货物<u>联合</u>销售时，要判断我们是否真的买到了便宜货并不是一件<u>轻而易举</u>的事。

三、模仿造句

1. <u>何必</u>要自找麻烦来分唱片？　　　　　　　　　　　　　（何必……）
2. <u>如果</u>30张唱片是一块钱卖2张，30张是一块钱卖3张，<u>何不</u>把60张唱片放在一起，按两块钱5张来卖？　　　　　　　　　　　　　（如果……，何不……）
3. 上面的例子中两者之间的差很小，<u>以至于</u>看上去好像那一块钱是不留意造成的，或者是遗失了。　　　　　　　　　　　　　（以至于）
4. <u>若</u>所有唱片都各以两种不同的价格卖，<u>则</u>一张唱片的平均价格是b/a 和 d/c 之和的一半。　　　　　　　　　　　　　（若……，则……）

四、根据课文内容判断正误

1. 一个唱片商店里，卖30张老式硬唱片，一张卖2块钱，另外30张唱片是一块钱卖3张。　　　　　　　　　　　　　（　　）
2. 老板认为60张唱片分开卖和合起来卖最后卖的钱是一样的。　　（　　）
3. 商店关门时，60张唱片全按两块钱5张卖出去了。可是，商店老板点钱时发现只卖得24元，一块钱丢了。　　　　　　　　　　　　　（　　）
4. 那一块钱不是被伙计偷了，就是给顾客找错了钱。　　　　　（　　）
5. 没有任何道理能说明两种卖法应该收入同样的钱数。　　　　（　　）
6. 若所有唱片都各以两种不同的价格卖，则一张唱片的平均价格是b/a 和 d/c 之和的一半。　　　　　　　　　　　　　（　　）
7. 两套唱片合起来卖要收入同样多的钱数就必须满足 (b/a + d/c) / 2 = (b + d) / (a + c)。　　　　　　　　　　　　　（　　）
8. (b/a + d/c) / 2 = (b + d) / (a + c) 这个等式只有在a = c时成立，与b和d的值也有关。　　　　　　　　　　　　　（　　）

五、名词解释

1. 不等式

2. 代数

六、根据课文内容回答问题

1. 第一天，唱片商店是怎么卖唱片的？
2. 第二天，老板是怎么卖唱片的？
3. 第二天老板为什么要变换卖唱片的方式？
4. 两天卖出了同样数量的唱片，收入一样吗？
5. 要想让两种卖法的收入一样，关键在于什么？

课后作业

一、抄写词语，每个词语抄写三遍

二、概括课文大意

课文三

课前练习

一、根据你所学的知识，谈谈生活中出现的方程式

二、选择正确词语填空

　　　　　　　几何　由此可知　记载　设想　比　若干　差

1. 大数学家孙子在《孙子算经》中（　　）了这样一道题。
2. 今有鸡兔同笼，上有三十五头，下有九十四足，问鸡兔各（　　）？
3. 有（　　）只鸡和兔在同一个笼子里。
4. 孙子提出了大胆的（　　）。
5. 每只"鸡"的头数与脚数之（　　）变为1∶1，每只"兔"的头数与脚数之比变为1∶2。
6. "独脚鸡"和"双脚兔"的脚的数量与它们的头的数量之（　　），就是兔子的只数，即：47-35=12（只）。
7. （　　），有 x 只兔，应该有 $4x$ 只兔脚，而鸡的只数是 $(35-x)$，所以应该有 $2×(35-x)$ 只鸡脚。

三、根据课文内容选择正确答案

1. 大约在一千五百年前，大数学家孙子在_____中记载了这样一道题。

　　A.《孙子算经》　　B.《孙子兵法》　　C.《本草纲目》　　D.《九章算术》

2. 有_____只鸡和兔在同一个笼子里，从上面数，有三十五个头；从下面数，有九十四只脚。

　　A. 少许　　　　　B. 一些　　　　　C. 若干　　　　　D. 少量

3. 他假设_____去每只鸡、每只兔一半的脚，则每只鸡就变成了"独脚鸡"，而每只兔就变成了"双脚兔"。

　　A. 切　　　　　　B. 剁　　　　　　C. 斩　　　　　　D. 砍

孙子巧解"鸡兔同笼"

大约在一千五百年前，大数学家孙子在《孙子算经》中记载[1]了这样一道题："今有鸡兔同笼[2]，上有三十五头，下有九十四足，问鸡兔各几何[3]？"这四句的意思就是：有若干[4]只鸡和兔在同一个笼子里，从上面数，有三十五个头；从下面数，有九十四只脚。求[5]笼中各有几只鸡和兔？同学们，你们会解答这个问题吗？你们知道孙子是如何解答这个"鸡兔同笼"问题的吗？

原来孙子提出了大胆的设想[6]。他假设砍去每只鸡、每只兔一半的脚，则每只鸡就变成了"独脚鸡"，而每只兔就变成了"双脚兔"。这样，"独脚鸡"和"双脚兔"的脚就由94只变成了47只；而每只"鸡"的头数与脚数之比变为1∶1，每只"兔"的头数与脚数之比变为1∶2。由此可知[7]，有一只"双脚兔"，脚的数量就会比头的数量多1。所以，"独脚鸡"和"双脚兔"的脚的数量与它们的头的数量之差[8]，就是兔子的只数，即[9]：47−35=12；鸡的数量就是：35−12=23。

当然，这道题还可以用方程来解答。我们可以先设兔的只数（也就是头数）为x，因为"鸡头+兔头=35"，所以"鸡头=35−x"。由此可知，有x只兔，应该有$4x$只兔脚，而鸡的只数是（35−x），所以应该有$2×(35−x)$只鸡脚。现在已知鸡兔的脚总共是94只，因此，我们可以列出下面的关系式：

$4x+2×(35−x)=94 \qquad x=12$

于是可以算出鸡的只数是35−12=23。

还有一道这样的题："100个和尚吃100个馒头[10]。大和尚一人吃3个，小和尚3人吃一个。求大、小和尚各多少个？"它的答案是大和尚有25个，小和尚有75个。你知道是怎么算的吗？

（选自《打开数学智慧窗》，周阳著，现代出版社，2012.11，有改动　590字）

词　汇

1. 记载　　　　（动）　jìzǎi　　　　خاتىرىلىمەك；مەلۇمات；خاتىرە

2. 笼　　　　　（名）　lóng　　　　قەپەز；كاتەك；توخۇ سېۋىتى

3. 几何　　　　（代）　jǐhé　　　　گېئومېترىيە

4. 若干　　　　（代）　ruògān　　　قانچە；ھەممىسى قانچە؛بىر قانچە؛بىر مۇنچە؛كۆپ

5. 求　　　　　（动）　qiú　　　　تېپىش

6. 设想	（动）	shèxiǎng	قىياس قىلماق؛ تەسەۋۋۇر قىلماق؛ پەرەز قىلماق
7. 由此可知		yóu cǐ kě zhī	مۇشۇنىڭدىن بىلگىلى بولۇش
8. 差	（名）	chā	ئايرىما
9. 即		jí	يەنى
10. 馒头	（名）	mántou	ھورنان؛ موما

词语解释

1. 孙子
《孙子算经》的作者，古代数学家。与《孙子兵法》的作者不是同一个人。

2.《孙子算经》
中国南北朝数学著作，《算经十书》之一。

3. 几何
若干，多少。用于反问。

4. 比
表示两个数字之间的倍数、分数等关系。

语言点

所以，"独脚鸡"和"双脚兔"的脚的数量与它们的头的数量之差，就是兔子的只数，即：47−35=12（只）；鸡的数量就是：35−12=23（只）。

"即"意思是"也就是说，也就是"，是对前文所提到的内容进行解释说明。例如：

（1）预科结业需要"双达标"，即汉语水平达标和思想政治达标。

（2）毛泽东，即中华人民共和国的第一任主席，是一位伟大的革命家。

课堂练习

一、看拼音写汉字

竹（lóng　） 记（zǎi　） （shè　）想 （yóu　）此可知 （mán　）头

二、解释下列句子中画线的词语

1. 大约在一千五百年前，大数学家孙子在《孙子算经》中<u>记载</u>了这样一道题。
2. 今有鸡兔同笼，上有三十五头，下有九十四足，问鸡兔各<u>几何</u>?
3. 有<u>若干</u>只鸡和兔在同一个<u>笼子</u>里。
4. <u>求</u>笼中各有几只鸡和兔?

5. 原来孙子提出了<u>大胆</u>的<u>设想</u>。

三、模仿造句

1. 他<u>假设</u>砍去每只鸡、每只兔一半的脚，<u>则</u>每只鸡就变成了"独脚鸡"，<u>而</u>每只兔就变成了"双脚兔"。　　　　　　　　　　　　　　（假设……，则……，而……）

2. 所以，"独脚鸡"和"双脚兔"的脚的数量与它们的头的数量之差，就是兔子的只数，<u>即</u>：47-35=12（只）；鸡的数量就是：35-12=23（只）。　　　　（即）

3. <u>由此可知</u>，有 x 只兔，应该有 $4x$ 只兔脚，而鸡的只数是（35-x），所以应该有 $2×(35-x)$ 只鸡脚。　　　　　　　　　　　　　　　　　　　　（由此可知）

四、根据课文内容判断正误

1. 一千五百年前，大数学家孙子在《孙子算经》中记载了一道"鸡兔同笼"题。　　　　　　　　　　　　　　　　　　　　　　　　　　　　　　　（　）

2. 孙子提出了大胆的设想。他假设砍去每只鸡、每只兔一半的脚，则每只鸡就变成了"独脚鸡"，而每只兔就变成了"单脚兔"。　　　　　　　　（　）

3. 每只"兔"的头数与脚数之比变为 1：2。由此可知，有一只"双脚兔"，脚的数量就会比头的数量多 1。　　　　　　　　　　　　　　　　　　　（　）

4. "独脚鸡"和"双脚兔"的脚的数量与它们的头的数量之差，就是兔子的只数。　　　　　　　　　　　　　　　　　　　　　　　　　　　　　　（　）

5. "鸡兔同笼"这道题只有一种解法。　　　　　　　　　　　　　　　（　）

6. 在这个笼子里，兔子的数量比鸡多。　　　　　　　　　　　　　　（　）

7. 在这个笼子里，兔子的脚的数量比鸡多。　　　　　　　　　　　　（　）

8. "100 个和尚吃 100 个馒头。大和尚一人吃 3 个，小和尚 3 人吃一个。求大、小和尚各多少个？"它的答案是大和尚有 75 个，小和尚有 25 个。　（　）

五、根据课文内容回答问题

1. "鸡兔同笼"这道题有几种解法？

2. 用自己的话说说孙子是如何解答这道题的。

3. 用方程来解这道题，鸡和兔子分别可以设为什么？

4. 你能讲讲"和尚吃馒头"的算法吗？

课后作业

一、抄写词语，每个词语抄写三遍

二、概括课文大意

第三课

课文一

课前练习

一、根据你所学的知识,谈谈对函数的认识

二、选择正确词语填空

　　　　提炼　避开　尚未　等到　广泛　局限　依赖　避免　包含

1. 豪斯道夫在《集合论纲要》中(　　)了意义不明确的"变量"、"对应"概念。
2. 17 世纪伽利略的《两门新科学》一书中,几乎从头到尾(　　)函数或称为变量关系这一概念。
3. 这个定义(　　)了函数定义中对依赖关系的描述,以清晰的方式被所有数学家接受。
4. 1637 年前后笛卡尔在他的解析几何中,已注意到一个变量对另一个变量的(　　)关系,但当时(　　)意识到要(　　)函数概念。
5. 柯西仍然认为函数关系可以用多个解析式来表示,这是一个很大的(　　)。
6. 欧拉给出的函数定义比约翰·伯努利的定义更普遍、更具有(　　)意义。
7. (　　)康托尔创立的集合论在数学中占有重要地位之后,维布伦用"集合"和"对应"的概念给出了近代函数定义。

三、根据课文内容选择正确答案

1. ＿＿＿＿年约翰·伯努利在莱布尼茨函数概念的基础上对函数概念进行了定义。
   A. 1755　　　B. 1821　　　C. 1718　　　D. 1822

2. 1673 年,莱布尼茨首次使用"函数"表示"幂",后来他用该词表示曲线上点的横坐标、＿＿＿＿、切线长等曲线上点的有关几何量。
   A. 自变量　　B. 极限　　　C. 纵坐标　　D. 元素

3. 1821 年,柯西从定义变量起给出了定义:"在某些变数间存在着一定的关系,当一经给定其中某一变数的值,其他变数的值可随之而确定时,则将最初的变数叫作_____,其他各变数叫作函数。"

  A.流量   B.曲线   C.自变量   D.随意函数

4.1837年狄利克雷突破了这一局限,认为怎样去建立 x 与 y 之间的关系无关紧要,他拓广了函数概念,指出:"对于在_____上的每一个确定的 x 值,y 都有一个确定的值,那么 y 叫作 x 的函数。"

  A.幂   B.变数   C.序偶   D.某区间

5.库拉托夫斯基于1921年用集合概念来定义"_____",使豪斯道夫的定义很严谨了。

  A.值域   B.极限   C.序偶   D.自变元

函数[1]

  17世纪伽利略的《两门新科学》一书中,几乎从头到尾包含[2]函数或称为变量[3]关系这一概念,用文字和比例的语言表达函数的关系。1637年前后笛卡尔在他的解析几何[4]中,已注意到一个变量对另一个变量的依赖[5]关系,但因当时尚未意识到要提炼[6]函数概念,因此直到17世纪后期牛顿、莱布尼茨建立微积分时还没有人明确[7]函数的一般意义,大部分函数是被当作曲线[8]来研究的。

  1673年,莱布尼茨首次使用"函数"表示"幂[9]",后来他用该词表示曲线上点的横坐标[10]、纵坐标[11]、切线[12]长等曲线上点的有关几何量[13]。与此同时,牛顿在微积分的讨论中使用"流量[14]"来表示变量间的关系。

  1718年约翰·伯努利在莱布尼茨函数概念的基础上对函数概念进行了定义:"由任一变量和常数[15]的任一形式所构成的量"。他的意思是凡变量 x 和常量构成的式子都叫作 x 的函数,并强调函数要用公式来表示。

  1755年,欧拉把函数定义为"如果某些变量,以某一种方式依赖于另一些变量,即当后面这些变量变化时,前面这些变量也随着变化,我们把前面的变量称为后面变量的函数"。他把约翰·伯努利给出的函数定义为解析函数[16],并进一步把它区分为代数函数[17]和超越函数[18],还考虑了"随意函数[19]"。不难看出,欧拉给出的函数定义比约翰·伯努利的定义更普遍、更具有广泛意义。

  1821年,柯西从定义变量起给出了定义:"在某些变数间存在着一定的关系,当一经给定其中某一变数的值,其他变数的值可随之而确定时,则将最初的变数叫作自变量[20],其他各变数叫作函数。"在柯西的定义中,首先出现了自变量一词,同时指出对函数来说不一定要有解析表达式。不过他仍然认为函数关系可以用多个解析式来表示，这是一个很大的局限。

1822年傅立叶发现某些函数可以用曲线表示，也可以用一个式子表示，或用多个式子表示，从而[21]结束了函数概念是否以唯一一个式子表示的争论，把对函数的认识又推到了一个新层次。

1837年狄利克雷突破[22]了这一局限，认为怎么去建立 x 与 y 之间的关系无关紧要，他拓广了函数概念，指出："对于在某区间上的每一个确定[23]的 x 值，y 都有一个确定的值，那么 y 叫作 x 的函数。"这个定义避免[24]了函数定义中对依赖关系的描述，以清晰的方式被所有数学家接受。这就是人们常说的经典函数定义。

等到康托尔创立的集合论在数学中占有重要地位之后，维布伦用"集合"和"对应"的概念给出了近代函数定义，通过集合概念把函数的对应关系、定义域[25]及值域[26]进一步具体化了，且打破了"变量是数"的极限[27]，变量可以是数，也可以是其他对象。

1914年豪斯道夫在《集合论纲要》中用不明确的概念"序偶[28]"来定义函数，其避开了意义不明确的"变量"、"对应"概念。库拉托夫斯基于1921年用集合概念来定义"序偶"，便使豪斯道夫的定义很严谨[29]了。

1930年新的现代函数定义为："若对集合 M 的任意元素 x，总有集合 N 确定的元素 y 与之对应，则称在集合 M 上定义一个函数，记为 $y = f(x)$。元素 x 称为自变量，元素 y 称为因变量[30]。"

（选自《数学的起源与发展》，周阳著，现代出版社，2012.11，有改动　1157字）

词　汇

1. 函数	（名）	hánshù		فۇنكسىيە
2. 包含	（动）	bāohán		ئۆز ئىچىگە ئالماق（قىسمەن ياكى تولۇق）
3. 变量	（名）	biànliàng		ئۆزگەرگۈچى；ئۆزگەرگۈچى مىقدار
4. 解析几何		jiěxī jǐhé		ئانالىتىك گېئومېترىيە
5. 依赖	（动）	yīlài		يۆلەنمەك；تايانماق；بېقىندى بولماق ؛ بەر- بەرنى شەرت قىلماق
6. 提炼	（动）	tíliàn		چېككىلەمەك；تاۋلىماق
7. 明确	（动）	míngquè		ئوچۇق؛ئېنىق，روشەن ؛تايىنلىق ؛توغرا ؛ ئايدىڭلاشتۇرماق ؛ئېنىقلىماق
8. 曲线	（名）	qūxiàn		ئەگرى سىزىق

9.	幂	（名）	mì	دەرىجە（ماتېماتىكدا）
10.	横坐标	（名）	héngzuòbiāo	ئابسسسا
11.	纵坐标	（名）	zòngzuòbiāo	ئوردىنات
12.	切线	（名）	qiēxiàn	كەسمە سىزىق؛ ئۇرۇنما
13.	几何量		jǐhéliàng	گېئومېترىيىلىك مىقدارى
14.	流量	（名）	liúliàng	ئېقىم مىقدارى
15.	常数	（名）	chángshù	كونستانت؛ تۇراقلىق سان
16.	解析函数		jiěxī hánshù	ئانالىتىك فۇنكسىيە
17.	代数函数		dàishù hánshù	ئالگېبرالىق فۇنكسىيە
18.	超越函数		chāoyuè hánshù	ترانسېندېنت فۇنكسىيە
19.	随意函数		suíyì hánshù	خالىغان فۇنكسىيە
20.	自变量（元）	（名）	zìbiànliàng (yuán)	ئەركىن ئۆزگەرگۈچى مىقدار
21.	从而	（连）	cóng'ér	شۇنىڭ بىلەن؛ شۇنىڭ نەتىجىسىدە؛ شۇ ئارقىلىق
22.	突破	（动）	tūpò	بۆسۈپ ئۆتۈش
23.	确定	（形）	quèdìng	ئېنىق؛ شەكسىز؛ بەلگىلىمەك؛ ئېنىق بەلگىلىمەك؛ مۇئەييەن
24.	避免	（动）	bìmiǎn	ساقلانماق؛ خالىي بولماق
25.	定义域	（名）	dìngyìyù	ئېنىقلىنىش ساھەسى
26.	值域	（名）	zhíyù	قىممەت ساھە
27.	极限	（名）	jíxiàn	لىمىت（چەك）
28.	序偶	（名）	xù'ǒu	تەرتىپلىك جۈپ؛ تەرتىپلەنگەن جۈپ
29.	严谨	（形）	yánjǐn	ناھايىتى ئېهتىياتچان؛ ناھايىتى پۇختا
30.	因变量（元）	（名）	yīnbiànliàng (yuán)	ئەگىشىپ ئۆزگەرگۈچى مىقدار

词语解释

1. 提炼

比喻文艺创作和语言艺术等弃芜求精的过程；从芜杂的事物中找出有概括性的东西。

例如：

这篇文章写得过于繁杂，思想不明确，中心不突出，需要好好儿提炼主题。

2. 变量

变量是指没有固定的值，可以随着条件的改变而改变的量。

3. 幂

又称乘方。表示一个数自乘若干次的形式，如 n 个 a 相乘的幂为 a^n，或称 a^n 为 a 的 n 次幂。a 称为幂的底数，n 称为幂的指数。在扩充的意义下，指数 n 也可以是分数、负数，也可以是任意实数或复数。

4. 切线长

数学上的专用术语，指路线交点至曲线起点或终点的直线距离。常常用于圆的切线长及切线长公式。

5. 几何量

在微分几何中，在流形上定义一些量（标量、向量、张量等等），使得这些量和流形的局部区域坐标系的选取无关，这样的量就称为几何量。几何量是反映物理现实的量。一个几何量如果是标量，那么它就是一个物理常数，比如普朗克常数。

6. 流量

指流动的物体在单位时间内通过的数量。例如：

在这个时间点，乌市中山路的交通流量并不大。

7. 定义域

设 A，B 是两个非空数集，从集合 A 到集合 B 的一个映射，叫作从集合 A 到集合 B 的一个函数。记作 $y = f(x)$, $x \in A$；或 $y = g(t)$, $t \in A$，其中 A 就叫作定义域。通常，用字母 D 表示。通常定义域是 $f(x)$ 中 x 的取值范围。

8. 值域

函数经典定义中，因变量的取值范围叫作这个函数的值域；在函数现代定义中是指定义域中所有元素在某个对应法则下对应的所有的像所组成的集合。

9. 序偶

指有先后顺序的一对数，与无序偶的概念相对。

10. 常数

常数是指固定不变的数值。一个数学常数是指一个数值不变的常量，与之相反的是变量。

11. 解析函数

如果函数 $f(z)$ 在 z_0 及 z_0 的邻域内处处可导，那么则称 $f(z)$ 在 z_0 解析。

如果函数 $f(z)$ 在区域 D 内每一点解析，则称 $f(z)$ 在区域 D 内解析，或称 $f(z)$ 是区域 D 内的一个解析函数（全纯函数或正则函数）。

12. 代数函数

由自变量和常数经过有限次代数运算得到的函数。

13. 超越函数

超越函数就是"超出"代数函数范围的函数，也就是说变量之间的关系不能用有限次的加、减、乘、除和开方的运算表示的函数。

语言点

1821年，柯西从定义变量起给出了定义："在某些变数间存在着一定的关系，当一经给定其中某一变数的值，其他变数的值可随之而确定时，则将最初的变数叫作自变量，其他各变数叫作函数。"

"一经……，则……"表示只要经过某种行为或某个步骤，就可以产生相应的结果，后面常有"就"、"便"等相呼应。例如：

（1）人人都要遵守考场纪律，作弊一经被发现，则意味着学位证拿不到手了。

（2）平时要注意防病，某些癌症一经查出，则痊愈的可能性就微乎其微了。

课堂练习

一、看拼音写汉字

　　hán　　　　xī　　　　　ǒu　　　　yù　　　　yīn
（　）数　解（　）几何　序（　）　值（　）　（　）变量

二、解释下列句子中画线的词语

1. 1637年前后笛卡尔<u>尚未</u>意识到要提炼函数概念。

2. 笛卡尔已注意到一个变量对另一个变量的<u>依赖</u>关系。

3. 柯西仍然认为函数关系可以用多个解析式来表示，这是一个很大的<u>局限</u>。

4. 这就是人们常说的<u>经典</u>函数定义。

5. 1837年狄利克雷<u>突破</u>了这一局限，认为怎样去建立 x 与 y 之间的关系无关紧要。

6. 库拉托夫斯基用集合概念定义"序偶"，使豪斯道夫的定义很<u>严谨</u>了。

三、模仿造句

1. <u>直到</u>17世纪后期牛顿、莱布尼茨建立微积分时<u>还</u>没有人明确函数的一般意义。
（直到……还……）

2. 他的意思是<u>凡</u>变量 x 和常量构成的式子<u>都</u>叫作 x 的函数。　　（凡……都……）

3. <u>不难看出</u>，欧拉给出的函数定义比约翰·伯努利的定义更普遍、更具有广泛意义。
（不难看出）

4. 1822年傅立叶发现某些函数可以用曲线表示，也可以用一个式子表示，或用多个式子表示，<u>从而</u>结束了函数概念是否以唯一一个式子表示的争论，把对函数的认识又推到了一个新层次。　　（从而）

四、根据课文内容判断正误

1. 1673年，莱布尼茨首次使用"函数"表示"幂"。（　　）

2. 约翰·伯努利给出的函数定义比欧拉的定义更普遍、更具有广泛意义。（　　）

3. 维布伦用"集合"和"对应"的概念给出了近代函数定义。（　　）

4. 库拉托夫斯基于1921年用集合概念来定义"序偶",使豪斯道夫的定义很严谨了。
（   ）

5. 1822年傅立叶发现某些函数可以用曲线表示,也可以用一个式子表示,或用多个式子表示,从而结束了函数概念是否以唯一一个式子表示的争论。（   ）

五、名词解释

1. 变量

2. 流量

3. 值域

4. 序偶

5. 解析函数

6. 代数函数

六、根据课文内容回答问题

1. 什么是自变量？
2. 为什么说傅立叶把对函数的认识又推到了一个新层次？
3. 约翰·伯努利对函数概念进行了怎样的定义？
4. 为什么欧拉给出的函数定义比约翰·伯努利的定义更普遍、更具有广泛意义？
5. 人们常说的经典函数定义是什么？

课后作业

一、抄写词语,每个词语抄写三遍

二、概括课文大意

课文二

课前练习

一、请讲讲"孙悟空大战牛魔王"的故事

二、选择正确词语填空

悠闲　孤立　制服　始终　制约　费尽心机
顶天立地　见势不妙　无可奈何　败阵而逃

1. 悟空（　　），好不容易借得芭蕉扇。
2. 牛魔王不是孙悟空的对手，力倦神疲，（　　）。
3. 他（　　），只好飞下山崖，变作一只香獐，装着（　　）的样子，在崖前吃草。
4. 牛魔王（　　），只好复了本相，急忙逃去。
5. 大喝一声，身躯能"（　　）"，也可变成一个小虫儿。
6. 是不是所有的量在任何情况下，都（　　）变化着呢?
7. 变量并不是（　　）地在那里变，在变化过程中，变量之间有着密切的联系和（　　）。
8. 牛魔王变个什么，孙悟空就相应变个能（　　）牛魔王的什么。

三、根据课文内容选择正确答案

1. 在代数中，我们把这种首先变化的量叫作＿＿＿＿。
　A. 函数　　　B. 变量　　　C. 常量　　　D. 自变量
2. 在代数中，我们把随着自变量的变化而变的量叫作＿＿＿＿。
　A. 常量　　　B. 函数　　　C. 变量　　　D. 自变量
3. 在代数中，把研究某一问题过程中不断变化着的量叫作＿＿＿＿。
　A. 变量　　　B. 函数　　　C. 常量　　　D. 自变量
4. 在代数中，把一定范围内保持不变的量叫作＿＿＿＿。
　A. 变量　　　B. 函数　　　C. 常量　　　D. 自变量
5. 在代数中，把函数随着自变量的变化而变所遵循的一定原则叫作函数的＿＿＿＿。
　A. 依存关系　B. 对应关系　C. 数学关系　D. 制约关系

孙悟空大战牛魔王

你看过《西游记》吗？里面有一段孙悟空大战牛魔王的故事。

唐僧与悟空等师徒四人上西天取经[1]，晓行夜宿，行至火焰山，山口热浪滚滚，无法通过。悟空从土地爷那里得知，只有铁扇公主的芭蕉扇，方[2]能扇灭烈火。悟空费尽心机[3]，好不容易借得芭蕉扇，又被铁扇公主的丈夫牛魔王骗去。于是悟空与牛魔王展开了一场大战。

牛魔王不是孙悟空的对手，力倦神疲，败阵而逃。可是，牛魔王不简单，他会变。他见悟空紧紧追赶，便摇身变成了一只白鹤，腾空飞去。悟空一见，立刻变成一只丹凤，紧追上去。牛魔王一想：凤是百鸟之王，我这只白鹤哪里斗[4]得过这个丹凤？！他无可奈何[5]，只好飞下山崖，变作一只香獐，装作悠闲[6]的样子，在崖前吃草。悟空心里想：好牛精，你休[7]想混过我老孙的火眼金睛！他马上变作一只饿虎，猛扑过去。牛魔王心慌，赶快变了个狮子，来擒拿饿虎。悟空看得分明[8]，就地[9]一滚，变成一只巨象，撒开长鼻，去卷那头狮子。牛魔王拿出绝招儿[10]，现出原形，原来是一头大白牛。这白牛两角坚似铁塔，身高八千余丈，力大无穷。他对悟空说："你还能把我怎样？"只见悟空弯腰躬[11]身，大喝一声"长！"，立即身高万丈，手持大铁棒朝牛魔王打去。牛魔王见势不妙[12]，只好复了本相，急忙逃去。孙悟空与牛魔王杀得惊天动地，惊动了天上的众神，前来帮助围困牛魔王。牛魔王困兽犹斗，又变成一头大白牛，用铁角猛顶托塔天王，被哪吒用火轮烧得大声吼叫，最后被天王用照妖镜照定，动弹不得，只得连声求饶[13]，献出芭蕉扇，扇灭火焰山烈火，唐僧四人翻越山岭，继续往西天取经。

这段故事很吸引人，而且它和初中代数中所学的函数概念有关。

首先，就从这个"变"字谈起。孙悟空和牛魔王都神通广大，都能变。他们能变飞禽、走兽；大喝一声，身躯能"顶天立地[14]"，也可变成一个小虫儿。当然，这些都是神话，不是真情实事。不过，世界上的一切事物的确无不在变化着。既然物质在变化，表示它们的量的大小的数，自然[15]也要随着变化了。这就告诉我们，要从变化的观点来研究数和量以及[16]它们之间的关系。

其次，我们再来看一看，是不是所有的量在任何情况下，都始终[17]变化着呢？不是的。研究问题的某个特定过程中，在一定的范围内，有的数量是保持不变的。或者，虽然它也在变，但变化微小，我们把它看成是不变的。还是用唐僧师徒来做例子。孙悟空的本事最大，能七十二变；唐僧最没用，一点儿也不会变，所以妖怪一看就认得他，都想吃他的肉。在代数中，把研究某一问题过程中不断变化着的量叫作变量，孙悟空就好像是一个"变量"；把一定范围内保持不变的量叫作常量，唐僧就好像是一个"常量"。

另外，我们再来看一看，变量与变量之间有没有什么联系。变量并不是孤立[18]地在那里变，在变化过程中，变量之间有着密切[19]的联系和制约。仍以上面这段故事来说，孙悟空和牛魔王各显神通[20]，都在变。牛魔王变成一只狮子，孙悟空随着变成一只巨象；牛魔王变成身高八千余丈的大白牛，孙悟空又随着变得身高万丈；……。这里，牛魔王总是先变，他变的目的是想千方百计地逃跑；孙悟空是随着牛魔王的变化而变化的。而且这种变化又是有一定原则的。牛魔王变个什么，孙悟空就相应变个能制服牛魔王的什么。在代数中，我们把这种首先变化的量叫作自变量，把随着自变量的变化而变的量叫作函数，把函数随着自变量的变化而变所遵循的一定原则叫作函数的对应关系。像上面讲的，孙悟空就好像是牛魔王的"函数"，他是随着牛魔王的变化而变化的。

这样看来，《西游记》和我们的数学还很有关系哩！其实，只要我们留意，到处都充满着数学的原理。

（选自"中国数学课程网"，有改动　1417字）

词　汇

1. 经	（名）	jīng	كلاسسىك؛ كلاسسىك ئەسەر؛ مۇقەددەس كىتاب؛ ئىنجىل؛ نوم؛ قۇرئان
2. 方	（副）	fāng	ئاندىن...
3. 费尽心机		fèijìn xīnjī	پۇتۇن زېھنى بىلەن؛ قاتتىق باش قاتۇرماق
4. 斗	（动）	dòu	تەگ كەلمەك؛ كۈرەش قىلماق
5. 无可奈何		wúkěnàihé	ئامالسىزلىق؛ ئىلاجسىزلىق؛ نائىلاج
6. 悠闲	（形）	yōuxián	غەمسىز؛ بىمالال؛ ئەركىن؛ بەخىرامان؛ بېپەرۋا
7. 休	（副）	xiū	ـماسلىق؛ ـمەسلىك؛ ـما؛ ـمە
8. 分明	（形）	fēnmíng	ئوچۇق؛ روشەن؛ ئېنىق؛ ئايدىڭ؛
9. 就地	（副）	jiùdì	شۇ يەر؛ شۇ جاي؛ ئۆز يېرى؛ ئۆز جايى
10. 绝招儿	（名）	juézhāor	ئاجايىپ ماھارەت؛ قالتىس ھۈنەر؛ قالتىس چارە؛ ئاجايىپ تەدبىر؛ قالتىس پىلان
11. 躬	（动）	gōng	ئېگىشمەك؛ ئېگىلمەك
12. 见势不妙		jiàn shì búmiào	ۋەزىيەتنىڭ خەتەرلىكىنى بايقىماق

13. 求饶	（动）	qiú//ráo		كەچۈرۈم سوراپ; ئەپۇ سوراپ
14. 顶天立地		dǐngtiān-lìdì		جاسارەتلىك; زەبەردەست; مەردانە
15. 自然	（副）	zìrán		ئەلۋەتتە; تۇرغان گەپ
16. 以及	（连）	yǐjí		ۋە; ھەم; شۇنداقلا
17. 始终	（副）	shǐzhōng		باشتىن ئاخىر; باشتىن ئاياغ; ئۈزچىل
18. 孤立	（形）	gūlì		يالغۇز; تەنھا; تايانچسىز; يەككە-يىگانە
19. 密切	（形）	mìqiè		زىچ; قويۇق; يېقىن
20. 各显神通		gèxiǎn-shéntōng		ھەركىم ئۆز ھۈنىرىنى كۆرسەتمەك; ھەر قايسى ئۆز كارامىتىنى كۆرسەتمەك

词语解释

1. 西天

我国古代对印度的称谓。印度古称天竺，在我国西南方向，故略称西天。所谓"西天取经"即指去印度取经。

2. 经

作为思想、道德、行为等标准的书，亦称宗教中讲教义的书，或称某一方面事物的专著，如：诗经、易经、经书、经卷、经文、经义、经传（zhuàn）（儒家经典与注疏的合称）、四书五经、经史子集、黄帝内经。

3. 擒拿

武术技法之一类，利用人体关节、穴位和要害部位的弱点，运用杠杆原理与经络学说，采用反关节动作和集中力量攻击对方薄弱之处，使其产生生理上无法抗拒的疼痛反应，达到拿其一处而擒之的效果。

4. 困兽犹斗

困兽：被围困的野兽。犹：还，尚且。被围困的野兽，还要挣扎、搏斗。比喻身处绝境仍要拼命抵抗。

5. 原理

自然科学和社会科学中具有普遍意义的基本规律。是在大量观察、实践的基础上，经过归纳、概括而得出的。既能指导实践，又必须经受实践的检验。如：杠杆原理、物理学原理。

课堂练习

一、看拼音写汉字

（　　）尽心机　　各（　　）神通　　见（　　）不妙
　fèi　　　　　　　　xiǎn　　　　　　　shì

（　　）天立地　　无可（　　）何
　dǐng　　　　　　　　nài

二、解释下列句子中画线的词语

1. 唐僧与悟空等师徒四人上西天取经，<u>晓行夜宿</u>。
2. 牛魔王不是孙悟空的对手，<u>力倦神疲</u>，<u>败阵而逃</u>。
3. 悟空心里想：好牛精，你休想混过我老孙的<u>火眼金睛</u>!
4. 只见悟空弯腰躬身，大喝一声"长！"，立即<u>身高万丈</u>。
5. 变量并不是孤立地在那里变，在变化过程中，变量之间有着密切的联系和<u>制约</u>。
6. 孙悟空和牛魔王<u>各显</u>神通，都在变。
7. 牛魔王变个什么，孙悟空就<u>相应</u>变个能制服牛魔王的什么。
8. 把函数随着自变量的变化而变所<u>遵循</u>的一定原则叫作函数的对应关系。

三、模仿造句

1. 他<u>见</u>悟空紧紧追赶，<u>便</u>摇身变成一只白鹤，腾空飞去。　　（见……，便……）
2. <u>只见</u>悟空弯腰躬身，大喝一声"长！"，立即身高万丈。　　（只见）
3. 首先，就<u>从</u>这个"变"字<u>谈起</u>。孙悟空和牛魔王都神通广大，都能变。

　　　　　　　　　　　　　　　　　　　　　　　　　　　（从……谈起）

4. 牛魔王变个什么，孙悟空就<u>相应</u>变个能制服牛魔王的什么。　　（相应）

四、根据课文内容判断正误

1. 本文的故事和初中代数中所学的自变量概念有关。　　　　　　（　　）
2. 要从变化的观点来研究数和量以及它们之间的关系。　　　　　（　　）
3. 把研究某一问题过程中不断变化着的量叫作变量，唐僧就好像是一个"变量"。

　　　　　　　　　　　　　　　　　　　　　　　　　　　　　　（　　）

4. 变量与变量之间没有什么联系。　　　　　　　　　　　　　　（　　）
5. 孙悟空就好像是牛魔王的"自变量"，他是随着牛魔王的变化而变化的。　（　　）

五、根据课文内容回答问题

1. 什么是变量？
2. 什么是常量？
3. 什么是自变量？
4. 什么是函数？

课后作业

一、抄写词语，每个词语抄写三遍

二、概括课文大意

课文三

课前练习

一、谈谈你对书籍装订的认识

二、选择正确词语填空

　　　　点拨　一致　哄堂大笑　急于　抢先　相干　一连串　即　偶然

1. 他们在翻看书的出版时间时，（　　）发现了书上标有"开本787×1092，1/32"的字样。
2. 裁纸就是裁纸，这与数学有什么（　　）？
3. 刘老师在黑板上画出了（　　）大大小小的矩形。
4. 书上标的1/32，就是指一张纸的1/32大小，（　　）32开。
5. 有的同学主动站出来回答："128次！"引起了（　　）。
6. 刘老师用（　　）的方法讲解。
7. 同学们中还是林明和张君同学（　　）回答。
8. 刘老师和同学们都（　　）同意林明和张君的回答。
9. 刘老师并不（　　）回答这个问题。

三、根据课文内容选择正确答案

1. 把这张纸沿长度方向对折起来裁开，就得到两张大小一样的纸，从长、宽和大小上来讲，我们就叫它＿＿＿＿。

　　A. 1开纸　　　　B. 2开纸　　　　C. 3开纸　　　　D. 4开纸

2. 所谓＿＿＿＿就是一张矩形纸的大小规格，多少开的纸，就是指这张小矩形纸是原整张纸的多少分之一。

　　A. 裁纸　　　　B. 页数　　　　C. 开纸　　　　D. 开数

3. 书上标的1/32，就是指一张纸的1/32大小，即＿＿＿＿。

A. 23 开	B. 32 开	C. 64 开	D. 128 开

4. 裁纸的次数就等于 2 的正整数幂的指数。128 开，就是因为 $2^7 = 128$，所以共裁了 _____ 次。

A. 6	B. 9	C. 8	D. 7

开本[1]的真相[2]

林明和张君两位同学一起来到书店，要购买一本《趣味数学》，他们在翻看书的出版时间时，偶然发现了书上标有"开本 787×1092，1/32"的字样，不解其意[3]。回校后他们去问数学老师，刘老师笑着说："这是裁纸中的数学。"

"裁纸就是裁纸，这与数学有什么相干？"两位同学更加糊涂[4]了。

"你们别着急，让我慢慢讲嘛！"刘老师耐心[5]地说下去，"787（毫米）和 1092（毫米）是表示这一张纸的宽和长，符合这个规格的一张纸叫作一整张。"刘老师边说边在黑板上画了一个矩形[6]表示一整张纸，教室里来听"讲座"的人也越来越多了。

"把这张纸沿长度方向对折起来裁开，就得到两张大小一样的纸，从长、宽和大小上来讲，我们就叫它 2 开纸。如果再把 2 开纸沿长度方向对折裁开，就得到 4 开纸了。依上法，继续对折裁开，就可以得到 8 开、16 开、32 开、64 开等等。"刘老师在黑板上画出了一连串大大小小的矩形，并标上了它们的相应开数，接着说，"所谓[7]开数就是一张矩形纸的大小规格[8]，多少开的纸，就是指这张小矩形纸是原整张纸的多少分之一。书上标[9]的 1/32，就是指一张纸的 1/32 大小，即 32 开。书刊的规格不同，常见的杂志多是 16 开本，我们的课本多是 32 开本。"

刘老师稍[10]停了一下，同学们在小声地议论着，林明和张君同学又发现了一个新问题，向老师问道："如果我们知道了 128 开的一张纸，您能说出它是一张纸裁了几次而得来的吗？"

同学们的讨论声立刻大了起来，但刘老师并不急于[11]回答这个问题，有的同学主动站出来回答："128 次！"引起了哄堂大笑[12]。

刘老师用点拨的方法讲："我们把裁纸的规格列出来：2 开，4 开，8 开，16 开，32 开，64 开，128 开……，然后把这些数值用 2 的幂的形式表示出来：2，2^2，2^3，2^4，2^5，2^6，2^7……。大家根据裁纸的过程和所得小纸的开数，你们能有什么发现？"

刘老师把话停下来，让同学们思考。还是林明和张君同学抢先回答："裁纸的次数就等于 2 的正整数幂的指数[13]。128 开，就是因为 $2^7 = 128$，所以共裁了7次。"刘老师和同学们都一致同意林明和张君的回答。

这样看来，裁纸当中的数学还真有意思哩！

（选自《打开数学智慧窗》，周阳著，现代出版社，2012.11，有改动　813字）

词　　汇

1. 开本	（名）	kāiběn	فورمات
2. 真相	（名）	zhēnxiàng	ھەقىقىيلىق؛ رېئاللىق؛؛ ھەقىقىي ئەھۋال
3. 不解其意		bù jiě qí yì	ئۇنىڭ مەنىسىنى چۈشەنمەسلىك
4. 糊涂	（形）	hútu	ئېلىشىپ كەتمەك؛گاڭگىراپ قالماق
5. 耐心	（形）	nàixīn	سەۋرلىك؛سەۋرچان؛ تاقەت قىلماق
6. 矩形	（名）	jǔxíng	تىك تۆت بۇلۇڭ
7. 所谓	（形）	suǒwèi	دېمەك؛ ئاتالمىش
8. 规格	（名）	guīgé	ئۆلچەم؛ رازمېر
9. 标	（动）	biāo	ماركا چاپلىماق؛ بەلگە سالماق
10. 稍	（副）	shāo	سەل؛ سەل-پەل؛ ئازراق؛ بىر ئاز
11. 急于	（动）	jíyú	ئالدىرماق
12. 哄堂大笑		hōngtáng-dàxiào	ھەممەيلەن قاقاقلىشىپ كۈلۈشۈپ كەتمەك
13. 指数	（名）	zhǐshù	كۆرسەتكۈچ سانى؛ دەرىجىسى

词语解释

1. 裁
用刀、剪等分割片状物。例如：裁纸、裁衣服、裁剪。
2. 依
依照，按照。例如：
（1）这些被非法贩卖的野生动物被依法没收，送往野生动物救护中心。
（2）依你的意思，我们今天非得去不可。
3. 一连串
行动、事情等一个接一个。例如：
（1）最近，该路段发生了一连串的交通事故。
（2）一连串的胜利，直到解放上海，振奋了这个国外游子的心。
4. 指数
表示一个数自乘若干次的数字，记在数的右上角。

语 言 点

1. "裁纸就是裁纸,这与数学有什么相干?"两位同学更加糊涂了。

"……与……相干"这一格式表示相互间有联系、有关系、有牵涉,多用于否定句或疑问句。例如:

(1) 这事与你又不相干,你何必操心呢?

(2) 与他不相干的事他是绝对不会去参与的。

2. 所谓开数就是一张矩形纸的大小规格,多少开的纸,就是指这张小矩形纸是原整张纸的多少分之一。

"所谓……,就是……"这一格式用于复说、引证等。例如:

(1) 所谓低碳生活,就是生活作息时所耗用的能量要尽力减少,从而降低二氧化碳的排放量的一种生活方式。

(2) 所谓自动控制,就是在没人参与的情况下,利用控制装置使被控对象或过程自动地按预定规律运行。

课堂练习

一、看拼音写汉字

　　　　kāi　　　guī　　　jǔ　　　hōng　　　zhǐ
　　　(　)本　(　)格　(　)形　(　)堂大笑　(　)数

二、解释下列句子中画线的词语

1. 裁纸就是裁纸,这与数学有什么<u>相干</u>?
2. <u>依上法</u>,继续对折裁开,就可以得到8开、16开、32开、64开等等。
3. 刘老师在黑板上画出了一连串大大小小的矩形,并标上了它们的相应开数。
4. 刘老师用<u>点拨</u>的方法讲。
5. 刘老师和同学们都<u>一致</u>同意林明和张君的回答。
6. 还是林明和张君同学<u>抢先</u>回答。

三、模仿造句

1. 裁纸就是裁纸,这<u>与</u>数学有什么<u>相干</u>?　　　　　　(……与……相干)

2. 如果再把2开纸沿长度方向对折裁开,就得到4开纸了。<u>依上法</u>,继续对折裁开,就可以得到8开、16开、32开、64开等等。　　　　　　　(依上法)

3. <u>所谓</u>开数<u>就是</u>一张矩形纸的大小规格,多少开的纸,就是指这张小矩形纸是原整张纸的多少分之一。　　　　　　(所谓……,就是……)

四、根据课文内容判断正误

1. 开本就是开数。　　　　　　　　　　　　　　　　　　　　　　(　)

2. 裁纸与数学没有关系。（　）
3. 常见的杂志多是 32 开本，我们的课本多是 16 开本。（　）
4. 裁纸的次数就等于 2 的正整数幂的指数。（　）

五、名词解释

1. 幂

2. 规格

3. 矩形

六、根据课文内容回答问题

1. 什么是开数？
2. 开本的真相是什么？
3. 128 开的一张纸是怎么裁出来的？

课后作业

一、抄写词语，每个词语抄写三遍

二、概括课文大意

第四课

课文一

课前练习

一、根据你所学的知识，谈谈你对射影几何以及解析几何的认识

二、选择正确词语填空

    独立 区别 生成 开创 关于 过渡 概念 解脱 处理

1. 射影几何真正独立的研究是由彭赛勒（　　）的。
2. 迪沙格发表了一本（　　）圆锥曲线的很有独创性的小册子。
3. 在初等数学中，几何与代数是彼此（　　）的两个分支。
4. 这两项研究之间存在一个根本（　　）：前者是几何学的一个分支，后者是几何学的一种方法。
5. 斯陶特发表了《位置几何学》一书，使射影几何最终从测量基础中（　　）出来。
6. 笛卡尔提出了几种由机械运动（　　）的新曲线。
7. 在19世纪晚期和20世纪初期，对射影几何学做了多种公设（　　）。
8. 逐渐地增添和改变公设，就能从射影几何（　　）到欧几里得几何。
9. 彭赛勒的许多（　　）被斯坦纳进一步发展。

三、根据课文内容选择正确答案

1. 解析几何即_____。
  A. 坐标几何 B. 平面几何 C. 立体几何 D. 初等几何
2. 18世纪后期，_____提出了二维平面上的适当投影表达三维对象的方法。
  A. 帕斯卡 B. 斯陶特 C. 彭赛勒 D. 蒙日
3. 将一个不变_____添加到平面上的射影几何中，就能得到传统的非欧几何学。
  A. 二次曲线 B. 三次曲线 C. 三维对象 D. 一次曲线
4. 1788年，拉格朗日开始研究_____的理论。

A. 解析几何　　　　B. 有向线段　　　　C. 射影几何　　　　D. 无向线段

5. 在迪沙格和帕斯卡开辟了射影几何的同时，笛卡尔和费尔马开始构思_____的概念。

A. 近代射影几何　　B. 现代射影几何　　C. 近代解析几何　　D. 现代解析几何

射影几何[1]与解析几何

射影几何学是一门讨论在把点射影到直线或平面上的时候，图形的不变性质的一门几何学。幻灯片上的点、线，经过幻灯机的照射投影[2]，在银幕上的图画中都有相对应的点线，这样一组图形经过有限次透视[3]以后，变成另一组图形，这在数学上就叫作射影对应[4]。射影几何学在航空、摄影和测量等方面都有广泛的应用。

射影几何是迪沙格和帕斯卡在1639年开辟[5]的。迪沙格发表了一本关于圆锥曲线的很有独创性的小册子，从开普勒的连续性[6]原理开始，导出[7]了许多关于对合、调和变程、透射、极轴[8]、极点以及透视的基本原理，这些课题是今天学习射影几何这门课程的人所熟悉的。年仅16岁的帕斯卡得出了一些新的、深奥[9]的定理，并于9年后写了一份内容很丰富的手稿。18世纪后期，蒙日提出了二维平面[10]上的适当投影表达三维[11]对象的方法，因而从提供的数据能快速算出炮兵阵地的位置，避开了冗长[12]的、麻烦的算术运算。

射影几何真正独立的研究是由彭赛勒开创的。1822年，他发表了《论图形的射影性质》一文，给该领域的研究以巨大的推动作用。他的许多概念被斯坦纳进一步发展。1847年，斯陶特发表了《位置几何学》一书，使射影几何最终从测量[13]基础中解脱出来。

后来证明，采用度量[14]适当的射影定义，能在射影几何的范围内研究度量几何学。将一个不变二次曲线[15]添加到平面上的射影几何中，就能得到传统的非欧几何学。在19世纪晚期和20世纪初期，对射影几何学做了多种公设[16]处理，并且有限射影几何也被发现。事实证明，逐渐地增添和改变公设，就能从射影几何过渡到欧几里得几何[17]，其间经历了许多其他重要的几何学。

解析几何即坐标几何，包括平面解析几何和立体解析几何两部分。解析几何通过平面直角坐标系和空间直角坐标系，建立点与实数对之间的一一对应关系[18]，从而建立起曲线或曲面[19]与方程之间的一一对应关系，因而就能用代数方法研究几何问题，或用几何方法研究代数问题。

在初等数学中，几何与代数是彼此独立的两个分支；在方法上，它们也基本是互不相关的。解析几何的建立，不仅由于在内容上引入了变量的研究

49

而开创了变量数学[20]，而且在方法上也使几何方法与代数方法结合起来。

在迪沙格和帕斯卡开辟了射影几何的同时，笛卡尔和费尔马开始构思现代解析几何的概念[21]。这两项研究之间存在一个根本区别：前者是几何学的一个分支，后者是几何学的一种方法。

1637年，笛卡尔发表了《方法论》及其三个附录[22]，他对解析几何的贡献，就在第三个附录《几何学》中，他提出了几种由机械运动[23]生成的新曲线。在《平面和立体轨迹导论》中，费尔马解析[24]地定义了许多新的曲线。在很大程度上，笛卡尔从轨迹[25]开始，然后求它的方程；费尔马则从方程出发，然后来研究轨迹。这正是解析几何基本原则的两个相反的方面，"解析几何"的名称是以后才定下来的。

这门课程达到现在课本中熟悉的形式，是100多年以后的事。像今天这样使用坐标[26]、横坐标、纵坐标这几个术语，是莱布尼茨于1692年提出的。1733年，年仅18岁的克雷洛出版了《关于双重曲率曲线的研究》一书，这是最早的一部空间解析几何[27]著作。1748年，欧拉写的《无穷分析概要[28]》，可以说是符合现代意义的第一部解析几何学教程。1788年，拉格朗日开始研究有向线段[29]的理论。1844年，格拉斯曼提出了多维空间[30]的概念，并引入向量的记号，于是多维解析几何[31]出现了。

解析几何在近代的发展，产生了无穷维解析几何[32]和代数几何[33]等一些分支。普通解析几何只不过是代数几何的一部分，而代数几何的发展同抽象代数[34]有着密切的联系。

（选自"中学学科网"，有改动　1371字）

词　　汇

1. 射影几何　　　　　　shèyǐng jǐhé

2. 投影　　　　（动）tóuyǐng

3. 透视　　　　（动）tòushì

4. 射影对应　　　　　　shèyǐng duìyìng

5. 开辟　　　　（动）kāipì

6. 连续性　　　　　　　liánxùxìng

7. 导出　　　　　　　　dǎochū

8. 极轴　　　　（名）jízhóu

9. 深奥　　　　（形）shēn'ào

10. 二维平面			èrwéi píngmiàn	ئىككى ئۆلچەملىك تەكشى يۈز
11. 三维	（名）		sānwéi	ئۈچ ئۆلچەم؛ ئۈچ ئۆلچەملىك
12. 冗长	（形）		rǒngcháng	تولىمۇ ئۇزۇن؛ كۆپ سۆزلۈك؛ بىقمىسىز؛ سوغۇق
13. 测量	（动）		cèliáng	ئۆلچىمەك
14. 度量	（动）		dùliáng	ئۆلچەم
15. 二次曲线			èrcì qūxiàn	ئىككىنچى دەرىجەلىك ئەگرى سىزىق
16. 公设	（名）		gōngshè	پوستۇلات (ئاكسئوما)
17. 欧几里得几何			Ōujǐlǐdé jǐhé	ئېۋكلىد گېئومېترىيىسى
18. 对应关系			duìyìng guānxì	ماسلىق مۇناسىۋەت
19. 曲面	（名）		qūmiàn	ئەگرى يۈز؛ ئەگرى سىرت
20. 变量数学			biànliàng shùxué	ئۆزگەرىشچان مىقدار ماتېماتىكىسى
21. 概念	（名）		gàiniàn	چۈشەنچە؛ ئۇقۇم
22. 附录	（名）		fùlù	قوشۇمچە؛ ئىلاۋە
23. 机械运动			jīxiè yùndòng	مېخانىكلىق ھەرىكەت
24. 解析	（动）		jiěxī	ئانالىز؛ ئانالىتىك
25. 轨迹	（名）		guǐjì	ترايېكتورىيە؛ ئىز
26. 坐标	（名）		zuòbiāo	كوئوردىنات
27. 空间解析几何			kōngjiān jiěxī jǐhé	بوشلۇق ئانالىتىك گېئومېترىيىسى
28. 概要	（名）		gàiyào	ئاساسىي مەزمۇن؛ قىسقىچە چۈشەنچە
29. 有向线段			yǒuxiàng xiànduàn	يۆنىلىشلىك كېسىك
30. 多维空间			duōwéi kōngjiān	كۆپ ئۆلچەملىك بوشلۇق
31. 多维解析几何			duōwéi jiěxī jǐhé	كۆپ ئۆلچەملىك ئانالىتىك گېئومېترىيىسى
32. 无穷维解析几何			wúqióng wéi jiěxī jǐhé	چەكسىز ئۆلچەملىك ئانالىتىك گېئومېترىيىسى
33. 代数几何			dàishù jǐhé	ئالگېبرالىق گېئومېترىيە
34. 抽象代数			chōuxiàng dàishù	ئابستراكت ئالگېبرا

词语解释

1. 射影几何

射影几何是研究图形的射影性质，即它们经过射影变换后，依然保持不变的图形性质的几何学分支学科。曾经也叫作投影几何学。在经典几何学中，射影几何处于一个特殊的地位,通过它可以把其他一些几何学联系起来。

2. 欧几里得几何

欧几里得几何有时单指平面上的几何,即平面几何。本文主要描述平面几何。三维空间的欧几里得几何通常叫作立体几何。

3. 解析几何

简而言之,即对几何体(一维二维三维多维不等)建立坐标系,通过坐标系的点来建立方程式,由此解决问题,如求面积等。

4. 机械运动

机械运动是自然界中最简单、最基本的运动形态。在物理学里,一个物体相对于另一个物体的位置,或者一个物体的某些部分相对于其他部分的位置,随着时间而变化的过程叫作机械运动。

5. 有向线段

规定了起点和终点的线段叫作有向线段。表示有向线段时,要将表示起点的字母写在前面,表示终点的字母写在后面。有向线段包括三要素:起点、方向和长度。

6. 多维空间

"维"是一种度量,在三维空间坐标上,加上时间,时空互相联系,就构成四维时空。现在科学家的理论认为整个宇宙是十一维的,只是人类只能理解到三维。

7. 代数几何

代数几何是数学的一个分支,是将抽象代数,特别是交换代数,同几何结合起来。它可以被认为是对代数方程系统的解集的研究。代数几何研究一般代数曲线与代数曲面的几何性质。

课堂练习

一、看拼音写汉字

投(yǐng) 极(zhóu) 公(shè) (qū)面 坐(biāo)

二、解释下列句子中画线的词语

1. 射影几何是迪沙格和帕斯卡在 1639 年<u>开辟</u>的。
2. 年仅 16 岁的帕斯卡得出了一些新的、<u>深奥</u>的定理。
3. 彭赛勒发表了《论图形的射影性质》一文,给该领域的研究以巨大的<u>推动</u>作用。
4. 在初等数学中,几何与代数是彼此独立的两个分支;在方法上,它们也基本是<u>互不相关</u>的。
5. 费尔马则从方程出发,然后来研究<u>轨迹</u>。
6. 射影几何学在航空、摄影和测量等方面都有<u>广泛</u>的应用。

7. 从提供的数据能快速算出炮兵阵地的位置,避开了<u>冗长</u>的、麻烦的算术运算。
8. 在很大程度上,笛卡尔从轨迹开始,然后<u>求</u>它的方程。
9. 解析几何通过平面直角坐标系和空间直角坐标系,建立点与实数对之间的<u>一一对应关系</u>。
10. 解析几何的建立,在内容上引入了<u>变量</u>的研究而开创了变量数学。

三、模仿造句

1. <u>从</u>开普勒的连续性原理<u>开始</u>,导出了许多关于对合、调和变程、透射、极轴、极点以及透视的基本原理。　　　　　　　　　　　　(从……开始)
2. 欧拉写的《无穷分析概要》,<u>可以说</u>是符合现代意义的第一部解析几何学教程。
(可以说)
3. 1844 年,格拉斯曼提出了多维空间的概念,并引入向量的记号,<u>于是</u>多维解析几何出现了。　　　　　　　　　　　　　　　　　　　(于是)
4. 普通解析几何只<u>不过</u>是代数几何的一部分,<u>而</u>代数几何的发展同抽象代数有着密切的联系。　　　　　　　　　　　　　(……只不过……,而……)

四、根据课文内容判断正误

1. 1733 年,克雷洛出版了《关于双重曲率曲线的研究》一书,这是最早的一部空间解析几何著作。　　　　　　　　　　　　　　　　　　　　　　(　　)
2. 解析几何学是一门讨论在把点射影到直线或平面上的时候,图形的不变性质的一门几何学。　　　　　　　　　　　　　　　　　　　　　　(　　)
3. 后来证明,采用度量适当的解析定义,能在射影几何的范围内研究度量几何学。
(　　)
4. 像今天这样使用坐标、横坐标、纵坐标这几个术语,是欧拉提出的。　(　　)
5. 1844 年,格拉斯曼提出了多维空间的概念,并引入向量的记号,于是多维解析几何出现了。　　　　　　　　　　　　　　　　　　　　　　　　(　　)

五、名词解释

1. 多维空间

2. 解析几何

3. 代数几何

4. 机械运动

六、根据课文内容回答问题

1. 什么是射影几何学?

2. 什么叫射影对应？

3. 解析几何的建立有何作用？

4. 射影几何和现代解析几何这两项研究之间存在的根本区别是什么？

5. 请介绍一下在射影几何研究中做出过重要贡献的人物和著作有哪些。

6. 请介绍一下在解析几何研究中做出过重要贡献的人物和著作有哪些。

课后作业

一、抄写词语，每个词语抄写三遍

二、概括课文大意

课文二

课前练习

一、根据你所学的知识，谈谈对初等几何的认识

二、选择正确词语填空

　　　到头　记载　研究　精确　完善　演绎　导出　舍弃　优先　系

1. "几何学"这个名词，（　　）我国明代数学家根据读音译出的，沿用至今。

2. 在历史上，几何学的发展曾（　　）于代数学。

3. 几何学（　　）了物质所有的其他性质，只保留了空间形式和关系作为自己研究的对象。

4. 古代埃及、巴比伦、中国、希腊都（　　）过有关球面三角的知识。

5. 现在中学《平面三角》中关于三角函数的理论是15世纪才发展（　　）起来的。

6. 定理是用（　　）的方式来证明的。

7. 我国《周髀算经》一开始就（　　）了周朝初年的周公与学者商高的对话。

8. 至今，人们对于关于三角形和圆的初等综合几何的研究仍然没有（　　）。

9. 几何的思维方法，就是必须用推理的方法，从一些结论（　　）另一些新结论。

10. 赖蒂库斯做了较（　　）的正弦表。

三、根据课文内容选择正确答案
1. 在_____中,"几何学"是由"地"与"测量"合并而来的,本来有测量土地的含义。
   A. 古汉语　　　　B. 希腊语　　　　C. 罗马语　　　　D. 拉丁语
2. 可把三角学划在_____这一标题下。
   A. 初等几何　　　B. 高等数学　　　C. 高等几何　　　D. 初等代数
3. 公元前2世纪,_____制作了弦表,可以说是三角的创始人。
   A. 阿布尔·沃法　B. 阿尔·巴塔尼　C. 希帕恰斯　　　D. 欧几里得
4. 到现在人们对勾股定理已经提供了至少_____种证明。
   A. 360　　　　　　B. 370　　　　　　C. 350　　　　　　D. 380

初等几何[1]

在希腊语中,"几何学[2]"是由"地"与"测量"合并而来的,本来有测量土地的含义,意译就是"测地术[3]"。"几何学"这个名词,系我国明代数学家根据读音译出的,沿用至今。

现在的初等几何主要是指欧几里得几何,它是讨论图形(点、线、面、角、圆等)在运动下的不变性质的科学。例如,欧氏几何中的两点之间的距离,两条直线相交的交角[4]大小,半径是 r 的某一圆的面积等都是一些运动不变量[5]。

初等几何作为一门课程来讲,安排在初等代数[6]之后;然而在历史上,几何学的发展曾优先[7]于代数学,它被认为主要是古希腊人的贡献。

几何学舍弃了物质所有的其他性质,只保留了空间形式和关系作为自己研究的对象,因此它是抽象[8]的。这种抽象决定了几何的思维方式,就是必须用推理[9]的方法,从一些结论导出另一些新结论。定理是用演绎[10]的方式来证明的,这种论证几何学的代表作,便是公元前3世纪欧几里得的《原本》,它从定义与公理出发,演绎出各种几何定理[11]。

现在中学《平面三角》中关于三角函数的理论是15世纪才发展完善起来的,但是它的一些最基本的概念,却早在古代研究直角三角形时便已形成。因此,可把三角学[12]划在初等几何这一标题下。

古代埃及、巴比伦、中国、希腊都研究过有关球面三角[13]的知识。公元前2世纪,希帕恰斯制作了弦表,可以说是三角的创始人。后来印度人制作了正弦表[14];阿拉伯的阿尔·巴塔尼用计算 $\sin\theta$ 值的方法来解方程,他还与阿布尔·沃法共同导出了正切[15]、余切[16]、正割[17]、余割[18]的概念;赖蒂库斯做了较精确[19]的正弦表，并把三角函数[20]与圆弧[21]联系起来。

　　由于直角三角形是最简单的直线形，又具有很重要的实用价值，所以各文明古国[22]都极重视它的研究。我国《周髀算经》一开始就记载了周朝初年（约公元前1046年前后）的周公与学者商高的对话，其中就谈到"勾三股四弦五"，即勾股定理[23]的特殊形式；还记载了在周公之后的陈子，曾用勾股定理和相似图形的比例关系，推算过地球与太阳的距离和太阳的直径，同时为勾股定理做的图注达几十种之多。在国外，传统称勾股定理为毕达哥拉斯定理，认为它的第一个一致性的证明源于毕氏学派（公元前6世纪），虽然巴比伦人在此前1000多年就发现了这个定理。到现在人们对勾股定理已经提供了至少370种证明。

　　19世纪以来，人们对于关于三角形和圆的初等综合几何，又进行了深入的研究。至今这一研究领域仍没有到头，不少资料已引申到四面体[24]及伴随的点、线、面、球。

（选自"中学学科网"，有改动　967字）

词　　汇

1. 初等几何		chūděng jǐhé		ئېلمنتار گېئومېترىيە
2. 几何学	（名）	jǐhéxué		گېئومېترىيە
3. 测地术	（名）	cèdìshù		گېئوسكوپىيە
4. 交角	（名）	jiāojiǎo		كېسىشكەن بۇلۇڭ؛ ئالماش بۇلۇڭ
5. 不变量		bùbiànliàng		ئۆزگەرمەس مىقدار
6. 初等代数		chūděng dàishù		باشلانغۇچ ئالگېبرا؛ ئېلىمېنتار ئالگېبرا
7. 优先	（动）	yōuxiān		ئۇزۇر؛ ئەلا
8. 抽象	（形）	chōuxiàng		ئانىستاكت؛ مەۋھۇم
9. 推理	（动）	tuīlǐ		ئەقلىي خۇلاسە؛ ئەقلىي خۇلاسە چىقىرىش
10. 演绎	（动）	yǎnyì		دېدۇكسىيە（مەنتىقىي يول بىلەن ئومۇمىيلىقتىن يۇزئىي خۇلاسە چىقىرىش）
11. 几何定理		jǐhé dìnglǐ		گېئومېترىيىلىك تېئورېما
12. 三角学	（名）	sānjiǎoxué		تىرگونومېترىيە
13. 球面三角		qiúmiàn sānjiǎo		سفېرالىق ئۈچبۇلۇڭ
14. 正弦表	（名）	zhèngxiánbiǎo		سىنۇس جەدۋىلى
15. 正切	（名）	zhèngqiē		تانگېنس

16. 余切	（名）	yúqiē	كوتانگېنس
17. 正割	（名）	zhènggē	سېكانس
18. 余割	（名）	yúgē	كوسېكانس
19. 精确	（形）	jīngquè	ئېنىق؛ توغرا
20. 三角函数		sānjiǎo hánshù	تىرىگونومېتىرىيېلىك فونكسىيە
21. 圆弧	（名）	yuánhú	چەمبەر يايى
22. 文明古国		wénmíng gǔguó	مەدەنىي قەدىمكى دۆلەت
23. 勾股定理		gōugǔ dìnglǐ	گۆۇگۇ تېئورېمىسى
24. 四面体	（名）	sìmiàntǐ	تۆت ياقلىق

词语解释

1. 几何学
简称几何，是研究空间区域关系的数学分支。"几何学"这个词原来的意义是"测量土地技术"。在我国古代，这门数学分科并不叫"几何"，而是叫作"形学"。

2. 球面三角学
球面三角学是球面几何学的一部分，主要处理、发现和解释多边形（特别是三角形）在球面上的角与边的联系和关联。在天文学上的重要性是用于计算天体轨道和地球表面与太空航行时的天文导航。

3. 正切
在直角三角形 ABC 中（$\angle C = 90°$），锐角 A 的对边 BC 与邻边 AC 的比，叫作 $\angle A$ 的正切，记作 $\tan A$，即 $\tan A = \angle A$ 的对边 / $\angle A$ 的邻边。

4. 正割
在直角三角形 ABC 中（$\angle C = 90°$），锐角 A 的斜边 AB 与其邻边 AC 的比，叫作 $\angle A$ 的正割，记作 $\sec A$，即 $\sec A = \angle A$ 的斜边 / $\angle A$ 的邻边。

5. 三角函数
以角度为自变量，角度对应任意两边的比值为因变量的函数叫三角函数。

6. 文明古国
文明古国一般是指古埃及、古巴比伦、古代中国、古印度这几个人类文明最早诞生的国家或地区，有时也包括古希腊。

7.《周髀（bì）算经》
是算经的十书之一。约成书于公元前 1 世纪，原名《周髀》，它是我国最古老的天文学著作，主要阐明当时的盖天说和四分历法。

8. 勾股定理
"勾三股四弦五"是勾股定理最基本的公式。满足 $a^2 + b^2 = c^2$ 这个条件的正整数组

（a，b，c）叫作勾股数组。（3，4，5）就是勾股数。也就是说，设直角三角形两直角边为 a 和 b，斜边为 c，那么 $a^2+b^2=c^2$。

9. 毕氏学派

即毕达哥拉斯学派，亦称"南意大利学派"，古希腊哲学家毕达哥拉斯所创立，是一个集政治、学术、宗教三位于一体的组织。产生于公元前 6 世纪末，公元前 5 世纪被迫解散，其成员大多是数学家、天文学家、音乐家。它是西方美学史上最早探讨美的本质的学派。

10. 四面体

即三棱锥，是由四个三条边的面、六条棱组成的物体。体积可由底面积乘以高除 3 得出。

课堂练习

一、看拼音写汉字

交（jiǎo） 正（qiē） 余（gē） 圆（hú） （gōu gǔ）定理

二、解释下列句子中画线的词语

1. 两条直线相交的<u>交角</u>大小，半径是 r 的某一圆的面积等都是一些运动不变量。

2. 几何学只保留了空间形式和关系作为自己研究的对象，因此它是<u>抽象</u>的。

3. 欧几里得的《原本》从定义与公理出发，<u>演绎</u>出各种几何定理。

4. 不少资料已<u>引申</u>到四面体及伴随的点、线、面、球。

5. 周公之后的陈子，曾用勾股定理和相似图形的比例关系，<u>推算</u>过地球与太阳的距离和太阳的直径。

6. "几何学"是由"地"与"测量"合并而来的，本来有测量土地的含义，<u>意译</u>就是"测地术"。

7. 在国外，传统称勾股定理为毕达哥拉斯定理，认为它的第一个一致性的证明<u>源于</u>毕氏学派。

三、模仿造句

1. 这种论证几何学的代表作，<u>便是</u>公元前 3 世纪欧几里得的《原本》。（便是）

2. 几何学只保留了空间形式和关系作为自己研究的对象，<u>因此它是抽象的</u>。（因此）

3. <u>由于直角三角形是最简单的直线形</u>，<u>又</u>具有很重要的实用价值，<u>所以</u>各文明古国都极重视它的研究。 （由于……，又……，所以……）

四、根据课文内容判断正误

1. 现在的初等几何主要是指欧几里得几何。（   ）
2. 初等几何作为一门课程来讲，安排在高等代数之后。（   ）
3. 阿尔·巴塔尼与阿布尔·沃法共同导出了正切、反切、正割、余割的概念。（   ）
4. 初等几何是讨论图形（点、线、面、角、圆等）在运动下的不变性质的科学。（   ）
5. 在国外，传统称勾股定理为毕达哥拉斯定理，认为它的第一个一致性的证明源于毕氏学派（公元前6世纪），虽然巴比伦人在此以前1000多年就发现了这个定理。（   ）
6. 几何学被认为主要是古罗马人的贡献。（   ）

五、名词解释

1. 正割

2. 正切

3. 勾三股四弦五

4. 四面体

六、根据课文内容回答问题

1. 什么是几何学？
2. 什么是初等几何？
3. 古代哪些国家研究过有关球面三角的知识？
4. 为什么各文明古国都极重视直角三角形的研究？
5. 为什么几何学是抽象的？
6. 有关球面三角的研究方面，哪些人做出了什么样的贡献？

课后作业

一、抄写词语，每个词语抄写三遍
二、概括课文大意

课文三

课前练习

一、根据你所学的知识,谈谈对抛物线的认识

二、选择正确词语填空

按照 远远 留心 究竟 刹那 反射 高能效 轨迹 原理

1. (　　)约好的时间,他站在路边等待爸爸来接他回家。
2. 当汽车的前灯由亮变暗的(　　),光线竟然是发散的。这(　　)是怎么回事呢?
3. 不一会儿,他便看见爸爸的车(　　)地开过来了。
4. 太阳光线经过(　　)后集中于焦点处。
5. 如果你(　　)就会发现,汽车前灯后面的反射镜呈抛物线的形状。
6. 今天人们可以到五金店去买一台(　　)抛物线电热器。
7. 美丽的喷泉、燃放的烟花、运动员的投篮等,它们在空中运行的(　　)都是一条抛物线。
8. 能够方便地加热水和食物的太阳灶也是人们应用这个(　　)设计的。

三、根据课文内容选择正确答案

1. _____著名学者梅内克缪斯在试图解决当时的著名难题"倍立方问题"时发现了抛物线。
　A. 希腊　　　　B. 印度　　　　C. 罗马　　　　D. 英国

2. 汽车前灯打开亮光时,光线沿着与抛物线的对称轴_____的方向射出。
　A. 相反　　　　B. 相对　　　　C. 垂直　　　　D. 平行

3. 用垂直于AC的平面去截此曲面,可得到曲线EDE',梅内克缪斯称之为_____。
　A. 直角圆锥曲线　　　　　　B. 斜角圆锥曲线
　C. 直角三角线　　　　　　　D. 对角圆锥曲线

4. 从焦点发出的光线,经过抛物线上的一点反射后,_____光线平行于抛物线的轴。
　A. 反射　　　　B. 折射　　　　C. 直射　　　　D. 照射

汽车前灯里的数学

小军上完补习班，天已经黑了。按照约好的时间，他站在路边等待爸爸来接他回家。不一会儿，他便看见爸爸的车远远地开过来了。就在这时，细心的小军突然发现一个奇怪的现象[1]：当汽车的前灯由亮变暗的刹那[2]，光线竟然不是像他想的那样平行[3]射出的，而是发散[4]的。这究竟是怎么一回事呢？

随着生活水平的日益提高，不少家庭都配备[5]了私家车，以方便出行。没想到就在这小小的汽车前灯里也包含着数学原理。具体地说，是抛物线[6]原理在玩儿花招儿[7]。

如果你留心就会发现，汽车前灯后面的反射镜[8]呈抛物线的形状。事实上，它们是抛物面[9]（抛物线环绕它的对称轴旋转[10]形成的三维空间[11]中的曲面）。明亮的光束是由位于抛物线反射镜焦点[12]上的光源产生的。

因此，光线沿着与抛物线的对称轴平行的方向射出。当光变暗时，光源改变了位置。它不再在焦点上，结果光线的行进不与轴平行。现在近光只向上下射出。向上射出的被屏蔽[13]，所以只有向下射出的近光，射到比远光所射的距离短的地方。

抛物线是一种古老的曲线，它是平面内与称作它的焦点的定点和称作它的准线的定直线等距离的所有点的集合。希腊著名学者梅内克缪斯（约前375—前325）在试图[14]解决当时的著名难题"倍立方[15]问题"（即用直尺和圆规把立方体体积扩大一倍）时发现了它。他把直角三角形ABC的直角A的平分线AO作为轴[16]，旋转三角形ABC一周，得到曲面ABECE'，如图。

用垂直于AC的平面去截此曲面，可得到曲线EDE'，梅内克缪斯称之为"直角圆锥曲线[17]"。其实，这就是最早的抛物线的"雏形[18]"。

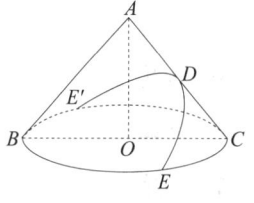

其实在现实生活中，抛物线也非常常见，如美丽的喷泉、燃放的烟花、运动员的投篮等，它们在空中运行的轨迹[19]都是一条抛物线。

如今，人们已经证明，抛物线有一个重要性质：从焦点发出的光线，经过抛物线上的一点反射后，反射光线平行于抛物线的轴。探照灯也是利用这个原理设计的。应用抛物线的这个性质，也可以使一束平行于抛物线的轴的光线，经过抛物线的面的反射集中于它的焦点。

多年以来，人类关于抛物线及其用途已经有了一些新的发现。例如，伽利略（1564—1642）证明抛射体[20]的路线是抛物线。今天人们可以到五金店去买一台高能效抛物线电热器，它的功率只有1000瓦，但是与1500瓦的电热器产生同样多的热量。

而能够方便地加热水和食物的太阳灶[21]也是人们应用这个原理设计的。在太阳灶上装有一个旋转抛物面形的反射镜，当它的轴与太阳光线平行时，太阳光线经过反射后集中于焦点处，这一点的温度就会很高。如果大家有兴趣的话，还可以自己做个小实验来研究抛物线的这个性质。实验方法很简单，我们可以准备一个大小适中的放大镜[22]，将火柴放置于玻璃板[23]上，放大镜与玻璃板间保持一定距离，在太阳光照射下，玻璃板上出现一个白点，使白点尽量小，并集中于火柴上，几分钟后火柴燃烧；也可要求别人帮着拿火柴，现象更为明显。

（选自《开启人类智慧的钥匙》，周阳著，现代出版社，2012.11，有改动　1122字）

词　汇

1. 现象	（名）	xiànxiàng		هادىسە؛ ئەھۋال
2. 刹那	（名）	chànà		كۆزنى يۇموپ-ئاچقۇچە؛ ھەش-پەش دېگۈچە
3. 平行	（动）	píngxíng		پاراللېل
4. 发散	（动）	fāsàn		تارالماق؛ چېچىلماق
5. 配备	（动）	pèibèi		تەييارلاش
6. 抛物线	（名）	pāowùxiàn		پارابولا
7. 玩儿花招儿		wánr huāzhāor		ھۈنەر ئىشلەتمەك؛ كۆز بوياماچىلىق قىلماق
8. 反射镜	（名）	fǎnshèjìng		قايتۇرغۇچى ئەينەك
9. 抛物面	（名）	pāowùmiàn		پارابولا يۈزى؛ پارابولائىد
10. 旋转	（动）	xuánzhuǎn		ئايلىنىش؛ ئايلاندۇرۇش؛ بۇراش
11. 三维空间		sānwéi kōngjiān		ئۈچ ئۆلچەملىك بوشلۇق
12. 焦点	（名）	jiāodiǎn		فوكۇس ؛ فوكال نۇقتا؛ مەركەز
13. 屏蔽	（动）	píngbì		توسالغۇ؛ توسۇش
14. 试图	（动）	shìtú		ئۇرۇنماق؛ ئۇرۇنۇپ باقماق؛ ئىنتىلمەك
15. 倍立方	（名）	bèilìfāng		ھەسسىلەنگەن كۇب
16. 轴	（名）	zhóu		ئوق
17. 直角圆锥曲线		zhíjiǎo yuánzhuī qūxiàn		تىك بۇلۇڭلۇق كونۇس ئەگرى سىزىقى

18. 雏形	（名）	chúxíng	دەسلەپكى شەكىل
19. 轨迹	（名）	guǐjì	ترايېكتورىيە；ئىز
20. 抛射体	（名）	pāoshètǐ	ئېتىلغان جىسم
21. 太阳灶	（名）	tàiyángzào	قۇياش ئوچىقى
22. 放大镜	（名）	fàngdàjìng	لوپا ئەينەك
23. 玻璃板	（名）	bōlibǎn	ئەينەك تاختا

词语解释

1. 玩儿花招儿
用狡猾的手段、计策等欺骗人。

2. 雏形
初具规模、尚未定型的形式。

3. 三维空间
日常生活中可指由长、宽、高三个维度所构成的空间。也称为3D。

4. 屏蔽
隔离电磁场干扰的措施。一般采用良好接地的金属网或罩实现电磁屏蔽，既可防止外来电磁场干扰，又可防止本身电磁场辐射对外界的干扰。采用高导磁材料罩实现磁屏蔽，可防止磁场干扰。

5. 圆锥曲线
到定点的距离与到定直线的距离的比 e 是常数的点的轨迹叫作圆锥曲线。包括圆、椭圆、双曲线、抛物线。当 $e > 1$ 时为双曲线，当 $e = 1$ 时为抛物线，当 $e < 1$ 时为椭圆。

6. 抛射体
以任意初速度抛出的物体在地球重力作用下的运动叫作抛射体运动。做这种运动的物体就叫作抛射体。

课堂练习

一、看拼音写汉字

　　pāo　　　　jiāo　　　　fǎnshè　　　　　bì　　　guǐ
（　）物线　（　）点　（　）镜　屏（　）　（　）迹

二、解释下列句子中画线的词语

1. 汽车前灯后面的反射镜呈<u>抛物线</u>的形状。

2. 当光变暗时，<u>光源</u>改变了位置。

3. 向上射出的被<u>屏蔽</u>，所以只有向下射出的近光。

4. 梅内克缪斯在试图解决当时的著名难题"倍立方问题"（即用直尺和圆规把立方体体积扩大一倍）时发现了它。

5. 这就是最早的抛物线的"雏形"。

6. 将火柴放置于玻璃板上，放大镜与玻璃板间保持一定距离。

7. 具体地说，是抛物线原理在玩儿花招儿。

三、模仿造句

1. 当光变暗时，光源改变了位置。　　　　　　　　　　　　（当……时）

2. 明亮的光束是由位于抛物线反射镜焦点上的光源产生的。　（由……产生）

3. 光线竟然不是像他想的那样平行射出的，而是发散的。　　（不是……，而是……）

四、根据课文内容判断正误

1. 在现实生活中抛物线并不常见。　　　　　　　　　　　　（　）

2. 抛物线是一种古老的曲线。　　　　　　　　　　　　　　（　）

3. 明亮的光束是由位于抛物线反射镜焦点上的光源产生的。　（　）

4. 如文中图示，用垂直于 BC 的平面去截此曲面，可得到曲线 EDE'。（　）

5. 伽利略证明抛射体的路线是抛物线。　　　　　　　　　　（　）

五、名词解释

1. 抛物面

2. 抛物线

3. 直角圆锥曲线

4. 三维空间

六、根据课文内容回答问题

1. 小军在等爸爸时发现了什么？

2. 抛物线是怎么被发现的？

3. 在现实生活中你所见到的抛物线有哪些？

4. 抛物线的性质是什么？

课后作业

一、抄写词语，每个词语抄写三遍

二、概括课文大意

第五课

课文一

课前练习

一、根据你所学的知识，谈谈对等比数列的认识

二、选择正确词语填空

储存　难倒　沉思　谦卑　到底　浓厚　无人知晓　溜须拍马　赏赐　哪有

1. 国王（　　）这么多的麦子呢？
2. 造一个宽四米、高四米的粮仓来（　　）这些粮食。
3. 国王当时整天被一群（　　）的大臣们包围。
4. 国王对这种新奇的游戏很快就产生了（　　）的兴趣。
5. 最后宰相还是获得了很多（　　）。
6. 这位聪明的宰相要求的（　　）是多少麦粒呢？
7. 他向国王推荐了一种在当时尚（　　）的游戏。
8. 国王哈哈大笑，慷慨地答应了宰相的这个（　　）的请求。
9. 西萨·班·达依尔（　　）片刻后笑了。
10. 这个问题很简单啊，就像 1＋1＝2 一样容易，您怎么会被它（　　）？

三、根据课文内容选择正确答案

1. 根据历史传说记载，国际象棋起源于_____。
   A. 古印度　　B. 中国　　C. 古罗马　　D. 古希腊
2. 正当国王一筹莫展之际，王太子的_____教师知道了这件事。
   A. 语文　　B. 数学　　C. 天文　　D. 地理
3. 这位宰相所要求的，竟是全世界在_____千年内所产的小麦的总和。
   A. 三　　B. 四　　C. 一　　D. 两
4. 关于国际象棋的起源，至今见诸文献最早的记录是在萨珊王朝时期用_____写的。
   A. 波斯文　　B. 印度文　　C. 拉丁文　　D. 希腊文

等比数列[1]小故事

根据历史传说记载，国际象棋起源于古印度，至今见诸文献[2]最早的记录是在萨珊王朝[3]时期用波斯文[4]写的。据说，有位宰相[5]，同时又是一位印度教宗师[6]，见国王自负虚浮[7]，决定给他一个教训。他向国王推荐了一种在当时尚无人知晓的游戏。国王当时整天被一群溜须拍马[8]的大臣们包围，百无聊赖，很需要通过游戏的方式来排遣[9]郁闷的心情。

国王对这种新奇的游戏很快就产生了浓厚的兴趣，高兴之余，他便问宰相，作为对他忠心的奖赏，他想要得到什么赏赐[10]。宰相开口说道："请您在棋盘上的第一个格子上放1粒麦子，第二个格子上放2粒，第三个格子上放4粒，第四个格子上放8粒……，即每一个次序在后的格子中放的麦粒都必须是前一个格子麦粒数目的倍数[11]，直到最后一个格子第64格放满为止，这样我就十分满足了。""好吧！"国王哈哈大笑，慷慨[12]地答应了宰相的这个谦卑的请求。

这位聪明的宰相要求的到底是多少麦粒呢？稍微算一下就可以得出：$1+2+2^2+2^3+2^4+\cdots\cdots+2^{63}=2^{64}-1$，直接写出数字来就是18446744073709551615粒，这位宰相所要求的，竟是全世界在两千年内所产的小麦的总和！

如果造一个宽四米、高四米的粮仓来储存这些粮食，那么这个粮仓就要长三亿千米，可以绕地球赤道[13]7500圈，或在日地之间打个来回。

国王哪有这么多的麦子呢？他的一句慷慨之言，成了他欠宰相西萨·班·达依尔的一笔永远也无法还清的债。

正当国王一筹莫展[14]之际，王太子的数学教师知道了这件事，他笑着对国王说："陛下，这个问题很简单啊，就像$1+1=2$一样容易，您怎么会被它难倒？"国王大怒："难道你要我把全世界两千年产的小麦都给他？"年轻的教师说："没有必要啊，陛下。其实，您只要让宰相大人到粮仓去，自己数出那些麦子就可以了。假如宰相大人一秒钟数一粒，数完18446744073709551615粒麦子所需要的时间，大约是5800亿年（大家可以自己用计算器算一下）。就算宰相大人日夜不停地数，数到他自己魂归极乐，也只是数出了那些麦粒中极小的一部分。这样的话，就不是陛下无法支付赏赐，而是宰相大人自己没有能力取走赏赐。"国王恍然大悟[15]，当下就召来宰相，将教师的方法告诉了他。

西萨·班·达依尔沉思片刻后笑道："陛下啊，您的智慧[16]超过了我，那些赏赐……我也只好不要了！"当然，最后宰相还是获得了很多赏赐，当然，没有麦子。

（选自"百度文库"，有改动　907字）

词　汇

1. 等比数列		děngbǐ shùliè	تەڭ نىسبەتلىك سانلار ئارقىمۇ ئارقىلىقى
2. 文献	（名）	wénxiàn	ھۆججەت-ماتېرىياللار
3. 王朝	（名）	wángcháo	سۇلالە؛ خاندانلىق
4. 波斯文	（名）	Bōsīwén	پارس يېزىقى
5. 宰相	（名）	zǎixiàng	باش ۋەزىر
6. 宗师	（名）	zōngshī	ئۇستاز؛ پىشۋا
7. 虚浮	（形）	xūfú	ساختا؛ ربئال ئەمەس؛ كۆپتۈرۈۋېتىلگەن
8. 溜须拍马		liūxū-pāimǎ	خۇشامەت قىلماق
9. 排遣	（动）	páiqiǎn	چىقارماق（ئىچ پۇشۇقنى）
10. 赏赐	（动）	shǎngcì	مۇكاپاتلانماق؛ قەدىرلەنمەك
11. 倍数	（名）	bèishù	ھەسسىسى؛ ھەسسىلىك سان
12. 慷慨	（形）	kāngkǎi	سېخى؛ قولى ئوچۇق
13. 赤道	（名）	chìdào	ئېكۋاتور
14. 一筹莫展		yīchóu-mòzhǎn	ھېچقانداق تەدبىر تاپالماسلىق؛ ئىلاجسىز؛ ئامالسىز
15. 恍然大悟		huǎngrán-dàwù	بىردىنلا چۈشىنىپ يەتمەك؛ دەرھال ئىپسىنى تاپماق
16. 智慧	（名）	zhìhuì	ئەقىل-پاراسەت

词语解释

1. 见诸
意思是"在……见到"。"诸"是"之于"的合写。

2. 虚浮
意思是浮而不实。

3. 溜须拍马
比喻讨好奉承。

4. 排遣
排除，消除。多指消除寂寞和烦闷。

5. 一筹莫展
筹：办法、计谋。展：施展。一点儿计策也施展不出，一点儿办法也想不出来。

6. 恍然大悟
恍然：猛然清醒的样子。悟：理解、明白。一下子明白觉悟了。

7. 等比数列

又名几何数列,是一种特殊数列,它的特点是从第2项起,每一项与前一项的比都是一个常数。例如:2,4,8,16,32,…,2^{197},2^{198},2^{199},…

8. 萨珊王朝

萨珊王朝是最后一个前伊斯兰时期的波斯帝国,始自公元224年,651年灭亡。萨珊王朝统治时期的领土包括当今伊朗、阿富汗、伊拉克、叙利亚、高加索地区、中亚西南部、土耳其部分地区、阿拉伯半岛海岸部分地区、波斯湾地区、巴基斯坦西南部,控制范围甚至延伸到印度。萨珊王朝统治时期见证了古波斯文化发展至巅峰状态,影响力遍及各地,对欧洲及亚洲中世纪艺术的形成起着显著的作用。

课堂练习

一、看拼音写汉字

等(bǐ)数(liè)　　文(xiàn)　　(liū)须(pāi)马

一(chóu)莫(zhǎn)　　(huǎng)然大(wù)

二、解释下列句子中画线的词语

1. 据说,有位宰相见国王自负<u>虚浮</u>,决定给他一个教训。
2. 国王当时整天被一群<u>溜须拍马</u>的大臣们包围。
3. 高兴之余,他便问宰相,作为对他忠心的奖赏,他想要得到什么<u>赏赐</u>。
4. 国王哈哈大笑,<u>慷慨</u>地答应了宰相的这个谦卑的请求。
5. 正当国王<u>一筹莫展</u>之际,王太子的数学教师知道了这件事。
6. 正当国王一筹莫展<u>之际</u>,王太子的数学教师知道了这件事。
7. 就算宰相大人日夜不停地数,数到他自己<u>魂归极乐</u>,也只是数出了那些麦粒中极小的一部分。
8. <u>国王恍然大悟</u>,当下就召来宰相,将教师的方法告诉了他。

三、模仿造句

1. <u>根据</u>历史传说记载,国际象棋起源于古印度。　　　　　　　　(根据)
2. <u>正当国王一筹莫展之际</u>,王太子的数学教师知道了这件事。　　(正当……之际)

四、根据课文内容判断正误

1. 根据历史传说记载,国际象棋起源于古印度。( )
2. 关于国际象棋,至今见诸文献最早的记录是在萨珊王朝时期用波斯文写的。( )
3. 有位宰相向国王推荐了一种在当时很受欢迎的游戏。( )
4. 国王对这种新奇的游戏兴趣不大。( )
5. 国王把全世界两千年产的小麦都给了宰相。( )

五、词语解释

　　等比数列

六、根据课文内容回答问题

　　1. 国际象棋起源于哪里?

　　2. 国王为什么赏赐宰相?

　　3. 宰相向国王要了什么赏赐?

　　4. 这位聪明的宰相要求的到底是多少麦粒呢?

　　5. 王太子的数学教师帮助国王想出了一个什么样的办法?

　　6. 国王给宰相麦子了吗?

课后作业

一、抄写词语，每个词语抄写三遍

二、概括课文大意

课文二

课前练习

一、根据你所学的知识，谈谈对等差数列的认识

二、选择正确词语填空

　　　　吃惊　资助　家境　转入　担任　即刻　显露　誉为　布置　盛名

　　1. 高斯被（　　）历史上最伟大的数学家之一。

　　2. 高斯和阿基米德、牛顿并列，同享（　　）。

　　3. 高斯幼时（　　）贫困。

　　4. 高斯受一贵族（　　）才进学校受教育。

　　5. 高斯 1798 年（　　）黑尔姆施泰特大学。

　　6. 他从 1807 年起（　　）哥廷根大学教授兼哥廷根天文台台长直至逝世。

　　7. 读书不久，高斯在数学上就（　　）出了常人难以比较的天赋。

8. 教师彪特耐尔（　　）了一道很繁杂的计算题。

9. 而更使人（　　）的是高斯的算法。

10. 教师刚叙述完题目，高斯（　　）把写着答案的小石板交了上去。

三、根据课文内容选择正确答案

1. 高斯是＿＿＿＿数学家、天文学家和物理学家。

　　A. 英国　　　　B. 法国　　　　C. 美国　　　　D. 德国

2. 高斯1777年4月30日生于不伦瑞克的一个＿＿＿＿家庭。

　　A. 贵族　　　　B. 花匠　　　　C. 农民　　　　D. 工匠

3. 1799年高斯因证明代数基本定理获＿＿＿＿学位。

　　A. 研究生　　　B. 学士　　　　C. 硕士　　　　D. 博士

4. 读书不久，高斯在数学上就显露出了常人难以比较的天赋，最能证明这一点的是高斯＿＿＿＿那年的一件事情。

　　A. 9岁　　　　B. 10岁　　　　C. 8岁　　　　D. 7岁

等差数列[1]小故事

　　高斯是德国数学家、天文学家和物理学家，被誉为历史上最伟大的数学家之一，和阿基米德、牛顿并列，同享盛名[2]。

　　高斯1777年4月30日生于不伦瑞克的一个工匠家庭，1855年2月23日卒于哥廷根。幼时家境[3]贫困，但聪明异常，受一贵族[4]资助才进学校受教育。1795到1798年在哥廷根大学学习，1798年转入黑尔姆施泰特大学，翌年[5]因证明代数基本定理获博士学位。从1807年起担任哥廷根大学教授兼[6]哥廷根天文台台长直至逝世。

　　高斯7岁那年，父亲送他进了耶卡捷林宁国民小学。读书不久，高斯在数学上就显露[7]出了常人难以比较的天赋[8]。最能证明这一点的是高斯10岁那年，教师彪特耐尔布置了一道很繁杂[9]的计算题，要求学生把1到100的所有整数[10]加起来，教师刚叙述完题目，高斯即刻把写着答案的小石板交了上去。彪特耐尔起初[11]并不在意[12]这一举动[13]，心想这个小家伙又在捣乱，但当他发现全班唯一正确的答案属于高斯时，才大吃一惊[14]。而更使人吃惊的是高斯的算法，他发现：第一个数加最后一个数是101，第二个数加倒数第二个数的和也是101，……共有50对这样的数，用101乘以50得到5050。这种算法是教师未曾[15]教过的计算等级数的方法，高斯的才华使彪特耐尔十分激动，他下课后特地向校长汇报，并声称[16]自己已经没有什么可教高斯的了。

（选自"百度文库"，有改动　503字）

词 汇

1. 等差数列		děngchā shùliè		تەڭ ئايرىمىلىق سانلار ئارقمۇ ئارقلىقى
2. 盛名	（名）	shèngmíng		داڭق؛ ئاتاق؛ ئابروي؛ نام؛ شۆھرەت
3. 家境	（名）	jiājìng		ئەھۋالى؛ تۇرمۇش ئەھۋالى
4. 贵族	（名）	guìzú		ئاقسۆڭەك
5. 翌年	（名）	yìnián		ئىككىنچى يىلى؛ كېلەركى يىلى
6. 兼	（动）	jiān		ئۇنىڭدىن باشقا؛ ئۇنىڭ ئۈستىگە يەنە كېلىپ
7. 显露	（动）	xiǎnlù		كۆرسەتمەك؛ كۆرۈنمەك؛ چىقىپ تۇرماق
8. 天赋	（名）	tiānfù		تەبئىي؛ تۇغما؛ توغما قابىلىيەت؛ تالانت
9. 繁杂	（形）	fánzá		مۈرەككەپ؛ چىگىش؛ قالايمىقان؛ مالىماتاڭ
10. 整数	（名）	zhěngshù		پۈتۈن سان
11. 起初	（名）	qǐchū		باشتا؛ دەسلەپتە؛ بۇرۇنلا
12. 在意	（动）	zài//yì		دىققەت قىلماق؛ ئېتىبار ئالماق؛ كۆڭۈل بۆلماق
13. 举动	（名）	jǔdòng		ھەرىكەت؛ ئىش؛ يۈرۈش-تۇرۇش؛ قىلىق
14. 大吃一惊		dàchī-yījīng		قاتتىق چۆچۈمەك
15. 未曾	（副）	wèicéng		بولۇپ باقمىغان؛ كۆرۈلۈپ بامىغان
16. 声称	（动）	shēngchēng		جار سالماق

词语解释

1. 誉为
意思是称扬为，赞美为。例如：
钱学森被誉为"中国导弹之父"。

2. 翌年
指下一年、第二年。

3. 未曾
不曾，没有。例如：
我只是听说过这个人，但未曾见过他。

4. 等差数列
常见数列的一种。如果一个数列从第二项起，每一项与它的前一项的差等于同一个常数，这个数列就叫作等差数列，而这个常数叫作等差数列的公差，公差常用字母 d 表示。例如：1，3，5，7，9……1＋2（n–1）。

语言点

高斯被誉为历史上最伟大的数学家之一。

"之一"常用于说明文中,"之一"体现说明文语言的准确性。意思是一定范围内的事物中的一个。例如:

(1)他是我们班的三好学生之一。

(2)声调是学习汉语的难点之一。

课堂练习

一、看拼音写汉字

等(chā)列　(shù)年　(yì)数　大(zhěng)　一(chī)　(jīng)名　(shèng)名

二、解释下列句子中画线的词语

1.高斯被<u>誉为</u>历史上最伟大的数学家之一。

2.高斯1855年2月23日<u>卒于</u>哥廷根。

3.高斯1798年转入黑尔姆施泰特大学,<u>翌年</u>因证明代数基本定理获博士学位。

4.彪特耐尔<u>起初</u>并不在意这一举动。

5.教师刚叙述完题目,高斯<u>即刻</u>把写着答案的小石板交了上去。

6.这种算法是教师<u>未曾</u>教过的计算等级数的方法。

7.高斯的才华使彪特耐尔十分激动,他下课后<u>特地</u>向校长汇报。

三、模仿造句

1.高斯被誉为历史上最伟大的数学家<u>之一</u>。　　　　　　　(……之一)

2.<u>从</u>1807年<u>起</u>担任哥廷根大学教授兼哥廷根天文台台长直至逝世。　(从……起)

3.但<u>当</u>他发现全班唯一正确的答案属于高斯<u>时,才</u>大吃一惊。(当……时,才……)

四、根据课文内容判断正误

1.高斯是德国数学家、天文学家和物理学家。　　　　　　　　　　(　)

2.高斯1777年4月30日生于不伦瑞克的一个农民家庭。　　　　　(　)

3.高斯22岁就获得了博士学位。　　　　　　　　　　　　　　　(　)

4.高斯6岁那年进了耶卡捷林宁国民小学。　　　　　　　　　　　(　)

5.高斯的算法是教师刚教过的计算等级数的方法。　　　　　　　　(　)

五、名词解释

等差数列

六、根据课文内容回答问题

1. 高斯和谁齐名，被誉为最伟大的数学家之一？
2. 高斯生于何时？卒于何时？
3. 高斯几岁上小学？
4. 教师彪特耐尔布置了一道什么样的计算题？
5. 请介绍一下高斯。

课后作业

一、抄写词语，每个词语抄写三遍

二、概括课文大意

课文三

课前练习

一、请讲一个关于阿凡提的故事

二、选择正确词语填空

集市　得意扬扬　连续　愚弄　贪得无厌　立即　依次　照　破产

1. 一天，阿凡提来到一个（　　）。
2. 阿凡提决心惩罚这个（　　）百姓的家伙。
3. 我将（　　）15天借金币。
4. 高利贷者一计算，（　　）眉开眼笑，满口答应。
5. 前几天，高利贷者还（　　）。
6. 可是不到15天，这个（　　）的高利贷者就（　　）了。
7. 阿凡提15天向他借的金币的个数（　　）是：$1(2^0)$，$2(2^1)$ ……
8. （　　）这样计算，高利贷者还赔了17767个金币。

三、根据课文内容选择正确答案

1. 我的金币可是个宝，只要你把它埋在地里_____，就会变成1000金币。

　　A. 一天　　　　B. 一夜　　　　C. 一天一夜　　　　D. 两天

2. 高利贷者:"那你每天得还我＿＿＿＿＿＿＿个金币。"
   A. 10　　　　　B. 100　　　　　C. 1000　　　　　D. 10000

3. 阿凡提:"好,一言为定。我将连续＿＿＿＿＿＿＿天借金币。"
   A. 10　　　　　B. 15　　　　　C. 20　　　　　D. 25

4. 阿凡提 15 天借的金币一共是＿＿＿＿＿＿＿个。
   A. 31767　　　B. 32767　　　C. 32667　　　D. 32777

5. 照这样计算,高利贷者还赔了＿＿＿＿＿＿＿个金币。
   A. 16677　　　B. 17765　　　C. 17766　　　D. 17767

阿凡提巧惩[1]高利贷[2]者

一天,阿凡提来到一个集市,正好遇见一个高利贷者在叫喊:"放金币喽!放金币喽!我的金币可是个宝,只要你把它埋[3]在地里一天一夜,就会变成 1000 金币。"

阿凡提:"我借一个金币!"阿凡提决心惩罚这个愚弄[4]百姓、贪得无厌[5]的家伙,为民除害[6]。

高利贷者:"那你每天得还我 1000 个金币。"

阿凡提:"好,一言为定[7]。我将连续 15 天借金币,第 1 天借 1 个金币,以后每天都是前一天的 2 倍。15 天以后我还给你金币,如果这 15 天之内,你后悔了,那么我借的金币就不能还给你了。"

高利贷者一计算,立即眉开眼笑[8],满口答应。

前几天,高利贷者还得意扬扬[9]。可是不到 15 天,这个贪得无厌的高利贷者就破产了。聪明的同学,你知道他是怎样破产[10]的吗?假如他不破产,他又赔[11]了多少金币呢?

阿凡提 15 天向他借的金币的个数依次是:$1(2^0)$,$2(2^1)$,$4(2^2)$,$8(2^3)$,$16(2^4)$,$32(2^5)$,$64(2^6)$……$16384(2^{14})$。这样,阿凡提借的金币一共是:$1+2+4+8+\cdots+16384=32767$(个)。阿凡提 15 天应该还给他的金币是:$1000\times15=15000$(个)。照这样计算,高利贷者还赔了 17767 个金币。

(选自"百度文库",有改动　413 字)

词　汇

1. 巧惩　　　　　　qiǎo chéng　　　　　　ئەپچىللىك بىلەن جازالىماق

2. 高利贷　　(名)　gāolìdài　　　　　　يۇقىرى ئۆسۈملۈك قەرز

3. 埋	（动）	mái	كۆممەك
4. 愚弄	（动）	yúnòng	ئەخمەق قىلماق;ساراڭ تاپماق
5. 贪得无厌		tāndé-wúyàn	تويماس;نەپسى يامان;ئاچكۆز
6. 为民除害		wèi mín chú hài	خەلقنىڭ بېشىغا كەلگەن ئاپەتنى يوقاتماق
7. 一言为定		yīyán-wéidìng	لەۋزىدە تۇرماق
8. 眉开眼笑		méikāi-yǎnxiào	گۈلقەقەلەرى ئېچىلىپ كەتمەك;ئاغزى قۇلىقىغا يەتمەك
9. 得意扬扬		déyì-yángyáng	كۆرەڭلەپ كەتمەك;خوشاللىقىدىن قىن-قىنىغا پاتماسلىق
10. 破产	（动）	pò//chǎn	ۋەيران
11. 赔	（动）	péi	تۆلىمەك;زىيان;زەرەر;زىيان تارتماق

词语解释

1. 愚弄

蒙蔽捉弄他人。例如：

在西方，愚人节这天，大家常常相互开开玩笑，相互愚弄一下。

2. 贪得无厌

贪心永远没有满足的时候。现在也可以理解为贪图名利或金钱之心永远没有满足的时候。例如：

一些贪得无厌的人为了谋取最大利益，不惜违法乱纪。

3. 为民除害

替老百姓铲除祸害。例如：私家车乱停乱放的行为确实让人痛恨，但应该通过正当途径解决这个问题，扎轮胎、划车痕绝不是什么为民除害的光荣事。

4. 一言为定

一句话说定了；不再更改。

课堂练习

一、看拼音写汉字

  tān   yàn   mín hài
 （ ）得无（ ）   为（ ）除（ ）

  méi   yǎn   déyì
 （ ）开（ ）笑   （ ）扬扬

二、解释下列句子中画线的词语

　　1. 阿凡提巧惩高利贷者。

　　2. 阿凡提决心惩罚这个愚弄百姓、贪得无厌的家伙。

　　3. 阿凡提决心惩罚这个愚弄百姓、贪得无厌的家伙。

　　4. 阿凡提："好，一言为定。"

　　5. 高利贷者一计算，立即眉开眼笑，满口答应。

　　6. 前几天，高利贷者还得意扬扬。

　　7. 可是不到 15 天，这个贪得无厌的高利贷者就破产了。

三、模仿造句

　　假如他不破产，他又赔了多少金币呢？　　　　　（假如……，又……呢？）

四、根据课文内容判断正误

　　1. 一天，阿凡提来到一个村子，正好遇见一个高利贷者在叫喊。　　（　　）

　　2. 阿凡提决心惩罚这个愚弄百姓、贪得无厌的家伙，为民除害。　　（　　）

　　3. 阿凡提将连续 25 天借金币。　　（　　）

　　4. 高利贷者一计算，立即拒绝了阿凡提的请求。　　（　　）

　　5. 前几天，高利贷者还得意扬扬。　　（　　）

　　6. 可是不到 10 天，这个贪得无厌的高利贷者就破产了。　　（　　）

五、名词解释

　　高利贷

六、根据课文内容回答问题

　　1. 阿凡提来到一个集市，正好遇见了谁？

　　2. 高利贷者在叫喊什么？

　　3. 阿凡提决心做什么？

　　4. 阿凡提是怎么借金币的？

　　5. 高利贷者答应了吗？

　　6. 高利贷者为什么破产了？

课后作业

一、抄写词语，每个词语抄写三遍

二、概括课文大意

第六课

课文一

课前练习

一、根据你所学的知识,谈谈对概率的认识

二、选择正确词语填空

　　　随机　变量　正态　取决于　呈现　内在　兴起　本来　分布　赌本

1. 有一种特殊而常用的分布,它的分布曲线是有规律的,这就是（　　）分布。
2. 由于随机现象的统计规律是一种集体规律,必须在大量同类随机现象中才能（　　）出来。
3. 如果用（　　）来描述随机现象的各个结果,就叫作随机变量。
4. 两个赌徒相约赌若干局,谁先赢 m 局就算赢,全部（　　）就归谁。
5. 正态分布曲线（　　）这个随机变量的一些表征数。
6. 概率论和数理统计是一门（　　）数学分支,它们是密切联系的同类学科。
7. 我们在研究这一现象时,应当注意在试验前能不能对这一现象找出它本身的（　　）规律。
8. 许多（　　）的应用数学,都是以概率论作为基础的。
9. 概率论产生于 17 世纪,（　　）是由保险事业的发展而产生的。
10. 在离散型随机变量的概率（　　）中,比较简单而应用广泛的是二项式分布。

三、根据课文内容选择正确答案

1. ＿＿＿＿＿＿＿曾在 1642 年发明了世界上第一台机械加法计算机。
　　A. 梅累　　　　B. 惠更斯　　　　C. 帕斯卡　　　　D. 爱克特
2. 许多兴起的应用数学,如信息论、对策论、排队论、控制论等,都是以＿＿＿＿＿＿＿作为基础的。
　　A. 概率论　　　B. 数理统计　　　C. 随机现象　　　D. 正态分布

3. 随机变量一般根据_____的取值情况分成离散型随机变量和非离散型随机变量。
   A. 定量　　　　　B. 质量　　　　　C. 数量　　　　　D. 变量
4. 有一种特殊而常用的分布，它的分布_____是有规律的。
   A. 直线　　　　　B. 曲线　　　　　C. 弧线　　　　　D. 虚线
5. 概率论中的定义、公理、定理是来源于_____的随机规律。
   A. 自然界　　　　B. 数学界　　　　C. 化学界　　　　D. 物理界

概率[1]论产生和发展的历史

概率论产生于17世纪，本来是由保险[2]事业的发展而产生的，但是来自赌博[3]者的请求，却是数学家们思考概率论中问题的源泉[4]。

早在1654年，有一个赌徒梅累向当时的数学家帕斯卡提出一个使他苦恼了很久的问题："两个赌徒相约赌若干局，谁先赢m局就算赢，全部赌本[5]就归谁。但是当其中一个人赢了a局（a＜m），另一个人赢了b局（b＜m）的时候，赌博中止[6]。问：赌本应该如何分法才合理？"后者曾在1642年发明了世界上第一台机械[7]加法计算机。

三年后，也就是1657年，荷兰著名的天文、物理兼数学家惠更斯试图自己解决这一问题，结果写出了《论机会游戏的计算》一书，这就是最早的概率论著作。

近几十年来，随着科技的蓬勃[8]发展，概率论大量应用到国民经济、工农业生产及各学科领域。许多兴起[9]的应用数学，如信息论、对策论、排队论、控制论等，都是以概率论作为基础的。

概率论和数理统计[10]是一门随机[11]数学分支，它们是密切联系的同类学科。但是应该指出，概率论、数理统计、统计方法又都各有它们自己所包含的不同内容。

概率论——是根据大量同类随机现象的统计规律，对随机现象出现某一结果的可能性做出一种客观的科学判断，对这种出现的可能性大小做出数量上的描述；比较这些可能性的大小，研究它们之间的联系，从而形成一整套数学理论和方法。

在客观世界中，存在大量的随机现象，随机现象产生的结果构成了随机事件。如果用变量来描述随机现象的各个结果，就叫作随机变量。

随机变量有有限和无限的区分，一般又根据变量的取值情况分成离散型随机变量和非离散型随机变量。一切可能的取值能够按一定次序一一列举，这样的随机变量叫作离散型随机变量；如果可能的取值充满了一个区间，无法按次序一一列举，这种随机变量就叫作非离散型随机变量。

在离散型随机变量的概率分布中，比较简单而应用广泛的是二项式分布。如果随机变量是连续的，都有一个分布曲线，实践和理论都证明：有一种特殊而常用的分布，它的分布曲线是有规律的，这就是正态分布。正态分布曲线取决[12]于这个随机变量的一些表征数[13]，其中最重要的是平均值和差异度。平均值也叫数学期望，差异度也就是标准方差[14]。

数理统计——应用概率的理论来研究大量随机现象的规律性，对通过科学安排的一定数量的实验所得到的统计方法给出严格的理论证明，并判定各种方法应用的条件以及方法、公式、结论的可靠程度和局限性。使我们能从一组样本来判定是否能以相当大的概率来保证某一判断是正确的，并可以控制发生错误的概率。

统计方法——是以上提供的方法在各种具体问题中的应用，它不去注意这些方法的理论根据、数学论证。

应该指出，概率统计在研究方法上有它的特殊性，和其他数学学科的主要不同点有：

第一，由于随机现象的统计规律是一种集体规律，必须在大量同类随机现象中才能呈现[15]出来，所以，观察、试验、调查就是概率统计这门学科研究方法的基石。但是，作为数学学科的一个分支，它依然[16]具有本学科的定义、公理、定理，这些定义、公理、定理是来源于自然界的随机规律，但这些定义、公理、定理是确定的，不存在任何随机性。

第二，在研究概率统计中，使用的是"由部分推断[17]全体"的统计推断方法。这是因为它研究的对象——随机现象的范围是很大的，在进行试验、观测的时候，不可能也不必要全部进行。但是由这一部分资料所得出的一些结论，要在全体范围内推断这些结论的可靠性。

第三，随机现象的随机性，是就试验、调查之前来说的。而真正得出结果后，对于每一次试验，它只可能得到这些不确定结果中的某一种确定结果。我们在研究这一现象时，应当注意在试验前能不能对这一现象找出它本身的内在规律。

（选自"中学学科网"，有改动　1435字）

词　汇

1. 概率　　　（名）　gàilǜ　　　　　　　　　　　قاللىتىمەھ

2. 保险　　　（名）　bǎoxiǎn　　　　　　　　　　ساغۇرتا

3. 赌博	（动）	dǔbó		قىمار؛ قىمار ئوينىماق
4. 源泉	（名）	yuánquán		مەنبە؛ بۇلاق
5. 赌本	（名）	dǔběn		قىمار دەسمايىسى
6. 中止	（动）	zhōngzhǐ		توختاتماق؛ توختىماق
7. 机械	（名）	jīxiè		مېخانىزم؛ مېخانىك؛ ماشىنا
8. 蓬勃	（形）	péngbó		جوشقۇن؛ گۈللەپ ياشنىماق؛ ئۆركەشلىمەك؛ جوش ئۇرماق
9. 兴起	（动）	xīngqǐ		پەيدا بولماق ۋە گۈللەنمەك
10. 数理统计		shùlǐ tǒngjì		ماتېماتىكىلىق ستاتىستىكا
11. 随机	（形）	suíjī		تاسادىپىي؛ تەۋەككۈل؛ ئىختىيارىي
12. 取决	（动）	qǔjué		... غا ئاساسەن بەلگىلەنمەك؛ باغلىق؛ باغلىق بولماق؛ قارىماق؛ تايانماق
13. 表征数	（名）	biǎozhēngshù		خاراكتېرلىگۈچى سانى
14. 方差	（名）	fāngchā		كۆۋادراتلىق ئايرىما؛ كۋادراتلىق پەرق
15. 呈现	（动）	chéngxiàn		شەكىللەنمەك؛ ئىپادىلەنمەك؛ كۆرۈنمەك؛ گەۋدىلەنمەك؛ زاھىر بولماق
16. 依然	（副）	yīrán		بۇرۇنقىدەك؛ ئىلگىرىكىگە ئوخشاش؛ ئاۋۋالقىدەكلا؛ يەنىلا
17. 推断	（动）	tuīduàn		ھۆكۈم قىلىش؛ خۇلاسە چىقىرىش

词语解释

1. 赌本

赌博的本钱，比喻从事冒险活动时所凭借的力量。

2. 从而

上文是原因、方法，下文是结果、目的。例如：

只有解决了后顾之忧，老百姓才敢花钱，从而可以拉动内需，促进经济发展。

3. 概率

又称或然率、机会率、几率或可能性，是概率论的基本概念。

4. 信息论

信息论将信息的传递作为一种统计现象来考虑，给出了估算通信信道容量的方法。信息传输和信息压缩是信息论研究中的两大领域。这两个方面又由信息传输定理、信源—信道隔离定理相互联系。香农被称为"信息论之父"。

5. 排队论

是研究系统随机聚散现象和随机服务系统工作过程的数学理论和方法，又称随机服务系统理论，为运筹学的一个分支。日常生活中存在大量有形和无形的排队或拥挤现象，如旅客购票排队、市内电话占线等现象。

6. 控制论

是研究动物（包括人类）和机器内部的控制与通信的一般规律的学科，着重于研究过程中的数学关系。是综合研究各类系统的控制、信息交换、反馈调节的科学。是跨及人类工程学、控制工程学、通讯工程学、计算机工程学、一般生理学、神经生理学、心理学、数学、逻辑学、社会学等众多学科的交叉学科。

7. 数理统计

应用概率论的结果更深入地分析研究统计资料，通过对某些现象的频率的观察来发现该现象的内在规律性，并做出一定精确程度的判断和预测；将这些研究的某些结果加以归纳整理，逐步形成一定的数学概型，这些组成了数理统计的内容。

8. 方差

方差是各个数据与平均数之差的平方的和的平均数，用字母 D 表示。在概率论和数理统计中，方差用来度量随机变量和其数学期望（即均值）之间的偏离程度。在许多实际问题中，研究随机变量和均值之间的偏离程度有着很重要的意义。

语言点

1. 概率论产生于 17 世纪，本来是由保险事业的发展而产生的，但是来自赌博者的请求，却是数学家们思考概率论中问题的源泉。

"本来……，但是……"这一格式表示转折关系。例如：

（1）这门选修课，本来是要求一个月完成，但是由于老师生病，我们又拖了两个星期。

（2）周末天气不错，本来准备出去春游的，但是刚接到上级领导要来检查的通知，只好把春游取消了。

2. 正态分布曲线取决于这个随机变量的一些表征数，其中最重要的是平均值和差异度。

"……取决于……"这一格式用于表示前者由后者决定。例如：

（1）飞机是否按时起飞取决于天气状况。

（2）考试成绩的好坏往往取决于平时的用功程度。

课堂练习

一、看拼音写汉字

概（　lù　）　　保（　xiǎn　）　　（　suí　）机

表（　zhēng　）数　　数理（　tǒngjì　）　　（　fāng　）差

二、解释下列句子中画线的词语
1. 但是来自赌博者的请求，却是数学家们思考概率论中问题的源泉。
2. 两个赌徒相约赌若干局，谁先赢 m 局就算赢。
3. 随着科技的蓬勃发展，概率论大量应用到国民经济、工农业生产及各学科领域。
4. 如果可能的取值充满了一个区间，无法按次序一一列举，这种随机变量就叫作非离散型随机变量。
5. 在客观世界中，存在大量的随机现象，随机现象产生的结果构成了随机事件。
6. 观察、试验、调查就是概率统计这门学科研究方法的基石。
7. 在研究概率统计中，使用的是"由部分推断全体"的统计推断方法。

三、模仿造句
1. 概率论产生于 17 世纪，本来是由保险事业的发展而产生的，但是来自赌博者的请求，却是数学家们思考概率论中问题的源泉。　　　　（本来……，但是……）
2. 正态分布曲线取决于这个随机变量的一些表征数。　　　　　　　（取决于）

四、根据课文内容判断正误
1. 许多兴起的应用数学，如信息论、对策论、排队论、控制论等都以数理统计作为基础。（　）
2. 概率统计是对大量随机现象进行的统计。（　）
3. 随机变量的某些表征数决定正态分布曲线。（　）
4. 统计方法是数理统计中的不同方法在各种具体问题中的应用。（　）
5. 概率统计这门学科的主要研究方法是观察、试验、调查。（　）
6. 概率论中的定义、公理、定理是不确定的，存在随机性。（　）

五、词语解释
1. 概率

2. 方差

3. 控制论

4. 数理统计

六、根据课文内容回答问题
1. 什么是随机变量？可以分为哪几种？
2. 什么是正态分布？其取决于什么？
3. 概率论中的定义、公理、定理来源于什么？有什么特点？
4. 在概率论中为什么使用"由部分推断全体"的统计推断方法？

5.概率统计在研究方法上和其他数学学科的主要不同点有哪些?

课后作业

一、抄写词语,每个词语抄写三遍
二、概括课文大意

课文二

课前练习

一、根据你所学的知识,谈谈对数学中排列问题的认识
二、选择正确词语填空

风尘仆仆　首席　和颜悦色　胸有成竹　排列　精明　任　算数　上　生怕

1. 这位(　　)的经理,用最好的饭菜免费提供,原本是不可能实现的。
2. 假如父子同在一桌,难道能让儿子坐(　　)?
3. 而且这顿晚餐,(　　)你们挑选,要什么菜,就上什么菜。
4. 经理态度从容、(　　)地说:"咱们的饭店,价廉物美。"
5. 这是什么原因呢?其实这是一个(　　)问题。
6. 一天晚上,大众饭店来了一群穿着简朴、(　　)的青年顾客。
7. 饭店经理知道情况后,便(　　)地来到餐桌前。
8. 我是饭店的负责人,从来说话都是(　　)的。
9. 服务员给他们(　　)好了饭菜。
10. 因此谁也不愿先报年龄,(　　)自己把年龄说小了。

三、根据课文内容选择正确答案

1. 在宴席中,尊贵的客人一般坐_____。
  A. 中间　　　B. 末席　　　C. 首席　　　D. 里边
2. 座次问题是_____问题。
  A. 年龄　　　B. 排列　　　C. 面子　　　D. 喜好

理科汉语

3. 人数和座次的重复率_____。
   A. 成反比　　　　　B. 没法比较　　　　C. 不成比例　　　　D. 成正比
4. 假如有9个人就餐，_____次便可重复。
   A. 362880　　　　　B. 36280　　　　　　C. 36208　　　　　　D. 362088

排座次的智慧

一天晚上，大众饭店来了一群穿着简朴、风尘仆仆[1]的青年顾客，原来他们是从家乡外出打工来到城里的。服务员给他们上好了饭菜，不料[2]，几位青年为了座次的安排却发生了争执[3]。

有人提议[4]："应该以年龄为序，年长的坐上席。"可是立即遭到反对："那不成，咱们都没带户口簿，谁知谁哪年出生？"因此谁也不愿先报年龄，生怕自己把年龄说小了。"要不以个头儿高矮为顺序，高个儿的坐上席！"又有人提议。"那不成，儿子高过老子的多的是，假如父子同在一桌，难道能让儿子坐首席？"这话就更难听了。这样，便始终达不成协议[5]，其他客人都走光了，他们仍在争吵不休。服务员前来劝说也不成。

饭店经理知道情况后，便和颜悦色[6]地来到餐桌前说："各位客人先坐下，听我说一句话。"争论的时间已经很长，各人只得临时先入座，听听经理的意见。经理态度从容、胸有成竹[7]地说："咱们的饭店，价廉物美，首先我们欢迎各位光临。这样吧，你们把现在的座次情况记下来，明晚再来，请按另一个次序排列，后天再来，再按一个新的次序排列。一句话，你们每次来吃饭都不要重复上一天的座次，这样不论首席、末席人人都会轮到，公平合理。同时本店另有优惠，你们总共8位客人，等到全部轮流一遍，回复到今晚这样的座次时，我们饭店将不再收费，每晚免费提供你们一顿晚餐，而且这顿晚餐，任你们挑选，要什么菜，就上什么菜。各位意见如何？"

"免费提供晚餐，这太好了，你这是说好听话吧？"青年们显然不相信。

"我是饭店的负责人，"经理说，"从来说话都是算数的，要不，我可以跟你们签[9]协议。""好！"青年们一致赞同，"就照你说的办，我们写个协议吧！"

于是经理与青年们郑重地签了协议。

从此，这8位青年每晚都按与以往不同的座次到大众饭店就餐。再也没有争论，气氛融洽友好。就这样，日复一日，一个月过去了，两个月过去了，……秋去冬来，青年们挣了些钱都准备回家过春节了。可是他们在饭店就餐的座次仍然没有与第一次座次重复。你说，这是什么原因呢？其实这是一个排列问题，计算一下便找到答案了。

假如只有3个人就餐，6次便可重复了，即：123、132、213、231、312、321。

假定是4个人就餐，其中一人座位不动，其他3位需变化6次才重复，即：4123、4132、4213、4231、4312、4321。当第四个人一动，则需 $6×4=24$ 次才能重复。

同理，5人就餐需 $24×5=120$（次），

6人就餐需 $120×6=720$（次），

7人就餐需 $720×7=5040$（次），

8人就餐需 $5040×8=40320$（次）。

一年365天，每天一次，40320次需要多少年才能重复呢？

$40320÷365≈110$（年）

这就是说，这8位青年即使终生都在这饭店就餐，也不会再重复原来座次的。也就是说，这位精明的经理，用最好的饭菜免费提供，原本是不可能实现的，因为不用到重复座位时，他们都已经去世了！

（选自《打开数学智慧窗》，周阳著，现代出版社，2012.11，有改动　1071字）

词　汇

1. 风尘仆仆			fēngchén púpú	ئۇزۇن يول ئازابى چەكمەك
2. 不料	（连）		bùliào	كۇتۇلمىگەندە
3. 争执	（动）		zhēngzhí	تالاش-تارتىش؛ بەس-مۇنازىرە؛ ئىختىلاپ؛ كېلىشەلمەسلىك
4. 提议	（动）		tíyì	تەكلىپ بەرمەك؛ تەشەببۇس قىلماق
5. 协议	（名）		xiéyì	مەسلىھەتلەشمەك؛ كېلىشمەك؛ كېڭەش؛ كېلىشىم
6. 和颜悦色			héyán-yuèsè	خوش خۇي؛ خوش چىراي؛ ئوچۇق چىراي؛ ئۈللىق چىراي
7. 胸有成竹			xiōngyǒuchéngzhú	كۆڭۈلدە تىنتاپ قويماق؛ كۆڭۈلدە پىلان بولماق
8. 优惠	（形）		yōuhuì	ئېتىبار بەرمەك؛ قولايلىق يارىتىپ بەرمەك
9. 签	（动）		qiān	قول قويماق؛ ئىمزا قويماق

词语解释

1. 不料

表示意思转折，出乎意料。例如：

刚才天还很好，不料竟下起雨来了。

2. 提议

提出供讨论、决定。例如：

在老师的提议下，我们决定改变明天的行程，直接去北京。

3. 生怕

指非常担心或害怕某一件事情的发生。例如：

他迟迟不敢举手发言，生怕开口说错，得罪领导。

4. 郑重

严肃认真、审慎。例如：

在党旗下，我郑重宣誓：为了共产主义事业而奋斗终身！

语 言 点

1. 服务员给他们上好了饭菜，不料，几位青年为了座次的安排却发生了争执。

"……，不料……"这一格式表示发生了意想不到的事情。例如：

（1）运动会本来计划是周五举行，不料天降大雨，所以推迟到下周五举行。

（2）本打算早点儿来，不料孩子生病，所以来晚了。

2. "要不以个头儿高矮为顺序，高个儿的坐上席！"又有人提议。

"以……为（顺）序"这一格式表示按照什么排序。例如：

（1）今天老师让我们背课文，是以学号为序进行提问的。

（2）班里安排同学打扫卫生往往以座位前后为序，坐在前排的先打扫。

3. 每晚免费提供你们一顿晚餐，而且这顿晚餐，任你们挑选，要什么菜，就上什么菜。

"任……"这一格式表示根据自己的意愿行事。例如：

（1）这么多杂志，都送你们了，任你们拿，看上哪本拿哪本。

（2）这是我开的服装店，衣服任你挑。

课堂练习

一、看拼音写汉字

　　　　chén　　　　　yuè　　　　　xiōng

风（　）仆仆　和颜（　）色　（　）有成竹

二、解释下列句子中画线的词语

1. 因此谁也不愿先报年龄，<u>生怕</u>自己把年龄说小了。

2. 服务员给他们上好了饭菜，<u>不料</u>，几位青年为了座次的安排却发生了<u>争执</u>。

3. 其他客人都走光了，他们仍在<u>争吵不休</u>。

4. 经理态度<u>从容</u>、胸有成竹地说："咱们的饭店，价廉物美。首先我们欢迎各位光临。"

5. 要不以个头儿高矮为顺序，高个儿的坐上席!
6. 这顿晚餐，任你们挑选，要什么菜，就上什么菜。
7. 这8位青年每晚都按与以往不同的座次到大众饭店就餐。再也没有争论，气氛融洽友好。
8. 这位精明的经理，用最好的饭菜免费提供，原本是不可能实现的，因为不用到重复座位时，他们都已经去世了!

三、模仿造句
1. 有人提议："应该以年龄为序，年长的坐上席。" （以……为……）
2. 每晚免费提供你们一顿晚餐，而且这顿晚餐，任你们挑选，要什么菜，就上什么菜。 （任）
3. 假如只是3个人就餐，6次便可重复了，即：123、132、213、231、312、321。 （假如……，便……）
4. 这就是说，这8位青年即使终生都在这饭店就餐，也不会再重复原来座次的。 （即使……，也……）

四、根据课文内容判断正误
1. 这几个青年吃饱饭了就为座次而争吵。 （　）
2. 他们决定以个头儿高矮为顺序，高个儿的坐上席。 （　）
3. 在宴席中，尊贵的客人可以随便坐。 （　）
4. 最后饭店的经理解决了座次问题。 （　）
5. 两个月过去，他们在饭店就餐的座次仍然没有与第一次座次重复。 （　）
6. 按照饭店经理的说法，这8位青年三年后就能享受到免费的晚餐了。 （　）

五、根据课文内容回答问题
1. 这几位青年顾客因为什么发生了争执？他们是怎么说的？
2. 饭店经理是如何解决青年们的问题的？
3. 饭店经理向青年们承诺了什么？他为什么这么自信？
4. 假定10人用餐，座次需几年才能重复？
5. 在日常生活中，我们还会遇到哪些排列问题？

课后作业

一、抄写词语，每个词语抄写三遍

二、概括课文大意

课文三

课前练习

一、你买过彩票吗？中过奖吗？谈谈对彩票的认识

二、选择正确词语填空

力不可为　数以百计　接触　划算　近乎
而已　概率　典型　中大奖　屡见不鲜

1. 英国已有超过90%的成年人购买过这种彩票，并且也真的有（　　）的人成为百万富翁。
2. 报纸、电视上关于中大奖的幸运儿的报道也（　　）。
3. 你有没有想过买一张彩票中头等奖的概率（　　）是零？
4. 买一张彩票，你只需要选6个号、花1英镑（　　）。
5. 这几乎是单个人（　　）的。
6. 从这个平均值出发，这个游戏是绝对不（　　）的。
7. 在数学上，我们把随机事件发生的可能性称为（　　）。
8. 彩票是否中奖就是个（　　）的概率事件。
9. 在日常生活中，我们时时刻刻都要（　　）概率事件。
10. 所以说广告中宣传的（　　）是一个机会近乎零的"白日梦"！

三、根据课文内容选择正确答案

1. 买彩票中大奖属于_____。
   A. 必然事件　　B. 不可能事件　　C. 随机事件　　D. 突然事件
2. 一般情况下，彩票发行者只拿出回收的全部彩金的_____作为奖金返还。
   A. 45%　　　　B. 54%　　　　　C. 4.5%　　　　D. 5.4%
3. 以下哪件事情是不可能发生的？
   A. 人会死　　　B. 花是香的　　　C. 公鸡会下蛋　　D. 小孩儿会换牙
4. 在数学上，我们把随机事件发生的_____称为概率。
   A. 可能性　　　B. 可靠性　　　　C. 突然性　　　　D. 必然性

中奖[1]的概率

"下一个中奖的就是你！"这句响亮的具有极大诱惑[2]性的话是英国彩票[3]的广告词。买一张英国彩票的诱惑有多大呢？

只要你花上 1 英镑，就有可能获得 2200 万英镑！一点儿小小的花费竟然可能得到天文数字般的奖金，这没办法不让人动心。很多人都会想：也许真如广告所说，下一个赢家就是我呢！因此，自从 1994 年 9 月福利彩票开始发行到现在，英国已有超过 90% 的成年人购买过这种彩票，并且也真的有数以百计的人成为百万富翁。

如今在世界各地都流行[4]着类似的游戏，在我国各省市也发行了各种福利彩票、体育彩票，而报纸、电视上关于中大奖的幸运儿的报道也屡见不鲜[5]，吸引了不计其数的人踊跃[6]购买。很简单，只要花 2 元人民币，就可以拥有这么一次尝试的机会，试一下自己的运气[7]，谁不愿意呢？但你有没有想过买一张彩票中头等奖的概率近乎是零？这是为什么呢？

让我们以英国彩票为例来计算一下。英国彩票的规则是 49 选 6，即在 1 至 49 的 49 个号码中选 6 个号码。买一张彩票，你只需要选 6 个号、花 1 英镑而已。在每一轮中，有一个专门的摇奖机随机摇出 6 个标有数字的小球，如果 6 个小球的数字都被你选中了，你就获得了头等奖。可是，当我们计算一下在 49 个数字中随意组合其中 6 个数字的方法有多少种时，我们会吓一大跳：从 49 个数字中选 6 个数的组合有 13983816 种方法！

这就是说，假如你只买了一张彩票，6 个号码全对的机会是大约 1/14000000，这个数小得已经无法想象，大约相当于澳大利亚的任何一个普通人当上总理的机会。如果每星期你买 50 张彩票，你赢得一次大奖的时间约为 5000 年；即使[8]每星期买 1000 张彩票，也大致[9]需要 270 年才有一次 6 个号码全对的机会。这几乎是单个人力不可为的，获奖仅是我们期盼[10]的偶然[11]而又偶然的事件。

那么为什么总有人能成为幸运儿呢？这是因为参与的人数是极其巨大的，人们总是抱着撞大运的心理去参加。殊不知，彩民们就在这样的幻想中为彩票公司贡献了巨额的财富。一般情况下，彩票发行者只拿出回收的全部彩金的 45% 作为奖金返还，这意味着无论奖金的比例如何分配，无论彩票的销售总量是多少，彩民平均付出的 1 元钱只能赢得 0.45 元的回报。从这个平均值出发，这个游戏是绝对不划算[12]的。所以说广告中宣传的中大奖是一个机会近乎零的"白日梦"！

理科汉语

在社会和自然界中，我们可以把事件发生的情况分为三大类：在一定条件下必然发生的事件，叫作必然事件；在一定条件下不可能发生的事件，叫作不可能事件；在一定条件下可能发生也可能不发生的事件，叫作随机事件。在数学上，我们把随机事件发生的可能性称为概率。严格说来，概率就是在同一条件下，发生某种事情可能性的大小。概率在英文中的名称为probability，意为可能性、或然性，因此，概率有时也称为或然率。

彩票是否中奖就是个典型的概率事件，但概率不仅仅出现在类似买彩票这样的赌博或游戏中，在日常生活中，我们时时刻刻都要接触概率事件。比如，天气有可能是晴、阴、下雨或刮风，天气预报其实是一种概率大小的预报；又如，今天某条高速公路上有可能发生车祸，也有可能不发生车祸；今天出门坐公交车，车上可能有小偷，也可能没有小偷。这些都是无法确定的概率事件。

总之，从概率的思想走出机会性（博彩）游戏的范围，到应用的不断深化，这一过程中人类的思想观念发生了巨大的转变，这就是概率带来的革命。

（选自《打开数学智慧窗》，周阳著，现代出版社，2012.11，有改动　1304字）

词　汇

1.	中奖	（动）	zhòng//jiǎng	موكاپات تەگمەك؛ لاتارىيىدە ئۇتۇپ چىقماق؛ موكاپات چىقماق؛ لاتارىيىدە موكاپات چىقماق
2.	彩票	（名）	cǎipiào	لاتارىيە بېلېتى
3.	诱惑	（动）	yòuhuò	ئۇزىقتۇرۇش؛ جەلپ قىلىش
4.	流行	（动）	liúxíng	كەڭ تارقالماق؛ ئېقىپ يۈرمەك
5.	屡见不鲜		lǚjiàn-bùxiān	كۆرۈۋېرىپ كۆنۈپ قالماق؛ كۆزگە دائىم چېلىقىپ تۇرماق؛ دائىم ئۇچراپ تۇرماق
6.	踊跃	（形）	yǒngyuè	قىزغىن؛ ئاكتىپلىق بىلەن
7.	运气	（名）	yùnqi	تەقدىر؛ ئامەت؛ تەلەي؛ بەخت
8.	即使	（连）	jíshǐ	تەقدىردىمۇ؛ ....دىمۇ؛ ...سىمۇ؛ ...بىلەنمۇ
9.	大致	（副）	dàzhì	ئومۇمەن؛ ئاساسەن؛ ئېھتىمال؛ بەلكى؛ مۇمكىن
10.	期盼	（动）	qīpàn	ئۈمىد قىلماق؛ ئىنتىزار بولماق
11.	偶然	（形）	ǒurán	تاسادىپىي؛ ئۇيۇشتۇرمىتۇت؛ ناۋادا
12.	划算	（形）	huásuàn	پايدىلىق

词语解释

1. 彩票

彩票是一种以筹集资金为目的发行的，印有号码、图形、文字、面值的，由购买人自愿按一定规则购买并确定是否获取奖励的凭证。是奖券的通称。

2. 博彩

投注社会福利彩票、各种体育彩票、地方发展彩票等的经济活动。博彩业即专门靠博彩来维持增加收入的个人、机构从事的一种行业。在我国澳门，博彩业在经济中扮演着重要的角色。分成赌场、赌博、赛马、赛狗、彩票和足球博彩等多个种类。

语言点

1. 一点儿小小的花费竟然可能得到天文数字般的奖金，这没办法不让人动心。

"……竟然……，……没办法不……"这一格式表示意想不到的事情一定会让人怎么样。例如：

（1）小小年纪，竟然有如此胆识，没办法不让人吃惊。

（2）70多岁的年纪竟然还在大学里认真学习，这没办法不让人感动。

2. 很多人都会想：也许真如广告所说，下一个赢家就是我呢！

"如……所……"这一格式表示与什么一样。例如：

（1）买买提被开除了，正如班主任所警告的，旷课次数达到一定数量会被开除。

（2）如你所愿，孩子顺利地考上了理想的大学。

3. 这是因为参与的人数是极其巨大的，人们总是抱着撞大运的心理去参加。殊不知，彩民们就在这样的幻想中为彩票公司贡献了巨额的财富。

"殊不知"意思是竟不知道。例如：

（1）我还以为他知道呢，殊不知，他也是刚来的，根本不清楚事情的经过。

（2）他还自以为占了便宜，殊不知这样做反而断送了自己的前途。

课堂练习

一、看拼音写汉字

yòu	zhòng	cǎi	lǚ	huá
（　）惑	（　）奖	（　）票	（　）见不鲜	（　）算

二、解释下列句子中画线的词语

1. 一点儿小小的花费竟然可能得到<u>天文数字</u>般的奖金，这没办法不让人动心。

2. 那么为什么总有人能成为<u>幸运儿</u>呢？

3. 这是因为参与的人数是极其巨大的，人们总是抱着<u>撞大运</u>的心理去参加。

4. 所以说广告中宣传的中大奖是一个机会近乎零的"白日梦"！
5. 殊不知，彩民们就在这样的幻想中为彩票公司贡献了巨额的财富。
6. 也许真如广告所说，下一个赢家就是我呢！
7. 在我国各省市也发行了各种福利彩票、体育彩票。
8. 报纸、电视上关于中大奖的幸运儿的报道也屡见不鲜，吸引了不计其数的人踊跃购买。

三、模仿造句
1. 也许真如广告所说，下一个赢家就是我呢！　　　　　　　　　（如……所……）
2. 这意味着无论奖金的比例如何分配，无论彩票的销售总量是多少，彩民平均付出的 1 元钱只能赢得 0.45 元的回报。　　　　（无论……，无论……，只能……）
3. 殊不知，彩民们就在这样的幻想中为彩票公司贡献了巨额的财富。　　　（殊不知）

四、根据课文内容判断正误
1. 只要花上一块钱，就有可能获得 2200 万英镑。　　　　　　　　　（　　）
2. 英国从 1994 年 9 月开始发行福利彩票。　　　　　　　　　　　　（　　）
3. 报纸、电视上关于中大奖的幸运儿的报道很少见。　　　　　　　　（　　）
4. "在公交车上遇到小偷"是必然事件。　　　　　　　　　　　　　（　　）
5. "太阳从东方升起"是可能事件。　　　　　　　　　　　　　　　（　　）
6. "抛掷一枚硬币，落下后哪面朝上"属于随机事件。　　　　　　　（　　）

五、名词解释
1. 彩票

2. 博彩

六、根据课文内容回答问题
1. 什么是必然事件？
2. 什么是随机事件？
3. 什么是不可能事件？
4. 为什么说在日常生活中，我们时时刻刻都能接触到概率事件？
5. 学了这篇课文后谈谈你对买彩票的看法。

课后作业

一、抄写词语，每个词语抄写三遍
二、概括课文大意

第二单元 物理篇

第一课

课文一

课前练习

一、根据你所学的知识，谈谈你对速度的认识

二、选择正确词语填空

初速度　异曲同工　阻力　摩擦　风驰电掣　炮弹　极其　牵引　静止不动　腾出

1. 子弹在高速飞行时会跟空气（　　），从而产生近100度的高温。

2. 相对于飞行员来说，这颗正在飞行的子弹其实是（　　）的。

3. 赛道上，一辆辆汽车争先恐后、（　　）般飞驰而过。

4. 受空气（　　）的影响，子弹的速度会逐渐减慢。

5. 敏豪生伯爵曾用两只手抓住正在高速飞行的（　　）。

6. 子弹从枪膛里射出后并不一直保持800～900米/秒的（　　）飞行。

7. 他想可能是一只小昆虫，于是（　　）一只手，迅速地一把抓住了它。

8. 一位司机在危急关头十分机敏地运用这一原理，（　　）幸运地避免了一次撞车惨剧的发生。

9. 机车利用余下的动力（　　）一部分车厢进入了前面的车站。

10. 这位法国飞行员离奇的经历跟他的故事简直（　　），太像了。

三、根据课文内容选择正确答案

1. 打开手心，他发现他抓到的_____是一颗德国子弹！

　　A. 仍然　　　　B. 漠然　　　　C. 突然　　　　D. 竟然

2. 为了表示欢迎、庆贺，他们纷纷往驶来的汽车上_____西瓜。

　　A. 投掷　　　　B. 悬挂　　　　C. 压　　　　　D. 切

3. 受空气_____的影响，子弹的速度会逐渐减慢。

　　A. 压力　　　　B. 阻力　　　　C. 动力　　　　D. 牵引力

4. 子弹与飞机＿＿＿＿，而且速度基本相同，相对于飞行员来说，这颗飞行的子弹是静止不动的。

　　A. 方向　　　　　B. 逆向　　　　　C. 同向　　　　　D. 静止

5. 机车利用余下的＿＿＿＿牵引一部分车厢进入了前面的车站。

　　A. 阻力　　　　　B. 压力　　　　　C. 摩擦力　　　　D. 动力

抓住一颗飞行的子弹

　　据报载，在第一次世界大战的时候，法国有位飞行员碰到了一件非常稀奇[1]的事情。当时，这位飞行员正在2000米的高空飞行，突然，他发现自己脸旁有一个小东西在随他飞行。他想可能是一只小昆虫，于是腾出[2]一只手，迅速地一把抓住了它。接下来，你可能体会不到这名飞行员的惊诧[3]，打开手心，他发现他抓到的竟然是一颗德国子弹！

　　如果你读过《吹牛大王历险记》，你肯定知道敏豪生伯爵[4]的故事。书中说，敏豪生伯爵曾用两只手抓住正在高速飞行的炮弹。这位法国飞行员离奇的经历跟他的故事简直异曲同工[5]，太像了。现实生活中，是否有人能徒手[6]抓住飞行的炮弹[7]，至今没有报道，我们无从得知。然而，这位法国飞行员的遭遇很有可能发生。毕竟，子弹从枪膛里射出后并不一直保持800～900米／秒的初速度[8]飞行，受空气阻力[9]的影响，子弹的速度会逐渐减慢，而在它将要跌落[10]下来时，它的速度只有40米／秒。这个速度，一般的螺旋桨[11]飞机就能达到。我们可以设想当时法国飞行员遇到了这样的情景：子弹与飞机同向，而且速度基本相同。如此一来，相对于飞行员来说，这颗正在飞行的子弹其实是静止不动[12]的，或者说稍微有点儿运动。于是，飞行员抓住它就不那么费劲[13]了，可说是举手之劳[14]。还有一个重要的信息忘记告诉你，飞行员在飞行时一般戴着厚实[15]的手套，因为子弹在高速飞行时会跟空气摩擦[16]，从而产生近100度的高温，有手套保护，他的手才不会受伤。

　　如果说在特定的条件下，一颗飞行的子弹可以变得对人们没有任何危险性，那么，与之相反的情形也同样可能出现：一个"安全、平和[17]"的物体以较低的速度抛出去，有时也会引起十分严重的破坏后果。

　　1924年曾有一次汽车竞赛。赛道上，一辆辆汽车争先恐后[18]、风驰电掣[19]般飞驰[20]而过。沿途围观的农民们兴奋不已，为了表示欢迎、庆贺，纷纷往驶来的汽车上投掷[21]西瓜、苹果等水果。这些原本盛载农民们一片好意的礼品却起到意想不到的破坏作用，引发一系列事故：西瓜竟然把车身砸出了许多凹坑[22]，而落在车手身上的苹果竟然把车手严重砸伤。怎么会这样呢？原因其实很简单：汽车本身有很高的速度，再加上迎面而来的西瓜和苹果的速度，这就使得原本"安全、平和"的水果，变身成为一个极其危险和有巨大破坏力[23]的水果炮弹。

当然，西瓜的破坏力还是比子弹差远了，毕竟子弹比西瓜坚硬得多。

如果方向相同、速度几乎相等的话，在相互接触[24]的时候并不会产生什么破坏力，相互碰撞也相对很平和。这个道理在1935年曾得到印证，当时有一位司机在危急[25]关头[26]十分机敏[27]地运用了这一原理，极其幸运地避免了一次撞车惨剧[28]的发生。我们来回顾一下这一事件：那位司机驾驶的列车前进时，他前面有另外一列列车在同一轨道前进。可能是因为蒸汽[29]不足，前面的列车突然停了下来，机车利用余下的动力[30]牵引[31]一部分车厢[32]进入了前面的车站，余下的36节脱钩[33]的车厢暂停在轨道[34]上。由于工作人员没有在车轮[35]上放置阻滑木，这些车厢竟然沿着倾斜[36]的铁轨以时速15千米的速度向后滑行。看着迎面撞来的这些车厢，那位机敏的司机立刻意识到即将到来的危险。他迅速停下自己的列车，旋即[37]开动向后退去，并将车速逐渐增加到每小时15千米。正是因为这一急中生智[38]的妙法，没多久，那36节车厢很平安地承接[39]在他的机车前面，彼此毫发无损[40]。

（选自《趣味物理学》，[苏]别莱利曼著，上海科学普及出版社，2013.10，有改动　1295字）

词　汇

1.	稀奇	（形）	xīqí	ئاجايىپ؛ غەلىتە؛ ھەيران قالارلىق؛ ئاجايىپ‐غارايىپ
2.	腾出		téngchū	بوشاتماق؛ بىكار قىلماق؛ چىقارماق （ۋاقىت）
3.	惊诧	（形）	jīngchà	ھەيران قالماق؛ تەئەججۈپلەنمەك
4.	伯爵	（名）	bójué	گراف
5.	异曲同工		yìqǔ-tónggōng	يولى (ئۇسۇلى) ھەرخىل بولسىمۇ، ئۇنۇمى بىر خىل بولماق
6.	徒手	（副）	túshǒu	قۇرۇق قول؛ قورالسىز
7.	炮弹	（名）	pàodàn	سنارەد؛ توپ ئوقى؛ زەمبىرەك ئوقى
8.	初速度	（名）	chūsùdù	دەسلەپكى تىزلىك
9.	阻力	（名）	zǔlì	قارشىلىق كۈچى؛ توسالغۇ؛ توسۇق
10.	跌落	（动）	diēluò	يىقىلماق؛ غۇلىماق

第二单元 物理篇

11. 螺旋桨　　　（名）　luóxuánjiǎng　　پروپېللېر؛ پەرقەرەغۇچ
12. 静止不动　　　　　　jìngzhǐ bù dòng　　تىنچ؛ تىپتىنچ؛ جىمجىت
13. 费劲　　　　　（动）　fèi//jìn　　قىيىن؛ مۇشكۈل
14. 举手之劳　　　　　　jǔshǒuzhīláo　　يېنىك ئىش
15. 厚实　　　　　（形）　hòushi　　قېلىن
16. 摩擦　　　　　（动）　mócā　　سۈركىلىش
17. 平和　　　　　（形）　pínghé　　مۇلايىم؛ سىلىق
18. 争先恐后　　　　　　zhēngxiān-kǒnghòu　　بەس-بەس بىلەن؛ بىر-بىرىدىن قېلىشماي؛ بىر-بىرىگە يول بەرمەي
19. 风驰电掣　　　　　　fēngchí-diànchè　　ئۇچقاندەك؛ چاقماقتەك تېز
20. 飞驰　　　　　（动）　fēichí　　ماڭماق ئۇچقاندەك چاپماق؛ ئۇچقاندەك
21. 投掷　　　　　（动）　tóuzhì　　ئاتماق؛ تاشلىماق
22. 凹坑　　　　　（名）　āokēng　　ئويمان؛ ئازگال
23. 破坏力　　　　（名）　pòhuàilì　　ۋەيران قىلىش كۈچى
24. 接触　　　　　（动）　jiēchù　　تەگمەك؛ تېگىپ كەتمەك؛ ئۇچراشماق
25. 危急　　　　　（形）　wēijí　　خەۋپلىك؛ ئەڭ خەتەرلىك؛ جىددىي
26. 关头　　　　　（名）　guāntóu　　پەيت
27. 机敏　　　　　（形）　jīmǐn　　چاققان؛ چەبدەس؛ زېرەك
28. 惨剧　　　　　（名）　cǎnjù　　پاجىئە؛ تراگېدىيە؛ پاجىئەلىك ۋەقە؛ پاجىئەلىك ھادىسە
29. 蒸汽　　　　　（名）　zhēngqì　　پار؛ سۇ پارى
30. 动力　　　　　（名）　dònglì　　ھەرىكەتلەندۈرگۈچ كۈچ
31. 牵引　　　　　（动）　qiānyǐn　　تارتماق؛ سۆرىمەك
32. 车厢　　　　　（名）　chēxiāng　　ۋاگون
33. 脱钩　　　　　（动）　tuō//gōu　　ئىلمەكتىن چىقىپ كەتمەك
34. 轨道　　　　　（名）　guǐdào　　رېلىس
35. 车轮　　　　　（名）　chēlún　　چاق؛ ھارۋا چېقى
36. 倾斜　　　　　（动）　qīngxié　　قىڭغىيىش؛ قىڭغايتىش
37. 旋即　　　　　（副）　xuánjí　　دەرھال؛ شۇئان
38. 急中生智　　　　　　jízhōng-shēngzhì　　ئالدىرغاندا ئەقىل كىرىپ؛ جىددىي پەيتتە ئەقىل تاپماق
39. 承接　　　　　（动）　chéngjiē　　ئۇلانماق
40. 毫发无损　　　　　　háofà wúsǔn　　قىلچىلىك زىيان تارتماسلىق

理科汉语

词语解释

1. 初速度

是化学和物理学的概念，指事物运动变化的开始速度。物理学中的定义：若一个物体在做变速运动，则刚开始的速度称为初速度。

2. 阻力

泛指阻碍事物发展或前进的外力。阻力，又称后曳力、空气阻力或流体阻力，是物体在流体中相对运动所产生的与运动方向相反的力。

3. 静止不动

静止不动是相对于所选参照物不动，不是绝对的。静止即相对静止，相对静止有两种基本情形：一是指某种特定物体在空间上相对于其他物体没有发生位置移动，二是指事物处在量变阶段，没有发生质变。静止是物质运动的一种特殊形态。运动是绝对的、永恒的、无条件的。静止是相对的、暂时的、有条件的。

4. 动力

使机械做功的各种作用力，如水力、风力、电力、热力等。比喻对工作、事业等前进和发展起促进作用的力量。

5. 牵引

（1）拉、拖。例如：这条线路的列车都由电力机车牵引。

（2）引动；引起。例如：她脸上洋溢着一种被幸福所牵引着的微笑。

6. 轨道

（1）指用条形的钢材铺成的供火车、电车等行驶的路线。也可以是天体在宇宙间运行的路线，也叫轨迹。

（2）物体运动的路线，多指有一定规则的，如原子内电子的运动和人造卫星的运行都有一定的轨道。

（3）行动应遵循的规则、程序或范围。例如：这所新学校的运行已经走上轨道。

语言点

如果说在特定的条件下，一颗飞行的子弹可以变得对人们没有任何危险性，那么，与之相反的情形也同样可能出现：一个"安全、平和"的物体以较低的速度抛出去，有时也会引起十分严重的破坏后果。

"如果说……，那么……"这一格式用于假设复句，前面是假设某种特定情况，后面是与假设相关的结果。例如：

（1）如果说在特定的条件下，水可以变成冰，那么，与之相反的情形也同样可能出现：在一定条件下，冰也可以变成水。

（2）如果说在特定的条件下，好事可以变成坏事，那么，与之相反的情形也同样可能出现：在一定条件下，坏事也可以变成好事。

课堂练习

一、看拼音写汉字

争先(kǒng)后　(yì)曲同工　急中生(zhì)　毫发无(sǔn)　(jǔ)手之劳

(mó)擦　(guǐ)道　(qīng)斜　风(chí)电(chè)　(zhēng)汽

二、解释下列句子中画线的词语

1. 法国有位飞行员碰到了一件非常<u>稀奇</u>的事情。
2. 他想可能是一只小昆虫，于是<u>腾出</u>一只手，迅速地一把抓住了它。
3. 这位法国飞行员离奇的经历跟他的故事简直<u>异曲同工</u>。
4. 是否有人能徒手抓住飞行的炮弹，至今没有报道，我们<u>无从得知</u>。
5. 相对于飞行员来说，这颗正在飞行的子弹其实是<u>静止不动</u>的。
6. 子弹在高速飞行时会跟空气<u>摩擦</u>，从而产生近 100 度的高温。
7. 西瓜的<u>破坏力</u>还是比子弹差远了。
8. 如果方向相同、速度几乎相等的话，在相互<u>接触</u>的时候并不会产生什么破坏力。
9. 机车利用余下的动力<u>牵引</u>一部分车厢进入了前面的车站。
10. 这些车厢竟然沿着倾斜的铁轨以<u>时速</u> 15 千米的速度向后滑行。
11. 他迅速停下自己的列车，<u>旋即</u>开动向后退去。

三、模仿造句

1. <u>我们可以设想</u>当时法国飞行员遇到了这样的情景：……　　（我们可以设想……）
2. <u>如果说</u>在特定的条件下，一颗飞行的子弹可以变得对人们没有任何危险性，<u>那么</u>，与之相反的情形也同样可能出现：一个"安全、平和"的物体以较低的速度抛出去，有时也会引起十分严重的破坏后果。　　（如果说……，那么……）

四、根据课文内容判断正误

1. 打开手心，他发现他抓到的竟然是一颗德国炮弹！　　　　　　　　　　　（　）
2. 现实生活中，是否有人能徒手抓住飞行的炮弹，我们无从得知。　　　　　（　）
3. 子弹从枪膛里射出后一直保持 800～900 米／秒的初速度飞行。　　　　　（　）
4. 子弹将要跌落下来时，它的速度只有 20 米／秒。　　　　　　　　　　　（　）
5. 子弹与飞机同向，而且速度基本相同。相对于飞行员来说，这颗正在飞行的子弹其实是静止不动的。　　　　　　　　　　　　　　　　　　　　　　　　　（　）
6. 子弹在高速飞行时会跟空气摩擦，从而产生近 1000 度的高温。　　　　　（　）
7. 汽车本身有很高的速度，再加上迎面而来的西瓜和苹果的速度，这就使得原本"安全、平和"的水果，变身成为一个极其危险和有巨大破坏力的水果炮弹。（　）
8. 如果方向相同、速度几乎相等的话，在相互接触的时候就会产生破坏力。（　）

五、名词解释
　　1. 初速度

　　2. 阻力

　　3. 动力

　　4. 轨道

六、根据课文内容回答问题
　　1. 一战时，一位法国飞行员碰到了什么稀奇的事情？
　　2. 法国飞行员的遭遇可能发生吗？为什么？
　　3. 在什么情况下子弹会变得没有任何危险性？
　　4. 在什么情况下西瓜和苹果会变身成为水果炮弹？为什么？
　　5. 前面的列车突然停下来对后面的列车会造成什么影响？
　　6. 那位列车司机是如何避免两列列车相撞的？他利用了什么原理？

课后作业

一、抄写词语，每个词语抄写三遍
二、概括课文大意

课文二

课前练习

一、请举例说说生活中常见的作用力与反作用力现象
二、选择正确词语填空

　　内力　牛顿力学第三定律　重力　抵消　平衡　反作用力　倒退　滑轮组
　　1. 别人给你一拳，你不仅痛，还会（　　）或跌跟头。

2. 你要"腾空"而需克服的是你自己被地球吸引的（　　）。

3. 你抓头发、抓衣服用的力及产生的反作用力，都作用在自身而形成（　　）的"内力"。

4. 虽然这"内力"足够大时可以拉断头发，甚至拉伤关节、肢体，"（　　）"平衡后并没有"多余"的力去克服重力。

5.（　　）的作用力与反作用力，大小相等、方向相反，而且是作用在不同物体上。

6. 此时，这"不同物体"被"自身"连在一起，形成了相互"（　　）"的内力，其结果是自己的手和头发受力，而再没有其他力可以"抓起"自己的身体了。

7. 你自己给自己一拳，身体痛了，拳头也受了（　　），力相互平衡抵消。

8. 我们可以利用带支架的（　　），轻而易举地把自己连带坐椅拉升到空中。

三、根据课文内容选择正确答案

1. 你要"腾空"而需克服的是你自己被地球吸引的_____。
　　A. 压力　　　　B. 重力　　　　C. 推力　　　　D. 牵引力

2. 你抓头发、抓衣服用的力及产生的反作用力，都作用在自身而形成平衡的"_____"。
　　A. 重力　　　　B. 内力　　　　C. 压力　　　　D. 推力

3. 虽然这"内力"足够大时可以拉断头发，甚至拉伤关节、肢体，_____后并没有"多余"的力去克服重力。
　　A. 压力平衡　　B. 重力平衡　　C. 内力平衡　　D. 牵引力平衡

4. 牛顿力学第三定律的作用力与反作用力，大小相等、方向相反，而且是作用在_____物体上。
　　A. 相同　　　　B. 共同　　　　C. 不同　　　　D. 相等

自己抓起自己

　　我们可以利用带支架[1]的滑轮组[2]，轻而易举地把自己连带坐椅拉升到空中。但是，能不能只凭自己的力量，抓住自己的衣服或抓住自己的头发，腾空[3]拔地而起呢？注意，不是翻跟头[4]、跳高，那是用手或脚蹬推地面所做的动作，而是自己用手抓起自己。

　　不行，肯定抓不起来。即使你是可以举起超过自己体重三倍重量的"举重[5]神童"，即使你把头发都抓了几把下来，也没有一个地球人能把自己抓起来。

　　道理也不复杂，就是"作用力[6]等于反作用力[7]"。虽然你有提拉七八十千克的力气，你自己体重只有五六十千克，你把一个五六十千克、七八十千克重的"别人"举起来或抓起来不成问题，而把自己抓起来，是不可能的。因为你要"腾空"而需克服[8]的是你自己被地球吸引的重力[9]，而你抓头发、抓衣服用的力及产生的反作用力，都作用在自身而形成平衡[10]的"内力[11]"，虽然这"内力"足够大时可以拉断头发，甚至拉伤关节[12]、肢体[13]，"内力"平衡后并没有"多余"的力去克服重力，使了半天劲依然无法使你自己离地一寸。魔术师在舞台上可以进行自抓头发腾空的表演，那是有隐蔽[14]的道具[15]在支撑[16]抬升[17]，并没有什么能"自己抓起自己"的"魔法[18]"。

　　有人开玩笑说：根据火箭的空气动力[19]作用原理[20]，"自己抓起自己"改为"自己冲起自己"，我自己"喷气[21]"应该可以冲地而起。玩笑是玩笑，道理还是有一点儿道理。但是，你要自己"喷气"，达到几十千克的冲力，符不符合人体的生理？而且，自己"喷气"是借助了空气的反作用力才能"冲起"，与使劲蹬地、借助地面的反作用力一样，借助了空气的"外力"。玩笑实际上转移[22]了命题[23]，已违反了题意。牛顿力学第三定律[24]的作用力与反作用力，大小相等、方向相反，而且是作用在不同物体上。此时，这"不同物体"被"自身"连在一起，形成了相互"抵消[25]"的内力，其结果是自己的手和头发受力[26]，而再没有其他力可以"抓起"自己的身体了，就像你自己给自己一拳，身体痛了，拳头也受了反作用力，力相互平衡抵消，绝不会像别人给你一拳，你不仅痛，还会倒退[27]或跌跟头[28]。因为自己打自己的是"内力"。

（选自《趣味物理学》，董仁威主编，四川教育出版社，2010.4，有改动　　832字）

词　　汇

1. 支架	（名）	zhījià		تىرەك；تۇۋرۇك
2. 滑轮组	（名）	huálúnzǔ		غالتەكلەر گۇرۇپپىسى （سىستىمىسى）
3. 腾空	（动）	téngkōng		ھاۋاغا پەرۋاز قىلىپ ئۆرلىمەك；ئاسمانغا كۆتۈرۈلمەك
4. 翻跟头		fān gēntou		موللاق ئاتماق
5. 举重	（名）	jǔzhòng		ئېغىرلىق كۆتۈرمەك；شتانكا كۆتۈرمەك
6. 作用力	（名）	zuòyònglì		تەسىر قىلغۇچى كۈچ；تەسىر كۈچى
7. 反作用力	（名）	fǎnzuòyònglì		ئەكس تەسىر قىلغۇچى كۈچ
8. 克服	（动）	kèfú		يەڭمەك؛تۈگەتمەك؛خاتىمە بەرمەك
9. 重力	（名）	zhònglì		ئېغىرلىق كۈچى؛يەرنىڭ تارتىش كۈچى؛ئېغىرلىق؛گراۋىداتسىيە
10. 平衡	（形）	pínghéng		تەڭپۇڭ؛تەڭپۇڭلۇق
11. 内力	（名）	nèilì		ئىچكى كۈچ

12. 关节	（名）	guānjié		ئوگە؛ بوغۇم
13. 肢体	（名）	zhītǐ		پۇت-قول ؛ بەدەن؛ تەن؛ گەۋدە
14. 隐蔽	（动）	yǐnbì		يوشۇرۇنماق، موكۇۋۇلماق؛ ئۆزىنى دالدىغا ئالماق
15. 道具	（名）	dàojù		سەھنە جابدۇقلىرى؛ ئويۇن قويۇش جابدۇقلىرى؛ جابدۇقچى
16. 支撑	（动）	zhīchēng		تىرەك قويماق؛ تىرەپ تۇرماق؛ قوللىماق؛ تۇتۇپ تۇرماق
17. 抬升	（动）	táishēng		ئۆستۈرمەك؛ يۇقىرى كۆتۈرمەك
18. 魔法	（名）	mófǎ		سېھىرگەرلىك؛ جادۇگەرلىك
19. 空气动力		kōngqì dònglì		ئايرودىنامىكىلىق كۈچ
20. 原理	（名）	yuánlǐ		قائىدە؛ پرىنسىپ؛ ئاساس
21. 喷气	（动）	pēnqì		گاز پۈركۈمەك؛ پۈركۈلمە گاز
22. 转移	（动）	zhuǎnyí		يۆتكەلىش ؛ سىلجىتىش
23. 命题	（名）	mìngtí		مەسىلە؛ سوئال
24. 牛顿力学第三定律		Niúdùn lìxué dì-sān dìnglù		نيۇتون مېخانىكىسىنىڭ ئۈچىنچى قانۇنى
25. 抵消	（动）	dǐxiāo		ئۆچۈرمەك؛ يوققا چىقارماق؛ خالاس بولۇشماق؛ يېيىشپ كېتىش
26. 受力		shòu lì		كۈچ تەسىرىگە ئۇچرىماق
27. 倒退	（动）	dàotuì		چېكىنمەك؛ ئارقىغا قايتماق
28. 跌跟头		diē gēntou		تېيىلىپ چۈشمەك؛ تېيىلىپ يىقىلماق

词语解释

1. 支架

起支撑作用的构架。支架的应用极其广泛，工作生活中随处可以遇见。例如照相机的三脚架、医学领域用到的心脏支架等。

2. 反作用力

与"作用力"相对，在力学中，力总是成对出现的，与其中一个力（也叫作用力）对应的大小相等、方向相反的力叫作反作用力。

3. 滑轮组

由多个动滑轮、定滑轮组装而成的一种简单机械，既可以省力也可以改变用力方向。

4. 重力

由于地球的吸引而受到的力，力的方向指向地心。

5. 内力

物理学名词。指一个体系内各部分间的相互作用力。如：将宇宙看作一个体系，星体间的相互作用力是"内力"；将原子看作一个体系，电子与原子核的相互作用力是"内力"。

6. 命题

（1）在现代哲学、数学、逻辑学、语言学中，命题是指一个判断（陈述）的语义（实际表达的概念），这个概念是可以被定义并观察的现象。命题不是指判断（陈述）本身，而是指所表达的语义。当相异判断（陈述）具有相同语义的时候，他们表达相同的命题。

（2）在数学中，一般把判断某一件事情的句子叫作命题。

（3）在逻辑学中指表达判断的语言形式，由系词把主词和宾词联系而成。

（4）在文章中常指所确定的诗文等的主旨。

7. 牛顿力学第三定律（也称牛顿第三运动定律）

内容主要有：两个物体之间的作用力和反作用力，总是同时在同一条直线上，大小相等，方向相反。

语言点

即使你是可以举起超过你体重三倍重量的"举重神童"，即使你把头发都抓了几把下来，也没有一个地球人能把自己抓起来。

"即使……，//即使……，/也……"这一格式用于假设（让步）复句，前面是假设几种可能出现的情况，后面的结果并不受前面这些情况的影响。例如：

（1）即使你记忆力非凡，即使你聪明绝顶，也不可能不费吹灰之力就把你该学的知识和信息很快放进你聪明的大脑里。

（2）即使你们公司的环境很好，即使你给的工资很高，我也不会去你们公司工作的。

课堂练习

一、看拼音写汉字

huá	dǐ	héng	pēn	qīng
（　）轮组	（　）消平	（　）平	（　）气	（　）而易举

dào	téng	bì	chēng	diē
（　）退	（　）空	隐（　）	支（　）	（　）跟头

二、解释下列句子中画线的词语

1. 能不能只凭自己的力量，抓住自己的衣服或抓住自己的头发，<u>腾空拔地而起</u>呢？

2. 我们可以利用带支架的滑轮组，轻而易举地把自己连带坐椅拉升到空中。
3. 翻跟头、跳高是用手或脚蹬推地面所做的动作。
4. 虽然你有提拉七八十千克的力气，而把自己抓起来，是不可能的。
5. 你要"腾空"而需克服的是你自己被地球吸引的重力。
6. 玩笑实际上转移了命题，已违反了题意。
7. 这"不同物体"被"自身"连在一起，形成了相互"抵消"的内力。

三、模仿造句

1. 即使你是可以举起超过你体重三倍重量的"举重神童"，即使你把头发都抓了几把下来，也没有一个地球人能把自己抓起来。　　（即使……，即使……，也……）
2. 虽然你有提拉七八十千克的力气，你自己体重只有五六十千克，你把一个五六十千克、七八十千克重的"别人"举起来或抓上来不成问题，而把自己抓起来，是不可能的。　　　　　（虽然……不成问题，而……是不可能的）
3. 此时，这"不同物体"被"自身"连在一起，形成了相互"抵消"的内力，其结果是自己的手和头发受力，而再没有其他力可以"抓起"自己的身体了。

（其结果是）

四、根据课文内容判断正误

1. 我们可以利用支架，轻而易举地把自己连带坐椅拉升到空中　　（　　）
2. 用手或脚蹬推地面可以使自己腾空拔地而起。　　（　　）
3. 只要力气够大，把自己抓起来是可能的。　　（　　）
4. 你要"腾空"而需克服的是你自己被地球吸引的压力。　　（　　）
5. "内力"足够大时可以拉断头发，甚至拉伤关节、肢体。　　（　　）
6. 魔术师在舞台上可以进行自抓头发腾空的表演。　　（　　）

五、名词解释

1. 反作用力

2. 重力

3. 平衡

4. 牛顿力学第三定律

六、根据课文内容回答问题

1. 一个人能不能只凭自己的力量，腾空拔地而起？
2. 一个地球人能把自己抓起来吗？为什么？
3. 为什么魔术师能把自己从地球上抓起？

4. "不同物体"被"自身"连在一起会出现什么状况？
5. 为什么说自己打自己的是内力？

课后作业

一、抄写词语，每个词语抄写三遍
二、概括课文大意

课文三

课前练习

一、根据你所学的知识，谈谈对踢足球的认识
二、选择正确词语填空

地心吸力　质量　阻力　脚力　侧向力　重力
流体力学　着球点　马格纳斯效应　脚头

1. 用脚踢足球，球飞多高、射多远，这与"（　　）"有关。
2. 所谓"脚头"，就是踢球的力量、方向和（　　）。
3. 足球的运动速度与力的大小及足球的（　　）有关。
4. 踢球时足球受的力并非只有脚踢，还有球受到"（　　）"形成的重力。
5. 要踢出"好球"，不仅用脚力，还得把球的"（　　）"和空气的"（　　）"都考虑进去。
6. 原来"脚头"包括"（　　）"和头脑思考的"头力"。
7. "香蕉球"是空气动力学的（　　）。
8. 所谓马格纳斯效应，是空气动力学、（　　）中的一种特殊现象。
9. 旋转的球体或圆柱体相对流体运动时，在旋转体上会产生（　　）。

三、根据课文内容选择正确答案
1. 由于脚法（足与球的接触部位和用力大小、角度等）不同，球的运动、旋转方向和速度不同，马格纳斯效应产生的＿＿＿＿也不同。
　　A. 重力　　　B. 侧向力　　　C. 牵引力　　　D. 地心引力

2. 足球运动员是靠脚法和_____在场上拼搏的,仅有力学的科学理论是行不通的。
   A. 动感　　　　B. 力气　　　　C. 奔跑　　　　D. 球感
3. 足球的_____和接缝十分关键。
   A. 圆形　　　　B. 质量　　　　C. 材质　　　　D. 圆度

贝克汉姆的香蕉球

用脚踢足球,球飞多高、射[1]多远,这与"脚头"有关。所谓"脚头",就是踢球的力量、方向和着球点。从力学角度来说,足球要以一定的速度动起来,需要有力的作用,运动速度与力的大小及足球的质量有关,运动的方向与力作用的方向有关,用公式表示,就是著名的牛顿力学第二定律[2]:F=ma,F是力,m是质量,a是加速度[3],F与a的方向是一致的。但是,踢球时足球受的力并非只有脚踢,还有球受到"地心吸力[4]"形成的重力,球动起来后空气又会产生阻力。这样一来,几个力一起作用,问题就复杂了。当然,要球动起来——传球[5]、射门[6]、旋转[7]……,最关键的还是球员的"脚头"。要踢出"好球",不仅用脚力,还要把球的"重力"和空气的"阻力"都考虑进去,才能形成"脚头"功夫。原来"脚头"包括"脚力"和头脑思考的"头力"。

英国足球运动员贝克汉姆,人长得帅,球踢得好,特别是那一脚"香蕉球",倾倒[8]全球无数"粉丝",使贝哥成为"万人迷"。这里不说贝哥的帅气[9]和发型,就说说他那一脚弧线[10]神妙的"香蕉球"。

英国谢菲尔德哈勒姆大学的体育运动中心,有位大卫·詹姆士博士,专门研究了"香蕉球",认为"香蕉球"是空气动力学的马格纳斯效应[11],贝哥那神妙的一脚弧圈球[12],大有科学依据[13]。看来,这位詹姆士博士不仅是贝哥的铁杆"粉丝",还是位科学球迷。他说的话有道理吗?

詹姆士博士说得有道理。所谓马格纳斯效应,是空气动力学[14]、流体力学[15]中的一种特殊现象,是指液体或气体(流体)中,旋转的球体或圆柱体[16]相对[17]流体[18]运动时,在旋转体[19]上会产生侧向力[20]。拿足球来讲,足球在空气流体(气流)中运动时,如果足球旋转方向与气流同向,球体一侧形成低压,另一侧形成高压,因而产生侧向力,使足球下沉[21]或上飘,其运动轨迹[22]就成为神妙[23]的弧线——香蕉球。由于脚法(足与球的接触部位和用力大小、角度等)不同,球的运动、旋转方向和速度不同,马格纳斯效应产生的侧向力也不同,使人对球的运动轨迹和落点[24]迷惑[25]莫测……这就是香蕉球的魅力[26],也就是贝克汉姆那脚头功夫"万人迷"的魅力。原来,贝哥的香蕉球还大有力学的科学道理呢!

　　香蕉球有其力学科学原理，能踢出一脚好香蕉球必然要符合[27]力学科学。反之，不符合力学科学随意[28]乱踢，只能踢出"臭球"。但是，懂力学科学原理的，未必就能踢好香蕉球。让你我把马格纳斯效应倒背如流[29]，然后上场去踢球，多半一时半刻[30]就在"臭脚"声中被轰下场，即使让那位詹姆士博士去主罚[31]点球[32]，大约也是"臭脚"一个。因为足球运动员是靠脚法和球感在场上拼搏的，仅有力学的科学理论是行不通[33]的。但球员的脚法和球感，是万万不能违反[34]科学的。

　　所以，詹姆士博士还说，他并不想和贝克汉姆讨论如何发任意球，贝克汉姆比他更清楚。他强调踢球不能违反力学科学原理，球员在理解科学的前提下，应该研究和利用科学规律，知道踢球的部位[35]、力量和气流的关系。詹姆士博士还指出，足球的圆度[36]和接缝[37]十分关键。因为足球在气流中运动时，圆度差和接缝多会产生很多复杂、不规则[38]的附加力，不仅造成防守方迷惑莫测，连踢球的也难以掌控[39]，这就乱套[40]了。所以，世界杯开始采用圆度更好、减少接缝的14块皮的新足球。

（选自《趣味物理学》，董仁威主编，四川教育出版社，2010.4，有改动　1261字）

词　汇

1. 射	（动）	shè	ئېتىلىشچقىماق
2. 牛顿力学第二定律		Niúdùn lìxué dì-èr dìnglǜ	نيۇتون مېخانىكىسىنىڭ ئىككىنچى قانۇنى
3. 加速度	（名）	jiāsùdù	تېزلىنىش
4. 地心吸力		dìxīn xīlì	يەر مەركەزى تارتىش كۈچى؛ مەركەزگە تارتىشىش كۈچى
5. 传球		chuán qiú	پاس بەرمەك
6. 射门	（动）	shè//mén	ۋارتاغا قاراتىپ توپ تەپمەك، ۋارتاغا ئۇرماق
7. 旋转	（动）	xuánzhuǎn	ئايلانماق؛ پىرقىرماق
8. 倾倒	（动）	qīngdǎo	مەپتۇن بولماق، ئاشىق بولماق، ئىشتىياق
9. 帅气	（名）	shuàiqi	كېلىشكەن، قامەتلىك؛ سېخى، مەرد
10. 弧线	（名）	húxiàn	ئەگمە سىزىق؛ ياي
11. 马格纳斯效应		Mǎgénàsī xiàoyìng	ماگنۇس تەسىرى
12. 弧圈球	（名）	húquānqiú	پىرقىرتىپ ئۇرۇلغان توپ

13. 依据	（名）	yījù		ئاساس
14. 空气动力学		kōngqì dònglìxué		ئايرودىنامىكا
15. 流体力学		liútǐ lìxué		ئاقار جىسملار دىنامىكىسى
16. 圆柱体	（名）	yuánzhùtǐ		سىلىندىر
17. 相对	（形）	xiāngduì		نىسبەتەن؛ قارىمۇقارشى؛ نىسپىي
18. 流体	（名）	liútǐ		ئاقار جىسم
19. 旋转体	（名）	xuánzhuǎntǐ		ئايلانما جىسم
20. 侧向力	（名）	cèxiànglì		يانچە تەسىر قىلدىدىغان كۈچ؛ يان يۆنىلىشلىك كۈچ
21. 下沉	（动）	xiàchén		چۆكۈپ كەتمەك؛ ئۇلتۇرۇشماق
22. 轨迹	（名）	guǐjì		ترايېكتورىيە؛ ئىز؛ ئورۇبتا
23. 神妙	（形）	shénmiào		ئاجايىپ؛ مۆجىزىلىك؛ كىشنى ھەيران قالدۇرىدىغان؛ ساز؛ گۈزەل
24. 落点	（名）	luòdiǎn		چۈشۈش نۇقتىسى
25. 迷惑	（形）	míhuò		قايمۇقۇپ قالماق؛ گاڭگىراپ قالماق؛ ئازدۇرماق؛ قايمۇقتۇرماق
26. 魅力	（名）	mèilì		سېھرى كۈچ؛ جەلپ قىلىش كۈچى
27. 符合	（动）	fúhé		مۇۋاپىق كەلمەك؛ توغرا كەلمەك
28. 随意	（形）	suí//yì		ئۆز مەيلىچە؛ خالىغانچە
29. 倒背如流		dàobèi-rúliú		سۈدەك يادلىۋالماق
30. 一时半刻		yīshí-bànkè		ھازىرچە؛ ۋاقتىنچە
31. 主罚	（动）	zhǔfá		ئاساسىي جازا
32. 点球	（名）	diǎnqiú		نۇقتا توپ
33. 行不通		xíng bu tōng		ئەمەلگە ئاشماسلىق؛ ئىشقا ئاشماسلىق؛ ئاقماسلىق (بىرەر ئىش-ھەرىكەت)
34. 违反	（动）	wéifǎn		قانۇننى بۇزماق؛ قانۇنغا خىلاپلىق قىلماق
35. 部位	（名）	bùwèi		قىسىم؛ ئورۇن
36. 圆度	（名）	yuándù		يۇمىلاقلىق دەرىجىسى
37. 接缝	（名）	jiēfèng		تىكىلگەن جاي
38. 规则	（形）	guīzé		تەرتىپلىك؛ قائىدىلىك
39. 掌控	（动）	zhǎngkòng		كونترول قىلىشنى ئىگىلەش
40. 乱套	（动）	luàn//tào		قالايمىقانلىشىپ كەتمەك؛ مالىماتاك بولۇپ كەتمەك

词语解释

1. 香蕉球

即弧旋球，又称"弧线球"。是足球运动技术名词（英语 banana ball）。指足球踢出后，球在空中向前并做弧线运行的踢球技术。

2. 力学

力学是独立的一门基础学科，主要研究能量和力以及它们与固体、液体及气体的平衡、变形或运动的关系。力学可粗分为静力学、运动学和动力学三部分。

3. 加速度

加速度是速度变化量与发生这一变化所用时间的比值 $\Delta v/\Delta t$，是描述物体速度变化快慢的物理量，通常用 a 表示，单位是 m/s^2。加速度是矢量，它的方向是物体速度变化（量）的方向，与合外力的方向相同。

4. 牛顿力学第二定律

物体加速度的大小跟作用力成正比，跟物体的质量成反比，且与物体质量的倒数成正比。加速度的方向跟作用力的方向相同。

5. 地心吸力

地球对物体的万有引力，由于地球是球体，所以其方向指向地心，故称地心吸力，只有在地心才不受地球的万有引力。

6. 空气动力学

是流体力学的一个分支，它主要研究物体在同气体作相对运动情况下的受力特性、气体流动规律和伴随发生的物理化学变化。它是在流体力学的基础上，随着航空工业和喷气推进技术的发展而成长起来的一个学科。

7. 流体力学

是研究流体（液体和气体）的力学运动规律及其应用的学科，是主要研究在各种力的作用下，流体本身的状态，以及流体和固体壁面、流体和流体间、流体与其他运动形态之间的相互作用的力学分支。

8. 旋转体

一条平面曲线绕着它所在的平面内的一条定直线旋转所形成的曲面叫作旋转面，封闭的旋转面围成的几何体叫作旋转体，该定直线叫作旋转体的轴。

9. 流体

流体是液体和气体的总称，是由大量的、不断地做热运动而且无固定平衡位置的分子构成的，它的基本特征是没有一定的形状和具有流动性。

10. 轨迹

动点在空间的位置随时间连续变化而形成的曲线。轨迹是直线，称为直线运动；轨迹是曲线，称为曲线运动。

11. 圆度

指工件的横截面接近理论圆的程度，即最大半径与最小半径之差值。测量工具为圆度仪。

语言点

运动速度与力的大小及足球的质量有关，运动的方向与力作用的方向有关。

"……与……有关，……与……有关"这一格式用于说明某事物与另一事物之间存在某种关系。例如：

（1）物品质量的好坏与使用的材料有关，也与制造的工艺有关。
（2）汉字中形声字的读音与声旁有关，意义与形旁有关。

课堂练习

一、看拼音写汉字

地心（ xī ）力　　（ hú ）圈球　　（ xuán ）转体　　（ cè ）向力　　（ guǐ ）道

（ dào ）背如流　　主（ fá ）　　掌（ kòng ）　　乱（ tào ）　　接（ fèng ）

二、解释下列句子中画线的词语

1. 用脚踢足球，球飞多高、射多远，这与"<u>脚头</u>"有关。
2. 运动速度与力的大小及足球的<u>质量</u>有关。
3. 踢球时足球受的力<u>并非</u>只有脚踢。
4. 球动起来后空气又会产生<u>阻力</u>。
5. 原来"脚头"包括"脚力"和头脑思考的"<u>头力</u>"。
6. 贝哥那神妙的一脚<u>弧圈球</u>，大有科学依据。
7. 足球旋转方向与气流同向，球体一侧形成低压，另一侧形成高压，因而产生<u>侧向力</u>。
8. 侧向力使足球下沉或<u>上飘</u>，其运动轨迹就成为神妙的弧线——香蕉球。

三、模仿造句

1. <u>所谓</u>"脚头"，<u>就是</u>踢球的力量、方向和着球点。（所谓……，就是……）
2. 运动速度<u>与</u>力的大小及足球的质量<u>有关</u>，运动的方向<u>与</u>力作用的方向<u>有关</u>。
　　　　　　　　　　　　　　　　　　　　　　　　　　　　　　（……与……有关）
3. 要踢出"好球"，<u>不仅</u>用脚力，<u>还</u>得把球的"重力"和空气的"阻力"都考虑进去，<u>才</u>能形成"脚头"功夫。（不仅……，还……，才……）
4. 香蕉球有其力学科学原理，能踢出一脚好香蕉球必然要符合力学科学。<u>反之</u>，不符合力学科学随意乱踢，只能踢出"臭球"。（反之）

四、根据课文内容判断正误

1. 懂力学科学原理的，一定能踢好香蕉球。　　　　　　　　　　　　　　（　　）
2. 即使让那位詹姆士博士去主罚点球，大约也是"臭脚"一个。　　　　　（　　）

3. 足球运动员是靠头力和球感在场上拼搏的。　　　　　　　　（　　）
4. 球员的脚法和球感，是万万不能违反科学的。　　　　　　　（　　）
5. 球员在理解科学的前提下，应该研究和利用科学规律，知道踢球的部位、力量和水流的关系。　　　　　　　　　　　　　　　　　　　　　　（　　）
6. 足球在气流中运动时，圆度差和接缝多会产生很多复杂、不规则的重力。（　　）

五、名词解释

1. 香蕉球

2. 流体

3. 轨迹

4. 牛顿力学第二定律

5. 马格纳斯效应

六、根据课文内容回答问题

1. 香蕉球的魅力何在？
2. 为什么世界杯开始采用回度更好、减少接缝的 14 块皮的新足球？

课后作业

一、抄写词语，每个词语抄写三遍
二、概括课文大意

第二课

课文一

课前练习

一、根据你所学的知识,谈谈生活中常见的动能、势能

二、选择正确词语填空

轨道　能量守恒定律　装置　引力势能　势能
最大值　转化　风驰电掣　刺激性　机械装置

1. 过山车是一项富有（　　）的娱乐工具。
2. 那种（　　）、有惊无险的快感令不少人着迷。
3. 过山车的小列车是靠一个（　　）的推力推上最高点的。
4. 在能量的（　　）过程中,由于过山车的车轮与轨道的摩擦而产生了热量,从而损耗了少量的机械能。
5. 当过山车开始下降时,它的（　　）就不断减少（因为高度下降了）,但它不会消失。
6. （　　）是物体因其所处位置而自身拥有的能量,是由于它的高度和由引力产生的加速度而产生的。
7. 在第一次下行后,就再也没有任何（　　）为它提供动力了。
8. 如果能亲身体验一下由（　　）、加速度和力交织在一起产生的效果,那感觉真是妙不可言。
9. 事实上,从这时起,带动它沿着（　　）行驶的唯一的"发动机"将是引力势能。
10. 对过山车来说,它的势能在处于最高点时达到了（　　）。

三、根据课文内容选择正确答案

1. 事实上,_____的感受在过山车的尾部车厢最为强烈。
   A. 上升　　　　B. 爬行　　　　C. 下降　　　　D. 振动
2. 因为最后一节车厢通过_____时的速度比过山车头部的车厢要快。

A. 最低点　　　　B. 最高点　　　　C. 最左边　　　　D. 最右边
3. 引力作用于过山车＿＿＿＿的质量中心。
A. 前部　　　　　B. 后部　　　　　C. 中部　　　　　D. 顶部
4. 坐在最后一节车厢的人就能快速地达到和跨越最高点，从而产生一种要＿＿＿＿的感觉。
A. 被挤压　　　　B. 被抛离　　　　C. 被拥抱　　　　D. 被抽打
5. 到达"疯狂之圈"时，沿直线轨道行进的过山车突然＿＿＿＿转弯。这时，乘客就会有一种被挤压到轨道上的感觉。
A. 向左　　　　　B. 向右　　　　　C. 向下　　　　　D. 向上
6. 事实上，在环形轨道上，由于铁轨与过山车相互作用产生了一种＿＿＿＿。
A. 动力　　　　　B. 牵引力　　　　C. 离心力　　　　D. 向心力

过山车中的物理知识

过山车是一项富有[1]刺激性[2]的娱乐工具。那种风驰电掣、有惊无险的快感令不少人着迷。如果你对物理学感兴趣，那么在乘坐过山车的过程中不仅能够体验到冒险[3]的快感，还有助于理解力学定律。

实际上，过山车的运动包含了许多物理学原理，人们在设计过山车时巧妙[4]地运用了这些原理。如果能亲身体验一下由能量守恒定律[5]、加速度和力交织[6]在一起产生的效果，那感觉真是妙不可言[7]。

这次同物理学打交道[8]不用动脑子，只要收紧你的腹肌[9]，保护好肠胃就行了，当然，如果受到你的身体条件和心理承受能力[10]的限制[11]，无法亲身体验过山车带来的种种感受，你不妨站在一旁仔细观察过山车的运动和乘坐者的反应。

在开始旅行时，过山车的小列车是靠一个机械装置[12]的推力[13]推上最高点的，但在第一次下行后，就再也没有任何装置为它提供动力了。事实上，从这时起，带动它沿着轨道行驶的唯一的"发动机"将是引力[14]势能[15]，是由引力势能[16]转化[17]为动能[18]，又由动能转化为引力势能这样一种不断转化的过程构成的。

第一种能，即引力势能，是物体因其所处位置而自身拥有的能量，是由于它的高度和由引力产生的加速度而产生的。对过山车来说，它的势能在处于最高点时达到了最大值，也就是当它爬升到"山丘[19]"的顶峰[20]时最大。当过山车开始下降时，它的势能就不断减少（因为高度下降了），但它不会消失，而是转化成了动能，也就是运动能。

不过，在能量的转化过程中，由于过山车的车轮和轨道的摩擦而产生了热量，从而损耗[21]了少量的机械能[22]（动能和势能）。这就是为什么要设计成随后[23]的小山丘比开始时的小山丘要低的原因：过山车已经没有上升到像前一个小山丘那样的高度所需要的机械能了。

过山车最后一节小车厢是过山车赠送[24]给勇敢的乘客的最为刺激[25]的礼物。事实上，下降的感受在过山车的尾部车厢最为强烈。因为最后一节车厢通过最高点时的速度比过山车头部的车厢要快，这是由于引力作用于过山车中部的质量中心的缘故[26]。这样，坐在最后一节车厢的人就能快速地达到和跨越[27]最高点，从而产生一种要被抛离[28]的感觉，因为质量中心正在加速向下。尾部车厢的车轮是牢固[29]地扣[30]在轨道上的，否则在到达顶峰附近时，小车厢就可能脱轨[31]甩出去。车头部的车厢情况就不同了，它的质量中心在"身后"，在短时间内，它虽然处在下降的状态，但是它要"等待"质量中心越过高点被引力推动[32]。

到达"疯狂之圈"时，沿直线轨道行进的过山车突然向上转弯[33]。这时，乘客就会有一种被挤压[34]到轨道上的感觉，因为这时产生了一种表观[35]的离心力[36]。事实上，在环形轨道上，由于铁轨与过山车相互作用产生了一种向心力[37]。这种环形轨道是略带椭圆形的，目的是为了"平衡"引力的制动[38]效应。当过山车到达圆形轨道的最高点时，事实上它会慢下来，但如果弯曲的程度[39]较小时，这种现象会减弱。一旦过山车走完了它的行程，机械制动装置[40]就会非常安全地使过山车停下来。减速的快慢是由气缸[41]来控制的。

（选自中国物理网，有改动　1150字）

词　　汇

1. 富有	（动）	fùyǒu	بايلىق ؛ باي بولماق ؛ ئىگە بولماق
2. 刺激性	（名）	cìjīxìng	غىدىقلىغۇچىلىق خۇسۇسىيىتى
3. 冒险	（动）	mào//xiǎn	تەۋەككۈل قىلماق؛ خەۋپ-خەتەرگە قارىماي
4. 巧妙	（形）	qiǎomiào	ئۇستاتلىق؛ ئەپچىللىك
5. 能量守恒定律		néngliàng shǒuhéng dìnglǜ	ئېنېرگىيەنىڭ ساقلىنىش قانۇنى
6. 交织	（动）	jiāozhī	ئارلاشماق؛ ئارلىشىپ كەتمەك؛ ئارلاشتۇرۇپ توقۇماق؛ گىرەلەشتۇرۇپ توقۇماق
7. 妙不可言		miàobùkěyán	ئاجايىپ؛ قىل سىغمايدىغان

115

理科汉语

8. 打交道		dǎ jiāodao	ئالاقە قىلماق؛ مۇئامىلە قىلماق؛ بېرىش ـ كېلىش قىلماق
9. 腹肌	（名）	fùjī	قورساق مۇسكۇلى
10. 承受能力		chéngshòu nénglì	بەرداشلىق بېرىش ئىقتىدارى
11. 限制	（动）	xiànzhì	چەكلىنىش؛ چەكلەش
12. 机械装置		jīxiè zhuāngzhì	مېخانىكىلىق قۇرۇلما؛ مېخانىزم
13. 推力	（名）	tuīlì	ئىتتىرىش كۈچى
14. 引力	（名）	yǐnlì	تارتىش كۈچى؛ تارتىشىش كۈچى
15. 势能	（名）	shìnéng	پوتېنسىئال ئېنېرگىيە
16. 引力势能		yǐnlì shìnéng	تارتىشىش پوتېنسىئال ئېنېرگىيىسى
17. 转化	（动）	zhuǎnhuà	ئايلىنىش؛ ئايلانماق
18. 动能	（名）	dòngnéng	ھەرىكەت ئېنېرگىيىسى
19. 山丘	（名）	shānqiū	تاغلىق ۋە دۆڭلۈك
20. 顶峰	（名）	dǐngfēng	چوققا؛ بەللە
21. 损耗	（动）	sǔnhào	سەرپىيات؛ ئۇپراماق؛ خورىماق
22. 机械能	（名）	jīxiènéng	مېخانىك ئېنېرگىيە
23. 随后	（副）	suíhòu	كېيىن؛ ئۇنىڭدىن كېيىن؛ كەينىدىن
24. 赠送	（动）	zèngsòng	تەقدىم قىلماق؛ ئىنئام قىلماق؛ ھەدىيە قىلماق
25. 刺激	（动）	cìjī	قوزغاتماق؛ ئۇيغاتماق؛ قاتتىق تەسىر قىلماق؛ ھاياجانلاندۇرماق؛ رىغبەتلەندۈرمەك
26. 缘故	（名）	yuángù	سەۋەب؛ ۋەج
27. 跨越	（动）	kuàyuè	ئاتلاش؛ ئاتلىتىش
28. 抛离	（动）	pāolí	تاشلىۋېتىلمەك
29. 牢固	（形）	láogù	مۇستەھكەم، پۇختا، مەھكەم، چىڭ
30. 扣	（动）	kòu	يېپىپ قويماق؛ ئۈستىگە كۆمتۈرۈپ قويماق
31. 脱轨	（动）	tuō//guǐ	رېلىستىن چىقىپ كەتمەك
32. 推动	（动）	tuīdòng	ئالغا سىلجىتماق؛ ئىلگىرى سۈرمەك؛ تۈرتكە بولماق
33. 转弯	（动）	zhuǎn//wān	بۇرۇلماق؛ ئايلانماق؛ ئەگىتمەك؛ چۆرگىلەتمەك
34. 挤压	（动）	jǐyā	قىستىماق؛ سىقماق؛ سىقىپ چىقارماق
35. 表观	（名)	biǎoguān	كۆرۈنۈش؛ كۆرۈنۈشتىكى شەكىل؛ خاراكتېر ياكى خۇسۇسىيەت؛ يۈزەكى
36. 离心力	（名）	líxīnlì	مەركەزدىن قاچما كۈچ

37.	向心力	（名）	xiàngxīnlì	مەركەزگە ئىنتىلگۈچى كۈچ
38.	制动	（动）	zhìdòng	تورمۇزلىماق
39.	程度	（名）	chéngdù	سەۋىيە ؛ دەرىجە ؛ نوقتا
40.	机械制动装置		jīxiè zhìdòng zhuāngzhì	مېخانىكىلىق تورمۇز قۇرۇلمىسى
41.	气缸	（名）	qìgāng	سىلىندىر

词语解释

1. 能量守恒定律

能量既不会凭空产生，也不会凭空消灭，它只会从一种形式转化为其他形式，或者从一个物体转移到其他物体，而在转化或转移的过程中，总量保持不变，这就是能量守恒定律。

2. 机械装置

指机器、仪器和设备中结构复杂并具有某种独立功用的物件。

3. 推力

推动飞行器运动的力。它是作用在发动机内、外表面或推进器（如螺旋桨）上各种力的合力。

4. 势能

它是储存于一个系统内的能量，也可以释放或者转化为其他形式的能量。势能是状态量，又称作位能。势能不是属于单独物体所具有的，而是相互作用的物体所共有。

5. 引力势能

物体（特别指天体）在引力场中具有的能叫作引力势能。人们熟知的重力势能是引力势能在特殊情况下的表达形式。

6. 动能

物体由于运动而具有的能叫动能，它通常被定义成使某物体从静止状态至运动状态所做的功。它的大小是运动物体的质量和速度平方乘积的二分之一。因此，质量相同的物体，运动速度越大，它的动能越大；运动速度相同的物体，质量越大，具有的动能就越大。

7. 机械能

机械能是动能与势能的总和。这里的势能分为重力势能和弹性势能。我们把重力势能、弹性势能和动能统称为机械能。

8. 引力

又称重力相互作用，是指具有质量的物体之间加速靠近的趋势，也是自然界的四大基本相互作用力之一。

9. 离心力

离心力是一种虚拟力或称惯性力，它使旋转的物体远离它的旋转中心。

理科汉语

10. 向心力

向心力是做匀速圆周运动的物体受到的指向圆心的合力，跟速度的方向垂直。

11. 制动装置

是能使汽车按照需要减速或在最短的距离内停车的装置。它能使汽车在保证安全的前提下尽量发挥出高速行驶的性能。

12. 气缸

气压传动中将压缩气体的压力能转换为机械能的气动执行元件。气缸有做往复直线运动的和做往复摆动的两类。

语言点

在能量的转化过程中，由于过山车的车轮与轨道的摩擦而产生了热量，从而损耗了少量的机械能。

"由于……而……，从而……"这一格式用于进一步解说，前面说明原因，后面说明由于这种原因产生某种结果。例如：

（1）在学习过程中，很多人由于缺乏坚持不懈的精神而最终导致学业无成，从而葬送了自己的美好前程。

（2）她由于能力出众而深受老板赏识和信任，从而奠定了自己在公司里的地位。

课堂练习

一、看拼音写汉字

风驰电（chè　）　（miào　）不可言　能量守（héng　）定律　机（xiè　）装置

引力（shì　）能　损（hào　）　（chéng　）受能力　脱（guǐ　）

气（gāng　）　转（wān　）

二、解释下列句子中画线的词语

1. 那种<u>风驰电掣</u>、有惊无险的快感令不少人着迷。

2. 如果受到你的身体条件和心理<u>承受能力</u>的限制，无法亲身体验过山车带来的种种感受，你<u>不妨</u>站在一旁仔细观察过山车的运动和乘坐者的反应。

3. 过山车的小列车是靠一个机械装置的推力推上最高点的。

4. 对过山车来说，它的势能在处于最高点时达到了<u>最大值</u>。

5. 在能量的转化过程中，由于过山车的车轮与轨道的摩擦而产生了热量，从而<u>损耗</u>了少量的机械能。

6. 这是由于引力作用于过山车中部的质量中心的缘故。
7. 尾部车厢的车轮是牢固地扣在轨道上的，否则在到达顶峰附近时，小车厢就可能脱轨甩出去。

三、模仿造句
1. 如果你对物理学感兴趣，那么在乘坐过山车的过程中不仅能够体验到冒险的快感，还有助于理解力学定律。　　　　　（如果……，那么……不仅……，还……）
2. 这次同物理学打交道不用动脑子，只要收紧你的腹肌，保护好肠胃就行了。
（只要……，就……）
3. 如果受到你的身体条件和心理承受能力的限制，无法亲身体验过山车带来的种种感受，你不妨站在一旁仔细观察过山车的运动和乘坐者的反应。
（如果……，不妨……）
4. 在能量的转化过程中，由于过山车的车轮与轨道的摩擦而产生了热量，从而损耗了少量的机械能（动能和势能）。　　　　（由于……而……，从而……）

四、根据课文内容判断正误
1. 沿直线轨道行进的过山车突然向下转弯时，乘客就会有一种被挤压到轨道上的感觉，因为这时产生了一种表观的离心力。　　　　　　　　　　　（　　）
2. 如果受到你的身体条件和心理承受能力的限制，你可以站在一旁仔细观察过山车的运动和乘坐者的反应。　　　　　　　　　　　　　　　　　（　　）
3. 尾部车厢的车轮是牢固地粘在轨道上的，否则在到达顶峰附近时，小车厢就可能脱轨甩出去。　　　　　　　　　　　　　　　　　　　　　　（　　）
4. 过山车的小列车是靠一个机械装置的压力推上最高点的。　（　　）
5. 过山车各节车厢通过最高点时的速度是一样的。　　　　　（　　）
6. 过山车第一次下行后，带动它沿着轨道行驶的唯一的"发动机"是动力势能。
（　　）
7. 在能量的转化过程中，由于过山车的车轮与轨道的摩擦而产生了电量，从而损耗了少量的机械能。　　　　　　　　　　　　　　　　　　　（　　）
8. 对过山车来说，它的势能在处于最高点时达到了最小值。　（　　）

五、名词解释
1. 能量守恒定律

2. 承受能力

3. 势能

4. 动能

5. 向心力

六、根据课文内容回答问题

1. 对过山车来说，它的势能什么时候达到了最大值？
2. 当过山车开始下降时，它的势能会消失吗？为什么？
3. 在能量的转化过程中，为什么损耗了少量的机械能？
4. 为什么下降的感受在过山车的尾部车厢最为强烈？
5. 沿直线轨道行进的过山车突然向上转弯时，乘客为什么会有一种被挤压到轨道上的感觉？
6. 过山车为什么是环形轨道？这样做的目的是什么？

课后作业

一、抄写词语，每个词语抄写三遍
二、概括课文大意

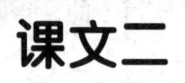

课前练习

一、根据你所学的知识，谈谈对能量守恒的认识
二、选择正确词语填空

功　分子热运动　引力势能　热量　静电场　转化　定量关系
机械能　闭合电路　法拉第电磁感应定律　静电势能　内能

1. 能量守恒定律在纯力学过程中，是以（　　）守恒定律的形式出现的。
2. 能量的（　　）与守恒像一条线索一样把整个物理贯连起来。
3. 能量形式有动能、弹性势能和（　　）等，合称机械能。
4. 它们的传递和转化由（　　）量度，从而存在动能定理、功能定理等转化规律。
5. 在热学中，能量形式扩展到与（　　）相对应的内能。
6. 做功和传热是改变物体（　　）的两条途径，功和（　　）是分别与这两条途径对应的量度内能变化的物理量。

7. 内能变化与功和热量三者间的（　　）服从热力学第一定律。

8.（　　）的变化与电场力的功（保守力的功）相对应。

9. 电荷在（　　）中的运动始终满足能量守恒定律。

10. 电流在（　　）中做功时，电能与其他形式的能相互转化。

11.（　　）则是能量守恒定律在电磁感应现象中的表现。

三、根据课文内容选择正确答案

1. 在力学中，_____形式有动能、弹性势能和引力势能等，合称机械能。
   A. 动量　　　　B. 动能　　　　C. 电量　　　　D. 能量

2. _____与守恒像一条线索一样把整个物理贯连起来。
   A. 能量的转化　　B. 能量的产生　　C. 能量的释放　　D. 能量的传递

3. 能量守恒定律在纯力学过程中，是以_____的形式出现的。
   A. 动能守恒定律　　　　　　B. 机械能守恒定律
   C. 引力势能守恒定律　　　　D. 弹性势能守恒定律

4. 在热学中，能量形式扩展到与_____相对应的内能。
   A. 分子热运动　　B. 原子热运动　　C. 离子热运动　　D. 质子热运动

5. 静电势能的变化与_____相对应。
   A. 电场力的力　　　　　　B. 电场力的转化
   C. 电场力的功　　　　　　D. 电场力的引力势能

6. 法拉第电磁感应定律则是能量守恒定律在_____中的表现。
   A. 核磁感应现象　　　　　B. 磁铁感应现象
   C. 大气磁感应现象　　　　D. 电磁感应现象

能量与物理学

　　能量的概念深入到物理学的各个知识领域，能量的转化与守恒像一条线索一样把整个物理贯连起来，仅以中学层次的物理知识结构来看，能量概念的普遍性和能量知识的举足轻重[1]的地位便显得十分重要。

　　在力学中，能量形式有动能、弹性势能[2]和引力势能等，合称机械能。它们的传递和转化由（机械）功[3]量度，从而存在动能定理[4]、功能定理[5]等转化规律，能量守恒定律在纯力学过程中，是以机械能守恒定律的形式出现的。

　　在热学[6]中，能量形式扩展[7]到与分子热运动[8]相对应的内能[9]，做功和传热[10]是改变物体内能的两条途径[11]；（广义）功和热量是分别与这两条途径对应的量度内能变化的物理量，内能变化与功和热量三者之间的定量[12]关系，服从[13]热力学第一定律[14]，而这一定律正是普遍的能量守恒定律在热力学过程中的表现形式[15]。

在电学[16]中，首先有可与机械势能相对比的静电势能[17]，静电势能的变化与电场力[18]的功（保守力的功）相对应，电荷[19]在静电场中的运动始终满足能量守恒定律，电流在闭合电路[20]中做功时，电能与其他形式的能相互转化，而这种转化过程都是在能量守恒的前提下发生的，法拉第电磁感应定律[21]则是能量守恒定律在电磁感应现象[22]中的表现。

机械波[23]、电磁波[24]都是能量的载体[25]，它们都传输能量。驻波[26]由于不能传输能量，所以有一种意见认为，驻波不是波。声波[27]属机械波，与生活密切相关的声强就是表示声能量强弱的；对超声[28]、次声[29]的应用很多，用的也是它们的能量特性。光波属电磁波，而这个特点使它在多方面大显身手。激光的一个特点就是能将能量高浓度[30]地集中在细光束[31]中。

对现代物理知识的简单介绍也是围绕着能量进行的，如核外电子[32]的能级跃迁[33]、核反应中的质能关系[34]、核能的释放和利用等。

能源危机已经是现今社会的严重问题，有关能源知识的介绍，如旧能源的利用、新能源的开发[35]、节能等话题，显然更是属于"纯"能量知识。

总之，在现代的物理教材中，能量知识的比重越来越大，能量守恒定律这些知识把物理学的各个部分联系起来，把物理学和其他自然科学与技术科学联系起来，发掘[36]并准确掌握这些知识的内涵[37]和有关物理规律的内在联系，合理地反映到教学的各个环节，是提高教学质量所必不可少的。

（选自中国物理网，有改动　850字）

词　汇

1. 举足轻重		jǔzú-qīngzhòng	ھەل قىلغۇچ؛ مۇھىم
2. 弹性势能		tánxìng shìnéng	ئېلاستىك پوتېنسىئال ئېنېرگىيىسى
3.（机械）功	（名）	(jīxiè) gōng	ئىش
4. 动能定理		dòngnéng dìnglǐ	ھەرىكەت ئېنېرگىيىسى تېئورېمىسى
5. 功能定理		gōng-néng dìnglǐ	ئىش ئېنېرگىيىسى تېئورېمىسى
6. 热学	（名）	rèxué	تېرمولوگىيە؛ ئىسسىقلىق ئىلمى
7. 扩展	（动）	kuòzhǎn	كېڭەيمەك؛ كېڭەيتىمەك؛ يېيىلماق؛ راۋاجلانماق
8. 分子热运动		fēnzǐ rèyùndòng	مولېكۇللارنىڭ ئىسسىقلىق ھەرىكىتى
9. 内能	（名）	nèinéng	ئىچكى ئېنېرگىيە
10. 传热		chuán rè	ئىسسىقلىق ئۆتكۈزمەك

11. 途径	（名）	tújìng		يول
12. 定量	（动）	dìngliàng		نورما؛ بەلگىلەنگەن سان
13. 服从	（动）	fúcóng		بويسۇنماق؛ ئىتائەت قىلماق
14. 热力学第一定律		rèlìxué dì-yī dìnglǜ		تېرمودىنامىكا بىرىنچى قانۇنى
15. 表现形式		biǎoxiàn xíngshì		ئىپادىلەش شەكلى؛ ئەكس ئەتتۈرۈش شەكلى
16. 电学	（名）	diànxué		ئېلېكتر ئىلمى؛ ئېلېكترشۇناسلىق
17. 静电势能		jìngdiàn shìnéng		ئېلېكتروستاتىك پوتېنسىئال ئېنېرگىيە
18. 电场力	（名）	diànchǎnglì		ئېلېكتر مەيدان كۈچى
19. 电荷	（名）	diànhè		ئېلېكتر زەرەت؛ زەرەت
20. 闭合电路		bìhé diànlù		تۇيۇق زەنجىر
21. 法拉第电磁感应定律		Fǎlādì diàncí gǎnyìng dìnglǜ		فارادى ئېلېكترومامگنېت ئىندۇكسىيە قانۇنى
22. 电磁感应现象		diàncí gǎnyìng xiànxiàng		ئېلېكترو ماگنېت ئىندۇكسىيە ھادىسىسى
23. 机械波	（名）	jīxièbō		مېخانىكىلىق دولقۇن
24. 电磁波	（名）	diàncíbō		ئېلېكترومامگنېت دولقۇن
25. 载体	（名）	zàitǐ		توشغۇچى جىسىم؛ ئېلىپ يۈرگۈچى
26. 驻波	（名）	zhùbō		تۇرغۇن دولقۇن
27. 声波	（名）	shēngbō		ئاۋاز دولقۇنى؛ ئاكۇستىك
28. 超声	（名）	chāoshēng		ئۇلترا ئاۋاز
29. 次声	（名）	cìshēng		ئىنفرا ئاۋاز
30. 高浓度		gāo nóngdù		يۇقىرى قويۇقلۇق
31. 细光束		xì guāngshù		ئىنچىكە يورۇقلۇق دەستىسى
32. 核外电子		hé wài diànzǐ		يادرو سىرتىدىكى ئېلېكترون
33. 能级跃迁		néngjí yuèqiān		ئېنېرگىيە دەرىجىسىنىڭ ترانسىتسىيەسى
34. 质能关系		zhì-néng guānxi		ماسسا-ئېنېرگىيە مۇناسىۋىتى
35. 开发	（动）	kāifā		ئۆزلەشتۈرمەك؛ پايدىلانماق
36. 发掘	（动）	fājué		قازماق؛ كولىماق
37. 内涵	（名）	nèihán		خاس مەزمۇنى (ئىچكى مەزمۇنى)؛ مەزمۇن

词语解释

1. (机械)功

功是一个过程量,所描述的是力在物体沿力的方向发生位移的过程中的积累效应,也可以说是力的空间积累效应。功是标量,国际单位制单位为焦耳。

2. 热学

热学是研究物质处于热状态时的有关性质和规律的物理学分支,它起源于人类对冷热现象的探索。

3. 分子热运动

分子的无规则运动与温度有关系,温度越高这种运动就越激烈。因此我们把分子永不停息的无规则运动叫作热运动。

4. 内能

内能是物体或若干物体构成的系统内部一切微观粒子的一切运动形式所具有的能量总和。

5. 静电势能

静电是一种处于静止状态的电荷。电荷进入静电场后,会受到静电场力,这个力在某个位移上做的功,就是静电势能。

6. 电场力的功

所谓电场力做功其实很简单,就是物体在电场力的作用下在沿电场线的方向上有了位移,位移与电场力的乘积就是电场力所做的功。

7. 电荷

带正负电的基本粒子,称为电荷。带正电的粒子叫正电荷(表示符号为"+"),带负电的粒子叫负电荷(表示符号为"−")。

8. 闭合电路

闭合电路是指电荷沿电路绕一周后可回到原位置的电路。一个简单的闭合电路由电源、用电器、导线和开关组成。

9. 电磁感应定律

闭合电路的一部分导体在磁场里做切割磁力线的运动时,导体中就会产生电流,这种现象叫电磁感应。产生的电流称为感应电流。定律指出:任何封闭电路中感应电动势的大小,等于穿过这一电路磁通量的变化率。定律揭示:导体线圈中产生的感应电动势其大小正比于单位时间内线圈所切割的磁力线数量。

10. 机械波

机械振动在介质中的传播称为机械波。常见的机械波有:水波、声波、地震波。

11. 电磁波

电磁波是由同相振荡且互相垂直的电场与磁场在空间中以波的形式移动,有效地传递能量和动量,其传播方向垂直于电场与磁场构成的平面。包括无线电波、微波、红外线、可见光、紫外线、X射线和伽马射线等等。

12. 驻波

两列振幅相同的相干波在同一直线上沿相反方向传播时互相叠加而成的波,称为驻波。

13. 声波

发声体的振动在空气或其他物质中的传播叫作声波。声波借助各种介质向四面八方传播。声波是一种纵波,是弹性介质中传播着的压力振动。

14. 超声

即超声波。是一种频率高于20000赫兹的声波,它方向性好,穿透能力强,易于获得较集中的声能,在水中传播距离远,可用于测距、测速、清洗、焊接、碎石、杀菌消毒等。超声波因其频率下限大约等于人的听觉上限而得名。

15. 次声

即次声波。是频率低于20赫兹的声波。次声学是研究次声波在媒质中的产生、传播和接收及其效应和应用的科学。

16. 质能关系

指质量与能量之间的当量关系。质能方程为 $E = mc^2$。

语言点

能量守恒定律在纯力学过程中,是以机械能守恒定律的形式出现的。

"……在……过程中,是以……的形式出现的"这一格式用于解说某种抽象事物的具体表现方式。例如:

(1)水分子在运动过程中,是以氢离子和氧离子的形式出现的。
(2)水气在空中凝聚的过程中,是以云的形式出现的。

课堂练习

一、看拼音写汉字

能量守（　héng　）　　举（　zú　）轻重　　静电（　shì　）能　　（　bì　）合电路

电（　cí　）感应　　能量（　zhù　）波　　核能（　shì　）放　　（　zhì　）能关系

能级跃（　qiān　）　　（　zài　）体

二、解释下列句子中画线的词语

1. 在力学中,能量形式有动能、<u>弹性势能</u>和引力势能等,合称机械能。
2. 能量守恒定律在<u>纯力学</u>过程中,是以机械能守恒定律的形式出现的。

3. 在热学中，能量形式扩展到与分子热运动相对应的内能。

4. 做功和传热是改变物体内能的两条途径。

5. 功和热量是分别与这两条途径对应的量度内能变化的物理量。

6. 静电势能的变化与电场力的功（保守力的功）相对应。

7. 电荷在静电场中的运动始终满足能量守恒定律。

8. 机械波、电磁波都是能量的载体。

9. 激光的一个特点就是能将能量高浓度地集中在细光束中。

三、模仿造句

1. 在力学中，能量形式有动能、弹性势能和引力势能等，合称机械能。

　　　　　　　　　　　　　　　（在……中，……合称……）

2. 能量守恒定律在纯力学过程中，是以机械能守恒定律的形式出现的。

　　　　　　　　　　　　　　　（……是以……的形式出现的）

3. 静电势能的变化与电场力的功（保守力的功）相对应。　（……与……相对应）

四、根据课文内容判断正误

1. 在力学中，能量形式有静能、弹性势能和引力势能等，合称机械能。（　）

2. 机械能的传递和转化由（机械）功量度。（　）

3. 做功和传热是改变物体动能的两条途径。（　）

4. 内能变化与功和热量三者间的定量关系服从牛顿第一运动定律。（　）

5. 电流在开放电路中做功时，电能与其他形式的能相互转化。（　）

6. 动力波、电磁波都是能量的载体。（　）

五、名词解释

1. 功

2. 分子热运动

3. 静电势能

4. 电磁感应定律

5. 驻波

六、根据课文内容回答问题

1. 什么是机械能？

2. 机械能用什么量度？

3. 在热学中，改变物体内能的两条途径是什么？

4. 分别与改变物体内能的两条途径对应的量度内能变化的物理量是什么？

5. 静电势能的变化与什么相对应？

6. 什么定律是能量守恒定律在电磁感应现象中的表现？

课后作业

一、抄写词语，每个词语抄写三遍

二、概括课文大意

课文三

课前练习

一、根据你所学的知识，谈谈对共振现象的认识

二、选择正确词语填空

固有频率　数段　来回　共振　振动幅度　殒命　载荷　正步

1. 一队士兵（　　）通过这座桥时突然发生桥梁断裂。

2. 226人掉入河中（　　）。

3. 一队骑兵以整齐的步伐到达桥心时，桥突然裂成（　　）坠入河中。

4. 当时人们进行了调查，发现桥所受的（　　）远远没有超过许可的范围。

5. 随着科学的发展，人们才弄清这种破坏事故是"（　　）"造成的。

6. 如果用钳子夹住钢锯条的一端，另一端用手弹一下，它就要（　　）振动。

7. 尽管（　　）越来越小，但每秒钟振动次数总是不变的。

8. 任何物体都有自己的（　　）。

三、根据课文内容选择正确答案

1. 如果这个频率和所经过的桥梁＿＿＿＿相接近，同样会造成桥断车覆的后果。

　　A. 变化频率　　　B. 固有频率　　　C. 设计频率　　　D. 声波频率

2. 火车车轮撞击轨道要发生有节奏的强烈＿＿＿＿。

　　A. 碰撞　　　　　B. 摇动　　　　　C. 振动　　　　　D. 跳动

3. 世界各国都有一条不成文的规定：大队人马必须＿＿＿＿过桥。

A. 正步　　　　　B. 大步　　　　　C. 小步　　　　　D. 便步

4. 大队人马迈着整齐的步伐过桥，如果步伐正好与桥的固有频率一致，桥的振动就会加剧，_____也逐渐加大。

A. 步幅　　　　　B. 振幅　　　　　C. 摆幅　　　　　D. 宽幅

5. 近处有一个_____，它的频率接近于这个物体的固有频率，该物体受其影响，会振动得越来越剧烈。

A. 水源　　　　　B. 声源　　　　　C. 振源　　　　　D. 频率

从昂热桥惨案[1]说起

18世纪中叶，法国昂热市附近有一座102米长的桥梁[2]，一队士兵正步通过这座桥时突然发生桥梁断裂[3]，226人掉入河中殒命。1906年的一天，俄国彼得堡封塔克河的一座桥上，一队骑兵以整齐的步伐[4]到达桥心时，桥突然断裂成数段坠入[5]河中。这样的故事，别的地方也发生过。当时人们进行了调查，发现桥所受的载荷[6]远远没有超过许可[7]的范围，坍毁[8]前也没有任何损坏的地方，这在当时是个不解之谜[9]。随着科学的发展，人们才弄清这种破坏事故是"共振[10]"造成的。如果用钳子[11]夹住[12]钢锯[13]条的一端，另一端用手弹一下，它就要来回振动。尽管振动幅度[14]越来越小，但每秒钟振动次数总是不变的。这个振动次数叫物体的固有频率。任何物体都有自己的固有频率。譬如[15]：近处有一个振源[16]，它的频率[17]接近于这个物体的固有频率，该物体在外界振源影响下，会振动得越来越剧烈[18]，这种现象就叫作共振。

大队人马迈着整齐的步伐过桥，如果步伐正好与桥的固有频率一致，桥的振动就会加剧[19]，振幅[20]也逐渐加大，直到超过了桥的抵抗力[21]时，就产生断裂。现在，世界各国都有一条不成文的规定：大队人马必须便步过桥。在现代铁路运输中也要考虑共振的影响。因为火车车轮撞击[22]轨道要发生有节奏[23]的强烈振动，如果这个振动频率[24]与车轮弹簧[25]的固有频率相接近时，乘客就要大受"颠簸之苦[26]"了；如果这个频率和所经过的桥梁固有频率相接近，同样会造成桥断车覆的后果。

1890年，一艘外国远洋巨轮[27]，在大海中拦腰折断[28]而惨遭覆灭[29]。经分析，船的发动机[30]和主轴[31]中心没有对准，在运转[32]中产生了周期性[33]的惯性离心力[34]，它的周期性与船体[35]的固有频率相接近，产生了强烈振动以致[36]使船体破坏。在现代航天、航空、航海和机器制造中，都必须考虑到共振的破坏作用。共振在工程上有破坏作用，但只要掌握了它的规律也能让它为人们服务。

在建筑工地上，人们常能见到振动捣固机[37]，有了它，混凝土制件就更结实。振动式压路机[38]能迅速地把路面压平。在矿山[39]里，利用快速振动的风镐[40]开凿[41]岩石[42]、挖煤炭，其他如振动式粉碎机[43]、振动炭沙机等无不是利用共振现象来制造的。

（选自中国物理网，有改动　820字）

词　汇

1. 惨案	（名）	cǎn'àn		قانلىق ۋەقە؛ پاجىئەلىك ۋەقە؛ پاجىئە
2. 桥梁	（名）	qiáoliáng		كۆۋرۈك
3. 断裂	（动）	duànliè		سۇنماق؛ ئۈزۈلمەك؛ ئىككى پارچە بولۇپ كەتمەك؛ يېرىلماق
4. 步伐	（名）	bùfá		قەدەم
5. 坠入		zhuìrù		چۈشمەك؛ بىرنەرسىگە پېتىپ قالماق
6. 载荷	（名）	zàihè		يۈك؛ ئېغىرلىق
7. 许可	（动）	xǔkě		يول قويماق
8. 坍毁	（动）	tānhuǐ		ئۆرۈلۈپ چۈشۈپ ۋەيران بولماق؛ غۇلاپ چۈشۈپ بۇزۇلماق
9. 不解之谜		bùjiězhīmí		ئېچىلمىغان سىر؛ يېشىلمىگەن سىر
10. 共振	（动）	gòngzhèn		رېزونانس
11. 钳子	（名）	qiánzi		قىسقۇچ؛ ئامبۇر
12. 夹住		jiāzhù		قىسماق؛ قىسىپ ئالماق؛ قولتۇقلىماق؛ قىسىلىپ قالماق
13. 钢锯	（名）	gāngjù		پولات ھەرە
14. 振动幅度		zhèndòng fúdù		تەۋرىنىش ئامپلىتۇدىسى؛ تەۋرىنىش دەرىجىسى
15. 譬如	（动）	pìrú		مەسىلەن
16. 振源	（名）	zhènyuán		تەۋرىنىش مەنبەسى
17. 频率	（名）	pínlǜ		تەكرارلىق؛ چاستوتا
18. 剧烈	（形）	jùliè		كۈچلۈك؛ شىددەتلىك
19. 加剧	（动）	jiājù		جىددىيلەشمەك؛ كەسكىنلەشمەك
20. 振幅	（名）	zhènfú		تەۋرىنىش ئامپلىتۇدىسى
21. 抵抗力	（名）	dǐkànglì		قارشىلىق كۈچى
22. 撞击	（动）	zhuàngjī		ئۇرۇلماق؛ سوقۇلماق

23. 节奏	（名）	jiézòu	رېتىملىق؛ رىتم
24. 振动频率		zhèndòng pínlǜ	تەۋرىنىش چاستوتىسى
25. 弹簧	（名）	tánhuáng	پۇرژىنا
26. 颠簸之苦		diānbǒ zhī kǔ	چايقىلىپ يول يۈرۈش ئازابى
27. 远洋巨轮		yuǎnyáng jùlún	يىراق ئوكيان چوڭ تىپتىكى پاراخوت
28. 拦腰折断		lányāo zhéduàn	ئوشتۇۋەتمەك
29. 惨遭覆灭		cǎn zāo fùmiè	پاجىئەلىك ھالدا ياكى بەختىسزلەرچە يوقالماق؛ كۆمران بولماق
30. 发动机	（名）	fādòngjī	دۋىگاتېل؛ ماتور
31. 主轴	（名）	zhǔzhóu	ئاساسىي ئوق
32. 运转	（动）	yùnzhuǎn	يۈرمەك؛ ئايلانماق
33. 周期性		zhōuqīxìng	دەۋرىي؛ دەۋرلىك
34. 惯性离心力		guànxìng líxīnlì	مەركەزدىن قاچما ئىنېرتسىيە كۈچى؛ ئىنېرتسىيەلىك مەركەزدىن قاچما كۈچ
35. 船体	（名）	chuántǐ	كېمە گەۋدىسى
36. 以致	（连）	yǐzhì	نەتىجىدە؛ شۇنىڭ ئۈچۈن؛ شۇ سەۋەبتىن
37. 振动捣固机		zhèndòng dǎogùjī	تەۋرىتىپ چىڭداش ماشىنىسى
38. 振动式压路机		zhèndòngshì yālùjī	تەۋرەنمە يول چىڭداش ماشىنىسى
39. 矿山	（名）	kuàngshān	كان
40. 风镐	（名）	fēnggǎo	ھاۋا كۈچى بىلەن ھەرىكەتلىنىدىغان جوتو؛ يەل ئۇشكە
41. 开凿	（动）	kāizáo	كولىماق؛ قازىماق
42. 岩石	（名）	yánshí	تاغ جىنسى؛ تاش
43. 振动式粉碎机		zhèndòngshì fěnsuìjī	تەۋرەنمە يانجىش ماشىنىسى

词语解释

1. 载荷

载荷即荷载，指的是使结构或构件产生内力和变形的外力及其他因素。或习惯上指施加在工程结构上使工程结构或构件产生效应的各种直接作用，常见的有：结构自重、楼面活荷载、屋面活荷载、屋面积灰荷载、车辆荷载、吊车荷载、设备动力荷载以及风、雪、裹冰、波浪等自然荷载。

2. 共振

共振是指一物理系统在特定频率下，比其他频率以更大的振幅做振动的情形；这些特定频率称之为共振频率。在共振频率下，很小的周期振动便可产生很大的振动，因为系统储存了动能。

3. 振动幅度（简称振幅）

振动物体离开平衡位置的最大距离叫振动的振幅。振幅在数值上等于最大位移的大小。振幅是标量，单位用米或厘米表示。振幅描述了物体振动幅度的大小和振动的强弱。

4. 振动频率

一秒钟内振动质点完成的全振动的次数叫振动的频率，其单位为赫兹（Hz）。频率也是表示质点振动快慢的物理量，频率越大，振动越快。

5. 周期性

物体完成一次全振动经过的时间为一个周期 T，其单位为秒。周期是表示质点振动快慢的物理量，周期越长，振动越慢。

6. 惯性离心力

在相对于地面做匀速转动的圆盘（非惯性系）上，用弹簧将一个质量为 m 的小球与圆盘的中心相连。当圆盘以角速度 ω 转动时，盘上的观察者将发现小球 m 受一个力的作用向外运动从而把弹簧拉长，即小球受到一个方向背离旋转中心的作用力，此力是小球的惯性引起的，故称惯性离心力。

语 言 点

如果这个振动频率与车轮弹簧的固有频率相接近时，乘客就要大受"颠簸之苦"了；如果这个频率和所经过的桥梁固有频率相接近，同样会造成桥断车覆的后果。

"如果……，//就……；/如果……，//同样会……"这一格式连接一个多重复句，第一层是并列关系，第二层是假设关系，指出由于可能出现的情况会造成什么后果。例如：

（1）实验仪器清洁不好将会有化学物质残留，如果残留化学物质的性质与实验对象相接近时，实验结果就很难实现；如果残留化学物质的性质与实验对象不相接近时，那么实验的结果同样会很难想象。

（2）如果下午开会，他就会通知大家；如果下午不开会，他同样会通知大家。

课堂练习

一、看拼音写汉字

不解之（ mí ）　　振动（ pín ）率　　振动（ fú ）度　　（ dǐ ）抗力

理科汉语

颠（bǒ）起来　惨遭（fù）灭　拦腰（zhé）断　主（zhóu）

（guàn）性离心力

二、解释下列句子中画线的词语

1. 一队士兵<u>正步</u>通过这座桥时突然发生桥梁断裂。
2. 226人掉入河中<u>殒命</u>。
3. 一队骑兵以整齐的步伐到达桥心时，桥突然断裂成<u>数段</u>坠入河中。
4. 当时人们进行了调查，发现桥所受的<u>载荷</u>远远没有超过许可的范围。
5. 如果用钳子夹住钢锯条的一端，另一端用手弹一下，它就要来回振动。
6. 这个振动次数叫物体的<u>固有频率</u>。

三、模仿造句

1. <u>如果</u>这个频率和所经过的桥梁固有频率相接近，<u>同样会</u>造成桥断车覆的后果。
　　　　　　　　　　　　　　　　　　　　　　　（如果……，同样会……）
2. <u>如果</u>步伐正好<u>与</u>桥的固有频率<u>一致</u>，桥的振动<u>就</u>会加剧，振幅也逐渐加大。
　　　　　　　　　　　　　　　　　　　　　（如果……与……一致，……就……）
3. <u>尽管</u>振动幅度越来越小，<u>但</u>每秒钟振动次数总是不变的。　（尽管……，但……）
4. <u>随着</u>科学的发展，人们才弄清这种破坏事故是"共振"造成的。　　　　（随着）

四、根据课文内容判断正误

1. 一队士兵便步通过这座桥时突然发生桥梁断裂。　　　　　　　　　　（　　）
2. 当时人们进行了调查，发现桥所受的载荷远远超过许可的范围。　　　（　　）
3. 随着科学的发展，人们才弄清这种破坏事故是"共振"造成的。　　　（　　）
4. 如果用钳子夹住钢锯条的一端，另一端用手弹一下，它就要来回振动。（　　）
5. 锯条的振动幅度越来越小，每秒钟振动次数也越来越少。　　　　　　（　　）
6. 不是所有的物体都有自己的固有频率。　　　　　　　　　　　　　　（　　）
7. 世界各国都有一条不成文的规定：大队人马必须正步过桥。　　　　　（　　）

五、名词解释

1. 共振

2. 振动幅度

3. 周期性

4. 主轴

六、根据课文内容回答问题

1. 为什么18世纪中叶法国昂热市附近的桥梁和1906年俄国彼得堡封塔克河的一座桥都会突然断裂?
2. 世界各国都有一条什么样的不成文的规定?
3. 乘火车为什么乘客会大受"颠簸之苦"?
4. 1890年,一艘外国远洋巨轮为什么会在大海中拦腰折断而惨遭覆灭?

课后作业

一、抄写词语,每个词语抄写三遍
二、概括课文大意

第三课

课文一

课前练习

一、根据你所学的知识，谈谈对电的认识

二、选择正确词语填空

放电现象　称作　排斥　触及　流体　御医　性质　正电　摩擦　吸引

1. 这块被摩擦过的琥珀能（　　）一些像绒毛、麦秆等的轻小的东西。
2. 琥珀中存在一种特殊神力。他们把这种特殊神力（　　）"电"。
3. 用（　　）的方法，不但可以使琥珀具有吸引轻小物体的性质，而且还可以使不少别的物体，如玻璃棒等具有吸引轻小物体的性质。
4. 吉尔伯特是当时英国女王伊丽莎白一世的（　　）。
5. 在这些实验中，他发现有两种不同（　　）的电。
6. 这就是人们所讲的同性电相互（　　）、异性电相互吸引的现象。
7. 当他的手（　　）铁钉时，突然感到猛烈的一击。
8. 如果用一根导线把瓶内的银箔和瓶外壁的银箔连接起来，则产生（　　），引起电火花。
9. 他认为电是一种没有重量的（　　），存在于所有的物体之中。
10. 如果一个物体得到了比它正常的份量更多的电，就称之为"带（　　）"。

三、根据课文内容选择正确答案

1. 富兰克林认为，所谓"_____"就是正电流向负电的过程。
　　A. 负电　　　　B. 正电　　　　C. 带电　　　　D. 放电
2. 如果一个物体少于它正常份量的电，就称之为"带_____"。
　　A. 正电　　　　B. 电量　　　　C. 负电　　　　D. 电荷
3. 被称为"电学研究之父"的是_____。
　　A. 杜伐　　　　B. 塞利斯　　　C. 吉尔伯特　　D. 富兰克林

电和电流的发现

在人们的生产劳动和日常生活中,每天都离不开"电"。人们和电的关系是这么密切,电又是这样的神通广大[1],那么,"电"和"电流"到底是什么?"电"和"电流"又是怎样发现的?

远在2500多年前,古希腊[2]有一个叫塞利斯的人发现,用毛皮去摩擦[3]琥珀[4](一种天然宝石),这块被摩擦过的琥珀能吸引一些像绒毛[5]、麦秆[6]等的轻小的东西。那时候的人们无法解释这种现象,只好说琥珀中存在一种特殊神力。他们把这种特殊神力称作"电"。这个词就是从希腊文的"琥珀"这个词演变[7]而来的。

公元1600年,英国医生吉尔伯特(1544—1603)发现用摩擦的方法,不但可以使琥珀具有吸引轻小物体的性质,而且还可以使不少别的物体,如玻璃棒[8]、硫黄[9]、瓷[10]、松香[11]等具有吸引轻小物体的性质。他把这种吸引力称为"电力"。

吉尔伯特是当时英国女王伊丽莎白一世的御医[12],也是一位有代表性的科学家。在他行医[13]期间,他又去从事物理学方面的研究。他做了多年的实验,发现了"电力"、"电吸引"等许多现象,并最先使用了"电力"、"电吸引"等专用术语[14],因此许多人称他是"电学研究之父"。

在吉尔伯特之后的200年中,又有很多人做过多次实验,不断地积累对电的现象的认识。其中,1734年法国人杜伐做了一些用玻璃棒与丝绸摩擦、松香与毛皮摩擦的实验,在这些实验中,他发现有两种不同性质的电:一种是把玻璃棒用丝绸摩擦,玻璃棒能吸起像纸屑[15]、木屑[16]之类的轻小物体,这种吸引力称为"带电现象"。他将这根玻璃棒用丝线[17]悬挂[18]起来,再将另一根与丝绸摩擦过的玻璃棒靠近它,发现这两根棒相互排斥[19],于是他就把玻璃棒带的电称为"玻璃电"(即"正电")。另一种是把松香用毛皮摩擦也产生带电现象,把用毛皮摩擦过的松香靠近用丝绸摩擦过的玻璃棒,发现这两者相互吸引,于是他称松香所带的电为"松香电"(即"负电")。这就是人们所讲的同性电[20]相互排斥、异性电[21]相互吸引的现象。杜伐发现了这些现象,也做了最早的理论解释。尽管这种解释很粗浅[22],带点儿形而上学[23]的性质,但毕竟比不想去解释为好。

此后,观看电的实验成为人们的一种娱乐。1745年,普鲁士(德国的前身)的一位副主教[24]克莱斯特做了一个很有趣的实验。他利用一根导线[25]将摩擦起电装置[26]上的电引向装有铁钉的玻璃瓶,使瓶子充电,当他的手触及铁钉时,突然感到猛烈的一击。这是一次放电现象[27],铁钉上聚集[28]的电穿过人体（人体就是一种导体），使人感受到强烈的电的震动[29]。1746年，荷兰人莱顿在上述实验的启发下做成了莱顿瓶。

什么是莱顿瓶？莱顿瓶是一个玻璃瓶，瓶的外面和瓶内均贴上像纸一样的银箔[30]，把摩擦起电装置所产生的电用导线引到瓶内的银箔上面，而把瓶外壁的银箔接地，这样就可以使电在瓶内聚集起来。如果用一根导线把瓶内的银箔和瓶外壁的银箔连接起来，则产生放电现象，引起电火花[31]，发出响声，并伴随[32]着一种气味。

富兰克林的第一个重大贡献，就是发现了"电流"。他在1747年给朋友的一封信中提出关于电的"单流说"。他认为电是一种没有重量的流体[33]，存在于所有的物体之中。如果一个物体得到了比它正常的份量更多的电，就称之为"带正电"（或"阳电"）；如果一个物体少于它正常份量的电，就称之为"带负电"（或"阴电"）。

根据富兰克林的说法，经常移动的是正电。所谓"放电"就是正电流向负电的过程。富兰克林的这个说法，在当时确实能够比较圆满地解释一些电的现象，但对于电的本质的认识与我们现在的看法却相反。

现在的看法认为：两个物体互相摩擦的时候，容易移动的恰恰是带负电的电子，如果它们是导体，由于人本身也是导体，过剩的电子或短缺的电子很容易从导体（人体）传到地下或得到补偿[34]，因而摩擦后不显电性。如果互相摩擦的物体都是绝缘体[35]（即"不导电的物体"），经过摩擦，电子从一方移到另一方，于是双方就都带电了，一方带正电，一方带负电，二者电性相反，电量相同。

富兰克林对电学的另一重大贡献，就是通过1752年著名的风筝实验，"捕捉天电"，证明天空的闪电[36]和地面上的电是一回事。他用金属丝[37]把一个很大的风筝放到云层里去。金属丝的下端接了一段绳子，另外金属丝上还挂了一串钥匙。当时富兰克林一手拉住绳子，用另一手轻轻触及[38]钥匙。于是他立即感到一阵猛烈的冲击[39]（电击），同时还看到手指和钥匙之间产生了小火花。这个实验表明：被雨水湿透[40]了的风筝的金属线变成了导体，把空中闪电的电荷引到手指与钥匙之间。

（选自中国物理网，有改动　1720字）

词　汇

1. 神通广大	shéntōng guǎngdà	ماھارەتى ئۇستۇن؛ ئاجايىپ قابىلىيەتلىك
2. 古希腊	Gǔ Xīlà	قەدىمكى يۇنان

第二单元 物理篇

3.	摩擦	（动）	mócā	سۈركىلىش
4.	琥珀	（名）	hǔpò	كەھرىۋا
5.	绒毛	（名）	róngmáo	مويلۇق تۈك
6.	麦秆	（名）	màigǎn	بۇغداي غولى
7.	演变	（动）	yǎnbiàn	تەرەققىي قىلماق؛ ئۆزگىرىپ بارماق؛ ئاستا-ئاستا ئۆزگەرمەك
8.	玻璃棒	（名）	bōlibàng	ئەينەك تاياقچە
9.	硫黄	（名）	liúhuáng	سېرىق
10.	瓷	（名）	cí	فارفور؛ چاقچۇق چىنە؛
11.	松香	（名）	sōngxiāng	دېۋىرقاي؛ سېغىز
12.	御医	（名）	yùyī	خان تېۋىپى؛ پادىشاھنىڭ خاس دوختۇرى
13.	行医	（动）	xíng//yī	تېۋىپلىق قىلماق
14.	专用术语		zhuānyòng shùyǔ	خاس ئاتالغۇ؛ مەخسۇس ئاتالغۇ
15.	纸屑	（名）	zhǐxiè	پارچە-پۇرات قەغەز
16.	木屑	（名）	mùxiè	ياغاچ كەپىكى
17.	丝线	（名）	sīxiàn	مەشۇت يىپ؛ يىپەك يىپ
18.	悬挂	（动）	xuánguà	ئاسماق؛ ئېسىپ قويماق
19.	排斥	（动）	páichì	يەكلەش؛ چەتكە قېقىش
20.	同性电		tóngxìng diàn	ئوخشاش خاراكتېرلىك ئېلېكتر
21.	异性电		yìxìng diàn	غەيرىي خاراكتېرلىك ئېلېكتر
22.	粗浅	（形）	cūqiǎn	ئاددىي؛ يۈزە
23.	形而上学	（名）	xíng'érshàngxué	مېتافىزىكا
24.	主教	（名）	zhǔjiào	ئېپىسكوپ؛ باش روھانىي
25.	导线	（名）	dǎoxiàn	ئۆتكۈزگۈچ سىم ؛ پىلتە （ ئوت ئالدۇرۇش پىلتىسى ）
26.	装置	（动）	zhuāngzhì	ئورناتماق ؛ قۇرۇلما؛ ئۈسكۈنە ؛ سايمان ؛ بۆلەك ؛ مېخانىزم
27.	放电现象		fàngdiàn xiànxiàng	زەرەتسىزلىنىش ھادىسىسى؛ زەرەت قويۇپ بېرىش ھادىسىسى
28.	聚集	（动）	jùjí	توپلىنماق؛ يىقىلماق
29.	震动	（动）	zhèndòng	تەۋرەنمەك؛ سىلكىنمەك؛ تىترەتمەك؛ لەرزىگە سالماق؛ زىلزىلىگە كەلتۈرمەك؛ ھاياجانلاندۇرماق؛ ھەيران قالدۇرماق؛ ھاڭ-تاڭ قالدۇرماق؛ چايقالماق
30.	银箔	（名）	yínbó	كۈمۈش رەڭ پۇتال قەغەز؛ كۈمۈش ياپراق

31. 电火花	（名）	diànhuǒhuā		ئېلېكتر ئۇچقۇنى؛ توك ئۇچقۇنى
32. 伴随	（动）	bànsuí		ئەگەشمەك؛ ھەمراھ بولماق؛ بىلەن؛ بىللە
33. 流体	（名）	liútǐ		ئاقار جىسىم
34. 补偿	（动）	bǔcháng		تولدۇرۇش؛ تولۇقلاش
35. 绝缘体	（名）	juéyuántǐ		ئىزولياتورلۇق جىسىم؛ توك ئۆتكۈزمەيدىغان جىسىم
36. 闪电	（名）	shǎndiàn		چاقماق چىقىش
37. 金属丝		jīnshǔsī		قىل سىم؛ ئىنچىكە سىم؛ مىتال سىم
38. 触及	（动）	chùjí		تەگمەك؛ ئۇرۇلماق؛ سوقۇلماق؛ تاقالماق
39. 冲击	（动）	chōngjī		قاتتىق ئۇرۇلماق، كۈچلۈك سوقۇلماق
40. 湿透		shītòu		ھۆل ئۆتمەك

词语解释

1. 专用术语

也叫专业术语，指特定领域对一些特定事物的统一的业内称谓。

2. 同性电

性质相同的电荷叫同性电。性质不同的电荷叫异性电。

3. 形而上学

哲学术语。既指对世界本质的看法，也指片面的、孤立的、静止的思维方式。

4. 导线

工业上也称为"电线"，一般由铜或铝制成，也有用银线所制（导电、导热性好），用来疏导电流或者是导热。

5. 放电现象

带电物体失去电荷的现象叫作放电现象。

6. 显电性

显电性是物体本来或暂时带电，显示出正、负电性。带电荷是说一个物体带正、负电荷，可以是显电性，也可以是中性。

7. 绝缘体

不容易导电的物体叫作绝缘体。绝缘体和导体没有绝对的界限。绝缘体在某些条件下可以转化为导体。

语言点

如果一个物体得到了比它正常的份量更多的电，就称之为带正电；如果一个物体少于它正常份量的电，就称之为带负电。

"如果……，//……称之为……；/如果……，//……称之为……"这一格式用于多重复句，第一层是并列关系，第二层是假设关系。例如：

（1）如果孩子上了小学一年级，就称之为"小学生"；如果孩子上了大学，就称之为"大学生"。在人生的不同阶段，人们会因身份的不同而有不同的称呼法。

（2）如果物体能导电，就称之为导体；如果物体不导电，就称之为绝缘体。

课堂练习

一、看拼音写汉字

（shén）通广大　排（chì）　粗（qiǎn）　（xiǎn）电性　金（shǔ）丝

（fàng）电现象　摩（cā）　（yǎn）变　（tóng）性电　绝（yuán）体

二、解释下列句子中画线的词语

1. 如果一个物体得到了比它正常的<u>份量</u>更多的电，就称之为带正电。
2. 两个物体互相摩擦的时候，容易移动的恰恰是带<u>负电</u>的电子。
3. 被雨水湿透了的风筝的金属线变成了<u>导体</u>，把空中闪电的电荷引到手指与钥匙之间。
4. 吉尔伯特是当时英国女王伊丽莎白一世的<u>御医</u>。
5. 他利用一根导线将摩擦起电<u>装置</u>上的电引向装有铁钉的玻璃瓶。
6. 尽管这种解释很粗浅、带点儿<u>形而上学</u>的性质，但毕竟比不想去解释为好。
7. 过剩的电子或短缺的电子很容易从导体（人体）传到地下或得到补偿，因而摩擦后<u>不显电性</u>。

三、模仿造句

1. 他<u>把</u>这种吸引力<u>称为</u>"电力"。　　　　　　　　　（……把……称为……）
2. <u>在</u>吉尔伯特<u>之后</u>的200年中，<u>又有</u>很多人做过多次实验，不断地积累对电的现象的认识。　　　　　　　　　　　　　（在……之后……，又有……）
3. 在这些实验中，他发现有两种不同性质的电：<u>一种是</u>玻璃棒所带的"玻璃电"（即"正电"），<u>另一种是</u>松香所带的"松香电"（即"负电"）。

（……：一种是……，另一种是……）

4. <u>如果</u>一个物体得到了比它正常的份量更多的电，<u>就称之为</u>"带正电"；如果一个物体少于它正常份量的电，就称之为"带负电"。

（如果……，……称之为……）

四、根据课文内容判断正误

1. 琥珀中存在一种特殊神力。　　　　　　　　　　　　　　　　（　　）

2. 吉尔伯特发现用摩擦的方法可以使琥珀具有吸引轻小物体的性质。（   ）

3. 吉尔伯特从事物理学方面的研究，做了多年的实验，发现了"电力"、"电吸引"等许多现象。（   ）

4. 富兰克林发现有两种不同性质的电。（   ）

5. 副主教克莱斯特做了一个很有趣的实验，使瓶子充电，当他的手触及瓶子里的铁钉时，突然感到猛烈的一击。这是一次放电现象。（   ）

6. 副主教克莱斯特的一个重大贡献就是发现了"电流"。（   ）

7. 富兰克林认为电是一种没有重量的流体。（   ）

8. 两个物体互相摩擦的时候，容易移动的恰恰是带正电的电子。（   ）

9. 两个绝缘体经过摩擦，两物体就都带电了，一方带正电，一方带负电，二者电性相反，电量相同。（   ）

10. 法国人杜伐证明天空的闪电和地面上的电是一回事。（   ）

五、名词解释

1. 同性电

2. 导线

3. 放电现象

4. 绝缘体

六、根据课文内容回答问题

1. 2500多年前，古希腊发现了什么物理现象？

2. 公元1600年，英国医生吉尔伯特发现了什么物理现象？

3. 1734年法国人杜伐在实验中发现了什么物理现象？

4. 1745年，普鲁士（德国的前身）的一位副主教克莱斯特做了一个什么样的实验？

5. 什么是莱顿瓶？

6. 富兰克林在1747年给朋友的一封信中是怎么说有关电的物理知识的？

7. 1752年富兰克林是怎样做风筝实验的？实验证明了什么物理现象？

课后作业

一、抄写词语，每个词语抄写三遍

二、概括课文大意

课文二

课前练习

一、根据你所学的知识，谈谈对闪电的认识

二、选择正确词语填空

    热效应 上升 放电通路 冰壳 带电云 负电性
    带正电 正负电荷 下沉 温差起电

1. 当冰晶和霰粒相碰时，短暂的摩擦作用使霰粒表面局部温度上升比冰晶高一些，结果使霰粒带上了负电荷，而冰晶则带上了正电荷。人们把这个过程称为（　　　）。
2. 当冰晶和霰粒分开时，（　　　）也就分开了。
3. 水滴外面温度低，先冻结而呈正电性，内部温度高而呈（　　　）。
4. 当水滴内部冻结时，由于体积变大，从而导致外层（　　　）破裂，冰屑带着正电荷飞散出去。
5. 因为冰屑较轻，所以被（　　　）气流带到云层顶部。
6. 强烈的上升气流也会将云中的大水滴冲破，形成许多带负电的小水滴和（　　　）的较大水珠。
7. 带正电的较大水珠和质量较大的冰晶在重力作用下（　　　）直至被上升气流支持在云层底部区域。
8. 那些带负电的小水珠和霰粒等逐渐扩散在雷雨云的中下部的广大区域里，最后形成了（　　　）。
9. 当电场足够强时，云层内潮湿的空气就会电离，从而形成（　　　）。
10. 由于电流的（　　　）会使闪电通道上温度急剧升高到两万度左右。

三、根据课文内容选择正确答案

1. 闪电大部分发生在_____之间。
  A. 云与水   B. 云与云   C. 云与冰粒   D. 雨滴与冰粒
2. 在闪电发生后 0.1～0.3 秒，冲击波就演变成_____，这就是我们听见的雷声。
  A. 电波   B. 水波   C. 爆炸   D. 声波
3. 冲击波以_____的速度向四面八方传播。

A. 5米／秒　　　　B. 50米／秒　　　　C. 500米／秒　　　　D. 5000米／秒

4. 由于电流的热效应会使闪电通道上温度急剧升高到两万度左右，因而造成空气急剧_____。

A. 冷缩　　　　B. 降温　　　　C. 升温　　　　D. 膨胀

5. 紧接着，又发生迅速冷却，空气很快收缩，压力减低。这一_____都发生在极短的时间内，所以在闪电爆发的一刹那间，会产生冲击波。

A. 骤降骤升　　　　B. 骤大骤小　　　　C. 骤胀骤缩　　　　D. 骤软骤硬

闪电是怎么产生的

"雷公掌着天鼓，电母擎¹着闪镜，一路电闪雷鸣²，轰轰隆隆³奔下了天庭⁴。"这是西游记里描述的雷电现象。谁持闪电当空舞？当然不是雷公电母。这不过是一个迷人的神话传说，实际上雷电是大气中云与云或云与地之间的放电现象。由于雷电极为常见，且跟人类的生活密切相关，所以雷电一直是科学研究的重要课题，研究的主要内容是解释雷电现象、如何趋利避害⁵等等。下面简单讨论两个问题。

闪电是如何产生的

现代科学研究表明：在雷雨云中，正电荷⁶位于云的上部区域，云的中部区域则聚集大量的负电荷⁷，在云的底部区域又分布着大量的正电荷。雷雨云中的电荷主要是云中水滴、冰晶⁸和霰粒⁹（俗称雪子）在重力和强烈上升气流共同作用下，频繁碰撞、相互摩擦和破碎而产生的。

当冰晶和霰粒相碰时，短暂的摩擦作用使霰粒表面局部温度上升比冰晶高一些，结果使霰粒带上了负电荷，而冰晶则带上了正电荷。人们把这个过程称为温差起电。

当冰晶和霰粒分开时，正负电荷也就分开了。当水滴在霰粒表面冻结时，水滴里外的温度也不一样，水滴外面温度低，先冻结而呈¹⁰正电性，内部温度高而呈负电性。当水滴内部冻结时，由于体积变大，从而导致外层冰壳破裂，冰屑带着正电荷飞散出去，这样正负电荷就分开了。人们把这个过程称为分裂起电。

因为冰屑较轻，所以被上升气流带到云层顶部。强烈的上升气流也会将云中的大水滴冲破，形成许多带负电的小水滴和带正电的较大水珠。带正电的较大水珠和质量较大的冰晶在重力作用下下沉直至被上升气流支持在云层底部区域。而那些带负电的小水珠和霰粒等逐渐扩散¹¹在雷雨云的中下部的广大区域里，最后形成了带电云。

带有大量的正电和负电的云层之间会形成很强的电场[12]，当电场足够强时，云层内潮湿[13]的空气就会电离[14]，从而形成放电通路。放电过程短暂，但电流强大，由于电流的热效应[15]会使闪电通道[16]上温度急剧[17]升高到两万度左右，因而造成空气急剧膨胀[18]，通道附近的气压可增至一百个大气压以上。紧接着，又发生迅速冷却[19]，空气很快收缩[20]，压力减低。这一骤胀骤缩都发生在极短的时间内，所以在闪电爆发[21]的一刹那间，会产生冲击波[22]。冲击波以5000米/秒的速度向四面八方传播，在传播过程中，它的能量很快衰减[23]，而波长则逐渐增长。在闪电发生后0.1～0.3秒，冲击波就演变成声波，这就是我们听见的雷声。

　　闪电大部分发生在云与云之间，但如果带电云离地面较近，会在其下方地面感应[24]出与电性[25]相反的电荷，电场达到一定的强度，就会发生云与地之间的放电现象，显然，这种雷电对人和建筑物危害极大。

如何预防雷击

　　由于雷电瞬间可以释放[26]巨大的能量，所以它的破坏力十分惊人。高大的建筑物和大树可能在瞬间被毁，人和动物更是不堪一击[27]，全世界每年都有成百上千的人遭到雷击而失去生命，雷电击毁的财产更是难以统计，那么如何防止雷击呢？

　　对于高大建筑物，一般是安装避雷针[28]来防雷。人们发现，物体表面的形状对电荷的分布有很大的影响，表面越尖的地方，电荷的密度越大，电荷越密的地方，电场越强，当尖端处电场达到一定的强度时，就发生放电现象，我们把这种现象叫作尖端放电。

　　根据尖端放电的原理，人们发明了避雷针，它是由一根耸立在建筑物顶上的金属针[29]与金属引线[30]、金属接地体[31]等三部分组成的防雷装置[32]。当雷雨云来到避雷针的上方时，由于带电云的感应作用[33]，会在避雷针的尖端感应出大量的异性电荷，这样在带电云和避雷针之间就会发生放电现象，因为避雷针和大地接触良好，电阻很小，所以很强的电流通过引线而不是建筑物流入大地，这样建筑物就安然无恙[34]了。

　　电闪雷鸣时在室外的人，为防雷击，应当遵从六条原则：一是人体应尽量降低自己，以免作为凸出[35]尖端而被闪电直接击中[36]。二是人体与地面的接触面要尽量缩小以防止因"跨步电压"造成伤害。所谓"跨步电压"，是雷击点附近，两点间有很大的电压，若人的两脚分开，两脚间便形成较大的电压，造成强电流通过人体产生伤害。三是不要站立在大树下和无避雷装置的高大建筑物附近，不可手持金属体高举过头顶。四是不要进入水中，因水体导电好，易遭雷击。五是雷电时不要在室外使用手机，手机电磁波[37]是雷电很好的导体[38]，在使用手机时，手机还要发射电磁波，如遇高空电流极易造成雷击。六是雷电时在室内者，要关好门窗，以防球形闪电[39]破门而入[40]。

当然，凡事总有利有弊，雷电同样如此。至于雷电能给人类带来哪些益处，有兴趣的读者自己可以查阅有关资料。

（选自《趣味物理课堂》，刘树田著，上海社会科学院出版社，2007.5，有改动　1746字）

词　汇

1. 擎	（动）	qíng	كۆتۈرمەك؛ تىرىمەك؛ تىرەپ تۇرماق؛ تۇتماق؛ تۇتۇپ تۇرماق
2. 电闪雷鸣		diànshǎn-léimíng	چاقماق چېقىپ ھاۋا گۈلدۈرلىمەك
3. 轰轰隆隆		hōnghōnglónglóng	گۈمبۈرلىمەك؛ گۈلدۈرلىمەك؛ گۈرۈلدىمەك
4. 天庭	（名）	tiāntíng	ئەرش
5. 趋利避害		qūlì-bìhài	پايدىنى كۆزلەپ زىيانىدىن قېچىش
6. 正电荷	（名）	zhèngdiànhè	مۇسبەت زەررەت
7. 负电荷	（名）	fùdiànhè	مەنپىي زەررەت
8. 冰晶	（名）	bīngjīng	مۇز كرىستالى
9. 霰粒	（名）	xiànlì	قار تۈگۈرچەكلىرى
10. 呈	（动）	chéng	شەكىللىنىمەك؛ ئىپادىلىنىمەك؛ كۆرۈنىمەك؛ گەۋدىلىنىمەك؛ زاھىر بولماق
11. 扩散	（动）	kuòsàn	دىففۇزىيە؛ تارقىلىش
12. 电场	（名）	diànchǎng	ئېلېكتر مەيدانى
13. 潮湿	（形）	cháoshī	زەي؛ ھۆل؛ نەم
14. 电离	（动）	diànlí	ئىئونلىشىش؛ ئىئونلاشتۇرۇش
15. 热效应	（名）	rèxiàoyìng	ئىسسىقلىق ئېفىكتى
16. 闪电通道		shǎndiàn tōngdào	چاقماق چېقىش يولى
17. 急剧	（形）	jíjù	جىددىي؛ تېز
18. 膨胀	（动）	péngzhàng	يوغىناش؛ كۆپمەك
19. 冷却	（动）	lěngquè	سوۋۇماق؛ سوۋۇتماق
20. 收缩	（动）	shōusuō	قىسقارماق؛ قورۇلماق؛ يىغىلماق
21. 爆发	（动）	bàofā	پارتلىماق؛ قوزغالماق؛ كۆتۈرۈلمەك؛ چىقماق؛ ئېتىلىپ تاشماق
22. 冲击波	（名）	chōngjībō	زەربىلىك دولقۇن

23. 衰减	（动）	shuāijiǎn		ئۇچوش؛ ئاجىزلىشىش
24. 感应	（动）	gǎnyìng		ئىندۇكسىيە ؛ تەسىر
25. 电性	（名）	diànxìng		ئېلېكترونلۇق خۇسۇسىيەت
26. 释放	（动）	shìfàng		قويۇپ بەرمەك؛ بوشاتماق
27. 不堪一击		bùkān-yījī		بىر پەشۋاغمۇ يارماسلىق
28. 避雷针	（名）	bìléizhēn		چاقماق قايتۇرۇش خادىسى
29. 金属针		jīnshǔzhēn		مېتال يېڭنە
30. 金属引线		jīnshǔ yǐnxiàn		مېتال سىم؛ مېتال پەلەك
31. 金属接地体		jīnshǔ jiēdìtǐ		يەرگە ئۇلىنىدىغان مېتال جىسىم
32. 防雷装置		fángléi zhuāngzhì		چاقماقتىن مۇداپىئەلىنىش قۇرۇلمىسى
33. 感应作用		gǎnyìng zuòyòng		ئىندۇكسىيىلىك تەسىر
34. 安然无恙		ānrán-wúyàng		تىنچ-ئامان؛ ساق-سالامەت
35. 凸出		tūchū		كۆپۈنكى؛ بۆرتۈپ چىقىپ تۇرغان
36. 击中		jīzhòng		تەگكۈزمەك؛ تەگمەك
37. 电磁波	（名）	diàncíbō		ئېلېكترومانگنىت دولقۇنى
38. 导体	（名）	dǎotǐ		ئۆتكۈزگۈچ
39. 球形闪电		qiúxíng shǎndiàn		شارسىمان چاقماق
40. 破门而入		pòmén'érrù		دەرۋازىنى چېقىپ كىرمەك؛ ئىشىكنى بۇزۇپ بېسىپ كىرمەك

词语解释

1. 霰粒
即冰霰，指的是下雪前或下雪时降落的白色小冰粒，是白色不透明的圆锥形或球形的颗粒固态降水。在不同的地区有米雪、雪霰、雪子、雪糁、雪豆子等名称。

2. 冰晶
是水汽在冰核上凝华增长而形成的固态水成物。

3. 热效应
指物质系统在物理的或化学的等温过程中只做膨胀功时所吸收或放出的热量。

4. 闪电通道
闪电时放电所经过的路径。闪电是大气中的强放电现象。按其发生的部位，可分为云中、云间或云地之间三种放电。

5. 冲击波

通常指核爆炸时，爆炸中心压力急剧升高，使周围空气猛烈震荡而形成的波动。冲击波以超音速的速度从爆炸中心向周围冲击，具有很大的破坏力，是核爆炸重要的杀伤破坏因素之一。也可以指由超音速运动产生的强烈压缩气流。

6. 声波

发声体的振动在空气或其他物质中的传播叫作声波。声波借助各种介质向四面八方传播。声波是一种纵波，是弹性介质中传播着的压力振动。但在固体中传播时，也可以同时有纵波及横波。

7. 电性

指电的不同性能。物质的电性包含的内容有：所带电荷（阴阳离子）、所带极性（极性分子和非极性分子）、导电性（绝缘性、半导电性、导电性、超导电性）等。

语言点

当电场足够强时，云层内潮湿的空气就会电离，从而形成放电通路。

"当……时，……，从而……"这一格式用于表示当某种情况出现，就会进一步出现另一种状况。例如：

（1）当平时不努力学习的同学突然意识到学习的重要性时，他的潜力就会令人无法想象地爆发出来，从而使自己的成绩快速得到提高。

（2）当向下的冲力够大时，火箭就会离开地面，从而飞向天空。

课堂练习

一、看拼音写汉字

电闪雷（míng）　正电（hè）　防雷装（zhì）　安然无（yàng）　（chōng）击波

（qū）利避害　热（xiào）应　（jiān）端放电　不（kān）一击　（gǎn）应作用

二、解释下列句子中画线的词语

1. 雷电是大气中云与云或云与地之间的<u>放电现象</u>。
2. 在雷雨云中，正电荷位于云的上部<u>区域</u>。
3. 在云的底部区域又<u>分布</u>着大量的正电荷。
4. 雷雨云中的电荷主要是云中水滴、冰晶和霰粒（俗称雪子）在重力和强烈<u>上升气流</u>共同作用下，频繁碰撞、相互摩擦和破碎而产生的。
5. 当冰晶和霰粒相碰时，短暂的摩擦作用使霰粒表面<u>局部</u>温度上升比冰晶高一些。
6. 当水滴在霰粒表面冻结时，水滴里外的温度也不一样，水滴外面温度低，先冻结而呈正电性，内部温度高而呈负电性。

7. 那些带负电的小水珠和霰粒等逐渐扩散在雷雨云的中下部的广大区域里，最后形成了带电云。

8. 当电场足够强时，云层内潮湿的空气就会电离，从而形成放电通路。

9. 由于电流的热效应会使闪电通道上温度急剧升高到两万度左右，因而造成空气急剧膨胀。

10. 这一骤胀骤缩都发生在极短的时间内，所以在闪电爆发的一刹那间，会产生冲击波。

11. 由于雷电瞬间可以释放巨大的能量，所以它的破坏力十分惊人。

12. 高大的建筑物和大树可能在瞬间被毁，人和动物更是不堪一击。

三、模仿造句

1. 由于电流的热效应会使闪电通道上温度急剧升高到两万度左右，因而造成空气急剧膨胀。　　　　　　　　　　　　　　（由于……，因而……）

2. 当电场足够强时，云层内潮湿的空气就会电离，从而形成放电通路。
　　　　　　　　　　　　　　　　　（当……时，……，从而……）

3. 人们发现，物体表面的形状对电荷的分布有很大的影响，表面越尖的地方，电荷的密度越大，电荷越密的地方，电场越强。　　（越……越……，越……越……）

四、根据课文内容判断正误

1. 如果带电云离地面较近，会在其下方地面感应出与电性相同的电荷，电场达到一定的强度，就会发生云与地之间的放电现象。　　　　　　　　　　（　　）

2. 由于电流的热效应会使闪电通道上温度急剧升高到两千度左右，因而造成空气急剧膨胀。　　　　　　　　　　　　　　　　　　　　　　　　　　（　　）

3. 当冰晶和霰粒分开时，正负电荷也就分开了。　　　　　　　　　　（　　）

4. 当水滴在霰粒表面冻结时，水滴里外的温度也一样。　　　　　　　（　　）

5. 水滴外面温度低，先冻结而呈负电性，内部温度高而呈正电性。　　（　　）

6. 强烈的上升气流也会将云中的大水滴冲破，形成许多带正电的小水滴和带负电的较大水珠。　　　　　　　　　　　　　　　　　　　　　　　　（　　）

7. 闪电产生的冲击波在传播过程中，它的能量很快衰减，波长也逐渐缩短。（　　）

8. 闪电产生的冲击波以500米／秒的速度向四面八方传播。　　　　　（　　）

9. 人们发现，物体表面的形状对电荷的分布有很大的影响，表面越尖的地方，电荷的密度越小，电荷越密的地方，电场越强。　　　　　　　　　　（　　）

五、名词解释

1. 正电荷

2. 冲击波

3. 声波

4. 热效应

5. 电性

六、根据课文内容回答问题
1. 什么是雷电?
2. 什么是温差起电?
3. 什么是分裂起电?
4. 带电云是如何形成的?
5. 为什么物体表面的形状对电荷的分布有很大的影响?
6. 请说说避雷针避雷的原理。

课后作业

一、抄写词语,每个词语抄写三遍
二、概括课文大意

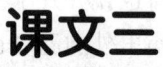

课前练习

一、根据你所学的知识,谈谈对电场线和磁感线的认识
二、选择正确词语填空

形状　有眉有目　闭合曲线　场强　负电荷　电场　无头无尾　磁场　力线　相交

1. 电场线是人们为形象地描述(　　)而假想的曲线。
2. 在电荷产生的磁场中,我是从正电荷出发,终止于(　　)。
3. 在变化的磁场产生的电场中,电场线则是(　　)的闭合曲线。
4. 曲线上任一点的切线方向就是那点的(　　)方向。

5. 磁感线是人们为形象地描述（　　）而假想的曲线。
6. 无论是磁铁产生的磁场，还是电流产生的磁场，或是变化电流产生的磁场，我都是无头无尾的（　　）。
7. 伟大的物理学家法拉第凭借着惊人的想象力和创造性，提出了（　　）的概念。
8. 电场线和磁感线把本来极为抽象的电磁场变得形象直观、（　　）了。
9. 在任何磁场中两条磁感线不能（　　）。
10. 用铁粉放在磁场中就可以显示出磁感线的（　　）。

三、根据课文内容选择正确答案
1. 在电荷产生的磁场中，电场线是从_____出发，终止于负电荷。
   A. 电源　　　　B. 负电荷　　　　C. 电导体　　　　D. 正电荷
2. _____是人们为形象地描述磁场而假想的曲线。
   A. 切线　　　　B. 电线　　　　C. 电磁线　　　　D. 磁感线
3. 在任何磁场中两条磁感线不仅不能相交，而且不能_____。
   A. 相遇　　　　B. 相切　　　　C. 垂直　　　　D. 相离

电场线[1]和磁感线[2]的对话

在高中物理中，电场线和磁感线可以说是经常碰在一起的两个概念。因为两者相似，且较为抽象，从而使许多同学认识模糊甚至是错误理解，在此有必要把有关情况做进一步介绍。请看下面两者的对话（为简便计，下面分别用"电"和"磁"代表它们）。

磁：电场线，你在高中课本中出现比我早些，那就请你先说吧。

电：好的，恭敬不如从命[3]。那我先做个自我介绍，我叫电场线，是人们为形象地描述电场而假想[4]的曲线。在电荷产生的磁场[5]中，我是从正电荷出发，终止于负电荷；在变化的磁场产生的电场中，我则是无头无尾的闭合曲线[6]。

磁：那你是如何描述电场的呢？

电：哦，我主要从三方面描述电场：一是描述电场的方向，曲线上任一点的切线方向就是那点的场强方向。二是表示电场的强弱，电场线越密的地方电场越强，反之电场越弱。因此有了电场线，就可以大致了解电场的分布情况。三是反映静电场[7]中的电势[8]的高低，沿电场线方向电势越来越低。根据这一规律判断电势的高低非常方便。噢，对不起，光顾说自己了，磁感线，该你了！

磁：我是人们为形象地描述磁场而假想的曲线，不过，无论是磁铁[9]产生

理科汉语

的磁场，还是电流产生的磁场，或是变化电流产生的磁场，我都是无头无尾的闭合曲线。这一点，跟你们电场线是有区别的。

电：那么你是如何描述磁场的呢？

磁：我的功能主要有两个：一是描述磁场的方向，二是描述磁场的强弱。磁感线越密的地方，磁场越强，反之磁场越弱。我这两个功能和你前两个功能差不多，只不过你描述的是电场，而我描述的是磁场而已。

电：看来我们确实很相似。但这并不是偶然，实际上，我们算是孪生[10]兄弟呢。

磁：这话不假，我们这对孪生兄弟的历史可以追溯[11]到19世纪中叶，伟大的物理学家法拉第凭借着惊人的想象力和创造性，提出了力线[12]的概念。因此我们俩是同一种思维方式的产物。我们从诞生之日起，就成为人们研究电磁场的重要工具，是我们把本来极为抽象的电磁场变得形象直观[13]、有眉有目[14]了。

电：我们确实为此而骄傲。遗憾的是常有一些人特别是部分初学者对我们的认识存在着这样那样的偏差[15]，利用这个机会，我们俩是不是就易误解的地方再强调几句？

磁：同意，为了便于同学们记忆，我看还是逐条[16]总结为好。

电：虽然我们是人们为了研究电磁场而假想的曲线，但绝不是瞎想的，随意画出来的，而是有实验基础的。用铁粉放在磁场中就可以显示出磁感线的形状。电场线同样可以用实验来模拟[17]出来。

磁：还有，在任何磁场中两条磁感线不能相交，在任何电场中两条电场线同样不能相交，因为相交处必有两条切线，那就意味着[18]那一点的磁场或电场有两个方向了，而空间任一点磁场或电场的方向只有一个。

电：两条电场线、磁感线不仅不能相交，而且不能相切，这是因为相切点相当于两根线合成一根线，该处的曲线密度就无限大了，那就意味着该处的场就无限强了，这当然不可能！

磁：也就是说，我们是在尽善尽美[19]地描述磁场、电场的，不会出现与客观事实相矛盾的情况。

电：我看我们俩已经把该说的话都说了，同学们时间宝贵，我们就此打住吧。

磁：好的，最后愿同学们都能认识我们、正确理解我们，并能借助我们去解决磁场、电场的有关问题。

（选自《趣味物理课堂》，刘树田著，上海社会科学院出版社，2007.5，有改动　1256字）

词　汇

1. 电场线	（名）	diànchǎngxiàn	ئېلېكتر مەيدان سىزىقلىرى
2. 磁感线	（名）	cígǎnxiàn	ماگنىت ئىندۇكسىيەسى؛ ماگنىت ئىندۇكسىيە سىزىقى
3. 恭敬不如从命		gōngjìng bùrú cóngmìng	قوروق تەكەللۇپتىن ئەمەلىي ئىش قىلغان تۈزۈك
4. 假想	（动）	jiǎxiǎng	مۆلچەرلىمەك؛ پەرەز قىلماق؛ خىيالىي؛ قىياسەن
5. 磁场	（名）	cíchǎng	ماگنىت مەيدانى
6. 闭合曲线		bìhé qūxiàn	يېپىق ئەگرى سىزىق
7. 静电场	（名）	jìngdiànchǎng	ئېلېكتروستاتىك مەيدان؛ تىنچ ئېلېكتر مەيدانى
8. 电势	（名）	diànshì	ئېلېكتروپوتېنسىئال
9. 磁铁	（名）	cítiě	ماگنىتلىق تۆمۈر
10. 孪生	（形）	luánshēng	قوشكېزەك
11. 追溯	（动）	zhuīsù	سۈرۈشتۈرمەك؛ ئۆتمۈشكە نەزەر سالماق
12. 力线	（名）	lìxiàn	كۈچ سىزىقى
13. 形象直观		xíngxiàng zhíguān	ئوبرازلىق ھەم كۆرسەتمىلىك
14. 有眉有目		yǒu méi yǒu mù	ئىشنىڭ باش ئاخىرى ئېنىق؛ ماقالىنىڭ قۇرۇلمىسى مۇكەممەل؛ مۇھىم مەزمۇن ئەكس ئەتتۈرۈلگەن
15. 偏差	（名）	piānchā	بۇلغاش؛ چەتنەش؛ چەتنىمە؛ قىسمىي پەرق
16. 逐条		zhú tiáo	ماددىمۇمادد
17. 模拟	（动）	mónǐ	تەقلىد قىلىش
18. 意味着	（动）	yìwèizhe	مەنە چىقماق؛ كۆرسەتمەك؛ دېرەك بەرمەك؛ پۇراپ تۇرماق
19. 尽善尽美		jìnshàn-jìnměi	مۇكەممەل ۋە تولۇق؛ كامالەتكە يەتمەك؛ نۇقسانسىز

词语解释

1. 电场线

电场线是为了直观形象地描述电场分布，在电场中引入的一些假想的曲线。曲线上每一点的切线方向和该点电场强度的方向一致；曲线密集的地方场强强，稀疏的地方场强弱。

2. 磁感线

在磁场中画一些曲线，用虚线（或实线）表示，使曲线上任何一点的切线方向都跟这一点的磁场方向相同，这些曲线叫磁感线。磁感线是闭合曲线，且互不交叉。

3. 磁场

磁场是一种看不见而又摸不着的特殊物质，但磁场是客观存在的。它是电流、运动电荷、磁体或变化电场周围空间存在的一种特殊形态的物质。由于磁体的磁性来源于电流，电流是电荷的运动，因而概括地说，磁场是由运动电荷或电场的变化而产生的。

4. 电势

在电场中，某点电荷的电势能跟它所带的电荷量（与正负有关，计算时将电势能和电荷的正负都带入即可判断该点电势大小及正负）之比，叫作这点的电势（也可称电位），通常用 φ 来表示。电势是从能量角度描述电场的物理量（电场强度则是从力的角度描述电场）。

5. 静电场

电场是指观察者与电荷相对静止时所观察到的电场。它是电荷周围空间存在的一种特殊形态的物质，其基本特征是对置于其中的静止电荷有力的作用。静电场一定是由静止电荷（相对于观察者静止的电荷）激发的电场。

6. 力线

力线是指力场中的一些想象的线，这些线上任一点的切线指向该点上的场的方向，而穿过与场垂直的单位面积的线数则代表该场的强度。

语言点

我主要从三方面描述电场：一是描述电场的方向，曲线上任一点的切线方向就是那点的场强方向。二是表示电场的强弱，电场线越密的地方电场越强，反之电场越弱。因此有了电场线，就可以大致了解电场的分布情况。三是反映电场中的电势的高低，沿电场线方向电势越来越低。

"……从三方面……：一是……；二是……；三是……"这一格式用于解说复句，前面是总说，后面是分说，即先总后分。例如：

（1）我主要从三方面说一下这次旅游的意义：一是通过旅游，孩子会在无形中形成自我管理能力培养的意识；二是通过旅游，可以使孩子增长见识；三是通过旅游，可以使孩子学会与各种人打交道。

（2）我们主要从三个方面来分析这个事件：一是事件产生的原因，二是事件造成的后果，三是事件的历史意义。

课堂练习

一、看拼音写汉字

形象直（guān）　尽（shàn）尽美　（cí）感线　（piān）差　模（nǐ）

| bì | | mù | jìng | ǒu | sù |

（　）合电路　　有眉有（　）　　（　）电场　　（　）然　　追（　）

二、解释下列句子中画线的词语

1. 相交处必有两条切线，那就<u>意味着</u>那一点的磁场或电场有两个方向了。
2. 用<u>铁粉</u>放在磁场中就可以显示出磁感线的形状。
3. 伟大的物理学家法拉第<u>凭借</u>着惊人的想象力和创造性，提出了力线的概念。
4. 无论是磁铁产生的磁场，还是电流产生的磁场，或是变化电流产生的磁场，我都是无头无尾的<u>闭合曲线</u>。
5. 磁感线是人们为形象地描述磁场而<u>假想</u>的曲线。
6. 为了便于同学们记忆，我看还是<u>逐条</u>总结为好。
7. 磁感线的功能主要有两个：一是<u>描述</u>磁场的方向，二是描述磁场的强弱。

三、模仿造句

1. 我主要<u>从三方面</u>描述电场：<u>一是</u>描述电场的方向，……。<u>二是</u>表示电场的强弱，……。<u>三是</u>反映电场中的电势的高低，……。

（……从三方面……：一是……；二是……；三是……）

2. 磁感线<u>越</u>密的地方，磁场<u>越</u>强，<u>反之</u>磁场<u>越</u>弱。

（……越……，……越……，反之……越……）

3. 两条电场线、磁感线<u>不仅</u>不能相交，<u>而且</u>不能相切，这是<u>因为</u>相切点相当于两根线合成一根线，该处的曲线密度就无限大了，那就意味着该处的场就无限强了，这当然不可能！　　　　　　（不仅……，而且……，因为……）

四、根据课文内容判断正误

1. 电场线的功能主要有两个：一是描述磁场的方向，二是描述磁场的强弱。（　）
2. 无论是磁铁产生的磁场，还是电流产生的磁场，或是变化电流产生的磁场，电场线都是无头无尾的闭合曲线。　　　　　　　　　　　　　　　（　）
3. 伟大的物理学家法拉第凭借着惊人的想象力和创造性，提出了电线的概念。（　）
4. 在任何磁场中两条磁感线都能相交。　　　　　　　　　　　　　　（　）
5. 磁感线从三方面描述电场：一是描述电场的方向，二是表示电场的强弱，三是反映电场中的电势的高低。　　　　　　　　　　　　　　　　　（　）

五、名词解释

1. 电场线

2. 磁感线

3. 力线

4. 电磁场

六、根据课文内容回答问题

1. 电场线是如何描述电场的呢?
2. 磁感线是如何描述磁场的呢?
3. 为什么在任何磁场中两条磁感线不能相交?

课后作业

一、抄写词语，每个词语抄写三遍
二、概括课文大意

第四课

课文一

课前练习

一、根据你所学的知识，谈谈对磁场的认识

二、选择正确词语填空

    磁体 一旦 相继 捞 大大 核心 得意忘形 改变 遭遇

1. 然而英舰却仍接连不断地（　　）到水雷。
2. 几艘英舰被（　　）击沉。
3. 希特勒为此（　　），认为他手中掌握了一种"无法扫除"的水雷武器。
4. （　　）将雷索割断，水雷就会漂浮到水面被排除。
5. 我们知道地球是个大（　　）。
6. 磁现象（　　）提高了水雷的威力和隐蔽性，陈旧的排雷方法不再适用了。
7. 当回路中的磁通量（　　）时，就会产生感应电动势。
8. 电磁感应成了当代水雷的（　　）原理。
9. 英军（　　）起两颗水雷，组织人员进行仔细解剖研究。

三、根据课文内容选择正确答案

1. 上文中所提到的英国扫雷舰就是用这一＿＿＿＿来扫除水雷的。
  A. 工具   B. 原理   C. 方式   D. 研究
2. 现在德国的水雷做了改进，是一种全新的＿＿＿＿水雷。
  A. 磁铁   B. 磁力   C. 磁性   D. 磁场
3. 当回路中的＿＿＿＿改变时，就会产生感应电动势。
  A. 磁性   B. 磁场   C. 电场   D. 磁通量
4. 磁性水雷上的磁针受到舰船磁场的作用发生转动，接通起爆＿＿＿＿，水雷就会按事先规定的方式爆炸。
  A. 回路   B. 导线   C. 电流   D. 电路

5. 法拉第_____定律指出，当回路中的磁通量改变时，就会产生感应电动势。
   A. 惯性　　　　B. 万有引力　　　C. 电磁感应　　　D. 压电效应

无法扫除的水雷

1939年9月，英国对德国宣战。战争一开始，德军就在英国泰晤士河河口到哈姆贝尔附近的海面上布设[1]了大量水雷。英军根据以往的战斗经验，按照常规[2]进行了一系列严格的搜寻水雷和割断雷索的行动，当确认该[3]水域无水雷后，英国舰队才驶进该水域，然而英舰却仍接连不断地遭遇到水雷，几艘英舰被相继[4]击沉。希特勒为此得意忘形[5]，认为他手中掌握了一种"无法扫除"的水雷武器；而英国首相丘吉尔则恼羞成怒[6]，下令立即查明原因。同年11月，当德军再次用飞机布设水雷时，被英军发现。英军捞起两颗水雷，组织人员进行仔细解剖[7]研究，终于揭开了德军水雷的奥秘。

在此之前的水雷都是触发[8]性的，雷体上装有触角，触角里面装有化学反应装置，只要舰船碰到任何一个触角，就会导致化学药品从破裂的密封[9]管中流出，形成一个化学电池，产生的电流就会引爆雷管，从而引起其内部炸药爆炸。这种水雷是通过一条铁索连在一个大锚上，漂浮在水中，一旦将雷索割断，水雷就会漂浮到水面被排除。上文中所提到的英国扫雷舰就是用这一原理来扫除水雷的，然而，现在德国的水雷做了改进，是一种全新的磁性[10]水雷。

平时比较细心的读者都知道，经常受到敲击的螺丝刀会带有磁性，能够吸引小螺丝钉等零件，这是什么原因呢？钢铁内部含有无数微小的磁区[11]，但一般情况下钢铁不带磁性，这是因为内部的磁区方向凌乱[12]，其对外界的磁力[13]互相抵消的缘故。我们知道地球是个大磁体[14]，地面空间充满了磁场。这磁场对钢铁内的磁区有着磁力作用，使其具有扭转[15]磁区方向变为一致的趋势[16]，但是，由于磁力比较微弱，而磁区和磁区之间的摩擦力很大，所以地球的磁力不会轻易把磁区扭转。当发生碰撞时，钢内的磁区就会受到震动，磁区与磁区之间就有机会稍微松开，摩擦力也因松开而减小，这样磁区就受地球的磁力而被扭向同一方向，于是就产生了磁性。

舰艇在船厂建造时要经过一个很长的时间，在这一段时间内，构成船体的钢板和其他铁块会因经常的敲击而被地球的磁场逐渐磁化[17]，从而带上磁性。这样舰艇下水后，就成为一个浮动的大磁体。当舰船驶入布设有磁性水雷的水域时，磁性水雷上的磁针受到舰船磁场的作用而发生转动，接通起爆电路[18]，水雷就会按事先规定的方式爆炸。由于磁性水雷不需要舰艇直接触

156

碰[19]到水雷的雷体，可以布设在适当水深的水底，不再需要用一条铁索来牵住它，显然，磁现象大大提高了水雷的威力和隐蔽性，陈旧的排雷方法不再适用了。

但是，这种磁性水雷容易受到地磁场的影响而发生自爆[20]现象，有时竟成了"不攻自爆"的水雷。于是，人们在磁性水雷的基础上又研制出了磁感应[21]水雷，即用绕有几万圈导线[22]的铁棒来代替磁性水雷上的磁针。法拉第电磁感应[23]定律指出，当回路[24]中的磁通量[25]改变时，就会产生感应电动势[26]，或者在闭合回路[27]中产生感应电流[28]。因此，当舰船通过磁感应水雷上方时，移动的舰船磁场扫过水雷铁棒上的感应线圈[29]，感应线圈中产生感应电流接通起爆电路，使水雷爆炸。

人们通过物理学的测量研究表明，当舰船通过时，磁场、电场、声响、水压都会发生变化，因而人们又制成了音响水雷、水压水雷和磁—声—水压联合型水雷，这些水雷的引爆原理基本上都是相同的：根据电磁感应原理，使来自敌方舰船的不同信号通过压电效应[30]、磁致伸缩效应等激起[31]水雷线圈上感应电流的变化，从而引爆水雷，因此，电磁感应成了当代水雷的核心原理。

（选自《中外物理故事》，吴伟丽编著，中州古籍出版社，2013.1，有改动　1332字）

词　汇

1. 布设	（动）	bùshè		ئورۇنلاشتۇرۇش
2. 常规	（形）	chángguī		ئادەتتىكى
3. 该	（代）	gāi		مەزكۇر؛ شۇ
4. 相继	（副）	xiāngjì		بىرىنىڭ كەينىدىن بىرى
5. 得意忘形		déyì-wàngxíng		خوشاللىقىدىن ئۆزىنى يوقىتىپ قويماق
6. 恼羞成怒		nǎoxiū-chéngnù		ئازاغا چىدىماي چىچاڭشىپ كەتمەك
7. 解剖	（动）	jiěpōu		يېرىپ كۆرۈش
8. 触发	（动）	chùfā		قوزغىماق؛ قوزغاتماق
9. 密封	（动）	mìfēng		ھەملىماق؛ پۇختا ئەتمەك
10. 磁性	（名）	cíxìng		ماگنىتلىق
11. 磁区	（名）	cíqū		ماگنىت دائىرىسى
12. 凌乱	（形）	língluàn		قالايمىقان؛ تەرتىپسىز

13. 磁力	（名）	cílì		ماگنىت كۈچى
14. 磁体	（名）	cítǐ		ماگنىتلىق جىسىم؛ ماگنىت
15. 扭转	（动）	niǔzhuǎn		بۇرۇلۇش؛ بۇراش
16. 趋势	（名）	qūshì		يۈزلىنىش؛ ئىنتىلىش
17. 磁化	（动）	cíhuà		ماگنىتلاش؛ ماگنىتلىنىش
18. 电路	（名）	diànlù		ئېلېكتر زەنجىرى؛ توك يولى
19. 触碰	（动）	chùpèng		تۇتماق؛ سىلىماق
20. 自爆	（动）	zìbào		پاچاقلىنىش؛ ۋەيران قىلماق
21. 磁感应		cí gǎnyìng		ماگنىتلىق ئىندۇكسىيە
22. 导线	（名）	dǎoxiàn		ئۆتكۈزگۈچ سىم
23. 电磁感应		diàncí gǎnyìng		ئېلېكترو ماگنىت ئىندۇكسىيىسى
24. 回路	（名）	huílù		كونتور
25. 磁通量	（名）	cítōngliàng		ماگنىت ئېقىمى
26. 电动势	（名）	diàndòngshì		ئېلېكتر يۈرگۈزگۈچى كۈچ
27. 闭合回路		bìhé huílù		تۇيۇق كونتور
28. 感应电流		gǎnyìng diànliú		ئىندۇكسىيىلىك توك
29. 感应线圈		gǎnyìng xiànquān		ئىندۇكسىيىلىك كاتۇشكا
30. 压电效应		yādiàn xiàoyìng		پەيزو ئېلېكتر ئېففېكتى
31. 激起	（动）	jīqǐ		قوزغىماق

词语解释

1. 磁性

能吸引铁、钴、镍等物质的性质称为磁性。磁铁两端磁性强的区域称为磁极，一端称为北极（N极），一端称为南极（S极）。实验证明，同名磁极相互排斥，异名磁极相互吸引。

2. 磁化

指使原来不具有磁性的物质获得磁性的过程。一些物体在磁体或电流的作用下会显现磁性，这种现象叫作磁化。

3. 电磁感应

电磁感应现象是指放在变化磁通量中的导体，会产生电动势，此电动势称为感应电动势或感生电动势，若将此导体闭合成一回路，则该电动势会驱使电子流动，形成感应电流（感生电流）。

4. 回路

回路指电流通过器件或其他介质后流回电源的通路。通常指闭合电路。

5. 磁通量

设在磁感应强度为 B 的匀强磁场中，有一个面积为 S 且与磁场方向垂直的平面，磁感应强度 B 与面积 S 的乘积，叫作穿过这个平面的磁通量，简称磁通。磁通量是标量，符号 Φ。

6. 电动势

电动势是一个表示电源特征的物理量。电源的电动势是指电源将其他形式的能量转化为电能的本领，在数值上，等于非静电力将单位正电荷从电源的负极通过电源内部移送到正极时所做的功。常用符号 E（有时也可用 ε）表示，单位是伏特（V）。

7. 闭合回路

由电气设备和元器件按一定方式连接起来，为电荷流通提供了路径的总体。也叫电子线路或称电气回路，简称回路。

8. 感应电流

是指放在变化磁通量中的导体闭合成一回路，则该电动势会驱使电子流动，形成感应电流（感生电流）。通俗地讲，当闭合回路的一部分导体在磁场中做切割磁感线运动时，此闭合回路中的磁通量一定会发生变化，在闭合回路中就产生了感应电动势，从而产生了电流，这种电流称为感应电流。

9. 电场

电场是电荷及变化磁场周围空间里存在的一种特殊物质。电场这种物质与通常的实物不同，它不是由分子原子所组成，但它是客观存在的，电场具有通常物质所具有的力和能量等客观属性。

10. 压电效应

某些电介质在沿一定方向上受到外力的作用而变形时，其内部会产生极化现象，同时在它的两个相对表面上出现正负相反的电荷，当外力去掉后，它又会恢复到不带电的状态，这种现象称为正压电效应。

语言点

只要舰船碰到任何一个触角，就会导致化学药品从破裂的密封管中流出，形成一个化学电池，产生电流就会引爆雷管，从而引起其内部炸药爆炸。

"只要……，// 就……，/ 从而……"这是一个由条件关系和顺承关系组成的多重复句。第一层为顺承关系，第二层为条件关系。表示在满足条件后就会产生某种结果，并最后发生某事。例如：

（1）只要有电，就会形成磁场，从而形成电磁感应。

（2）只要努力，就能考上大学，从而改变自己的命运。

课堂练习

一、看拼音写汉字

相（jì　） （cí　）性 （líng　）乱 得意忘（xíng　） （xiū　）恼成怒

（niǔ　）转 （chù　）碰 （jī　）起 （gǎn　）应电流 压电（xiào　）应

二、解释下列句子中画线的词语

1. 当<u>确认</u>该水域无水雷后，英国舰队才驶进该水域。
2. 然而英舰却仍<u>接连不断</u>地遭遇到水雷，几艘英舰被相继击沉。
3. 一旦将雷索割断，水雷就会漂浮到水面被<u>排除</u>。
4. 磁区和磁区之间的摩擦力很大，所以地球的磁力不会<u>轻易</u>把磁区扭转。
5. 磁现象大大提高了水雷的威力和隐蔽性，<u>陈旧</u>的排雷方法不再适用了。
6. 人们又制成了音响水雷、水压水雷和磁－声－水压<u>联合型</u>水雷。

三、模仿造句

1. <u>当</u>确认该水域无水雷<u>后</u>，英国舰队<u>才</u>驶进该水域。　　　　（当……后，才……）
2. <u>一旦</u>将雷索割断，水雷<u>就</u>会漂浮到水面被排除。　　　　　　（一旦……，就……）
3. <u>只要</u>舰船碰到任何一个触角，<u>就</u>会导致化学药品从破裂的密封管中流出，形成一个化学电池，产生的电流就会引爆雷管，<u>从而</u>引起其内部炸药爆炸。

（只要……，就……，从而……）

四、根据课文内容判断正误

1. 英军扫除了水中所有的水雷。　　　　　　　　　　　　　　　　　（　）
2. 以前德国的水雷都是磁性水雷。　　　　　　　　　　　　　　　　（　）
3. 地球是个大磁体，地面空间充满了磁场。　　　　　　　　　　　　（　）
4. 钢铁经过敲打以后，会带有磁性。　　　　　　　　　　　　　　　（　）
5. 磁性水雷需要舰艇直接触碰到水雷的雷体才会爆炸。　　　　　　　（　）
6. 当回路中的磁通量改变时，就会产生感应电流。　　　　　　　　　（　）
7. 当代水雷的引爆原理基本上都是电磁感应原理。　　　　　　　　　（　）

五、名词解释

1. 磁化

2. 电磁感应

3. 电动势

4. 电场

六、根据课文内容回答问题
1. 什么是磁场？
2. 钢铁是怎样具有磁性的？
3. 磁性水雷的原理是什么？
4. 感应电流是怎样产生的？
5. 磁性水雷真的无法扫除吗？

课后作业

一、抄写词语，每个词语抄写三遍
二、概括课文大意

课文二

课前练习

一、根据你所学的知识，谈谈对磁铁的认识
二、选择正确词语填空

　　　　不仅仅　具有　事半功倍　可是　巨大　怪不得　一定

1. 我想到了用磁铁解决这让我头疼的问题，果然收到了（　　）的效果。
2. 我上网查找了很多关于磁铁的资料，对磁铁有了（　　）了解。
3. 许多物质（　　）吸引铁、镍、钴等物质的属性。
4. 磁铁（　　）力气大，还有指示南北的功能哩。
5. 地球的两极存在着具有（　　）吸引力的磁场。
6. 我国古代科学家发明了指南针，这（　　）四大发明之一呦！
7. （　　）说明书上强调不能接近高温物体。

三、根据课文内容选择正确答案
1. 用手挑，找到了。只不过时间足够杀一＿＿＿＿＿＿＿牛喽。

A. 只　　　　　B. 头　　　　　C. 个　　　　　D. 匹

2. 这个有趣的实验让我对磁铁产生了_____的兴趣。
　　A. 浓密　　　　B. 浓稠　　　　C. 浓厚　　　　D. 深厚

3. 北极与南极的_____并不好，南极遇到它的同伴就打架，北极也一样。
　　A. 性格　　　　B. 性情　　　　C. 情绪　　　　D. 脾气

4. 电磁铁烧红了，破坏了内部电子运动方向的一致性，磁效应作用互相_____，所以整块"磁铁"不再显示磁性。
　　A. 抵消　　　　B. 消失　　　　C. 打消　　　　D. 撤销

5. 电视机上也有喇叭，上面也有_____。
　　A. 声音　　　　B. 磁性　　　　C. 磁铁　　　　D. 电流

有趣的磁铁

　　"一根针掉进了木屑里怎么办？"爸爸问我。我想了想，说："用漏勺！"爸爸让我试了试。哦，针与木屑一起掉下来了。唉，失败。继续来！用手挑，找到了。只不过时间足够杀一头牛喽。

　　"呜呜……"我想，那什么方法最好呢？倒地上？还得收拾屋子。我想了一会儿，想到了用磁铁解决这让我头疼[1]的问题，果然收到了事半功倍[2]的效果，我成功了！这个有趣的实验让我对磁铁产生了浓厚的兴趣，于是我上网查找了很多关于磁铁的资料，对磁铁有了一定了解：许多物质具有吸引铁、镍、钴等物质的属性[3]，这叫作磁。同时我还知道了磁铁中本领最大的是磁铁的两端，叫磁极[4]，每块磁铁只有两个磁极。指北的那端叫北极，用N表示，指南的那端叫南极，用S表示。不过北极与南极的脾气[5]并不好，南极遇到它的同伴就打架，北极也一样。但南极对北极非常好，总和它"拥抱[6]"。乒乓球大家都吹得动吧！可是在乒乓球上扎一枚图钉，用磁铁吸住乒乓球上的图钉后，谁都吹不动了。磁铁不仅仅力气大，还有指示[7]南北的功能呢！

　　地球的两极存在着具有巨大吸引力的磁场，只要我们准备一根可以转动的磁针，磁针在地磁[8]作用下，受到同性相斥[9]、异性相引[10]的自然法则制约，肯定会自动停止在南北方向。正是利用了磁铁这一特性[11]，我国古代科学家发明了指南针，这可是四大发明之一呦！

　　我又了解了一些资料，知道了磁铁不能遇热。原来，磁和电子[12]是分不开的，运动的电子周围就有磁，这叫电磁效应[13]。电磁铁烧红了，它内部的分子热得乱窜，破坏了电子运动方向的一致性，磁效应作用相互抵消，所以整块"磁铁"不再显示磁性。我想：在家用电器中，收音机喇叭上有磁铁，就不能让高温物体接近。可想而知[14]，电视机上也有喇叭，上面也有磁铁，原理不正是一样吗？如果高温物体靠近带有磁性的冰箱，冰箱不就被损坏了吗？怪不得说明书上强调[15]不能接近高温物体。

我有许多收获，你有收获吗？

（选自中国物理网，有改动 747字）

词　汇

1. 头疼　　　　（形）　tóuténg　　　　　　　　باش ئاغرىماق
2. 事半功倍　　　　　　shìbàn-gōngbèi　　　　ئاز كۈچ بىلەن كۆپ ئىش قىلماق
3. 属性　　　　（名）　shǔxìng　　　　　　　　خاسلىق
4. 磁极　　　　（名）　cíjí　　　　　　　　　　ماگنىت قۇتۇپى
5. 脾气　　　　（名）　píqi　　　　　　　　　　ئاچچىقى
6. 拥抱　　　　（动）　yōngbào　　　　　　　　قۇچاقلىماق
7. 指示　　　　（动）　zhǐshì　　　　　　　　　كۆرسەتمەك
8. 地磁　　　　（名）　dìcí　　　　　　　　　　يەر ماگنىتى
9. 同性相斥　　　　　　tóngxìng xiāng chì　　　ئوخشاش خۇسۇسىيەتلىكلەر ئۆزئارا تېپىشمەك
10. 异性相引　　　　　 yìxìng xiāng yǐn　　　　قارىمۇقارشى خۇسۇسىيەتلىكلەر ئۆزئارا تارتىشماق
11. 特性　　　　（名）　tèxìng　　　　　　　　　خۇسۇسىيەت
12. 电子　　　　（名）　diànzǐ　　　　　　　　　ئېلېكترون
13. 电磁效应　　　　　　diàncí xiàoyìng　　　　 ئېلېكتروماگنىت ئىففېكتى
14. 可想而知　　　　　　kěxiǎng'érzhī　　　　　ئويلاپ بىلگىلى بولماق
15. 强调　　　　（动）　qiángdiào　　　　　　　تەكىتلىمەك

词语解释

1. 电磁效应

麦克斯韦所描述的电场会产生磁场，而磁场又会产生电场，如此往复不断的现象，即电磁场理论。

2. 磁效应

物质的磁性与其力学、声学、热学、光学及电学等性能均取决于物质内原子和电子的状态及它们之间的相互作用。因此这些性能相互联系、相互影响。磁状态的变化引起其他各种性能的变化；反之，电、热、力、光、声等作用也引起磁性的变化，这些变化统称为磁效应。

语言点

指北的那端叫北极，用 N 表示，指南的那端叫南极，用 S 表示。

"……用……表示，……用……表示"这一格式指出用某种符号指代某事物。例如：

（1）物体运动的速度用 V 表示，运动时间用 T 表示。

（2）句子主语用 S 表示，谓语用 V 表示，宾语用 O 表示。

课堂练习

一、看拼音写汉字

木（xiè）　　（lòu）勺　　浓（hòu）　　事半功（bèi）

（shǔ）性　　（pí）气　　磁（jí）　　同性相（chì）

二、解释下列句子中画线的词语

1. 一根针掉进了<u>木屑</u>里怎么办？

2. 只不过时间<u>足够</u>杀一头牛喽。

3. 我还知道了磁铁中本领最大的是磁铁的<u>两端</u>，叫磁极。

4. 但南极对北极非常好，总和它"<u>拥抱</u>"。

5. 我国古代科学家发明了指南针，这可是四大发明之一<u>呦</u>！

6. 电视机上也有喇叭，上面也有磁铁，<u>原理</u>不正是一样吗？

7. <u>怪不得</u>说明书上强调不能接近高温物体。

三、模仿造句

1. 我想到了用磁铁解决这让我头疼的问题，<u>果然</u>收到了事半功倍的效果。（果然）

2. 指北的那端叫北极，<u>用</u> N <u>表示</u>，指南的那端叫南极，<u>用</u> S <u>表示</u>。

（……用……表示，……用……表示）

3. 磁铁<u>不仅仅</u>力气大，<u>还</u>有指示南北的功能哩。（不仅仅……，还……）

4. <u>如果</u>高温物体靠近带有磁性的冰箱，冰箱<u>不就</u>被损坏<u>了吗</u>？

（如果……，不就……了吗？）

四、根据课文内容判断正误

1. "我"用杀了一头牛的时间用手挑出了木屑里的针。　　　　　　（　）

2. 磁铁什么东西都可以吸引住。　　　　　　　　　　　　　　　（　）

3. 每块磁铁都有一个极。　　　　　　　　　　　　　　　　　　（　）

4. 磁铁的南极遇到北极就打架。　　　　　　　　　　　　　　　（　）

5. 磁铁能吸住乒乓球。　　　　　　　　　　　　　　　　　　　（　）

6. 磁针在地磁的作用下，同性相引，异性相斥。　　　　　　（　　）

7. 磁铁靠近高温物体，磁性会消失。　　　　　　　　　　　（　　）

五、名词解释

1. 磁极

2. 电磁效应

3. 磁效应

六、根据课文内容回答问题

1. 什么是磁？

2. 磁极用什么表示？

3. 指南针是靠什么原理怎么发明的？

4. 电视机能靠近高温物体吗？为什么？

课后作业

一、抄写词语，每个词语抄写三遍

二、概括课文大意

课文三

课前练习

一、根据你所学的知识，谈谈涡流的作用

二、选择正确词语填空

越……越……　易于　故称　从而　当……时　极为

1. 其流动的路线呈涡旋形，（　　）"涡流"。

2. 磁场变化（　　）快，感应电动势（　　）大。

3.（　　）一个铁芯线圈通过交变电流（　　）在铁芯内部激起涡流。

4.这种冶炼方法（　　）控制温度。

5.涡流的热效应对变压器和电机的运行（　　）不利。

6.它会导致铁芯温度升高，（　　）危及线圈绝缘材料的寿命。

三、根据课文内容选择正确答案

1.磁场变化越快，感应电动势越大，_____涡流也就越强。

　　A.因为　　　　B.因而　　　　C.而且　　　　D.然而

2.利用涡流的_____进行加热的方法叫作感应加热。

　　A.流动　　　　B.焦耳热　　　C.热效应　　　D.电磁感应

3.被冶炼金属内出现的强大涡流所产生的热量可使金属很快_____。

　　A.消失　　　　B.融化　　　　C.溶化　　　　D.熔化

4.这种冶炼方法易于控制温度，并能_____有害杂质混入被冶炼的金属中。

　　A.避开　　　　B.避免　　　　C.难免　　　　D.逃避

涡流[1]

涡流是"涡电流"的简称，也称为"傅科电流"。迅速变化的磁场在导体[2]（包括半导体[3]）内引起的感应电流，其流动的路线呈涡旋[4]形，故称"涡流"。磁场变化越快，感应电动势越大，因而涡流也就越强。涡流能使导体发热。在磁场发生变化的装置中，往往把导体分成一组相互绝缘[5]的薄片（如变压器的铁芯）或一束细条（如感应圈的铁芯），以减低涡流强度，从而减少能量损耗[6]。但在需要产生高温时，又可利用涡流来取得热量，如高频[7]电炉就是根据这一原理设计的。这种金属内部出现的涡流，是由于电磁感应情况下的洛伦兹力[8]或感生电场力在整块金属内部引起的感应电流。涡流流动情况可用电流密度[9]描述，由于多数金属的电阻[10]率很小，因此不大的感应电动势往往可以在整块金属内部激起强大的涡流。当一个铁芯线圈通过交变电流[11]时在铁芯内部激起涡流。它和普通电流一样要放出焦耳热[12]。利用涡流的热效应[13]进行加热的方法叫作感应加热[14]。冶炼[15]金属用的高频感应炉就是感应加热的一个重要例子。当线圈通入高频交变电流时，在线圈中的坩埚[16]里的被冶炼金属内出现强大的涡流，它所产生的热量可使金属很快熔化[17]。这种冶炼方法的最大优点之一，就是冶炼所需的热量直接来自被冶炼金属本身，因此可达极高的温度并有快速和高效的特点。此外，这种冶炼方法易于控制温度，并能避免有害杂质[18]混入被冶炼的金属中，因此适于冶炼特种合金和特种钢等。涡流的热效应对变压器和电机的运行极为不利。首先，它会导致铁芯温度升高，从而危及[19]线圈绝缘材料的寿命，严重时可使绝缘材料当即烧毁。其次，涡流发热要损耗额外的能量（叫作"涡流损耗"），使变压器和电机的效率降低。为了减小涡流，变压器和电机的铁芯都不用整块钢铁而用很薄的硅钢片叠压[20]而成。

（选自学科网，有改动　691字）

词　汇

1. 涡流	（名）	wōliú		قايناسمان توك
2. 导体	（名）	dǎotǐ		يەتكۈزگۈچى جىسم
3. 半导体	（名）	bàndǎotǐ		يېرىم ئۆتكۈزگۈچ
4. 涡旋	（名）	wōxuán		قاينام；قويۇن
5. 绝缘	（动）	juéyuán		ئىزولياتسىيە
6. 损耗	（动）	sǔnhào		خوراش；ئۇپراش
7. 高频	（名）	gāopín		يۇقىرى چاستوتا
8. 洛伦兹力	（名）	luòlúnzīlì		لورېنتس كۈچى
9. 电流密度		diànliú mìdù		ئېلېكتر زىچلىقى
10. 电阻	（名）	diànzǔ		ئېلېكتر قارشىلىقى
11. 交变电流		jiāobiàn diànliú		ئۆزگىرىشچان توك
12. 焦耳热	（名）	jiāo'ěrrè		جوئۇل ئىسسىقلىقى
13. 热效应		rèxiàoyìng		ئىسسىقلىق ئىپفېكتى
14. 感应加热		gǎnyìng jiārè		ئىندۇكسىيىلىك قىزدۇرۇش
15. 冶炼	（动）	yěliàn		مېتال تاۋلىماق
16. 坩埚	（名）	gānguō		تىگلىچە
17. 熔化	（动）	rónghuà		ئېرىمەك；ئېرىتمەك
18. 杂质	（名）	zázhì		ئارىلاش مادد
19. 危及	（动）	wēijí		زىيانداشلىق قىلماق
20. 叠压	（动）	diéyā		قاتلىنىش

词语解释

1. 涡流

当线圈中的电流随时间变化时,由于电磁感应,附近的另一个线圈中会产生感应电流。实际上这个线圈附近的任何导体中都会产生感应电流。如果用图表示这样的感应电流,看起来就像水中的旋涡,所以我们把它叫作涡电流,简称涡流。

2. 导体

导体是善于导电的物体,即能够让电流通过的材料;不善于导电的物体叫绝缘体。

3. 半导体

半导体指常温下导电性能介于导体与绝缘体之间的材料。半导体在收音机、电视机以及测温上有着广泛的应用。

4. 电流密度

描述电路中某点电流强弱和流动方向的物理量。它是矢量,其大小等于单位时间内通过某一单位面积的电量。

5. 交变电流

大小和方向都随时间做周期性变化而且在一周期内的平均值等于零的电流叫作交变电流。

6. 焦耳热

1841年,英国物理学家焦耳发现载流导体中产生的热量Q,这种热量叫作焦耳热,单位为焦耳(J)。

语 言 点

1.首先,它会导致铁心温度升高。其次,涡流发热要损耗额外的能量。

"首先……,其次……"这一格式用于承接复句,引导两个或两个以上的分句,表示一个接着一个连续发生的动作,或者接连发生的几件事情。例如:

(1)准备参加公务员考试的考生,首先应该了解公务员考试大纲,了解考试内容和题型,其次要选择适合自己的复习资料认真备考。

(2)对待一个问题,首先要知道产生的原因,其次要找到解决的办法。

2.其流动的路线呈涡旋形,故称"涡流"。

呈:显出,露出。例如:

(1)经过搅拌的液体呈白色。

(2)傍晚的天空呈红色。

课堂练习

一、看拼音写汉字

  wō   dǎo   yuán   hào   pín
 （ ）流 （ ）体 绝（ ） 损（ ） 高（ ）

  mì   zǔ   yě   guō   dié
 （ ）度 电（ ） （ ）炼 坩（ ） （ ）压

二、解释下列句子中画线的词语

 1. 其流动的路线呈涡旋形，<u>故称</u>"涡流"。
 2. 利用涡流的<u>热效应</u>进行加热的方法叫作感应加热。
 3. 当一个铁芯线圈通过交变电流时在铁芯内部<u>激起</u>涡流。
 4. 这种冶炼方法的最大优点<u>之一</u>，就是冶炼所需的热量直接来自被冶炼金属本身。
 5. 其次，涡流发热要损耗<u>额外</u>的能量。
 6. 涡流的热效应对变压器和电机的运行<u>极为</u>不利。

三、模仿造句

 1. 涡流是"涡电流"的简称，<u>也称为</u>"傅科电流"。   （……也称为……）
 2. 其流动的路线<u>呈</u>涡旋形，故称"涡流"。   （……呈……）
 3. 这种金属内部出现的涡流，<u>是由于</u>电磁感应情况下的感生电场力在整块金属内部
  引起的感应电流。   （……，是由于……）

四、根据课文内容判断正误

 1. 磁场变化越快，感应电动势越小。   （ ）
 2. 涡流能使导体发光。   （ ）
 3. 涡流流动情况可用电流密度描述。   （ ）
 4. 当一个铁芯线圈通过交变电流时在铁芯外部激起涡流。   （ ）
 5. 利用涡流的热效应进行加热的方法叫感应加热。   （ ）
 6. 涡流的热效应对变压器和电机的运行极为有利。   （ ）
 7. 为了减小涡流，变压器和电机的铁芯都用整块钢铁叠压而成。 （ ）

五、名词解释

 1. 电流密度

 2. 半导体

 3. 感应加热

理科汉语

六、根据课文内容回答问题

　　1. 什么是涡流？

　　2. 说说涡流在生产和生活中的应用。

　　3. 怎样增强和减小涡流？

课后作业

一、抄写词语，每个词语抄写三遍

二、概括课文大意

第五课

课文一

课前练习

一、根据你所学的知识，谈谈彩虹产生的原因

二、选择正确词语填空

　　　　　　面对　予以　解释　悬浮　呈　如洗

1. 我们根据空中颗粒大小对光的散射（　　）分类，就能解释天空的许多颜色现象。

2. 我们只有防治污染、保护环境，人类才会有（　　）的蓝天。

3. （　　）自然美景，我们会浮想联翩，更会产生一个又一个为什么。

4. 如果云层很厚，其中水滴大，数量多，光被吸收多而散射少，天空就（　　）灰黑色或黑色。

5. 云是由（　　）在空中的大量小水滴组成的。

6. 我们再来（　　）一个生活中经常看到的现象。

三、根据课文内容选择正确答案

1. 当太阳光遇到大气中的微小颗粒时，将会发生_____。
　　A. 选择吸收　　　B. 选择反射　　　C. 选择散射　　　D. 选择吸收或反射

2. 至于散射光的波长和强度，则跟颗粒的_____有关。
　　A. 大小　　　　　B. 重量　　　　　C. 长度　　　　　D. 轻重

3. 蓝靛紫三色光混合，展示在我们眼前的便是_____。
　　A. 紫红色　　　　B. 靛青色　　　　C. 蔚蓝色　　　　D. 橙黄色

4. 小水滴对所有波长的入射光都发生_____。
　　A. 反射　　　　　B. 吸收　　　　　C. 散射　　　　　D. 漫射

晴朗的天空为什么那样蓝

"蓝蓝的天空白云飘，白云下面马儿跑……"蓝天、白云、骏马、草原，多么令人心旷神怡[1]的景象。面对自然美景，我们会浮想联翩[2]，更会产生一个又一个为什么，下面我们就来"解读[3]"蓝天和白云。

当我们注视天空时，我们看到两种光：一种是太阳的"直射"光，它在视网膜[4]上呈现刺眼[5]的太阳的像，另一种是"散射[6]"光，形成弥漫[7]的蓝天颜色。所以要回答晴朗的天空为什么是蔚蓝[8]的，必须先了解大气微粒[9]对光的散射。当太阳光遇到大气中的微小颗粒时，将会发生选择吸收或选择反射[10]，反射出来的光将向各个方向传播[11]，这个现象叫作光的散射。至于散射光的波长[12]和强度[13]，则跟颗粒的大小有关，微粒越小，散射短波[14]的能力越强。英国物理学家瑞利详细地研究了颗粒线度[15]远小于光的波长时的散射规律，结论是散射光的强度与波长的 4 次方成反比[16]，或者说与光的频率[17]的 4 次方成正比[18]。如果悬浮[19]在空中的颗粒的线度比光的波长大，如小水滴、风沙和一些工业排放物等，这些颗粒对光的散射则不遵守瑞利散射，而是我们中学课本上说的漫反射[20]。我们根据空中颗粒大小对光的散射予以分类，就能解释天空的许多颜色现象。

先用瑞利散射理论解释天空的蓝色。晴朗的天空，组成大气的分子[21]主要是氮分子和氧分子。其直径的数量级[22]为 10^{-10} 米，而可见光的波长数量级是 10^{-7} 米，后者是前者的 1000 倍，所以满足瑞利散射。我们知道，太阳光大致由红橙黄绿蓝靛[23]紫组成，从红到紫，波长越来越短，频率越来越高。当这些光穿过厚厚的大气层时，频率低的红橙黄光被大气分子散射得较少，而频率较高的蓝靛紫光被散射较多，于是光的分离就此发生了。每当我们注视天空但不直接看太阳的时候，我们看到的是空气分子的散射光，蓝靛紫三色光的混合，于是展示在我们眼前的便是自然界中最美丽的颜色之一——蔚蓝色。瑞利散射的一个互补现象就是落日的颜色，这时我们看到的日光已经穿过了很长距离的空气，高频光比低频光衰减得更加厉害，因而穿过来的红、橙、黄光要比蓝、靛、紫光强，所以我们看到的是一个"红太阳"。

现在我们懂得了天空为什么是蔚蓝色的。那么，为什么天上的云又是白的呢？云是由悬浮在空中的大量小水滴组成的，每个小水滴是由大量的水分子凝聚[24]而成的。小水滴在我们看来是"小不点儿[25]"，而相对于光波则是"巨无霸[26]"，所以此时光与水滴的作用已经不遵守瑞利散射。小水滴对所有波长的入射光都发生散射，太阳光是由多种色光组成的复色光[27]——白光，所以经过云散射后仍然是白光，这样我们就看到朵朵白云了。如果云层很厚，其中水滴大，数量多，光被吸收多而散射就少，天空就呈灰黑色或黑色，展现在我们眼前的就是"黑云压城"的可怕景象。如果云中浮有大量的沙尘，天空就是土黄色的。可见，天空的颜色是大气质量好坏的标志。我们只有防治污染、保护环境、爱护环境，人类才会有如洗的蓝天。

我们再来解释一个生活中经常看到的现象，就是从点燃的香烟上直接冒出的烟是蓝色的，而从嘴里喷出的烟先是白色的，然后则迅速变淡变蓝，直至消失。这是因为直接冒出的烟的微粒直径比波长小，符合瑞利散射，白光照上去主要散射高频的蓝、靛、紫光；而从嘴里喷出的烟雾中含有大量的小水滴（当然，人眼仍不能直接看到一个个水滴），光与它的作用跟云差不多，呈现白色，随着小水滴的迅速蒸发变小，当颗粒线度小于波长时，又发生了瑞利散射。

（选自《趣味物理课堂》，刘树田著，上海社会科学院出版社，2007.5，有改动 1315字）

词　　汇

1. 心旷神怡		xīnkuàng-shényí	كۆڭۈل ئازادە؛ كەيپ چاغ بولماق؛ روھى كۆتۈرەڭگۈ بولماق؛ كۆڭۈل ئېچىلماق
2. 浮想联翩		fúxiǎng-liánpiān	خىيالى ھېسسىياتقا تولۇپ؛ تەپەككۇر دېڭىزىدا ئۈزمەك
3. 解读	（动）	jiědú	چۈشەندۈرۈش
4. 视网膜	（名）	shìwǎngmó	كۆزنىڭ تور پەردىسى؛ تورلۇق پەردە
5. 刺眼	（形）	cìyǎn	كۆزنى چاقناتماق؛ كۆزنى قاماشتۇرماق
6. 散射	（动）	sǎnshè	چېچىلىش؛ نۇر چېچىش
7. 弥漫	（动）	mímàn	تولماق؛ قاپلىماق؛ يامراشماق؛ يېيىلماق؛ سىڭمەك
8. 蔚蓝	（形）	wèilán	كۆك؛ زەڭگەر؛ ھاۋا رەڭ
9. 大气微粒		dàqì wēilì	ئاتموسفېرا زەررىچىسى
10. 反射	（动）	fǎnshè	قايتىش؛ قايتۇرۇش؛ رېفلېكس
11. 传播	（动）	chuánbō	تارقىلىش؛ تارقاتماق
12. 波长	（名）	bōcháng	دولقۇن ئۇزۇنلۇقى
13. 强度	（名）	qiángdù	كۈچ؛ كۈچىنىش؛ كۈچلۈكلۈك（مەھكەملىك）دەرىجىسى
14. 短波	（名）	duǎnbō	قىسقا دولقۇن
15. 线度	（名）	xiàndù	ئۆلچەم（سىزىقنىڭ ئۇزۇنلۇقى؛ توملۇق؛ ئېگىزلىك قاتارلىق ئۆلچەملىرى）

16. 反比	（名）	fǎnbǐ		نىسبەت تەتۈر
17. 频率	（名）	pínlǜ		قېتىم؛ چاستوتا
18. 正比	（名）	zhèngbǐ		ئوڭ نىسبەت
19. 悬浮	（动）	xuánfú		لەيلەش؛ سوسپېنزىيە
20. 漫反射	（动）	mànfǎnshè		چاچراپ قايتىش
21. 分子	（名）	fēnzǐ		ئېلېمېنت؛ مولېكۇلا
22. 数量级	（名）	shùliàngjí		سانلىق مىقدارلار دەرىجىسى
23. 靛	（形）	diàn		نىل بويىقى؛ كۆك بوياق؛ قارا كۆك؛ تۆمۈر كۆك
24. 凝聚	（动）	níngjù		قويۇلۇش؛ قويۇقلىشىش
25. 小不点儿	（名）	xiǎobudiǎnr		كىچىككىنە
26. 巨无霸	（名）	jùwúbà		غايەت زور؛ چوڭ
27. 复色光	（名）	fùsèguāng		مۇرەككەپ يورۇقلۇق

词语解释

1. 大气微粒

又称"气溶胶粒子"，指悬浮在大气中的固态质点或液态小滴等物质。除由水汽变成的水滴和冰晶外，主要指大气尘埃和悬浮在空气中的其他杂质。

2. 波长

波长指沿着波的传播方向，在波的图形中两个相对平衡位置之间的位移。通俗地说，波长就是波在一个振动周期内传播的距离。

3. 颗粒线度

颗粒线度直观上说基本上就是颗粒大小的意思。颗粒线度一般指颗粒从各个方向来测量时的最大的长（宽）度，并且往往只精确到数量级。

4. 数量级

数量级是指数量的尺度或大小的级别，每个级别之间保持固定的比例。通常采用的比例有 10，100 等。通常情况下，数量级指一系列 10 的幂，即相邻两个数量级之间的比为 10。例如说两数相差三个数量级，其实就是说一个数比另一个大 1000 倍。

5. 高频

频率，是单位时间内完成振动的次数，是描述振动物体往复运动频繁程度的量，频率的单位为赫兹（Hz），无线电波中把 3 千赫（MHz）到 30 千赫（MHz）的频率称为高频。

6. 低频

无线电波中将 30 千赫（MHz）到 300 千赫（MHz）范围内的频率称为低频。

7. 漫反射

漫反射是投射在粗糙表面上的光向各个方向反射的现象。当一束平行的入射光线射到粗糙的表面时，表面会把光线向着四面八方反射，所以入射光线虽然互相平行，但是由于各点的反射方向不一致，造成反射光线向不同的方向无规则地反射，这种反射称为"漫反射"或"漫射"。

语言点

英国物理学家瑞利详细地研究了颗粒线度远小于光的波长时的散射规律，结论是散射光的强度与波长的 4 次方成反比，或者说与光的频率的 4 次方成正比。

"……与……成反比""……与……成正比"这一句式用于说明两个事物或一事物的两个方面，一方发生变化，另一方随之起相反或相应的变化。例如：

（1）物体的重量与引力的大小成正比。（引力越大，重量越大；引力越小，重量越小。）

（2）经过一段路程的时间与速度成反比。（速度越快，时间越短；速度越慢，时间越长。）

课堂练习

一、看拼音写汉字

心旷神（ yí ）　（ jiě ）读　（ wèi ）蓝　（ wēi ）粒　（ màn ）反射

浮想联（ piān ）　（ mí ）漫　（ xuán ）浮　（ níng ）聚　巨无（ bà ）

二、解释下列句子中画线的词语

1. 面对自然美景，我们会<u>浮想联翩</u>，更会产生一个又一个为什么。

2. 要回答晴朗的天空为什么是蔚蓝的，必须先了解<u>大气微粒</u>对光的散射。

3. 微粒越小，散射<u>短波</u>的能力越强。

4. 云是由<u>悬浮</u>在空中的大量小水滴组成的。

5. 太阳光是由多种色光组成的<u>复色</u>光——白光。

6. 小水滴在我们看来是"<u>小不点儿</u>"，而相对于光波则是"<u>巨无霸</u>"。

三、模仿造句

1. 当我们注视天空时，我们看到两种光：<u>一种</u>是太阳的"直射"光，<u>另一种</u>是"散射"光。　　　　　　　　　　（一种是……，另一种是……）

2. 所以要回答晴朗的天空为什么是蔚蓝的，<u>必须先</u>了解大气微粒对光的散射。

　　　　　　　　　　　　　　　　　　　　　　（要……，必须先……）

3. 散射光的强度<u>与</u>波长的 4 次方<u>成反比</u>，或者说<u>与</u>光的频率的 4 次方<u>成正比</u>。
（……与……成反比／……与……成正比）

4. 微粒<u>越</u>小，散射短波的能力<u>越</u>强。　　　　　　　　　　　（越……，越……）

四、根据课文内容判断正误

1. 阳光遇到大气中的微小颗粒时，只会发生散射。　　　　　　　　　　（　　）
2. 阳光遇到大气中的微小颗粒时，反射出来的太阳光将向各个方向传播。（　　）
3. 散射光的强度与波长成正比。　　　　　　　　　　　　　　　　　　（　　）
4. 散射光的强度与频率成反比。　　　　　　　　　　　　　　　　　　（　　）
5. 波长越长的光，频率越高。　　　　　　　　　　　　　　　　　　　（　　）
6. 频率高的光容易被大气分子反射。　　　　　　　　　　　　　　　　（　　）
7. 小水滴对所有波长的入射光都发生散射。　　　　　　　　　　　　　（　　）
8. 乌云是因为云层太厚，阳光无法穿透。　　　　　　　　　　　　　　（　　）

五、名词解释

1. 散射

2. 波长

3. 漫反射

4. 数量级

六、根据课文内容回答问题

1. 天空的颜色和大气质量的好坏有什么关系？
2. 朝霞和晚霞为什么是红色的？
3. 从吸烟者嘴里喷出的烟的颜色有什么变化？

课后作业

一、抄写词语，每个词语抄写三遍
二、概括课文大意

课文二

课前练习

一、根据你所学的知识,谈谈透镜在生活中的应用

二、选择正确词语填空

蘸　拯救　分别　盛满　会聚　任意　铺上

1. (　　) 了清水的玻璃杯,就是一个透镜。

2. 在两支铅笔下面 (　　) 一张人民币做我们观察的对象。

3. 用一支干净的毛笔 (　　) 一些水,小心地把一个水滴滴在塑料膜上。

4. 你可以在透明的塑料薄膜上,(　　) 滴上几个直径不一样的水滴。

5. 为了提高放大倍数,是不是可以 (　　) 增加凸度呢?

6. 能把光线 (　　) 起来是凸透镜的重要特性。

7. 你也许不知道,冰透镜曾经 (　　) 了一支南极探险队哩!

三、根据课文内容选择正确答案

1. 玻璃杯的侧面使水形成一个弯曲的表面,这很像一个中间厚、边缘薄的_____。
　　A. 圆柱　　　　B. 反光镜　　　　C. 凸透镜　　　　D. 凹透镜

2. 把书页紧贴在水杯的侧壁上,透过水杯,就会发现书上的字被_____了。
　　A. 拉长　　　　B. 放大　　　　C. 缩小　　　　D. 变宽

3. _____水滴可以看到钞票上的一些细小的图案都被放得很大。
　　A. 透过　　　　B. 通过　　　　C. 经过　　　　D. 绕过

4. 冰透镜没有水透镜那么透明,_____要差一些。
　　A. 结果　　　　B. 效果　　　　C. 后果　　　　D. 成果

5. 能把光线会聚起来是凸透镜的_____特性。
　　A. 紧要　　　　B. 重点　　　　C. 首要　　　　D. 重要

到生活中去寻找透镜[1]

盛[2]了水的玻璃杯就是透镜

盛满了清水的玻璃杯,就是一个透镜。玻璃杯的侧面使水形成一个弯曲的表面,这很像一个中间厚、边缘[3]薄的凸透镜[4](实际上是圆柱形透镜)。水杯透镜可以像放大镜一样把东西放大。现在就让我们通过水杯透镜来观察一页书。把书页紧贴在水杯的侧壁上,透过水杯,就会发现书上的字被放大了。

用水滴做成透镜

在桌子上放两支铅笔,它们之间的距离约为四厘米。在两支铅笔下面铺[5]上一张人民币做我们观察的对象。把一块无色透明的塑料薄膜盖在铅笔上。用一支干净的毛笔蘸[6]一些水,小心地把一个水滴滴在塑料薄膜上(水滴的直径[7]约为四到五毫米)。它就是一个放大镜。

透过水滴可以看到钞票上的一些细小的图案都被放得很大,这说明水滴是一个放大倍数[8]很高的透镜。

水滴的直径越小,凸度[9]就越大。你可以在透明的塑料薄膜上,分别滴上几个直径不一样的水滴,来看看放大倍数和透镜的凸度的关系。不过,利用大小不同的水滴观察物体的时候,还要注意分别调节[10]水滴和桌面的距离。水滴越小,离桌面越要近一些。

既然透镜的凸度越大,放大倍数也越大,那么,为了提高放大倍数,是不是可以任意[11]增加凸度呢?不行!你如果细心地观察一下,就会发现,凸度很大的水滴,虽然放大倍数大,但是存在着三个缺点:第一,观察到的像大大走了样[12]。第二,凸度越大,"透镜"就越要靠近被观察的东西,实际上不容易做到。第三,凸度越大,能看清楚的范围就越小,被观察的物体,只有中间一小块能够看得很清楚,旁边的都很模糊。

用冰也可以做透镜

在隆冬[13]季节,你也可以试着做一个冰透镜,不过,冰透镜没有水透镜那么透明,效果要差一些。在制作冰透镜的时候,要选择均匀[14]透明的冰块。透镜的直径要尽量做得大一些,因为直径大,所以透镜就不能做得太凸。

有了自制的凸透镜,我们就可以研究凸透镜的光学[15]性质了。

能把光线会聚[16]起来是凸透镜的重要特性,所以凸透镜又叫会聚透镜[17]。你自己试试看。

盛水的球形玻璃瓶能取火,很早以前就有人知道了。如果在向阳的窗台上,放一个盛水的透明花瓶,它的球形部分所集中的阳光可能灼[18]坏窗帘或家具。郊游的时候，有人把空瓶抛在森林里，球形的酒瓶充满雨水后，同样能会聚阳光，使周围的东西燃烧起来。一些森林火灾就是这样引起的。

你也许不知道，冰透镜曾经拯救[19]了一支南极探险队哩！这支探险队由于丢失了火种，面临着寒冷、饥饿和死亡的威胁[20]。一个聪明的队员用冰块琢磨[21]成一块凸透镜，把阳光聚焦[22]，点燃了引火物，重新得到了火种。

用冰制造透镜，最早的记载是在我国。一千六百多年前，晋代学者张华在《博物志》中写道："削冰命圆，举以向日，以艾承其影，则得火。"这里冰就是指的冰透镜，艾就是指引火物——艾绒。

(选自中国物理网，有改动　1086字)

词　汇

1.	透镜	（名）	tòujìng	نۇر ئوتكۈزگۈچ ئەينەك
2.	盛	（动）	chéng	سغماق؛ ئۇسماق؛ قۇيماق؛ قاچىلماق
3.	边缘	（名）	biānyuán	چەت؛ ياقا؛ قىر
4.	凸透镜	（名）	tūtòujìng	كۆپۈنكى لىنزا
5.	铺	（动）	pū	يايماق ياتقۇزماق؛
6.	蘸	（动）	zhàn	يىپىشماق؛ چاپلاشماق؛ چاپلىشىپ قالماق
7.	直径	（名）	zhíjìng	دىئامېتىر
8.	倍数	（名）	bèishù	ھەسسىسى؛ ھەسسىلىك سان
9.	凸度	（名）	tūdù	كۆپۈنگۈ ئۆلچەم
10.	调节	（动）	tiáojié	تەڭشىلىش
11.	任意	（副）	rènyì	خالىغان؛ ھەرقانداق
12.	走样	（动）	zǒu//yàng	تۈسىنى يوقاتماق؛ شەكىلنى ئۆزگەرتمەك （ئۆزگىرىپ قالماق）؛ قىيسىيىپ قالماق
13.	隆冬	（名）	lóngdōng	زىمىستان قىش
14.	均匀	（形）	jūnyún	بىر خىل؛ بەردەك
15.	光学	（名）	guāngxué	ئوپتىكا؛ يورۇقلۇق ئىلمى
16.	会聚	（动）	huìjù	توپلانماق؛ يىغىلماق
17.	会聚透镜		huìjù tòujìng	يىغقۇچى لىنزا
18.	灼	（动）	zhuó	كۆيمەك؛ كۆيدۈرمەك
19.	拯救	（动）	zhěngjiù	قۇتقۇزماق

20. 威胁	（动）	wēixié	دوق قىلماق؛ پوپوزا قىلماق؛ تەھدىت سالماق؛ قورقۇتماق
21. 琢磨	（动）	zhuómó	ئويلىماق؛ ئويلاپ كۆرمەك
22. 聚焦	（动）	jùjiāo	فوكۇسلاش؛ فوكۇسلىشىش

词语解释

1. 透镜

透镜是由透明物质（如玻璃、水晶等）制成的一种光学元件。透镜是折射镜，其折射面是两个球面（球面一部分），或一个球面（球面一部分）一个平面的透明体。透镜分为凸透镜和凹透镜两种。

2. 凸透镜

凸透镜是中央较厚，边缘较薄的透镜。可以分为三种：双凸镜，即两面都磨制成凸球面的透镜；平凸透镜，即一面凸、一面平的透镜；凹凸透镜，即一面凸、一面凹的透镜。

3. 凸度

指凸透镜顶点凸起的程度，凸度越大凸透镜中央越厚，凸度越小凸透镜中央越薄。

4. 光学

光学是研究光（电磁波）的行为和性质，以及光和物质相互作用的物理学科。

5. 会聚透镜

会聚透镜是中间厚、周边薄的一种透镜，即凸透镜。它具有会聚光的能力，又叫作"正透镜"。

6. 聚焦

凸透镜能使穿过它的平行光线会聚于一个焦点，这个过程称为聚焦。

语言点

你如果细心地观察一下，就会发现，凸度很大的水滴，虽然放大倍数大，但是存在着三个缺点。

"如果……，/就……，虽然……，//但是……"这是一个假设复句，后一分句中含有一个充当宾语的转折复句。例如：

（1）如果你去上海，就会感觉到，虽然人多车多，但是交通秩序非常好。

（2）如果你去校图书馆自习室，就会发现，虽然人很多，但是很安静。

课堂练习

一、看拼音写汉字

  （tòu）镜   边（yuán）   直（jìng） （tiáo）节   （wēi）胁

  （jù）焦   （sù）料   （bó）膜   （zhěng）救   （zhuó）磨

二、解释下列句子中画线的词语

  1. 玻璃杯的侧面使水形成一个弯曲的表面，这很像一个中间厚、<u>边缘</u>薄的凸透镜。

  2. 在桌子上放两支铅笔，它们之间的距离<u>约为</u>四厘米。

  3. 把一块无色<u>透明</u>的塑料薄膜盖在铅笔上。

  4. 透过水滴可以看到钞票上的一些细小的图案都被<u>放</u>得很大。

  5. 第一，观察到的像<u>大大走了样</u>。

  6. 盛水的球形玻璃瓶能<u>取火</u>，很早以前就有人知道了。

三、模仿造句

  1. 盛满了清水的玻璃杯，<u>就是</u>一个透镜。   （就是）

  2. 在桌子上放两支铅笔，它们之间的距离<u>约为</u>四厘米。   （约为）

  3. 在隆冬季节，你也<u>可以试着</u>做一个冰透镜。   （可以试着）

  4. 透镜的直径<u>要</u>尽量做得大一些，<u>因为</u>直径大，<u>所以</u>透镜就不能做得太凸。

                （……要……，因为……，所以……）

四、根据课文内容判断正误

  1. 一个玻璃杯，就是一个透镜。   （　）

  2. 水滴的直径越小，凸度就越小。   （　）

  3. 透镜的凸度越大，放大倍数也越大。   （　）

  4. 透镜的凸度越大，能看清楚的范围就越大。   （　）

  5. 在制作冰透镜时，要选择均匀透明的冰块。   （　）

  6. 把空玻璃瓶抛在森林里，有可能引起森林大火。   （　）

  7. 冰透镜不能取火，因为冰怕火。   （　）

五、名词解释

  1. 凸透镜

  2. 凸度

  3. 会聚透镜

4. 聚焦

六、根据课文内容回答问题

1. 什么是透镜？它分为几种？

2. 透镜是不是可以任意增加凸度呢？

3. 我国最早在什么时候记载了冰制透镜的方法？

课后作业

一、抄写词语，每个词语抄写三遍

二、概括课文大意

课文三

课前练习

一、在生活中，你看过哪些利用光学表演的魔术？

二、选择正确词语填空

叹服　空旷　演出　展现　竟然　精彩　误信

1. 在博物馆或陈列馆的巡回（　　）中，我们时常会看到一项"惊人"的表演。

2. 如果你朝桌子下方扔一个小纸团，你会发现，它（　　）被弹了回来！

3. 对这一惊人的表演，许多人惊叹不已，并深深（　　）。

4. 原来桌子下方有镜子，受它误导，我们（　　）桌子下什么也没有！

5. 表演的房间要很（　　），墙面要保持单一的样式。

6. 如果是魔术表演的话，效果还要（　　）一些。

7. 他会向观众（　　）一个空桌子，桌面上下没有任何东西。

三、根据课文内容选择正确答案

1. 让观众更为_____的是，这个人头能说话，能眨眼，还能吃东西！

　　A. 惊诧　　　　B. 惊人　　　　C. 惊吓　　　　D. 惊恐

2. 对这一惊人的表演，许多人惊叹_____。

A. 不下　　　　　B. 不停　　　　　C. 不已　　　　　D. 不了
3. 原来桌子下方有镜子，受它_____，我们误信桌子下什么也没有！
　　A. 误会　　　　B. 误导　　　　　C. 误判　　　　　D. 错导
4. 这个所谓的谜底真的太简单了，太_____了。
　　A. 笑话　　　　B. 能笑　　　　　C. 好笑　　　　　D. 爱笑
5. 如果是魔术表演的话，_____还要精彩一些。
　　A. 后果　　　　B. 效果　　　　　C. 结果　　　　　D. 成果

被砍掉的头

在博物馆或陈列馆的巡回演出中，我们时常会看到一项"惊人"的表演，一张看起来很普通的桌子上有一个圆盘，而盘中放的竟然是一个活灵活现[1]的人头！让观众更为惊诧[2]的是，这个人头能说话，能眨眼，还能吃东西！桌子下面却空空如也[3]！虽然人们被障碍物[4]隔着不能靠近桌子，但他们离桌子很近，看得清清楚楚。

对这一惊人的表演，许多人惊叹不已[5]，并深深叹服[6]。可是，在惊叹之余，如果你朝桌子下方扔一个小纸团，你会发现，它竟然被弹了回来！谜底就这样被揭开[7]了，原来桌子下方有镜子，受它误导[8]，我们误信桌子下什么也没有！如果不是被弹回的纸团，我们还会一直蒙在鼓里[9]，深信这个人头表演呢。

只要在桌腿之间放一面镜子，就能让桌子下方看起来什么也没有。不过，有一点要注意，要确保[10]镜子不能照着观众和房间的其他物品。正是为了这一目的，表演的房间要很空旷[11]，墙面要保持单一[12]的样式，地板呢，也要装饰成同一种颜色，不要有纹路，至于观众呢，当然也要与桌子保持一定的距离。

这个所谓的谜底真的太简单了，太好笑了，可是我们并没有深入理解它的原理，只看到它表面的秘密。

如果是魔术表演的话，效果还要精彩一些。首先，他会向观众展现一个空桌子，桌面上下没有任何东西。随后一个完全封闭[13]的箱子出现在舞台上，箱子里应装着"没有躯干的人头"（其实是一个空箱子）。魔术师把箱子放置在桌子上。接着，同时放下幕布或放下一道硬板遮住桌子。移去遮挡物后，观众就看到桌上盒子里出现了人头。读者朋友们也许早想到了，桌面上有一个洞，有个人就在镜子遮挡的桌子下，刚好能把头从桌子的洞孔中伸出，进入没有底的盒子里。当然，魔术师还有一些其他的技巧，在此就不一一列举[14]

了，读者们可以自己去寻找解答。

（选自《趣味物理学》，别莱利曼著，上海科学普及出版社，2013.10，有改动　700字）

词　汇

1. 活灵活现			huólíng-huóxiàn	بەئەينى تەسۋىرلەنمەك؛ جانلىق سۈرەتلەنمەك
2. 惊诧	（形）		jīngchà	ھەيران قالماق؛ تەئەججۈپلەنمەك
3. 空空如也			kōngkōngrúyě	قۇپقۇرۇق؛ ھېچنېمە يوق
4. 障碍物	（名）		zhàng'àiwù	توسالغۇ بولىدىغان نەرسە؛ توسالغۇ
5. 惊叹不已			jīngtàn bùyǐ	ئەجەبلەنمەك؛ ھەيران قالماق
6. 叹服	（动）		tànfú	قايىل بولماق؛ قول قويماق
7. 揭开			jiēkāi	ئاچماق؛ ئېچىۋەتمەك
8. 误导	（动）		wùdǎo	ئازدۇرۇش
9. 蒙在鼓里			méng zài gǔ lǐ	ئالدام خالتىغا چۈشمەك؛ گوللانماق؛ ئالدانماق
10. 确保	（动）		quèbǎo	ھەقىقىي كېپىللىك قىلماق
11. 空旷	（形）		kōngkuàng	كەڭ؛ ئازادە
12. 单一	（形）		dānyī	بىر پۈتۈن؛ بىرلا خىل؛ يېگانە
13. 封闭	（动）		fēngbì	تۈيۈق؛ يېپىلغان
14. 列举	（动）		lièjǔ	كۆرسەتمەك

词语解释

1. 巡回演出
按一定的路线到各处进行演出。

2. 魔术
魔术是能够产生特殊幻影的戏法。即以迅速敏捷的技巧或特殊装置把实在的动作掩盖起来，使观众感觉到物体忽有忽无，变化莫测。

课堂练习

一、看拼音写汉字

　　　xún　　　　　　líng　　　　　　ài　　　　　　tàn
　（　）回演出　　活（　）活现　　障（　）物　　惊（　）不已

　　　　méng　　　　　　　　què　　　　　　　kuàng　　　　　　　　liè
　　（　　）在鼓里　　（　　）保　　　空（　　）　　一一（　　）举

二、解释下列句子中画线的词语

　　1. 在博物馆或陈列馆的巡回演出中，我们<u>时常</u>会看到一项"惊人"的表演。
　　2. 在<u>惊叹之余</u>，如果你朝桌子下方扔一个小纸团，你会发现，它竟然被弹了回来！
　　3. 如果不是被弹回的纸团，我们还会一直<u>蒙在鼓里</u>，深信这个人头表演呢。
　　4. 地板呢，也要装饰成同一种颜色，不要有<u>纹路</u>。
　　5. 这个<u>所谓</u>的谜底真的太简单了，太好笑了。
　　6. 当然，魔术师还有一些其他的技巧，在此就不<u>一一列举</u>了。

三、模仿造句

　　1. <u>让</u>观众更为惊诧<u>的是</u>，这个人头能说话，能眨眼，还能吃东西。
　　　　　　　　　　　　　　　　　　　　　　　　　　　　（让……的是……）
　　2. 这个人头<u>能</u>说话，<u>能眨眼</u>，<u>还能吃东西</u>。　　（……能……，能……，还能……）
　　3. <u>在惊叹之余</u>，如果你朝桌子下方扔一个小纸团，你会发现，它竟然被弹了回来！
　　　　　　　　　　　　　　　　　　　　　　　　　　　　（在……之余，……）
　　4. <u>如果不是</u>被弹回的纸团，我们<u>还</u>会一直蒙在鼓里。（如果不是……，……还……）

四、根据课文内容判断正误

　　1. 这个人头能说话，能眨眼，但不能吃东西。　　　　　　　　　　　（　　）
　　2. 只要在桌腿之间放一面镜子，就能让桌子下方看起来什么也没有。（　　）
　　3. 表演的房间要空旷，墙面和地板要保持一种颜色。　　　　　　　（　　）
　　4. 表演这个魔术时，观众可以靠近桌子看。　　　　　　　　　　　（　　）
　　5. 这个魔术很神奇，没人知道它的秘密。　　　　　　　　　　　　（　　）

五、名词解释

　　障碍物

六、根据课文内容回答问题

　　1. 博物馆的巡回演出中有什么"惊人"的节目？
　　2. 演出的秘密是怎样发现的？
　　3. 演出要成功对表演场地有什么要求？

课后作业

一、抄写词语，每个词语抄写三遍

二、概括课文大意

第六课

课文一

课前练习

一、根据你所学的知识，谈谈对原子的认识

二、选择正确词语填空

也称　究竟　围绕　受到　却　天生　为

1. 卢瑟福通过实验提出了"中心原子核"（　　）电子的原子结构模型。
2. 如今从"相对论"、"量子理论"的理论基础来看，原子（　　）有何"结构"？
3. "原子核"体积很小，（　　）集中了原子总质量的99.9%以上。
4. 强力就是一种很强的力，（　　）核力。
5. 人们在研究原子核时，常常（　　）一个问题所困扰。
6. 它们都有一个（　　）的怪脾气，就是"自家人"不愿挨在一起。
7. 当质子和中子（　　）碰撞时，会放出介子。

三、根据课文内容选择正确答案

1. 现代物理学_____，原子的结构由"原子核"和它周围的"电子大气"所组成。
   A. 觉得　　　B. 认为　　　C. 以为　　　D. 认识

2. 科学家用各种_____打开了原子的大门。
   A. 手工　　　B. 手法　　　C. 手势　　　D. 手段

3. _____粒子加速器，他们又发现了很多新的粒子。
   A. 通过　　　B. 经过　　　C. 通用　　　D. 流通

4. 后来发现，这样_____不能体现粒子的能力。
   A. 划归　　　B. 计划　　　C. 划分　　　D. 划开

5. 但是，原子核这个大家庭里各个成员_____上却挤在一起相处得非常和睦。
   A. 现实　　　B. 事实　　　C. 其实　　　D. 实事

6. 汤川秀树又通过深入研究，在1942年提出一种新的_____。
   A. 假如　　　　　　B. 假装　　　　　　C. 如果　　　　　　D. 假设

深入原子核[1]

1941年，卢瑟福通过实验提出了"中心原子核"围绕电子的原子结构[2]模型[3]。这是属于"牛顿经典[4]物理学"范畴[5]的原子结构假说[6]。如今从"相对论[7]"、"量子理论[8]"的理论基础来看，原子究竟有何"结构"？

现代物理学认为，原子的结构由"原子核"和它周围的"电子大气[9]"所组成。"原子核"体积很小，却集中了原子总质量的99.9％以上，是原子的"核心"。"原子核"中的质子[10]、中子[11]这些"核子[12]"，密密实实地挤在一起，几乎"动弹不得"。而"电子大气"中的电子，其活动范围是原子直径的几十万倍，十分"宽松"，"核子"（质子、中子）的大小，和电子差不多，直径约为0.0000000000001厘米（万亿分之一米），而质量是电子的1840倍。

科学家用各种手段打开了原子的大门。发现了电子和原子核，还发现了光子[13]，又进一步"击碎"原子核，发现了质子和中子，后来又发现了介子[14]。通过粒子[15]加速器[16]，他们又发现了很多新的粒子。另外，从宇宙射线[17]中，他们也发现了一些粒子。这么多的粒子该怎么归类呢？物理学家最初按这些粒子的轻重来划分，质量重的粒子如质子和中子称为重子[18]，质量轻的粒子如电子称为轻子[19]，质量不大不小的粒子称为介子。光子没有静止质量，哪一组也不属于，单独成一组。后来发现，这样划分不能体现粒子的能力。物理学家又按照粒子的"能力"来分类，也就是按它们能被什么样的力管束[20]来区分，分为强子[21]和轻子。强子就是被"强力"管束住的粒子。强力就是一种很强的力，也称核力。

人们在研究原子核时，常常为一个问题所困扰。原子核内的"核子"，无论是带正电的质子，还是不显示电性的中子，它们都有一个天生的怪脾气，就是"自家人"不愿挨在一起，老想把自家的"兄弟"推开。但是，原子核这个大家庭里各个成员事实上却挤在一起相处得非常和睦，原因是什么呢？是什么力量让这些怪脾气的家族成员团结起来的呢？

为了弄清楚这个问题，许多科学家花费了大量的时间和精力，但很久很久都没有解开这个谜。直到1935年，日本大阪大学的一位讲师，用他的"重大发现"攻克了这一理论难题。这位讲师就是日本著名物理学家汤川秀树。

1935年，汤川秀树提出了有名的"介子理论"，找到了原子核内质子和中子能够紧密结合在一起的原因：他认为，原子核内存在着一种粒子，它比质子和中子轻，但比电子重，它可以带电，也可以不带电，但它有一种强大的力量——核力，把核内的各个家庭成员牢牢地"团结"在一起。正是这种"核力"，使质子与质子之间克服了它们之间的同性电斥力，并能和中子紧密结合在一起，组成坚实的原子核。由于这种粒子的质量介于电子和质子质量之间，又起了"牵线搭桥"中介[22]撮合[23]作用，所以起名叫"介子"。汤川秀树还指出，当质子和中子受到碰撞时，会放出介子，因而在宇宙射线中应该可以发现介子。

"介子理论"提出后，并没有得到物理学界的高度重视，人们不相信年仅28岁的大学讲师会有如此重大的发现。直到1937年，美国物理学家安德森等人在宇宙射线中发现了一种新粒子，很像汤川秀树描绘的那种粒子，"介子理论"才被证实并引起了全世界学术界的关注。然而，人们在研究宇宙射线中的粒子时发现，μ介子没有使质子、中子结合在一起的能力，μ介子似乎与核力根本没有什么关系。汤川秀树又通过深入研究，在1942年提出一种新的假设，即宇宙射线中的μ介子是由较重的π介子衰变[24]而成的，π介子才是使质子、中子结合起来的粒子。

1947年，英国物理学家鲍威尔用超灵敏的仪器，终于在宇宙射线中找到汤川秀树所预言的π介子，证明了μ介子是由π介子在短时间内衰变而成的。至此，汤川秀树的"介子理论"才得到普遍承认。介子的质量没有质子和中子的大，却能把质子和中子紧紧地联系在一起，这种了不起的"核力"，被称作"强力"。实验发现，像电子这样的轻粒子不受强力作用，而所有重粒子和介子都受强力作用，于是人们把重粒子和介子统称为"强子"，把电子之类的轻粒子称作"轻子"。

（选自《趣味物理学》，董仁威主编，四川教育出版社，2010.4，有改动　1552字）

词　汇

1. 原子核	（名）	yuánzǐhé	ئاتوم يادروسى
2. 原子结构		yuánzǐ jiégòu	ئاتوم تۈزۈلۈشى
3. 模型	（名）	móxíng	شەكىل؛ نۇسخا
4. 经典	（形）	jīngdiǎn	قەدىمىي؛ كلاسسىك
5. 范畴	（名）	fànchóu	كاتېگورىيە؛ دائىرە؛ تىپ
6. 假说	（名）	jiǎshuō	پەرەز؛ قىياس
7. 相对论	（名）	xiāngduìlùn	نىسپىيلىك نەزەرىيەسى

8. 量子理论		liàngzǐ lǐlùn	كۋانت نەزەرىيەسى
9. 电子大气		diànzǐ dàqì	ئېلېكترون ئاتموسفېرا
10. 质子	（名）	zhìzǐ	پروتون
11. 中子	（名）	zhōngzǐ	نېيترون
12. 核子	（名）	hézǐ	يادرو
13. 光子	（名）	guāngzǐ	فوتون
14. 介子	（名）	jièzǐ	مېزون؛ مېزوترون
15. 粒子	（名）	lìzǐ	زەررىچە؛ دانچە
16. 加速器	（名）	jiāsùqì	تېزلەتكۈچ؛ تېزلەشتۈرغۇچ؛ تېزلىكنى ئاشۇرغۇچ
17. 射线	（名）	shèxiàn	نۇر
18. 重子	（名）	zhòngzǐ	بارئون
19. 轻子	（名）	qīngzǐ	لېپتون
20. 管束	（动）	guǎnshù	چەك توتماق؛ باشقۇرماق
21. 强子	（名）	qiángzǐ	گادرون
22. 中介	（名）	zhōngjiè	مېزومېزرىزم؛ ۋاسىته
23. 撮合	（动）	cuōhe	تېپىشتۇرماق؛ بېشىنى قوشۇپ قويماق
24. 衰变	（动）	shuāibiàn	يېمىرىلىش؛ ئاجىزلىش؛ بولۇنۇش

词语解释

1. 原子

组成单质和化合物分子的最小微粒。由带正电的原子核和带负电的核外电子构成。原子核由带正电荷的质子和不带电荷的中子构成，原子中，质子数等于电子数，因此正负抵消，原子就不显电。

2. 电子

电子是构成原子的基本粒子之一，质量极小，带负电，在原子中围绕原子核旋转。不同的原子拥有的电子数目不同，例如，每一个碳原子中含有 6 个电子，每一个氧原子中含有 8 个电子。

3. 质子

质子是构成原子核的基本粒子之一，带正电荷，比中子稍轻。质子属于重子类，原子核中质子数目决定其化学性质和它属于何种化学元素。

4. 中子

中子是构成原子核的基本粒子之一。质量比质子稍大。因为中子不带电，所以从原子核中分裂出来的中子容易进入原子核，人们利用这一特点用中子来轰击原子核，引起核子反应。

5. 核子

核子是质子、反质子、中子和反中子的总称，是组成原子核的粒子。

6. 介子

介子类包括带正负电的以及中性的π介子，带正负电的以及中性的κ介子，和发现的η介子。介子类的基本粒子的静质量介于轻子和重子之间，所以取名为介子。

7. 粒子

粒子指能够以自由状态存在的最小物质成分。最早发现的粒子是原子、电子和质子，1932年又发现中子，确认原子由电子、质子和中子组成，它们比起原子来是更为基本的物质组成，于是称之为基本粒子。以后这类粒子发现越来越多，累计已有几百种，且还有不断增多的趋势。

8. 射线

由各种放射性元素发射出的、具有特定能量的粒子或光子束流。

9. 核力

使核子组成原子核的作用力，属于强相互作用的类型。核力是一种很复杂的相互作用，人们通过多年的实验研究和理论分析，才对它的特性有了比较细致的了解，但仍不完全。

10. 衰变

衰变亦称"蜕变"。指放射性元素放射出粒子而转变为另一种元素的过程，如镭放出α粒子后变成氡。

语言点

1. 物理学家又按照粒子的"能力"来分类，也就是按它们能被什么样的力管束来区分，分为强子和轻子。

"……按照……来分类，分为……"这一句式常用于从事物的某种性质出发，对事物进行分类。例如：

（1）按照粒子的轻重来分类，可以分为重子和轻子。

（2）按照播种时间和生长周期来分类，小麦分为冬小麦和春小麦。

2. 于是人们把重粒子和介子统称为"强子"，把电子之类的轻粒子称作"轻子"。

"把……称为/称作……"这一句式常用于对某一事物性质的判断或命名。例如：

（1）物理学家把这种运动称为/称作匀速直线运动。

（2）汤川秀树把这种粒子称为/称作"介子"。

课堂练习

一、看拼音写汉字

原子（　hé　）　模（　xíng　）　（　jīng　）典　范（　chóu　）　（　xiāng　）对论

（　lì　）子　加（　sù　）器　（　shè　）线　（　cuō　）合　（　shuāi　）变

二、解释下列句子中画线的词语

1. "原子核"中的质子、中子这些"核子"，<u>密密实实</u>地挤在一起。

2. 而"电子大气"中的电子，<u>其</u>活动范围是原子直径的几十万倍。

3. 后来发现，这样划分不能<u>体现</u>粒子的能力。

4. 人们在研究原子核时，常常<u>为</u>一个问题<u>所</u>困扰。

5. 它们都有一个天生的怪脾气，就是"<u>自家人</u>"不愿挨在一起。

6. 它有一种强大的力量——核力，把核内的各个家庭成员牢牢地"<u>团结</u>"在一起。

7. 人们不相信<u>年仅</u> 28 岁的大学讲师会有如此重大的发现。

三、模仿造句

1. 原子的结构<u>由</u>"原子核"和它周围的"电子大气"<u>所组成</u>。（……由……所组成）

2. 物理学家又<u>按照</u>粒子的"能力"<u>来分类</u>，也就是按它们能被什么样的力管束来区分，<u>分为</u>强子和轻子。　　　　　（……按照……来分类，分为……）

3. 人们在研究原子核时，常常为一个问题所困扰。　　　（为……所……）

4. 原子核内的"核子"，<u>无论是</u>带正电的质子，<u>还是</u>不显示电性的中子，它们<u>都</u>有一个天生的怪脾气。　　　　　（无论是……，还是……，都……）

5. <u>直到</u> 1937 年，"介子理论"<u>才</u>被证实并引起了全世界学术界的关注。
　　　　　　　　　　　　　　　　　　　　　　　　（直到……，才……）

四、根据课文内容判断正误

1. 原子的结构由"原子核"和它周围的"电子大气"所组成。　　　（　　）

2. "核子"（质子、中子）的大小，和电子差不多，而质量是电子的 1840 倍。（　　）

3. 原子核包括质子、中子和介子。　　　　　　　　　　　　　　（　　）

4. 电子是重子，中子是轻子。　　　　　　　　　　　　　　　　（　　）

5. 光子没有运动质量，哪一组也不属于，单独成一组。　　　　　（　　）

6. 强力就是一种很强的力，也称为核力。　　　　　　　　　　　（　　）

7. 质子和中子愿意挨在一起，相处得非常和睦。　　　　　　　　（　　）

8. 介子的质量介于电子和质子质量之间。　　　　　　　　　　　（　　）

五、名词解释

1. 原子

2. 质子

3. 中子

4. 介子

六、根据课文内容回答问题

1. 原子的结构是什么样的?

2. 什么是原子核?

3. 原子核中的粒子是怎样分类的?

课后作业

一、抄写词语，每个词语抄写三遍

二、概括课文大意

课文二

课前练习

一、根据你所学的知识，谈谈对核电站的认识

二、选择正确词语填空

源自　首先　难于　并非　日益　誉为

1. 被称为21世纪换代能源的氢核聚能，又被（　　）绿色能源和战略能源。
2. 我国最新一代核聚变装置被称为"人造太阳"，（　　）夸张形容。
3. 众所周知，核能源开发的科学原理，（　　）爱因斯坦相对论的著名质能公式。
4. "原子能"被释放了，但只是（　　）控制的破坏性释放。
5. 由于能源危机（　　）严重，各国都加快了研发"核聚变"能源技术的步伐。
6. 相信在不久的将来，真正的新能源"人造太阳"将（　　）在中国升起!

三、根据课文内容选择正确答案

1. 被_____21世纪换代能源的氢核聚能，又被誉为绿色能源和战略能源。
   A. 认为　　　　B. 称为　　　　C. 以为　　　　D. 名为

2. 这个世界上第一台正式_____的核聚变装置仅3秒钟的放电，引起国内外物理、材料、能源学界的广泛关注。
   A. 运作　　　　B. 运转　　　　C. 运动　　　　D. 运行

3. 正_____能源危机的世界各国更为看到了安全、洁净而且几乎"取之不尽"的新能源曙光而欣喜。
   A. 面临　　　　B. 面对　　　　C. 对面　　　　D. 来临

4. 众所周知，核能源开发的科学原理，_____爱因斯坦相对论的著名质能公式 $E=mc^2$。
   A. 来源　　　　B. 源自　　　　C. 源流　　　　D. 源头

5. 可是，这"原子能"的释放_____易事。
   A. 并不　　　　B. 非不　　　　C. 并非　　　　D. 非是

6. "原子能"是被释放了，但只是_____控制的破坏性释放，只能用于战争。
   A. 难在　　　　B. 难于　　　　C. 难免　　　　D. 困难

7. 近年，由于能源危机_____严重，各国都加快了研发效率更高、能量更大、洁净环保又资源无限的"核聚变"能源技术的步伐。
   A. 更益　　　　B. 益于　　　　C. 益加　　　　D. 日益

人造太阳

被称为21世纪换代能源的氢核聚能[1]，又被誉为绿色能源和战略能源，我国在这一领域的研究已进入国际先进行列。2006年9月28日新华社发布了"我国最新一代核聚变[2]实验装置'人造太阳'成功放电"的消息。这个世界上第一台正式运行的核聚变装置仅3秒钟的放电，引起国内外物理、材料、能源学界的广泛[3]关注，而正面临能源危机的世界各国更为看到了安全、洁净而且几乎"取之不尽"的新能源曙光[4]而欣喜。我国最新一代核聚变装置被称为"人造太阳"，并非夸张形容：一是这个装置的高温等离子[5]放电，就与太阳上的核聚变反应是一样的。二是这次放电电流超过2000千安，根据设计其等离子体时间可达1000秒，温度可超过1亿度，其光热能量足可称为"人造小太阳"。

众所周知，核能源开发的科学原理，源自爱因斯坦相对论的著名质能公式[6] $E=mc^2$，其中 E 为原子核能释放的能量，m 是质量，c 是光速（每秒30

万千米)。通过计算可以知道,1克物质所能释放的能量就是一个"天文数字"。可是,这"原子能"的释放并非易事。20世纪40年代美国集中了世界顶尖科技专家、耗资[7]数十亿美元的"曼哈顿工程",才制造了三颗"核裂变[8]"的原子弹。"原子能[9]"是被释放了,但只是难于控制的破坏性释放,只能用于战争。20世纪50年代,原苏联建成了世界第一座"可控"的实验核电站。以后,美国、法国、英国等亦相继建成以铀[10]"重核裂变[11]"的核电站,$E=mc^2$ 开始和平应用于各国的经济建设。

物理学和能源专家知道,"重核裂变"可以释放核能,"轻核聚变[12]"也可以释放核能,而且"核聚变"效率更高、能量更大。于是继破坏性极大的"原子弹"之后不久,更具破坏杀伤力的氢"轻核聚变"氢弹开始问世。氢弹是不可控的核聚变,和平利用的"可控核聚变"亦一直是世界各国,特别是发达国家战略研究开发的重点。由于核聚变的技术条件比核裂变更高更复杂,几十年来还在实验室中徘徊[13]。近年,由于能源危机日益严重,各国都加快了研发效率更高、能量更大、洁净环保又资源无限的"核聚变"能源技术的步伐。我国这次核聚变装置的3秒放电,标志着我国在可控核聚变技术研究领域已达到国际先进水平。相信在不久的将来,真正的新能源"人造太阳"将首先在中国升起!

(选自中国物理网,有改动 872字)

词　汇

1.	氢核聚能		qīnghéjùnéng	يېڭى يادرونىڭ موخائوپتى
2.	核聚变	(动)	héjùbiàn	يادرو بىرىكىش رېئاكسىيەسى
3.	广泛	(形)	guǎngfàn	كەڭ كۆلەملىك; كەڭ كۆلەمدە; كەڭ مىقياستا; كەڭ دائىرىدە
4.	曙光	(名)	shǔguāng	تاڭ نۇرى; تاڭ شەپىقى
5.	等离子	(名)	děnglízǐ	تەڭ ئىئون
6.	质能公式		zhìnéng gōngshì	ماسسا-ئېنېرگىيە فورمۇلىسى
7.	耗资	(动)	hàozī	مەبلەغنى ئىسراپ قىلماق
8.	核裂变	(动)	hélièbiàn	يادرونىڭ بۆلۈنۈش رېئاكسىيەسى; يادرونىڭ يېمىرىلىشى
9.	原子能	(名)	yuánzǐnéng	ئاتوم ئېنېرگىيەسى
10.	铀	(名)	yóu	ئۇران

11. 重核裂变　　　　zhònghé lièbiàn　　　　ئېغىر يادرونىڭ يېمىرىلىشى

12. 轻核聚变　　　　qīnghé jùbiàn　　　　يېنىك يادرونىڭ سىنتېزلىنىشى

13. 徘徊　　（动）　páihuái　　　　ئۇياقتىن-بۇياققا مېڭىپ يۈرمەك（بىر ئورۇندا）؛
　　　　　　　　　　　　　　　　　ئىككىلەنمەك؛ قارسالدى بولماق

词语解释

1. 核聚变

核聚变是指由质量小的原子，主要是指氘（dāo，ترىتى）或氚（chuān，ترىتى），在一定条件下（如超高温和高压），发生原子核互相聚合作用，生成新的质量更重的原子核，并伴随着巨大的能量释放的一种核反应形式。

2. 等离子

如果温度不断升高，气体中构成分子的原子发生分离，成为独立的原子。如果再进一步升高温度，原子中的电子就会从原子中剥离出来，原子也就分离成带正电荷的原子核和带负电荷的电子，这个过程称为原子的电离。当电离过程频繁发生，使电子和离子的浓度达到一定的数值时，物质的状态也就起了根本的变化，它的性质也变得与气体完全不同。为区别于固体、液体和气体这三种状态，我们称物质的这种状态为物质的第四态，又叫等离子态。

3. 核裂变

核裂变又称核分裂，是一个原子核分裂成几个原子核的变化。只有一些质量非常大的原子核像铀（yóu）、钍（tǔ）和钚（bù）等才能发生核裂变。这些原子的原子核在吸收一个中子以后会分裂成两个或更多个质量较小的原子核，同时放出二到三个中子和很大的能量，又能使别的原子核接着发生核裂变。原子核在发生核裂变时，释放出的巨大的能量称为原子核能，俗称原子能。

语言点

"重核裂变"可以释放核能，"轻核聚变"也可以释放核能，而且"核聚变"效率更高、能量更大。

"……可以……，/……也可以……，//而且……"是一个二重复句，第一层是并列关系，第二层是递进关系，常用于进行两种事物的对比，强调后者在某方面更有优势。例如：

（1）汽油可以做汽车的燃料，天然气也可以做汽车的燃料，而且更环保，更便宜。

（2）这件事外国人可以做到，我们中国人也可以做到，而且能做得更好。

课堂练习

一、看拼音写汉字

（shǔ）光　相（jì）　（qīng）核聚能　能（yuán）危机　等（lí）子

（hào）资　（pái）徊　取之不（jìn）　并非（yì）事　重核（liè）变

二、解释下列句子中画线的词语

1. 被称为21世纪换代能源的氢核聚能，又<u>被誉为</u>绿色能源和战略能源。
2. <u>众所周知</u>，核能源开发的科学原理，源自爱因斯坦相对论的著名质能公式。
3. 通过计算可以知道，1克物质所能释放的能量就是一个"<u>天文数字</u>"。
4. 可是，这"原子能"的释放<u>并非易事</u>。
5. 以后，美国、法国、英国等亦<u>相继</u>建成以铀"重核裂变"的核电站。
6. 于是继破坏性极大的"原子弹"之后不久，更具破坏杀伤力的氢"轻核聚变"氢弹开始<u>问世</u>。

三、模仿造句

1. 被称为21世纪换代能源的氢核聚能，又<u>被誉为</u>绿色能源和战略能源。（被誉为）
2. <u>众所周知</u>，核能源开发的科学原理，源自爱因斯坦相对论的著名质能公式。

（众所周知）

3. 物理学和能源专家知道，"重核裂变"<u>可以</u>释放核能，"轻核聚变"<u>也可以</u>释放核能，<u>而且</u>"核聚变"效率更高、能量更大。（……可以……，……也可以……，而且……）
4. 以后，美国、法国、英国等亦<u>相继</u>建成以铀"重核裂变"的核电站。（相继）

四、根据课文内容判断正误

1. 被称为21世纪换代能源的氢核聚能，又被誉为绿色能源和战略能源。（　）
2. 我国最新一代核聚变实验装置是世界上第一台正式运行的核聚变装置。（　）
3. 我国最新一代核聚变装置被称为"人造太阳"，是夸张的形容。（　）
4. 这"原子能"的释放并不容易。（　）
5. 现在原子能只能用于战争。（　）
6. 核裂变比核聚变效率更高，能量更大。（　）
7. 氢弹是不可控的核聚变。（　）
8. 新能源"人造太阳"已经在中国升起。（　）

五、名词解释

1. 轻核聚变

2. 重核裂变

六、根据课文内容回答问题

1. 什么是核裂变？

2. 什么是核聚变？

3. 核聚变有什么特点？

4. 为什么说核聚变装置是"人造太阳"？

课后作业

一、抄写词语，每个词语抄写三遍

二、概括课文大意

课文三

课前练习

一、根据你所学的知识，你知道哪些元素可以用来做核燃料吗？

二、选择正确词语填空

推动　吸收　要求　渐渐　利用　不像　从而

1. 核反应堆是（　　）原子能的一种最重要的大型设备。

2. 按照不同的目的和（　　），反应堆有许多型式。

3. 慢中子不会被铀-238（　　），但能引起铀-235的分裂。

4. 控制棒插入深些，吸收的中子就多，逐渐拉出，吸收的中子就（　　）减少。

5. 通过控制棒插入的深浅可以控制堆芯内的中子数，（　　）控制了链式反应的速度。

6. 水获得热量后成为蒸气，可以（　　）汽轮机工作。

7. 反应堆的核燃料的链式反应，（　　）其他的化学燃料那样在燃烧时需要氧气。

三、根据课文内容选择正确答案

1. 核反应堆是使原子核裂变的链式反应能够有控制地_____进行而获得核能的装置。

　　A. 持续　　　　B. 继续　　　　C. 断续　　　　D. 坚持

2. 慢中子不会被铀-238吸收，但能引起铀-235的_____。

　　A. 分开　　　　B. 分别　　　　C. 分离　　　　D. 分裂

3. 堆芯有_____的体积，在其中进行链式反应。
   A. 一些　　　　B. 一定　　　　C. 固定　　　　D. 必定
4. 当需要停止反应堆的工作时，可将_____的控制棒全部插进。
   A. 所有　　　　B. 全部　　　　C. 全体　　　　D. 全都
5. 核潜艇可以长期_____水下，不需要到海面上吸气。
   A. 沉没　　　　B. 沉浮　　　　C. 沉于　　　　D. 沉底

核反应堆[1]

核反应堆是使原子核裂变的链式反应[2]能够有控制地持续进行而获得核能[3]的装置，是利用原子能的一种最重要的大型设备。如果裂变反应达到一定强度后，控制中子倍增系数[4] $K=1$，这时裂变链式反应就能有控制地按照这一强度进行下去，不发生爆炸而输出[5]巨大能量。按照不同的目的和要求，反应堆有许多型式。原子核反应堆主要有三种类型，它们是非均匀反应堆、均匀反应堆和增殖[6]堆。

1. 非均匀反应堆：此种反应堆的中心部分用重混凝土屏蔽，以防止各种放射性射线对反应堆周围人们的伤害。堆芯[7]部分装着铀棒，这些铀棒是浓缩[8]铀，插在减速剂[9]（通常为重水[10]或石墨[11]）中，减速剂的作用是使裂变产生的高速中子和石墨或重水的原子碰撞后变成慢中子，慢中子不会被铀-238吸收，但能引起铀-235的分裂，所以减速剂使中子倍增系数K增加。堆芯中还插有控制棒，它们插在各层铀棒之间，通常是用碳化硼或镉制成的，它们能吸收中子，控制棒插入深些，吸收的中子就多，逐渐拉出，吸收的中子就渐渐减少，通过控制棒插入的深浅可以控制堆芯内的中子数，从而控制了链式反应的速度。堆芯的外面是传热剂，如液态钠吸收了反应堆放出的能量以后，由泵打到热交换器，在那里把热量传给水，然后再回到堆芯去循环[12]。水获得热量后成为蒸气，可以推动汽轮机工作，可用作发电机组的动力、核潜艇的动力等。

2. 均匀反应堆：这种反应堆是将浓缩铀的盐类溶解在重水中（重水又作为减速剂），然后通入堆芯，堆芯有一定的体积，在其中进行链式反应，镉棒插入堆芯以控制中子倍增系数K。溶解[13]着铀的盐类的重水本身同时还做传热剂，这就是均匀反应堆。

3. 增殖反应堆：当铀-238俘获[14]中子以后，经过两次β蜕变形成了钚[15]-239。在天然铀中主要是铀-238，其中有一部分钚-239。如果有一个钚-239在中子作用下发生了裂变反应，同时放出几个中子，其中有一个中子引起其他的钚-239发生裂变，而剩下的中子被铀-238俘获后蜕变成钚-239，这就意味着，这块天然铀中不但有钚-239的链式反应，而且还有钚-239的增殖。一个增殖反应堆，中心处是活性区，活性区内是铀-235和稀释剂，铀-235裂变而放出快中子。这些快中子射入围成一圈的铀棒使钚-239增殖，当铀棒中的钚-239增加到一定的程度，增殖和链式反应就开始。这种反应堆可以用较易得到的天然铀做铀棒，其功率也由控制棒来控制。当需要停止反应堆的工作时，可将所有的控制棒全部插进，将大量的中子全部吸收，链式反应停止，反应堆停止工作。反应堆的核燃料的链式反应，不像其他的化学燃料那样在燃烧时需要氧气。所以核潜艇的隐蔽性更强，可以长期沉于水下，不需要到海面上吸气。

（选自学科网，有改动　1020字）

词　汇

1. 核反应堆	（名）	héfǎnyìngduī		يادرو رېئاكسىيە قازىنى؛ يادرو رېئاكتورى
2. 链式反应		liànshì fǎnyìng		زەنجىرسىمان رېئاكسىيە
3. 核能	（名）	hénéng		يادرو ئېنېرگىيىسى
4. 系数	（名）	xìshù		كوئېففىتسىېنت
5. 输出	（动）	shūchū		چىقىرىش؛ چىقىش
6. 增殖	（动）	zēngzhí		كۆپىيىمەك؛ كۆپەيتمەك
7. 堆芯	（名）	duīxīn		رايون ئاكتىپ
8. 浓缩	（动）	nóngsuō		قويۇلدۇرۇش
9. 剂	（名）	jì		دورا؛ خورۇچ؛ رېئاكتىۋ
10. 重水	（名）	zhòngshuǐ		ئېغىر سۇ
11. 石墨	（名）	shímò		گرافىت؛ تاش سۆرمە
12. 循环	（动）	xúnhuán		سىكل؛ ئايلىنىش
13. 溶解	（动）	róngjiě		ئېرىمەك؛ ئېرىتمەك
14. 俘获	（动）	fúhuò		ئەسىر ۋە غەنىيمەت؛ ئەسىر ۋە ئولجا
15. 钚	（名）	bù		پىلوتونىي

词语解释

1. 链式反应

原子在发生核裂变时，这些原子的原子核在吸收一个中子以后会分裂成两个或更多个质量较小的原子核，同时放出两到三个中子和很大的能量，又能使别的原子核接着发生核裂变，使过程持续进行下去，这种过程称作链式反应。

2. 重水

氘和氧的化合物，比一般水重，学名氧化氘。重水在外观上和普通水相似，只是密度略大，主要用作核反应堆的慢化剂和冷却剂。

3. 减速剂

又称慢化剂。由核反应所产生的中子运动速度过快不适用于引起核裂变，这些快速运动的中子必须在被核燃料吸收发生核反应之前将运动速度减慢。减速剂通常使用重水、石墨、二氧化碳或者轻水（即纯度很高的普通水），它们既不吸收中子也不与中子发生核反应，而是与中子碰撞后使其速度降低，以此可以定义核反应堆为重水堆、石墨堆或者轻水堆等。

4. 铀

原子序数为 92 的元素，其元素符号是 U。在自然界中存在三种同位素，即铀 -235、铀 -237 和铀 -238，均带有放射性。在天然铀中常见的是铀 238，铀 235 只占 0.7%。

语言点

原子核反应堆主要有三种类型，它们是非均匀反应堆、均匀反应堆和增殖堆。

"……主要有……种，它们是……"是一个解说复句，常用于说明某种事物包括几个部分或分为几种类型。例如：

（1）氢主要有三种同位素，它们是氕、氘和氚。

（2）物质存在的状态主要有三种，它们是气态、液态和固态。

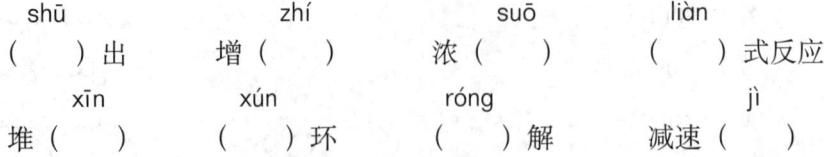

一、看拼音写汉字

　　shū　　　　　zhí　　　　　suō　　　　　liàn
（　）出　　增（　）　　浓（　）　　（　）式反应
　　xīn　　　　　xún　　　　　róng　　　　　jì
堆（　）　　（　）环　　（　）解　　减速（　）

二、解释下列句子中画线的词语

1. 非均匀反应堆的中心部分用重混凝土<u>屏蔽</u>，以防止各种放射性射线对反应堆周围人们的伤害。

2. 堆芯部分装着铀棒，这些铀棒是<u>浓缩铀</u>。

3. 当铀 -238 <u>俘获</u>中子以后，经过两次 β 蜕变形成了钚 -239。

4. 这就<u>意味着</u>，这块天然铀中不但有钚 -239 的链式反应，而且还有钚 -239 的增殖。

5. 这种反应堆可以用较易得到的天然铀做铀棒，其功率也由控制棒来控制。
6. 核潜艇的隐蔽性更强，可以长期沉于水下，不需要到海面上吸气。

三、模仿造句

1. 原子核反应堆主要有三种类型，它们是非均匀反应堆、均匀反应堆和增殖堆。
（……主要有……种，它们是……）
2. 慢中子不会被铀-238吸收，但能引起铀-235的分裂。　　（不会……，但……）
3. 通过控制棒插入的深浅可以控制堆芯内的中子数，从而控制了链式反应的速度。
（通过……可以……，从而……）

四、根据课文内容判断正误

1. 核反应堆是利用原子能的一种比较重要的大型装备。（　　）
2. 按照不同的目的和要求，反应堆有四种类型。（　　）
3. 减速剂的作用是使裂变产生的高速中子和石墨或重水的原子结合后变成慢中子。
（　　）
4. 慢中子不会被铀-238吸收，但能引起铀-238的分裂。（　　）
5. 堆芯中还插有控制棒，它能吸收中子。（　　）
6. 通过控制棒插入的深浅可以控制堆芯内的中子数，从而控制了链式反应速度。
（　　）

五、名词解释

1. 核反应堆

2. 堆芯

3. 减速剂

六、根据课文内容回答问题

1. 什么是链式反应？
2. 原子核反应堆主要有哪几种类型？
3. 反应堆中的控制棒有什么作用？
4. 核燃料有什么特点？

课后作业

一、抄写词语，每个词语抄写三遍

二、概括课文大意

第三单元 化学篇

第一课

课文一

课前练习

一、根据你所学的知识，谈谈对元素的认识

二、选择正确词语填空

  约为 聚集 称为 转化 具有 合成 衰变 微乎其微 平衡 蜕变

1. 原子由原子核和核外电子构成，原子的质量几乎都集中在原子核上，而原子核的大小更是（　　）。

2. 原子核的大小（　　）原子的两万分之一，若将一个原子比作一幢10层高的大楼，则原子核只相当于放在大楼中的一粒黄豆那么大。

3. 原子核中的质子都带正电荷，为什么不互相排斥还能（　　）在一起呢?

4. 在原子核内，核力与斥力相互平衡，所以能稳定存在，但若某种粒子过多或过少都会破坏（　　）。

5. 不稳定的原子核都（　　）放射性，这些元素被称为放射性元素，但放射性元素放射程度不同。

6. 中子会发生（　　）转化为质子，同时放出电子和反中微子。

7. 不稳定的原子核都具有放射性，这些元素被（　　）放射性元素。

8. 铀、钍等放射性元素发生蜕变，最后都（　　）为铅。

9. 原子核发生（　　）能产生巨大能量，这巨大能量可用在军事上，也可用在生产建设上，如核能电站等。

10. 近年来，人工（　　）的几种新元素都是"短命鬼"。

三、根据课文内容选择正确答案

 1. 元素是具有相同_____的一类原子的总称。

  A. 原子   B. 电子   C. 分子   D. 核电荷数

2. 化学变化中的最小微粒是_____。

   A. 原子   B. 分子   C. 元素   D. 原子核

3. 一亿个原子排列起来只有_____左右。

   A. 一毫米   B. 一厘米   C. 一米   D. 一千米

4. 超过_____米的距离时，核力就不存在了。

   A. 2.0×10^{15} B. 2.0×15^{10} C. 2.0×10^{-15} D. 2.0×15^{-10}

5. 在已知的天然元素中，有_____种元素未发现稳定同位素。

   A. 20   B. 200   C. 300   D. 2000

元素原子趣谈[1]

元素是具有相同核电荷数[2]（即核内质子数）的一类原子的总称。到现在为止已知有112种元素，在已知的天然[3]元素中只有20种元素未发现稳定同位素[4]。同一种元素，具有相同质子数和不同中子数的原子互称同位素。如氧元素有8个质子8个中子构成的质量数为16的氧原子，也有8个质子9个中子构成的质量数为17的氧原子，还有8个质子10个中子构成的质量数为18的氧原子，^{16}O、^{17}O、^{18}O则互称同位素。在已知元素中稳定同位素有300多种，天然放射性[5]同位素有200多种，人工放射性同位素有2000多种。也就是说元素的种类有100多种，而原子的种类在2500种以上。

从原子分子学说建立以后，人们知道，化学变化中的最小微粒是原子，原子很小很小，一亿个原子排列起来只有一厘米左右，一千万个原子横排在一起还能穿过针眼[6]。原子由原子核[7]和核外电子[8]构成，原子的质量几乎都集中在原子核上，而原子核的大小更是微乎其微[9]。

原子核的大小约为原子的两万分之一，若将一个原子比作一幢10层高的大楼，则原子核只相当于放在大楼中的一粒黄豆那么大。当然构成原子核的质子[10]和中子[11]就更小了。其实，原子核里不光有质子和中子，还有介子[12]、中微子[13]等多种粒子，它们中的某些粒子是由质子和中子发生互变时生成的。

人们把电子[14]、质子、中子、光子[15]、正电子[16]、中微子、超子[17]、变子[18]、胶子[19]等统称为"基本粒子"。据统计，目前已发现的基本粒子达300多种，而且还在不断研究发现中。

原子核中的质子都带正电荷，为什么不互相排斥[20]还能聚集在一起呢？这是因为原子核里质子之间除斥力[21]之外还存在一种核力[22]，核力要比斥力大许多倍，因此要想把原子核拆散是相当困难的。不过核力只在2.0×10^{-15}米的短距离内起作用，超过这个距离，核力就不存在了。

在原子核内，核力与斥力相互平衡，所以能稳定存在，但若某种粒子过多或过少都会破坏平衡。如元素周期表中84号和84号以后的元素具有放射性，就是因为原子核内中子数过多。中子会发生衰变[23]转化为质子，同时放出电子和反中微子。若中子数过少，质子也可以衰变为中子，同时放出正电子和中微子。在元素周期表1—20号元素，即自然界存在的稳定同位素中，原子核里的质子数与中子数大多数是相同的，因此在这20种元素中大多数稳定同位素的质量数为质子数的2倍。

不稳定的原子核都具有放射性，这些元素被称为放射性元素[24]，但放射性元素的放射程度不同。科学家用"半衰期"[25]来衡量放射性元素的"寿命"长短。近年来，人工合成的几种新元素都是"短命鬼"[26]。如104号元素半衰期为70秒，105号元素半衰期为40秒，106号为0.9秒，107号为2微秒。原子核发生变化不属于化学变化，因为变化之后会变为其他种元素。如铀[27]、钍[28]等放射性元素发生蜕变，最后都转化为铅。原子核发生蜕变能产生巨大能量，这巨大能量可用在军事上，也可用在生产建设上，如核能[29]电站等。

说到原子核构造时，氢元素有例外，在质量数为1的氕[30]同位素的原子核中，只有1个质子而没有中子。

（选自《神奇的化学世界1》，柏家栋、孙贵恕主编，重庆出版社，1999.4，有改动　1154字）

词　汇

1. 趣谈	（动）	qùtán	قىزىقچىلىق؛ قىزىقارلىق پاراڭ
2. 核电荷数		hédiànhèshù	يادرو زەرەت سانى
3. 天然	（形）	tiānrán	تەبىئىي
4. 同位素	（名）	tóngwèisù	ئىزوتوپ
5. 放射性	（名）	fàngshèxìng	رادىئوئاكتىۋلىق
6. 针眼	（名）	zhēnyǎn	يىڭناسىق
7. 原子核	（名）	yuánzǐhé	ئاتوم يادروسى
8. 核外电子		hé wài diànzǐ	يادرو سىرتىدىكى ئېلېكترون
9. 微乎其微		wēihūqíwēi	ئەرزىمەس؛ كىچىككىنە؛ زەررىچە
10. 质子	（名）	zhìzǐ	پروتون
11. 中子	（名）	zhōngzǐ	نېيترون
12. 介子	（名）	jièzǐ	مېزون(لۇق ئېپكىس نۇرى)
13. 中微子	（名）	zhōngwēizǐ	نېيترىنو

14. 电子	（名）	diànzǐ		ئېلېكترون
15. 光子	（名）	guāngzǐ		فوتون
16. 正电子	（名）	zhèngdiànzǐ		مۇسبەت ئېلېكترون؛ پوزىترون
17. 超子	（名）	chāozǐ		گېپېرون
18. 变子	（名）	biànzǐ		ۋارىترون
19. 胶子	（名）	jiāozǐ		گلوئون
20. 排斥	（动）	páichì		يەكلەش؛ چەتكە قېقىش
21. 斥力	（名）	chìlì		ئىتتىرىش كۈچى؛ تىپىش كۈچى
22. 核力	（名）	hélì		يادرو كۈچى
23. 衰变	（动）	shuāibiàn		يېمىرىلىش؛ ئاجىزلىش
24. 放射性元素		fàngshèxìng yuánsù		رادىئو ئاكتىپ ئېلېمېنتلار
25. 半衰期	（名）	bànshuāiqī		يېرىم يېمىرىلىش
26. 短命	（形）	duǎnmìng		ئۆمرى قىسقا؛ كۆپ ئاز قالماق
27. 铀	（名）	yóu		ئۇران （U）
28. 钍	（名）	tǔ		تورىي
29. 核能	（名）	hénéng		يادرو ئېنېرگىيىسى
30. 氕	（名）	piē		پروتىي

词语解释

1. 核电荷数

一个原子是由原子核和核外高速运动的电子所组成的。原子核又是由质子和中子组成的，每一个质子带一个单位正电荷，中子不显电性，有多少个质子就带多少单位正电荷，质子所带的正电荷数就叫核电荷数。

2. 原子核

原子核简称"核"。位于原子的核心部分，由质子和中子两种微粒构成。原子核极小，它的直径在 $10^{-16} \sim 10^{-14}$ mm 之间，体积只占原子体积的几千亿分之一，在这极小的原子核里却集中了原子 99.95% 以上的质量。

3. 光子

光子是传递电磁（ئېلېكتر ماگنىت）相互作用的基本粒子，是一种规范玻色子（bōsèzǐ，بوزون）。与大多数基本粒子（如电子和夸克）相比，光子没有静止质量，光子有速度、能量、动量、质量，这意味着其在真空中的传播速度是光速。

4. 变子

原子物理学中指数十种不稳定的基本粒子。

5. 胶子

在物理学中，胶子是一种负责传递强核力的玻色子。它们把夸克（کۋارک）捆绑在一起，使之形成质子、中子及其他强子。胶子是维持原子核稳定的重要一环。

6. 钍

钍是一种放射性金属元素，带钢灰色光泽，质地柔软，化学性质较活泼。钍经过中子轰击，可得铀-233，因此它是潜在的核燃料。钍广泛分布在地壳中，是一种前景十分可观的能源材料。

7. 氕

氕是一种元素（或单质），氢的同位素之一，相对原子质量为1。它主要分布于水及各种碳氢化合物中，是氢的主要稳定同位素，其天然丰度为99.985%，按原子百分数计，它是宇宙中最多的元素之一。

语言点

说到原子核构造时，氢元素有例外，在质量数为1的氕同位素的原子核中，只有1个质子而没有中子。

"说到……时"，"说到"的后面是提及的对象或内容。例如：

（1）说到孩子的学习时，父母直摇头。

（2）说到新疆的瓜果时，内地游客直竖大拇指。

课堂练习

一、看拼音写汉字

核电（hé）数　　同（wèi）素　　放（shè）性　　半（shuāi）期

（chì）力　　（tuì）变　　（jiè）子

二、解释下列句子中画线的词语

1. 原子由原子核和核外电子构成，原子的质量几乎都集中在原子核上，而原子核的大小更是<u>微乎其微</u>。

2. 原子核的大小约为原子的两万分之一，若将一个原子比作一幢10层高的大楼，则原子核只<u>相当于</u>放在大楼中的一粒黄豆那么大。

3. 近年来，人工合成的几种新元素都是"<u>短命鬼</u>"。

4. 科学家用"半衰期"来衡量放射性元素的"<u>寿命</u>"长短。

5. 铀、钍等放射性元素发生蜕变，最后都<u>转化</u>为铅。

6. 原子核里的质子数与中子数<u>大多数</u>是相同的。

三、模仿造句
1. 到现在为止已知有 112 种元素，在已知的天然元素中只有 20 种元素未发现稳定同位素。　　　　　　　　　　　　　　　　　　　　　　（到……为止）
2. 原子核的大小约为原子的两万分之一，若将一个原子比作一幢 10 层高的大楼，则原子核只相当于放在大楼中的一粒黄豆那么大。　（若……，则……相当于……）
3. 说到原子核构造时，氢元素有例外，在质量数为 1 的氕同位素的原子核中，只有 1 个质子而没有中子。　　　　　　　　　　　　　　　（说到……时）

四、根据课文内容判断正误
1. 元素的种类和原子的种类是一样多的。　　　　　　　　　　（　　）
2. 原子的质量几乎都集中在原子核上。　　　　　　　　　　　（　　）
3. 已发现的基本粒子达 300 多种，数量不会再发生变化。　　　（　　）
4. 放射性元素的放射程度是一样的。　　　　　　　　　　　　（　　）
5. 原子核发生蜕变产生的巨大能量可以用在军事上。　　　　　（　　）
6. 元素周期表中 83 号元素具有放射性。　　　　　　　　　　 （　　）

五、名词解释
1. 核电荷数

2. 核能

3. 原子核

4. 氕

六、根据课文内容回答问题
1. 什么是元素？
2. 什么是同位素？
3. 基本粒子有哪些？
4. 原子核中的质子都带正电荷，为什么不互相排斥呢？
5. 原子核发生蜕变后有什么作用？

课后作业

一、抄写词语，每个词语抄写三遍
二、概括课文大意

课文二

课前练习

一、根据你所学的知识,谈谈酸碱中和在生活生产中的应用

二、选择正确词语填空

　　　　　混合　保留　分为　密切　明显　改良

1. 单质的性质与其元素的性质(　　)相关。
2. 很多金属的性质都很(　　),因此它们的单质的还原性就很强。
3. 混合物是由两种或多种物质(　　)而成的。
4. 混合物没有化学式,没有固定组成和性质,而其中的每种单质或化合物都(　　)着各自原有的性质。
5. 氧化物又可(　　)金属氧化物和非金属氧化物。
6. 酸碱中和可治理酸(碱)性土壤,(　　)土壤结构。

三、根据课文内容选择正确答案

1. 单质是由_____元素组成的纯净物。
   A. 两种　　　　B. 同种　　　　C. 多种　　　　D. 三种
2. 下列物质中,_____是混合物。
   A. 空气　　　　B. 氧气　　　　C. 氮气　　　　D. 氯气
3. 下列氧化物中,_____是金属氧化物。
   A. 水　　　　　B. 氧化钙　　　C. 二氧化硫　　D. 二氧化碳
4. _____可检验工厂排出的废水的酸碱性。
   A. 酸　　　　　B. 碱　　　　　C. 盐　　　　　D. 酸碱中和
5. _____类在化学中种类最多。
   A. 酸　　　　　B. 碱　　　　　C. 盐　　　　　D. 氧化物

物质的分类

单质[1]和化合物[2]

单质必须是由同种元素组成的纯净物[3]，混合物[4]不可能是单质。例如氧气（O_2）、氯气[5]（Cl_2）、硫黄[6]（S_8）、铁（Fe）、硫[7]（S）、硅[8]（Si）、磷[9]（P）、碘[10]（I）等。

一般来说，单质的性质与其元素的性质密切相关。很多金属的性质都很明显，因此它们的单质的还原性就很强，例如金属铝（Al）和铁（Fe）。

单质和元素是两个不同的概念。元素是具有相同核电荷数的原子的统称。一种元素可能有几种单质，例如氧元素有氧（O_2）和臭氧[11]（O_3）两种单质。

与单质相对，由多种元素组成的纯净物叫作化合物。自然界中的物质大多数为化合物。

化合物具有一定的特性，通常还具有一定的组成结构。例如：水（H_2O）是化合物，由氢、氧两种元素组成。1个水分子由2个氢原子和1个氧原子组成。氯化钠（NaCl）是一种通过盐酸（HCl）和氢氧化钠（NaOH）的化学作用（中和[12]反应）而形成的化合物。氯化钠由钠元素和氯元素组成，微观地讲，是由钠离子和氯离子组成。利用合成的方法制造化合物，是化工生产的重要方法。

纯净物和混合物

纯净物是指由单一物质组成的物质，包括了单质和化合物。

纯净物的组成固定，性质也固定，例如氧气（O_2）、氮气[13]（N_2）、碳[14]（C）、镁[15]（Mg）等。

混合物是由两种或多种物质混合而成的。例如含有氧、氮、稀有气体[16]、二氧化碳等多种气体的空气，含有各种有机物[17]的石油（原油）、天然水、溶液、泥水、牛奶、合金、煤、天然气、石灰石、海水、盐水等。

混合物没有化学式，没有固定组成和性质，而其中的每种单质或化合物都保留着各自原有的性质。混合物可以用物理方法将所含物质加以分离，分离的方法包括过滤[18]、蒸馏[19]、分馏[20]、萃取[21]、重结晶[22]等。

有机物和无机物[23]

有机物即有机化合物，是含有碳元素的化合物（一氧化碳、二氧化碳、碳酸盐、金属碳化物、氰化物[24]除外，它们按定义可划分为有机物但其性质是无机物的性质）或碳氢化合物及其衍生物[25]的总称。

多数有机化合物主要含有碳、氢两种元素，此外也常含有氧、氮、硫、卤素[26]、磷等。部分有机物来自植物界，但绝大多数是以石油、天然气、煤等作为原料，通过人工合成的方法获得的。除少数有机化合物以外，一般的有机化合物都能燃烧。

无机物即无机化合物，一般是指碳元素以外各元素的化合物，例如水、食盐、硫酸等。但一些简单的含碳化合物如一氧化碳、二氧化碳、碳酸[27]、碳酸盐[28]和碳化物[29]等，由于它们的组成和性质与其他无机化合物相似，因此也作为无机化合物来研究。绝大多数的无机化合物可以归入氧化物[30]、酸[31]、碱[32]、盐四大类。

氧化物由两种元素组成，其中一种必为氧元素。氧化物又可分为金属氧化物[33]（Fe_2O_3、Na_2O、MgO、CaO 等）和非金属氧化物（H_2O、CO_2、SO_2 等）。酸是指物质发生电离时，电离出的阳离子[34]全部是氢离子的化合物。碱是指物质发生电离时，电离出的阴离子[35]全部是氢氧根离子的化合物。盐是指由金属离子（包括铵根）和酸根离子组成的化合物，盐类在化学中种类最多，常见的有碳酸钙[36]、碳酸氢钠[37]（俗名小苏打）。

酸碱中和在生活生产中的应用：可治理[38]酸（碱）性土壤，改良土壤结构；医疗上可用含氢氧化镁[39]的药物来中和过多的胃酸[40]；可检验某工厂排出的废水的酸碱性及进行治理。

（选自《青少年应该知道的化学知识》，周春节著，云南大学出版社，2010.6，有改动　1213字）

词　汇

1. 单质	（名）	dānzhì		ئاددىي ماددا
2. 化合物	（名）	huàhéwù		خىمىيۋى بىرىكمە
3. 纯净物	（名）	chúnjìngwù		ساپ ماددا
4. 混合物	（名）	hùnhéwù		ئارىلاشما ماددا
5. 氯气	（名）	lǜqì		خلور؛ خلور گازى
6. 硫黄	（名）	liúhuáng		گۈڭگۈرت
7. 硫	（名）	liú		گۈڭگۈرت (S)
8. 硅	（名）	guī		سلنتسىي (Si)
9. 磷	（名）	lín		فوسفور (p)
10. 碘	（名）	diǎn		يود (I)
11. 臭氧	（名）	chòuyǎng		ئوزون

12. 中和	（动）	zhōnghé		نېيتراللاشتۇرۇش؛ نېيتراللىشىش
13. 氮气	（名）	dànqì		ئازوت گازى
14. 碳	（名）	tàn		كاربون
15. 镁	（名）	měi		ماگننى (Mg)
16. 稀有气体		xīyǒu qìtǐ		ئاز ئۇچرايدىغان گازلار
17. 有机物	（名）	yǒujīwù		ئورگانىك ماددا
18. 过滤	（动）	guòlǜ		سۈزۈش؛ فىلتىرلەش
19. 蒸馏	（动）	zhēngliú		دىستىللەش
20. 分馏	（动）	fēnliú		دىستىللاش؛ چەككەكلىمەك؛ ئايرىۋالماق
21. 萃取	（动）	cuìqǔ		ئېكستراكتلاش
22. 重结晶	（动）	chóngjiéjīng		قايتا كرىستاللىنىش
23. 无机物	（名）	wújīwù		ئىنئورگانىك ماددا
24. 氰化物	（名）	qínghuàwù		سىئانىدلار
25. 衍生物	（名）	yǎnshēngwù		تۇغۇندى ماددىلار؛ ھاسىلىلەر
26. 卤素	（名）	lǔsù		گالوگېن گورۇپپىسىدىكى ئېلېمېنتلار
27. 碳酸	（名）	tànsuān		كاربونات كىسلاتا
28. 碳酸盐	（名）	tànsuānyán		كاربوناتلار
29. 碳化物	（名）	tànhuàwù		كاربىدلار
30. 氧化物	（名）	yǎnghuàwù		ئوكسىدلار
31. 酸	（名）	suān		كىسلاتا
32. 碱	（名）	jiǎn		ئىشقارلار
33. 金属氧化物		jīnshǔ yǎnghuàwù		مېتال ئوكسىدلىرى
34. 阳离子	（名）	yánglízǐ		كاتىئون؛ مۇسبەت ئىئون
35. 阴离子	（名）	yīnlízǐ		مەنپى ئىئون؛ ئانىئون
36. 碳酸钙	（名）	tànsuāngài		كالتسى كاربونات
37. 碳酸氢钠	（名）	tànsuānqīngnà		ناترىي ھىدروكاربونات
38. 治理	（动）	zhìlǐ		تۈزەش؛ ئۇڭشاش؛ تەرگەنلەش
39. 氢氧化镁	（名）	qīngyǎnghuàměi		ماگننى ھىدروكسىد
40. 胃酸	（名）	wèisuān		ئاشقازان كىسلاتاسى

词语解释

1. 氯气

氯气在常温常压下为黄绿色气体，经压缩可液化为金黄色液态氯。氯气具有毒性，会对上呼吸道黏膜造成损害。氯在早期被用作造纸、纺织工业的漂白剂。

2. 臭氧

分子式为 O_3，是氧气（O_2）的同素异形体，在常温下，它是一种有特殊臭味的淡蓝色气体。臭氧具有强烈的刺激性，吸入过量对人体健康有一定危害。

3. 氮气

化学式 N_2，通常状况下是一种无色无味的气体，且通常无毒。氮气占大气总量的 78.12%（体积分数），是空气的主要成分。

4. 稀有气体

稀有气体（惰性气体）是指元素周期表上的18族元素。在常温常压下，它们都是无色无味的单原子气体，很难进行化学反应。天然存在的稀有气体有六种，即氦（He）、氖（Ne）、氩（Ar）、氪（Kr）、氙（Xe）和具放射性的氡（Rn）。

5. 过滤

使流体通过滤纸或其他多孔材料，把所含的固体颗粒或有害成分分离出去。

6. 蒸馏

一种分离液体混合物的方法。加热液体使之变成蒸气，再将蒸气冷凝成液体以除去其中杂质的过程。

7. 分馏

液体中含有几种挥发性不同的物质时，蒸馏液体，使它所含的成分互相分离。如：分馏石油可以得到汽油、煤油等。

8. 萃取

一种分离混合物的方法。在混合物中加入某种溶剂，利用混合物的各种成分在该种溶剂中的溶解度不同而将它们分离。

9. 氰化物

氰化物是人们所知的最强烈、作用最快的有毒药物之一。许多烈性杀鼠剂中都含有氰化物。氰化物主要分为氢氰酸、氰化钾等无机氰化物和乙腈、丙烯腈等有机氰化物。日常生活中木薯、苦杏仁等含有氰化物，人类活动的汽车尾气和香烟的烟雾也都含有氰化氢。

10. 卤素

卤素即卤族元素。包括氟（F）、氯（Cl）、溴（Br）、碘（I）、砹（At）。它们在自然界都以典型的盐类存在，是成盐元素。

语 言 点

1. 与单质相对，由多种元素组成的纯净物叫作化合物。自然界中的物质大多数为化合物。

"由……组成"表示整体是由部分组成的。例如：
（1）我们班是由48位同学组成的集体。
（2）一个完整的计算机系统，是由硬件系统和软件系统两大部分组成的。

2. 部分有机物来自植物界，但绝大多数是以石油、天然气、煤等作为原料，通过人工合成的方法获得的。

"来自"表示人、事物的来源。例如：
（1）我们宿舍的同学都来自南疆。
（2）这些鲜花都来自云南。

课堂练习

一、看拼音写汉字

过（lù　）　蒸（liú　）　（cuì　）取　（yǎn　）生物　（lǔ　）素

（dàn　）气　（qíng　）化物　碳酸（gài　）　（zhōng　）和　（yīn　）离子

二、解释下列句子中画线的词语
1. 酸碱中和在医疗上可用含氢氧化镁的药物来<u>中和</u>过多的胃酸。
2. 氧化物由两种元素组成，其中一种<u>必为</u>氧元素。
3. 部分有机物来自植物界，但绝大多数是以石油、天然气、煤等作为原料，通过人工<u>合成</u>的方法获得的。
4. 有机物即有机化合物，是含有碳元素的化合物或碳氢化合物及其<u>衍生物</u>的总称。
5. 混合物没有化学式，没有固定组成和性质，而其中的每种单质或化合物都保留着各自<u>原有</u>的性质。

三、模仿造句
1. 与单质相对，<u>由多种元素组成</u>的纯净物叫作化合物。　　　　　（由……组成）
2. 部分有机物<u>来自</u>植物界，但绝大多数是以石油、天然气、煤等作为原料，通过人工合成的方法获得的。　　　　　　　　　　　　　　　　　　　　（来自）
3. 酸碱中和在生活生产中的应用：<u>可</u>治理酸（碱）性土壤，改良土壤结构；医疗上<u>可</u>用含氢氧化镁的药物来中和过多的胃酸；<u>可</u>检验某工厂排出的废水的酸碱性及进行治理。　　　　　　　　　　　　　　　　　　（可……，可……，可……）

四、根据课文内容判断正误

    1. 一种元素只有一种单质。（　　）

    2. 纯净物的组成和性质都是固定的。（　　）

    3. 有机物都是以石油、天然气等作为原料，通过人工合成的方法获得的。（　　）

    4. 所有有机化合物都含有碳、氢两种元素。（　　）

    5. 酸碱中和在生产和生活中有广泛的应用。（　　）

五、名词解释

    1. 氰化物

    2. 衍生物

    3. 卤素

    4. 氧化物

    5. 萃取

六、根据课文内容回答问题

    1. 请举例说明单质与化合物的异同。

    2. 请举例说明纯净物与混合物的异同。

    3. 请举例说明有机物和无机物的异同。

课后作业

一、抄写词语，每个词语抄写三遍

二、概括课文大意

课文三

课前练习

一、根据你所学的知识，你知道哪些氧化反应？

二、选择正确词语填空

　　　　　幸存　欣赏　执行　避免　达到

1. 舰长接到英军指挥部去某地（　　）战斗任务的命令后，立即起航。
2. 官兵们伫立在甲板上，迎着习习凉风，（　　）着壮丽的晚霞。
3. 战舰沉入了海底，舰上的军官、士兵和战马无一（　　）。
4. 温度（　　）可燃物的着火点时，可燃物就会不经点火自发猛烈燃烧起来。
5. 如果水兵们有一些化学细胞，注意草料的通风，不将草料堆积太实，就可以（　　）船和人同葬于海的悲剧了。

三、根据课文内容选择正确答案

1. 纵火犯是_____。
   A. 士兵　　　　B. 草料　　　　C. 舰长　　　　D. 敌军
2. 下列反应中不属于氧化反应的是_____。
   A. 铁生锈　　　B. 银变黑　　　C. 食物腐烂　　D. 鸡蛋浸入白醋

谁是"纵火犯"

1854年5月30日，"欧罗巴"号舰长[1]接到英军指挥部去某地执行[2]战斗任务的命令后，立即起航[3]。因战斗需要，还要载上60名骑兵和60匹战马。由于路途[4]比较遥远，水兵们不得不在一个容积不大的船舱里，结结实实地装满了供战马吃的草料。

夕阳西下，余晖将万顷碧波点缀[5]得五光十色，官兵们伫立[6]在甲板[7]上，迎着习习凉风，欣赏着壮丽的晚霞[8]，此时此刻是多么地心旷神怡啊！

突然传来了一声惊叫："船舱里着大火了！"话音刚落，不知从哪里产生的熊熊烈焰[9]就像着魔[10]似的从船舱里拼命向甲板上扑来，还未待到眼明手快[11]的水兵们提起水桶，整个战舰[12]早已置身于一片火海之中。没多久，"欧罗巴"号战舰就沉入了海底，舰上的军官、士兵和战马无一幸存[13]。

英国军事保安部门对战舰"欧罗巴"号"纵火"事件十分震惊："欧罗巴"号战舰是秘密起航的，这个情报不可能传入敌军，既然不可能遭到敌舰的袭击，那么谁是"欧罗巴"号战舰的"纵火犯"呢？难道是自己忠诚[14]的官兵？这不可能。

根据保安部门提供的案情材料，化学专家们准确地找到了"欧罗巴"号战舰上意想不到的"纵火犯"——草料。

草料？真稀奇，没有人去点燃，它怎么会自己燃烧呢？这里要从氧化反应谈起。在化学上，物质跟氧发生的化学反应叫作氧化反应[15]。氧化反应的速度有快有慢，有的氧化反应进行得很剧烈，以致发热发光，那么这就是燃烧；有的氧化反应进行得很缓慢，它不像燃烧那样剧烈[16]发光发热，甚至不易察觉[17]（如铁生锈），我们把这种氧化叫作缓慢氧化。

缓慢氧化也能持续地产生热量，因此，当稻草、麦秆[18]、煤屑等可燃物大量堆积在不通风[19]的地方时，那么堆积物中的热量就不易散发，进而导致温度渐渐升高，一旦温度达到可燃物的着火点[20]时，可燃物就会不经点火自发猛烈燃烧起来。

缓慢氧化而引起的自发燃烧叫自燃，"欧罗巴"号战舰正是由于自燃而遭全舰覆灭[21]的，如果当时水兵们的头脑里稍有一些化学细胞，注意草料的通风，不将草料堆积太实，船和人同葬于海的悲剧就可避免了。

（选自《中外化学故事》，吴伟丽编著，中州古籍出版社，2012.12，有改动　787字）

词　汇

1. 舰长	（名）	jiànzhǎng	كاپىتان (پاراخوت باشلىقى)
2. 执行	（动）	zhíxíng	ئىجرا قىلماق؛ ئورۇنلىماق؛ بېجەرمەك؛ ئادا قىلماق
3. 起航	（动）	qǐháng	يولغا چىقماق؛ قوزغالماق
4. 路途	（名）	lùtú	يول؛ مۇساپە؛ ئارىلىق
5. 点缀	（动）	diǎnzhuì	زىننەت؛ زىننەتلىمەك
6. 伫立	（动）	zhùlì	ئۇزۇن ۋاقىت تۇرماق
7. 甲板	（名）	jiǎbǎn	پالۇبا
8. 晚霞	（名）	wǎnxiá	كەچكى شەپەق

9. 熊熊烈焰		xióngxióng lièyàn	لاۋۇلداپ يېنىۋاتقان شەددەتلىك ئوت
10. 着魔	（动）	zháo//mó	كاللىغا كىرىۋالماق；كاللىنى چىرمىۋالماق；مەستانە بولماق；مەپتۇن بولماق
11. 眼明手快		yǎnmíng-shǒukuài	كۆزى ئۆتكۈر；قولى چەبدەس；تېز ۋە ئەپچىل
12. 战舰	（名）	zhànjiàn	ئۇرۇش پاراخوتى
13. 幸存	（动）	xìngcún	بەختكە يارشا ساق قالماق；قۇتۇلۇپ قالماق
14. 忠诚	（形）	zhōngchéng	سادىق；پىداكار；ئىخلاسمەن؛؛ھالال؛ۋىجدانلىق؛ھەقىقەتچى؛راستچىل
15. 氧化反应		yǎnghuà fǎnyìng	ئوكسىدلىنىش رېئاكسىيىسى
16. 剧烈	（形）	jùliè	شەددەتلىك；قاتتىق；كەسكىن
17. 察觉	（动）	chájué	سەزمەك；سېزىپ قالماق؛تۇيۇپ قالماق
18. 麦秆	（名）	màigǎn	بۇغداي غولى
19. 通风	（动）	tōng//fēng	شامالاتماق؛ھاۋا ئالماشتۇرۇپ تۇرماق؛ھاۋا ئۆتكۈزمەك
20. 着火点	（名）	zháohuǒdiǎn	ئوت ئېلىش نۇقتىسى
21. 覆灭	（动）	fùmiè	يوقالماق؛گۇم بولماق

词语解释

着火点

着火点即燃点。物质的燃点是指将物质在空气中加热时，开始并继续燃烧的最低温度。在不同大气压下燃点也会有所变化，一般气压越低，燃点越高。

课堂练习

一、看拼音写汉字

  zhuì   zhù   kuàng   yàn
点（　　）　（　　）立　心（　　）神怡　熊熊烈（　　）

  zháo   fù   míng
（　　）魔　（　　）灭　眼（　　）手快

二、解释下列句子中画线的词语

1. 舰长接到英军指挥部去某地执行战斗任务的命令后，<u>立即起航</u>。
2. 官兵们<u>伫立</u>在甲板上，迎着习习凉风，欣赏着壮丽的晚霞。
3. 难道纵火犯是<u>忠诚</u>的官兵？这不可能。
4. 有的氧化反应进行得很缓慢，甚至不易<u>察觉</u>。

5. 战舰正是由于自燃而遭全舰覆灭的。

三、模仿造句

1. 因战斗需要，还要载上60名骑兵和60匹战马。　　　　　　（因……需要）
2. 还未待到眼明手快的水兵们提起水桶，整个战舰早已置身于一片火海之中。
　　　　　　　　　　　　　　　　　　　　　　　　　　　　（置身于……之中）

四、根据课文内容判断正误

1. 舰船上的士兵全都死了。　　　　　　　　　　　　　　　　　　（　）
2. 放火的是船上的士兵。　　　　　　　　　　　　　　　　　　　（　）
3. 所有的氧化反应都很快。　　　　　　　　　　　　　　　　　　（　）
4. 如果士兵们懂一些化学知识，战舰就不可能沉入海底。　　　　　（　）
5. "欧罗巴"号战舰起航的情报敌军不知道。　　　　　　　　　　（　）

五、名词解释

1. 氧化反应

2. 着火点

六、根据课文内容回答问题

1. 舰船上有多少骑兵和多少匹马？
2. 战舰上的纵火犯是谁？
3. 缓慢氧化的特点是什么？

课后作业

一、抄写词语，每个词语抄写三遍

二、概括课文大意

第二课

课文一

课前练习

一、根据你所学的知识，你知道电子在原子核外是怎样运动的吗？

二、选择正确词语填空

考察　容纳　占领　只能　对照

1. 人们还发现，电子总是先去（　　）那些能量最低的能层，只有能量低的能层占满了以后，才去占领能量较高的一层。
2. 第一层，也就是离核最近的一层，最多（　　）放下2个电子。
3. 当人们把研究原子结构，特别是研究原子核外电子排布的结果同元素周期表对照着加以（　　）的时候，发现这种电子的排布竟然和周期表有着内在的联系。
4. 为了说明的简便，我们只拿周期表中的主族元素同它们的核外电子排布情形（　　）着看一看。
5. 由于第一能层最多只能（　　）2个电子，所以，到了氦第一能层就已经填满，第一周期也只有这两个元素。

三、根据课文内容选择正确答案

1. 人们知道＿＿＿＿永远以极高的速度在原子核外运动着。
   A. 电子　　　　B. 原子　　　　C. 电子层　　　　D. 原子核
2. 电子总是先去占领＿＿＿＿的能层。
   A. 能量较高　　B. 能量最低　　C. 能量更高　　　D. 能量最高
3. 离核最近的一层，最多只能放下＿＿＿＿个电子。
   A. 2　　　　　B. 8　　　　　C. 18　　　　　　D. 32
4. 最外能层电子数量跟其他3个不同的是＿＿＿＿。
   A. 氢　　　　　B. 锂　　　　　C. 钠　　　　　　D. 氩

5. 第一主族最外层都只有一个电子,它们表现出_____的化学性质。
A. 相同　　　　　B. 相似　　　　　C. 不同　　　　　D. 相反

电子排布的秘密

人们在研究原子核的同时,也对核外的电子进行了研究。知道了核电荷数,也就是知道了核外电子[1]数,因为这两者总是相等的。但是这些电子在原子核外的状态是怎样的呢?它们是怎样分布、怎样运动的呢?这还是一个秘密。

从大量的科学实验的结果中,人们知道了电子永远以极高的速度在原子核外运动着。高速运动着的电子,在核外是分布在不同的层次里的,我们把这些层次叫作能层或电子层[2]。能量较大的电子,处于离核较远的能层中,而能量较小的电子,则处于离核较近的能层中。

人们还发现,电子总是先去占领[3]那些能量最低的能层,只有能量低的能层占满了以后,才去占领能量较高的一层,等这一层占满了之后,才又去占领更高的一层。第一层,也就是离核最近的一层,最多只能放下2个电子;第二层最多能放8个电子;第三层最多能放下18个电子;而第四层放得更多,能放32个电子……。现在已经发现的电子层共有七层。不过,当人们对很多原子的电子层进行研究以后发现,原子里的电子排布情况,还有一个规律,这就是:最外层总不会超过8个电子。当人们把研究原子结构,特别是研究原子核外电子排布的结果同元素周期表[4]对照着加以考察的时候,发现这种电子的排布竟然和周期表有着内在的联系。

为了说明的简便,我们只拿周期表中的主族[5]元素同它们的核外电子排布情形对照着看一看。

先从横排——周期来看。在第一周期中,氢原子的核外只有1个电子,这个电子处于能量最低的第一能层上。氦[6]原子的核外有2个电子,都处于第一能层上。由于第一能层最多只能容纳[7]2个电子,所以,到了氦第一能层就已经填满,第一周期也只有这两个元素。在第二周期中,从锂[8]到氖[9]共有8个元素。它们的核外电子数从3增加到11。电子排布的情况是:除了第一能层都填满了2个电子外,出现了一个新的能层——第二能层;并且从锂到氖在第二能层中依次有1～8个电子。到了氖第二能层填满,第二周期也恰好结束。在第三周期中,同第二周期的情形相类似。除了第一、二两个能层全都填满了电子外,电子排布到第三能层上,并且从钠到氩[10]依次增加一个电子。到了氩,第三周期完了,最外电子层也达到满员——8个电子。

再从竖行——族来看。第一主族的七个元素——氢、锂、钠、钾、铷[11]

铯[12]、钫[13]的最外能层都只有1个电子，所不同的只是它们的核外电子数和电子分布的层数。氢的核外只有1个电子，当然也只能占据在第一能层上。锂有两个能层，并且在第二能层上有1个电子；钠有三个能层，并在第三能层上有1个电子……钫有七个能层，并且在第七能层上有1个电子。在化学反应中，原子核是不起任何变化的，一般情况下，只是最外层电子起变化。第一主族由于最外层都只有1个电子，因而它们表现出相似的化学性质，这当然就是很自然的事情了。完全类似，第二主族各元素的最外能层都有2个电子，第三主族各元素的最外能层都有3个电子……

当初，门捷列夫曾经在他自己编写的化学教科书《化学原理》中，用一句话来说明他发现的元素周期律[14]："元素以及由它形成的单质和化合物的性质周期地随着它们的原子量而改变。"后来，由于物理学上一系列新的发现，人们对元素周期律有了新的认识，元素以及由它形成的单质和化合物的性质周期也随着原子序数[15]（核电荷数）的变化而改变。

最后，在弄清了原子核外电子排布的规律以后，人们对元素周期律和元素周期表的认识就更加深入了。现在，人们可以从理论上来解释元素周期律了。原来，随着核电荷数的增加，核外电子数也在相应地增加；而随着核外电子数的增加，就会一层一层地重复出现相似的电子排布过程。这就是元素性质随原子序数的增加而呈现周期性[16]变化的原因。

如今，人们不仅知道一个元素所在的周期数就是它的核外电子排布的层数，主族元素的族数就是它最外层的电子数，而且也能解释元素的化合价为什么也随着原子序数的增加而出现周期性的变化。就连为什么同一周期的各个元素，从左到右金属性逐渐减弱，非金属性逐渐增强，为什么同一主族的各个元素，从上到下金属性逐渐增强，非金属性逐渐减弱这一类的问题，人们也能够得到令人满意的解答了。

原子结构的知识像一把钥匙[17]，打开了元素周期表里的秘密之锁，使人类对物质的理解进入了一个全新的电子时代。

（选自《物质的构成：化学》，谢宇主编，百花洲文艺出版社，2010.1，有改动　1675字）

词　汇

1. 核外电子		hé wài diànzǐ	يادرو سىرتىدىكى ئېلېكترون
2. 电子层	（名）	diànzǐcéng	ئېلېكترون قەۋىتى
3. 占领	（动）	zhànlǐng	ئىشغال قىلماق؛ ئىگىلىۋالماق؛ بېسىۋالماق

4. 元素周期表		yuánsù zhōuqībiǎo		ئېلېمېنتلارنىڭ دەۋرىي جەدۋەلى
5. 主族	（名）	zhǔzú		ئاساسىي گۇرۇپپا
6. 氦	（名）	hài		گېلىي
7. 容纳	（动）	róngnà		سغدۇرماق؛ جايلاشتۇرماق
8. 锂	（名）	lǐ		لىتىي (Li)
9. 氖	（名）	nǎi		نېئون
10. 氩	（名）	yà		ئارگون
11. 铷	（名）	rú		تورېي
12. 铯	（名）	sè		سېزىي (Cs)
13. 钫	（名）	fāng		فرانسىي
14. 元素周期律		yuánsù zhōuqīlǜ		ئېلېمېنتلار دەۋرىي قانونى
15. 原子序数		yuánzǐ xùshù		ئاتوم رەت نومۇرى
16. 周期性		zhōuqīxìng		دەۋرىيلىك
17. 钥匙	（名）	yàoshi		ئاچقۇچ

词语解释

1. 电子层

在多电子的原子中，根据电子所具有的能量差异和运动区域离核远近不同，而将核外电子分成不同的能层。按电子能量由低到高，运动区域离核由近及远称为第一、二、三、四等电子层。

2. 主族元素

所谓主族元素就是指除了最外层以外的电子层的电子数都是满电子的化学元素。同主族元素从上到下原子序数逐渐增大，电子层数逐渐增多，原子半径逐渐增大，得电子能力逐渐减弱，失电子能力逐渐增强，元素金属性逐渐增强，非金属性逐渐减弱，气态氢化物稳定性逐渐减弱。

3. 氦

元素符号是 He。稀有气体的一种。氦在通常情况下为无色、无味的气体，是唯一不能在标准大气压下固化的物质。氦是最不活泼的元素。氦的应用主要是作为保护气体、气冷式核反应堆的工作流体和超低温冷冻剂。

4. 锂

元素符号是 Li。是一种银白色的金属元素，质软，是密度最小的金属。用于原子反应堆、制轻合金及电池等。

5. **氖**

元素符号是 Ne。它的原子序数是 10，是一种无色的稀有气体，把它放电时呈橙红色。氖最常用在霓虹灯之中。

6. **氩**

元素符号是 Ar。是单原子分子，单质为无色、无臭和无味的气体。是稀有气体中在空气中含量最多的一种。由于在自然界中含量很多，氩是目前最早发现的稀有气体。氩最早的用途是向电灯泡内充气。

7. **铷**

元素符号是 Rb。是一种银白色蜡状金属。质软而轻，其化学性质比钾活泼。在光的作用下易放出电子。遇水起剧烈反应，生成氢气和氢氧化铷。易与氧作用生成氧化物。由于遇水反应放出大量热，所以可使氢气立即燃烧。

8. **铯**

元素符号是 Cs。是一种金黄色、熔点低的活泼金属，在空气中极易被氧化，能与水剧烈反应生成氢气且爆炸。铯在自然界没有单质形态，铯元素以盐的形式极少地分布于陆地和海洋中。铯也是制造真空件器、光电管等的重要材料。

9. **钫**

元素符号是 Fr。钫是碱金属，其反应非常不稳定，其同位素均有放射性。钫在大自然中是罕见的。

10. **原子序数**

指元素在周期表中的序号。数值上等于原子核的核电荷数（即质子数）或中性原子的核外电子数。

课堂练习

一、看拼音写汉字

（　）气　　（　）电池　　（　）气　　（　）气　　氢氧化（　）
hài　　　　 lǐ　　　　　　nǎi　　　　yà　　　　　　　rú

二、解释下列句子中画线的词语

1. 知道了核电荷数，也就是知道了核外电子数，因为这<u>两者</u>总是相等的。

2. 为了说明的简便，我们只拿周期表中的<u>主族元素</u>同它们的核外电子排布情形对照着看一看。

3. 最后，在弄清了原子核外电子排布的规律以后，人们对元素周期律和元素周期表的认识就更加<u>深入</u>了。

4. 原子结构的知识像一把钥匙，<u>打开了元素周期表里的秘密之锁</u>，使人类对物质的理解进入了一个全新的电子时代。

5. 这就是元素性质随原子序数的增加而呈现周期性变化的原因。

三、模仿造句

1. 从大量的科学实验的结果中，人们知道了电子永远以极高的速度在原子核外运动着。　　　　　　　　　　　　　　　　　　　　　　（从……中）

2. 高速运动着的电子，在核外是分布在不同的层次里的，我们把这些层次叫作能层或电子层。　　　　　　　　　　　　　　　　　　　（把……叫作……）

3. 随着核电荷数的增加，核外电子数也在相应地增加。　（随着……，也……）

四、根据课文内容判断正误

1. 知道了核电荷数，也就知道了核外电子数。（　　）
2. 能量较大的电子，处于离核较近的能层中。（　　）
3. 最外层的电子数是最多的。（　　）
4. 钫的最外能层只有 1 个电子。（　　）
5. 第一主族的元素由于最外层都只有 1 个电子，因此它们表现出相似的化学性质。（　　）
6. 同一个周期的各个元素，从左到右金属性逐渐减弱，非金属性逐渐增强。（　　）

五、名词解释

1. 电子层

2. 主族元素

3. 原子序数

六、根据课文内容回答问题

1. 原子里的电子排布情况有什么规律？
2. 周期表中竖排的主族元素有什么特点？

课后作业

一、抄写词语，每个词语抄写三遍

二、概括课文大意

课文二

课前练习

一、你知道元素周期表的形成历史吗？

二、选择正确词语填空

到底　建造　开创　排列　轰击

1. 门捷列夫对这些"杂乱无章"的元素进行了大量的研究工作，按照元素原子量的大小依次（　　），找到了元素的物理性质和化学性质周期性变化的规律。
2. 元素周期律的发现，（　　）了化学发展的新纪元。
3. 元素周期表的"大厦"中（　　）是个什么样子？
4. 几位美国科学家用 20 号元素钙（　　）96 号元素锔，产生了 116 号元素。
5. 随着科学技术的进步和科学家的努力，化学新元素将不断被发现，元素周期表的"大厦"定会（　　）成功。

三、根据课文内容选择正确答案

1. ＿＿＿＿排列出了第一张元素周期表。
   A. 莫斯莱　　B. 道尔顿　　C. 门捷列夫　　D. 居里夫人
2. 到目前为止，世界各国科学家公认的化学元素有＿＿＿＿种。
   A. 17　　　　B. 92　　　　C. 100　　　　D. 109
3. 从＿＿＿＿号元素开始，人造元素的"寿命"越来越短。
   A. 92　　　　B. 100　　　　C. 107　　　　D. 110
4. 在寻找新元素的工作中，＿＿＿＿是主要的。
   A. 人工合成　B. 在月岩中寻找　C. 在陨石中寻找　D. 在自然界里寻找

不断壮大的元素周期表

19 世纪中叶，世界上已经发现了 60 多种元素。这些元素从表面上看没有什么关系。然而门捷列夫对这些"杂乱无章"[1]的元素进行了大量的研究工作，按照元素原子量的大小依次[2]排列，找到了元素的物理性质[3]和化学性质[4]周期性变化的规律，即元素的性质随原子量的递增而呈现周期性的变化。他把这一规律定名为"化学元素周期律"，并排出第一张元素周期表。后来，英国科学家莫斯莱提出了原子序数的概念，指出了原子序数和元素原子核电荷数间的关系，使人们认识到元素的性质实质上是随着核电荷数的递增而呈现周期性的变化。随着人们对元素周期律认识的深化[5]，元素周期表也几经变化，并越来越能反映元素间的内在联系。元素周期律的发现，开创了化学发展的新纪元[6]。元素周期表具体地反映着元素周期律，成为指导科学研究的有力工具。

我们知道，在地球上存在的天然化学元素只有92种，它们排列在化学元素周期表中前92个格内。到目前为止，得到世界各国科学家公认的化学元素，总共109种。那么，元素的这张名单，到底有没有尽头[7]，会不会再有新元素出现呢？人们普遍认为109号元素绝不是元素周期表的终点。不过再发现新元素将越来越困难，因为这些元素的寿命都很短很短，有的只有一百亿分之一毫秒左右（1秒等于1000毫秒）。随着电学、光学和放射学的发展，通过人工方法制得的92号以后的这17种元素，都符合人们所预言[8]的特性。例如，预言从100号元素开始，人造元素的"寿命"越来越短，事实恰恰如此。107号元素的"寿命"是10^{-3}秒；109号元素是10^{-5}秒；理论估计，110号元素只能存在8.6毫秒。如此"短命"的元素，目前虽然还不能被利用，但却有着重要的理论价值。近几年来，出现了一种新理论，根据这种理论，有人预言，在尚待发现的元素中，还存在着一些孤立[9]的稳定元素。

据有的科学家推算，114号元素的寿命可达1亿年，将要像金、银、铜、铁一样"长寿"，可以在生产上得到广泛应用。当然这种理论是否正确，还有待于证明。从104号元素开始，人们进入了周期表中相对来说还未开发的区域[10]。从原子核外电子排布的量子力学推算，人们预测第七周期（不完全周期）可以是32种元素，其结尾的元素为稀有元素[11]118号（称为类氡[12]）；第八周期可以是50种元素，其结尾的为168号元素（称为超氧）；以后的元素将进入第九周期。目前寻找新元素的工作，主要从人工合成和在自然界里寻找两方面进行。人工合成新元素是主要的。它主要是利用高能中子长期照射、核爆炸和重离子[13]加速器等现代实验手段来实现的。

另外，也可从宇宙射线，从陨石[14]和月岩[15]中，以及从自然矿物中寻找新元素。元素新周期的开发和新元素的发现，是化学工作者十分感兴趣和共同关心的问题。据报道，不久前，几位美国科学家用20号元素钙轰击96号元素锔，产生了116号元素。这项研究如果被进一步检验证实，那么，周期表中又增加了新的成员。元素周期表的"大厦"中到底是个什么样子？这座

"大厦"中究竟有多少"住户"？是否有一天会宣告"客满"？这还需要化学工作者们不懈的努力。展望未来，随着科学技术的进步和科学家的努力，化学新元素将不断被发现，元素周期表的"大厦"定会建造成功，"大厦"中的所有"住户"也一定会为人类做出新的贡献！

（选自《奇妙化学百宝箱》，徐东梅编著，现代出版社，2012.11，有改动　1268字）

词　汇

1. 杂乱无章			záluàn-wúzhāng	رەتسىز؛ قالايمىقان؛ تەرتىپسىز
2. 依次	（副）		yīcì	تەرتىپ بويىچە؛ رەت بويىچە
3. 物理性质			wùlǐ xìngzhì	فىزىكىلىق خۇسۇسىيەت
4. 化学性质			huàxué xìngzhì	خىمىيىلىك خۇسۇسىيەت
5. 深化	（动）		shēnhuà	چوڭقۇرلاشتۇرۇش
6. 新纪元	（名）		xīnjìyuán	يېڭى ئېرا
7. 尽头	（名）		jìntóu	ئاياغ؛ ئاخىر؛ ئۇ بېشى؛ چەك
8. 预言	（动）		yùyán	ئالدىن ئېيتىلغان سۆز؛ كارامەت
9. 孤立	（形）		gūlì	يالغۇز؛ تەنها؛ تايانچسىز؛ يەككە-يېگانە
10. 区域	（名）		qūyù	رايون؛ جاي؛ يەر
11. 稀有元素			xīyǒu yuánsù	ئاز ئۇچرايدىغان ئېلېمېنتلار؛ سىرەك يەر مېتاللار
12. 氡	（名）		dōng	رادون (Rn)
13. 重离子	（名）		zhònglízǐ	ئېغىر ئىئونلار
14. 陨石	（名）		yǔnshí	مېتېئورىت
15. 月岩	（名）		yuèyán	ئايدىكى تاغ جىنسى

词语解释

1. 物理性质

关于物理性质的定义有两个：一是指物质不需要经过化学变化就表现出来的性质，二是指物质没有发生化学反应就表现出来的性质。如颜色，气味，形态，是否易溶化、凝固、升华、挥发，还有些性质如熔点、沸点、硬度、导电性、导热性、延展性等。

2. 化学性质

化学性质是物质在化学变化中表现出来的性质。如所属物质类别的化学通性——酸性、碱性、氧化性、还原性、热稳定性及一些其他特性。

3. 稀有元素

指在自然界中含量稀少或分布稀散以及研究和应用较少的一类元素的总称，约占周期表元素的三分之二。

4. 氡

元素符号为Rn。氡通常的单质形态是氡气，为无色、无嗅、无味的惰性气体，具有放射性。当人吸入体内后，氡发生衰变的阿尔法粒子可在人的呼吸系统造成辐射损伤，引发肺癌。而建筑材料是室内氡的最主要来源。如花岗岩、砖砂、水泥及石膏之类，特别是含放射性元素的天然石材，最容易释出氡。

5. 重离子

就是比质子重的带电粒子，通常包含带电的氦、碳及氖离子等。

6. 陨石

是地球以外未燃尽的宇宙流星脱离原有运行轨道呈碎块散落到地球或其他行星表面的石质的、铁质的或是石铁混合物质，也称"陨星"。大多数陨石来自小行星带，小部分来自月球和火星。

7. 月岩

即月球表面的岩石。

语言点

他把这一规律定名为"化学元素周期律"，并排出第一张元素周期表。

"把……定名为……"意为给"把"的宾语所表示的具体的人或事物确定名称。

例如：

（1）经过几天的思考，爸爸把家里刚开的餐馆定名为"买买提快餐店"。

（2）鲁迅把小说集定名为《呐喊》的主要原因是为了表达自己对当时社会的不满。

课堂练习

一、看拼音写汉字

（　）乱无章　（　）有元素　（　）石　（　）离子　（　）次
　zá　　　　　xī　　　　　yǔn　　zhòng　　yī

二、解释下列句子中画线的词语

1. 门捷列夫对这些"杂乱无章"的元素进行了大量的研究工作。
2. 元素周期律的发现，开创了化学发展的新纪元。
3. 元素的这张名单，到底有没有尽头，会不会再有新元素出现呢？
4. 有人预言，在尚待发现的元素中，还存在着一些孤立的稳定元素。

5. 元素周期表的"大厦"中到底是个什么样子？这座"大厦"中究竟有多少"住户"？是否有一天会宣告"客满"？

三、模仿造句

1. 英国科学家莫斯莱提出了原子序数的概念，指出了原子序数和元素原子核电荷数间的关系，使人们认识到元素的性质实质上是<u>随着</u>核电荷数的递增<u>而</u>呈现周期性的变化。　　　　　　　　　　　　　　　　　　　　　　　　（随着……而……）

2. <u>随着</u>电学、光学和放射学的<u>发展</u>，通过人工方法制得的92号以后的这17种元素，都符合人们所预言的特性。　　　　　　　　　　　　　　　（随着……发展）

3. <u>据</u>有的科学家<u>推算</u>，114号元素的寿命可达1亿年，将要像金、银、铜、铁一样"长寿"，可以在生产上得到广泛应用。　　　　　　　　　　（据……推算）

四、根据课文内容判断正误

1. 109号元素是元素周期表的终点。　　　　　　　　　　　　　　　（　　）
2. "短命"的元素不能被利用，也没有价值。　　　　　　　　　　　（　　）
3. 寻找新元素的工作，只有从人工合成一个方面进行。　　　　　　（　　）
4. 预言认为从100号元素开始人造元素的"寿命"越来越短。　　　（　　）
5. 我们可以从陨石和月岩中寻找新元素。　　　　　　　　　　　　（　　）

五、名词解释

1. 物理性质

2. 稀有元素

3. 氡

4. 重离子

六、根据课文内容回答问题

1. 什么叫"化学元素周期律"？
2. 元素周期表中会不会再出现新的元素？
3. 为什么发现新元素会越来越困难？
4. 寻找新元素有哪些途径？

课后作业

一、抄写词语，每个词语抄写三遍

二、概括课文大意

课文三

课前练习

一、根据你所学的知识,谈谈原子是怎样组成分子的

二、选择正确词语填空

稳定 依靠 证明 强烈 结合

1. 原子结合成分子,主要是( )邻近原子之间的强烈作用。
2. 人们经过长期的科学实验,( )分子是由原子组成的。
3. 应该把化学键说成是分子中相邻两个或多个原子之间( )的相互作用。
4. 金属双原子分子之间是以共价键( )的。
5. H_2是一个相当( )的分子,一般地加热不能使H_2分解成H原子。

三、根据课文内容选择正确答案

1. _____中的原子之间的强烈相互作用通常只限于邻近的两个原子。
   A. 分子 　　　　B. 原子 　　　　C. 多分子 　　　　D. 多原子分子
2. 以下不是化学键类型的是_____。
   A. 单键 　　　　B. 共价键 　　　　C. 金属键 　　　　D. 离子键
3. 下列化合物中的化学键属于共价键的是_____。
   A. NaCl 　　　　B. MgO 　　　　C. H_2O 　　　　D. CaF_2

什么是化学键[1]

人们经过长期的科学实验,证明分子是由原子组成的。原子怎样组成分子呢?有许多事实可以说明分子是靠原子之间的强烈相互作用而形成的,原子之间没有强烈的相互作用,分子就不能稳定地存在。例如H_2是一个相当稳定的分子,一般地加热不能使H_2分解[2]成H原子,即使温度高达2000℃,分解率仍不到1%。这个事实充分说明在两个氢原子之间有强烈的相互作用。当然,也有许多分子中的原子间的作用没有H_2中的H原子间相互作用那样强,

这种分子受热比较容易分解。例如，HI 分子在 300℃时就有近 20％分解。总而言之，原子组成分子不是简单地堆积[3]，而是一个有强烈相互作用的化学变化。

　　原子结合成分子，主要是依靠邻近原子之间的强烈作用，非邻近原子之间虽然也有作用，但是比前者弱得多（大约只有前者作用的百分之几）。我们把分子中这种邻近原子之间的强烈相互作用叫作化学键。

　　多原子分子中的原子之间的强烈相互作用通常只限于邻近的两个原子，也就是说，邻近两个原子之间形成化学键。如 H_2O 分子中的氧原子分别和邻近的两个氢原子各有强烈的相互作用，形成两个化学键，不是邻近三个原子共同组成一个化学键。在多原子分子中，也有些分子除了邻近两个原子之间有强烈的相互作用外，还有邻近几个原子之间有强烈的相互作用，即邻近几个原子之间共同组成一个化学键。以苯[4]分子为例，其中既有邻近两个原子之间组成的化学键（如碳原子和氢原子之间、两个相邻碳原子之间形成的化学键），又有相邻多原子之间组成的化学键（如六个碳原子共同组成一个化学键）。所以应该把化学键说成是分子中相邻两个或多个原子之间强烈的相互作用。

　　化学键有三大类。第一类是金属原子和非金属原子之间的结合，金属原子失去电子成阳离子，非金属原子接受电子成阴离子。阴、阳离子依靠静电作用形成的化学键叫作离子键，又叫电价键[5]。如 NaCl、MgO、CaF_2 等离子化合物中的化学键就是属于这种类型。

　　第二类是非金属原子和非金属原子之间的结合，它们不是通过得失电子结合的，而是依靠共用电子对结合成分子的，这种化学键叫作共价键[6]。单质分子、非金属元素原子之间形成的化合物以及绝大多数有机化合物的分子都是以这种键结合的，如 H_2、O_2、N_2、H_2O、CH_4 等。以共价键结合的分子在相邻原子之间用"–"表示电子对。共用一对电子用一根短线表示单键；共用两对电子用两根短线，是双键；共用三对电子用三根短线，是叁键。

　　第三类是金属晶格中金属原子之间的结合，叫金属键[7]。金属双原子分子之间是以共价键结合的。

（选自《化学键》，蒋安仁，上海教育出版社，1982.6，有改动　991 字）

词　汇

1. 化学键　　　（名）　　huàxuéjiàn　　　　خېمىيىلىك باغ
2. 分解　　　　（动）　　fēnjiě　　　　　　پارچىلاش；پارچىلىنىش

3. 堆积	（动）	duījī			دۆۋەلىسمەك؛ توپلىماق؛ دۆۋەلەنمەك؛ توپلانماق
4. 苯	（名）	běn			بېنزول
5. 电价键	（名）	diànjiàjiàn			ئېلېكتروۋالېنتلىق باغ
6. 共价键	（名）	gòngjiàjiàn			ئورتاق ۋالېنتلىق باغ
7. 金属键	（名）	jīnshǔjiàn			مېتاللىق باغ

词语解释

1. 化学键

是纯物质分子内或晶体内相邻两个或多个原子（或离子）间强烈的相互作用力的统称。相同或不相同的原子之所以能够组成稳定的分子，是因为原子之间存在着强烈的相互作用力。

2. 苯

苯在常温下为一种无色、有甜味的透明液体，并具有强烈的芳香气味。苯难溶于水，易溶于有机溶剂，可燃，有毒，是一种致癌物质。苯是一种石油化工基本原料。苯的产量和生产的技术水平是一个国家石油化工发展水平的标志之一。

3. 电价键

阴、阳离子依靠静电作用形成的化学键叫作离子键，又叫电价键。

4. 共价键

共价键是化学键的一种，两个或多个原子共同使用它们的外层电子，在理想情况下达到电子饱和的状态，由此组成的比较稳定的化学结构叫作共价键。其本质是原子轨道重叠后，高概率地出现在两个原子核之间的电子与两个原子核之间的电性作用。

5. 金属键

金属键是化学键的一种，主要在金属中存在。由自由电子及排列成晶格状的金属离子之间的静电吸引力组合而成。由于电子的自由运动，金属键没有固定的方向，因而是非极性键。

语言点

以苯分子为例，其中既有邻近两个原子之间组成的化学键（如碳原子和氢原子之间、两个相邻碳原子之间形成的化学键），又有相邻多原子之间组成的化学键（如六个碳原子共同组成一个化学键）。

"以……为例"，意思是"拿……当作例子"。例如：

（1）我们班的同学学习都很努力，以艾山为例，他每天下课后都要在教室再学一个小时。

（2）论文以中国改革为例，论述了文化整合的重要性。

课堂练习

一、看拼音写汉字

　　（tàn　）原子　　分（jiě　）　　共（jià　）键　　金（shǔ　）键

二、解释下列句子中画线的词语

1. 原子组成分子不是简单地<u>堆积</u>，而是一个有强烈相互作用的化学变化。
2. 原子结合成分子，主要是依靠<u>邻近</u>原子之间的强烈作用。
3. 第一类是金属原子和非金属原子之间的结合，金属原子失去电子成<u>阳离子</u>，非金属原子接受电子成<u>阴离子</u>。
4. 第二类是非金属原子和非金属原子之间的结合，它们不是通过得失电子结合的，而是依靠<u>共用电子对</u>结合成分子的，这种化学键叫作共价键。
5. 共用一对电子用一根短线表示<u>单键</u>；共用两对电子用两根短线，是<u>双键</u>；共用三对电子用三根短线，是叁键。

三、模仿造句

1. 我们<u>把</u>分子中这种邻近原子之间的强烈相互作用<u>叫作</u>化学键。（把……叫作……）
2. <u>以</u>苯分子<u>为例</u>，其中既有邻近两个原子之间组成的化学键，又有相邻多原子之间组成的化学键。　　　　　　　　　　　　　　　　　　（以……为例）

四、根据课文内容判断正误

1. 加热不能使 H_2 分解成 H 原子。　　　　　　　　　　　　（　　）
2. 原子简单地堆积起来就组成了分子。　　　　　　　　　　　（　　）
3. 化学键有三大类。　　　　　　　　　　　　　　　　　　　（　　）
4. MgO 中的化学键就属于离子键。　　　　　　　　　　　　　（　　）
5. 绝大多数有机化合物的分子都是以共价键的形式结合的。　　（　　）

五、名词解释

1. 电价键

2. 苯

3. 金属键

4. 共价键

六、根据课文内容回答问题
    1. 什么是化学键?
    2. 化学键分为哪几类?是如何分类的?

课后作业

一、抄写词语,每个词语抄写三遍

二、概括课文大意

第三课

课文一

课前练习

一、根据你所学的知识，谈谈对催化剂的认识

二、选择正确词语填空

剧烈　转化　举足轻重　欣喜若狂　潜力　授予　呕心沥血　孜孜不倦　反应　经历

1. 当代的化学家，确实找到了一种几乎同样神奇的物质，它能使反应很慢甚至几乎根本不能反应的两种物质，发生_____的化学反应。
2. 人类大量生产的化肥、农药，以及在现代工业中_____的合成纤维、合成橡胶和塑料等，都是在催化剂被发现之后才合成出来的。
3. 有时候化学家为寻找一种催化剂而_____。
4. 这说明这种气体在铂丝的存在下与空气发生了_____。
5. 在一次试验中，由于不小心而打破了水银温度计，漏出来的水银却成了这个反应的催化剂，这使得他们_____。
6. 科学家正在_____地探索其中的奥秘。
7. 2001年的诺贝尔化学奖_____了威廉·诺尔斯、野依良治和巴里·夏普莱斯3位化学家。
8. 许多化学家认为，酶促反应在化学工业上的应用具有很大的_____。
9. 古代的炼金者幻想能找到一种物质——"点金石"，能使石块_____为黄金，但这只是一种幻想。
10. 烤面包、葡萄汁发酵、牛奶变酸等，其中都_____了复杂的化学反应。

三、根据课文内容选择正确答案
   1. 下列哪一项不是在催化剂被发现之后合成的？
      A. 铂　　　　B. 农药　　　　C. 化肥　　　　D. 塑料

2. 世界上最好的催化剂是_____。
   A. 铁　　　　　B. 钒　　　　　C. 酵素　　　　　D. 生物酶
3. 最早发现的催化剂是_____。
   A. 铁　　　　　B. 钒　　　　　C. 铂　　　　　D. 水银

催化剂[1]

催化剂有哪些作用

古代的炼金[2]者幻想能找到一种物质——"点金石",能使石块转化为黄金,但这只是一种幻想。

当代的化学家,确实找到了一种几乎同样神奇的物质,它能使反应很慢甚至几乎根本不能反应[3]的两种物质发生剧烈的化学反应。人们称这种"点金石"为催化剂。

英国化学家戴维是最早发现催化剂的科学家之一。有一次他发现,某种在空气中并不反应的气体,假如在与空气的混合物中放置炽热的铂丝,铂丝很快变得白热了。这说明这种气体在铂丝的存在下与空气发生了反应。铂因此成为最早发现的催化剂之一。

催化剂的发现,极大地促进了化学工业的发展。人类大量生产的化肥[4]、农药[5],以及在现代工业中举足轻重[6]的合成[7]纤维[8]、合成橡胶[9]和塑料[10]等,都是在催化剂被发现之后才合成出来的。像生产化肥时,只有在铁催化剂存在下,氮[11]和氢[12]才能反应生成氨[13]。用于制造硫酸[14]的三氧化硫[15],必须在钒[16]催化剂作用下,才能使二氧化硫经氧化而获得。

有时候化学家为寻找一种催化剂而呕心沥血[17]。早年,法国化学家为寻找合成氨的催化剂,试验了数万种物质,仍未成功。在一次试验中,由于不小心而打破了水银[18]温度计,漏[19]出来的水银却成了这个反应的催化剂,这使得他们欣喜若狂[20]。

催化剂的奇妙作用,在我们的日常生活中也常常可以见到。烤面包、葡萄汁发酵[21]、牛奶变酸等,其中都经历了复杂的化学反应。这些反应都是在酵母菌[22]、乳酸菌等(称为酵素[23])的作用下发生的。这些酵素生物学称之为酶[24],化学上则称之为催化剂。

事实上,生物酶是世界上最好的催化剂。有些化工生产由于使用一般的无机物[25]做催化剂,往往需要高温和高压,如果使用酶,则在常温常压下即可进行。

催化剂已成为现代化学工作者最得力[26]的帮手,但是尚有许多问题未曾弄清。因此,科学家正在孜孜不倦[27]地探索其中的奥秘。

(选自《中小学生科学探索百科 化学探索》,徐英时主编,中国文史出版社,2004.4,有改动 697字)

绿色催化剂

绿色化学所追求的目标是实现高选择性、高效率的化学反应,产生极少的副产物[28],实现"零排放",继而达到高的"原子经济性"。显然,高选择性、高效的催化反应更符合绿色化学的要求。

对于合成单一的手性分子(如手性药物),催化不对称[29]合成反应是首选的。催化不对称合成反应是化学反应研究的热点和前沿[30],2001年的诺贝尔化学奖授予[31]了威廉·诺尔斯、野依良治和巴里·夏普莱斯3位化学家,以表彰[32]他们在催化不对称反应研究方面所取得的卓越[33]成就。

目前,对于某些生物催化剂是否会导致污染还没有明确的定论,但总的来看,生物转化反应非常符合绿色化学的要求:它具有高效、高选择性和清洁的特点;反应产物单纯,易分离[34]纯化[35];可避免使用重金属[36]和有机[37]溶剂[38];能源消耗[39]低;可以合成一些用化学方法难以合成的化合物。许多化学家认为,酶促反应在化学工业上的应用具有很大的潜力,设计与发展适于酶促反应的新底物[40]和利用遗传[41]工程改变酶的催化性质等都将大大有利于其在制药工业中的利用。生物转化合成反应的研究主要集中在以下几个方面:发展新的高活性[42]和高选择性的酶催化剂,扩展酶促反应的使用范围,利用生物工程技术获得高效的酶催化剂,酶促反应机理的研究。

(选自《化之道:化学卷》,陈德展主编,山东科学技术出社,2009.5,有改动 492字)

词　汇

1. 催化剂	(名)	cuīhuàjì		كاتالىزاتور
2. 炼金		liàn jīn		ئالتۇن تاۋلاش
3. 反应	(动)	fǎnyìng		رېئاكسىيە
4. 化肥	(名)	huàféi		خىمىيۇى
5. 农药	(名)	nóngyào		دېھقانچىلىق
6. 举足轻重		jǔzú-qīngzhòng		ھەل قىلغۇچ؛ مۇھىم
7. 合成	(动)	héchéng		سىنتېزلەش
8. 纤维	(名)	xiānwéi		تالا
9. 橡胶	(名)	xiàngjiāo		كاۋچۇك

10. 塑料	（名）	sùliào		پلاستماسسا؛ سۇلياۋ
11. 氮	（名）	dàn		ئازوت؛ نتروگېن
12. 氢	（名）	qīng		ھىدروگېنH
13. 氨	（名）	ān		ئاممىياك
14. 硫酸	（名）	liúsuān		گۆڭگۆرت كىسلاتا
15. 三氧化硫	（名）	sānyǎnghuàliú		گۆڭگۆرت ترىئوكسىد
16. 钒	（名）	fán		ۋانادىيV
17. 呕心沥血		ǒuxīn-lìxuè		يۈرەك قېنىنى سەرپ قىلماق؛ كۆپ ئەجىرلىك قىلماق
18. 水银	（名）	shuǐyín		سىماب
19. 漏	（动）	lòu		ئېقىپ كەتمەك؛ ئاقماق؛ چىپچىلىپ كەتمەك
20. 欣喜若狂		xīnxǐ-ruòkuáng		خوشاللىقىدىن قىن-قىنىغا پاتماي كەتمەك؛ ئەسەبىيلەرچە خوشال بولۇپ كەتمەك
21. 发酵	（动）	fā//jiào		ئېچىتىش
22. 酵母菌	（名）	jiàomǔjūn		ئېچىتقۇچى باكتېرىيە
23. 酵素	（名）	jiàosù		ئېنزىملار
24. 酶	（名）	méi		فېرمېنت؛ ئېنزىم
25. 无机物	（名）	wújīwù		ئانئورگانىك ماددا
26. 得力	（形）	délì		پايدا قىلماق، ئۇنۇم بەرمەك؛ ياراملىق؛ قابىل؛ قابىلىيەتلىك؛ كۈچلۈك؛ ئەسقاتىدىغان
27. 孜孜不倦		zīzī-bùjuàn		ھارماي-تالماي؛ ھاردىم-تالدىم دېمەي؛ زور ئىجتىھات بىلەن
28. 副产物	（名）	fùchǎnwù		قوشۇمچە مەھسۇلات
29. 对称	（形）	duìchèn		سىممېترىيە؛ سىممېترىك
30. 前沿	（名）	qiányán		ئالدى گىرۋەك، ئالدى؛ ئالدىنقى
31. 授予	（动）	shòuyǔ		بەرمەك (ئوردېن، ئۇنۋان قاتارلىقلارنى)
32. 表彰	（动）	biǎozhāng		تەقدىرلىمەك؛ ماختىماق
33. 卓越	（形）	zhuóyuè		ئالاھىدە؛ ئاجايىپ؛ كارامەت؛ قالتىس
34. 分离	（动）	fēnlí		ئايرىش
35. 纯化	（动）	chúnhuà		ساپلاشماق؛ ساپلاشتۇرماق
36. 重金属	（名）	zhòngjīnshǔ		ئېغىر مېتاللار
37. 有机	（形）	yǒujī		ئورگانىك؛ جانلىق

38. 溶剂	（名）	róngjì	ئېرىتكۈچى
39. 消耗	（动）	xiāohào	خورىماق؛ سەرپ بولماق؛ خوراتماق؛ ئازايتماق؛ سەرپ قىلماق
40. 底物	（名）	dǐwù	سۇبستىراتلار
41. 遗传	（动）	yíchuán	نەسىلگە قالماق؛ نەسىلدىن نەسىلگە ئۆتمەك
42. 活性	（名）	huóxìng	ئاكتىپلىق

词语解释

1. 催化剂

在化学反应里能改变其他物质的化学反应速率（既能提高也能降低），而本身的质量和化学性质在化学反应前后都没有发生改变的物质叫催化剂（也叫触媒）。

2. 化肥

化学肥料简称化肥。指用化学和（或）物理方法人工制成的含有农作物生长需要的一种或几种营养元素的肥料。作物生长所需要的常量营养元素有碳、氢、氧、氮、磷、钾、钙、镁、硫，微量营养元素有硼、铜、铁、锰、钼、锌、氯等。

3. 生物酶

生物酶是由活细胞产生的具有催化作用的有机物，大部分为蛋白质，也有极少部分为核糖核酸。

4. 手性分子

是化学中结构上镜像对称而又不能完全重合的分子。像是镜子里和镜子外的物体那样，看上去互为对应。由于是三维结构，它们不管怎样旋转都不会重合，就像左手和右手那样，称这两种分子具有手性，又叫手性分子。

5. 有机溶剂

是一类以有机物为介质的溶剂，反之为无机溶剂。有机溶剂能溶解一些不溶于水的物质（如油脂、蜡、树脂、橡胶、染料等），其特点是在常温常压下呈液态，具有较大的挥发性，在溶解过程中，溶质与溶剂的性质均无改变。

6. 酶促反应

指的是由酶作为催化剂进行催化的化学反应。生物体内的化学反应绝大多数属于酶促反应。

7. 合成纤维

合成纤维是将人工合成的、具有适宜分子量并具有可溶（或可熔）性的线型聚合物，经纺丝成形和后处理而制得的化学纤维。合成纤维除了具有化学纤维的一般优越性能，如强度高、质轻、易洗快干、弹性好、不怕霉蛀等外，不同品种的合成纤维各具有某些独特性能。

8. 酵素

酵素在国内通称为酶，酶是生物体内产生的有催化能力的蛋白质，是生命的催化剂。

9. 重金属

相对密度在5以上的金属，称作重金属。包括铜、铅、锌、锡、镍、钴、锑、汞、镉和铋10种金属。重金属的化学性质一般比较稳定。

10. 机理

机理是指事物变化的理由与道理。在化学动力学中，所谓机理是指从原子的结合关系中来描绘化学过程。

语言点

绿色化学所追求的目标是实现高选择性、高效率的化学反应，产生极少的副产物，实现"零排放"，继而达到高的"原子经济性"。

"继而"指紧随在某件事或行为之后又做了什么事情或出现了什么情况。例如：

（1）看到总书记，大家先是一惊，继而欢呼起来。

（2）魏晋南北朝时，掌握实权的先是尚书省，继而又有中书省、门下省，逐步形成三省体制。

课堂练习

一、看拼音写汉字

（zīzī）不倦　（xiān）维　（shòu）予　表（zhāng）　（zhuó）越

前（yán）　（ǒu）心（lì）血　（xīn）喜若狂

二、解释下列句子中画线的词语

1. 烤面包、葡萄汁发酵、牛奶变酸等，其中都<u>经历</u>了复杂的化学反应。

2. 如果使用酶，则在常温常压下<u>即可</u>进行。

3. 催化剂已成为现代化学工作者最得力的帮手，但是<u>尚有</u>许多问题未曾弄清。

4. 绿色化学所追求的目标是实现高选择性、高效率的化学反应，产生极少的<u>副产物</u>，实现"<u>零排放</u>"，<u>继而</u>达到高的"原子经济性"。

5. 生产化肥时，只有在铁催化剂存在下，氮和氢才能反应<u>生成</u>氨。

6. 目前，对于某些生物催化剂是否会导致污染还没有明确的<u>定论</u>。

三、模仿造句

1. 这些酵素生物学<u>称之为</u>酶，化学上则称之为催化剂。　　　　　　　　　（称之为）

2. 如果使用酶，则在常温常压下即可进行。　　　　　　　　（如果……，则……）
3. 绿色化学所追求的目标是实现高选择性、高效率的化学反应，产生极少的副产物，实现"零排放"，继而达到高的"原子经济性"。　　　　　　　　（继而）
4. 像生产化肥时，只有在铁催化剂存在下，氮和氢才能反应生成氨。
　　　　　　　　　　　　　　　　　　　　　　　　　　（只有……，才……）

四、根据课文内容判断正误
    1. 生产化肥必须要用铁作为催化剂。　　　　　　　　　　（　　）
    2. 酶就是催化剂。　　　　　　　　　　　　　　　　　　（　　）
    3. 英国化学家戴维最早发现催化剂。　　　　　　　　　　（　　）
    4. 催化对称合成反应是化学反应研究的热点和前沿。　　　（　　）
    5. 生物催化剂不会导致污染。　　　　　　　　　　　　　（　　）
    6. 催化剂在我们的日常生活中不常见。　　　　　　　　　（　　）

五、名词解释
    1. 催化剂

    2. 酶促反应

    3. 生物酶

    4. 副产物

六、根据课文内容回答问题
    1. 哪些物质是在催化剂被发现后合成出来的？
    2. 绿色化学追求的目标是什么？
    3. 2001年的诺贝尔化学奖授予了哪些科学家？为什么？
    4. 生物转化合成反应的研究主要集中在哪几个方面？

课后作业

一、抄写词语，每个词语抄写三遍
二、概括课文大意

课文二

课前练习

一、根据你所学的知识，谈谈你接触过的酸碱指示剂

二、选择正确词语填空

接触　随手　倾倒　推断　判别　采集　探索　检验　验证　涌出

1. 喜爱鲜花的波义尔_____取下一枝带进了实验室，把鲜花放在实验桌上，然后开始了他的实验工作。

2. 当他从溶液瓶里_____盐酸时，一股刺鼻的气体从瓶口_____。

3. 由此他_____，不仅盐酸，而且其他各种酸都能使紫罗兰变为红色。

4. 他想，这太重要了，以后只要把紫罗兰花瓣放进溶液，看它是不是变成红色，就可_____这种溶液是不是酸。

5. _____过化学的人都知道，在化学实验中，有一种最常用的化学试剂，它叫酸碱指示剂，是_____溶液酸碱性的。

6. 酸碱指示剂的发现是化学家波义尔善于观察、勤于思考、勇于_____的结果。

7. 为进一步_____这一现象，他立即返回住所，把那篮鲜花全部拿到实验室，取了当时已知的几种酸的稀溶液，一个杯子倒进一种酸，再往每个杯子里放进一朵花。

8. 为了获得丰富、准确的第一手资料，波义尔还_____了药草、牵牛花、苔藓、月季花、树皮和各种植物的根。

三、根据课文内容选择正确答案

1. 化学实验中最常用的化学试剂是_____。
   A. 盐酸　　　B. 酒精　　　C. 石蕊　　　D. 酸碱指示剂

2. 下列不是根据波义尔发现的原理研制的是_____。
   A. 石蕊　　　B. 盐酸　　　C. pH 试纸　　　D. 酚酞试纸

3. 下列试剂不能使紫罗兰变为红色的是_____。
   A. 盐酸　　　B. 硫酸　　　C. 硝酸　　　D. 石蕊

酸碱指示剂[1]与鲜花

接触过化学的人都知道，在化学实验中，有一种最常用的化学试剂[2]，它叫酸碱指示剂，是检验[3]溶液[4]酸碱性的。像科学上的许多其他发现一样，酸碱指示剂的发现是化学家波义尔善于观察、勤于思考、勇于探索的结果。

一天清晨，英国年轻的科学家波义尔正准备到实验室去做实验，一位花木工为他送来一篮非常鲜美的紫罗兰，喜爱鲜花的波义尔随手取下一枝带进了实验室，把鲜花放在实验桌上，然后开始了他的实验工作。当他从溶液瓶里倾倒[5]盐酸[6]时，一股刺鼻[7]的气体从瓶口涌出，倒出的淡黄色液体有少许[8]酸沫[9]飞溅[10]到鲜花上，紫罗兰冒出轻烟，他想："真可惜，盐酸弄到鲜花上了。"

为洗掉花上的酸沫，他把花放到水里，一会儿发现紫罗兰的颜色变红了。波义尔既新奇又兴奋，他认为，可能是盐酸使紫罗兰颜色变红的，为进一步验证[11]这一现象，他立即返回住所，把那篮鲜花全部拿到实验室，取了当时已知的几种酸的稀溶液，一个杯子倒进一种酸，再往每个杯子里放进一朵花。波义尔低下头，仔细地观察着，只见深紫色的花朵逐渐变色了，先是带点儿淡红色，最后完全变成了红色，现象完全相同。由此他推断，不仅盐酸，而且其他各种酸都能使紫罗兰变为红色。他想，这太重要了，以后只要把紫罗兰花瓣放进溶液，看它是不是变成红色，就可判别这种溶液是不是酸。后来，他又弄来其他花瓣做实验，并制成花瓣的水或酒精[12]的浸液[13]，用它来检验是不是酸，同时用它来检验一些碱溶液，也产生了一些变色现象。

为了获得丰富、准确的第一手资料，波义尔还采集了药草、牵牛花[14]、苔藓[15]、月季花、树皮和各种植物的根，泡出了多种颜色的不同浸液，有些浸液遇酸变色，有些浸液遇碱变色，最有趣的是用石蕊泡出的溶液。酸和碱本来像水一样，是无色透明的，可是酸液滴到石蕊溶液里，就出现红色，碱却使石蕊溶液变成蓝色。

后来，波义尔又想出一个更简便的方法，用石蕊浸液把纸浸透，再把纸烘干制成纸片，使用时只要将一小块这种纸片放进被检验的溶液里，根据颜色的变化，就能知道这种溶液是酸性的还是碱性的。波义尔把这种石蕊试纸[16]和与石蕊试纸起同样作用的其他物质称为"指示剂"。

今天，我们使用的石蕊、酚酞[17]试纸、pH试纸，就是根据波义尔发现的原理研制而成的，它极大地方便了我们的研究。

（选自《物质的构成：化学》，谢宇主编，百花洲文艺出版社，2010.1，有改动　894字）

词　汇

1. 酸碱指示剂		suān jiǎn zhǐshìjì		كىسلاتا-ئىشقار ئىندىكاتورى
2. 试剂	（名）	shìjì		رېئاكتىۋ
3. 检验	（动）	jiǎnyàn		تەكشۈرۈش
4. 溶液	（名）	róngyè		ئېرىتمە
5. 倾倒	（动）	qīngdào		قۇيۇلماق
6. 盐酸	（名）	yánsuān		تۇز كىسلاتا
7. 刺鼻	（形）	cìbí		ئاچچىق؛ بۇرۇننى ئېچىشتۇرىدىغان
8. 少许	（形）	shǎoxǔ		ئازراق؛ سەل؛ بىرئاز
9. 沫	（名）	mò		كۆپۈك؛ ماغزاپ
10. 飞溅	（动）	fēijiàn		چاچرىماق؛ ئۇچقۇنداشماق
11. 验证	（动）	yànzhèng		تەكشۈرۈپ ئىسپاتلىماق
12. 酒精	（名）	jiǔjīng		ئىسپىرت
13. 浸液	（名）	jìnyè		چىلاش سۇيۇقلۇقى
14. 牵牛花	（名）	qiānniúhuā		ھەشقىپىچەك
15. 苔藓	（名）	táixiǎn		مۇخ
16. 试纸	（名）	shìzhǐ		تەجرىبە قەغىزى
17. 酚酞	（名）	fēntài		فېنولفتالېىن

词语解释

1. 冒

（1）向外透或往上升。例如：冒烟（烟往上升）、冒汗。

（2）不顾（恶劣的环境或危险等），顶着。例如：冒雨、冒险、冒死。

2. 判别

根据不同点加以区分；辨别是非；察觉出或辨别出容易与邻近或其他事物相混淆的某事物。例如：

我们很难判别这对双胞胎哪个是姐姐，哪个是妹妹。

3. 溶液

溶液是由至少两种物质组成的均一、稳定的混合物，被分散的物质（溶质）以分子或更小的质点分散于另一物质（溶剂）中。物质在常温时有固体、液体和气体三种状态。因此溶液也有三种状态，大气本身就是一种气体溶液，固体溶液混合物常称固溶体，如合金。一般溶液只是专指液体溶液。

4. 石蕊

石蕊的性状为蓝紫色粉末，是从地衣植物中提取得到的蓝色色素，能部分地溶于水而显紫色。是一种常用的酸碱指示剂，变色范围是 pH = 5.0～8.0 之间。

5. 指示剂

是一类在其特定的 pH 值范围内，随溶液 pH 值改变而变色的化合物。

6. 酚酞试纸

酚酞是一种酸碱指示剂，其化学式为 $C_{20}H_{14}O_4$，它属于有机物。

7. pH 试纸

也叫石蕊试纸，是一种现成的试纸。使用时，撕下一条，放在表面皿中，用一支干燥的玻璃棒从玻璃容器中蘸取一滴溶液滴在试纸上，从试纸的颜色变化就可以知道溶液的酸碱性，十分方便。

课堂练习

一、看拼音写汉字

试（jì　） （qīng　）倒　苔（xiǎn　）　飞（jiàn　）　（jìn　）液　石（ruǐ　）

二、解释下列句子中画线的词语

1. 像科学上的许多其他发现一样，酸碱指示剂的发现是化学家波义尔善于观察、勤于思考、勇于<u>探索</u>的结果。

2. 当他从溶液瓶里倾倒盐酸时，一股<u>刺鼻</u>的气体从瓶口涌出，倒出的淡黄色液体有少许酸沫飞溅到鲜花上，紫罗兰冒出轻烟。

3. 为了获得丰富、准确的<u>第一手</u>资料，波义尔还采集了药草等多种材料，泡出了多种颜色的不同浸液。

4. 后来，波义尔又想出一个更简便的方法，用石蕊浸液把纸<u>浸透</u>，再把纸烘干制成纸片。

三、模仿造句

　　酸和碱本来像水一样，是无色透明的，<u>可是</u>酸液滴到石蕊溶液里，就出现红色，碱却使石蕊溶液变成蓝色。　　　　　　　　　　（本来……，可是……）

四、根据课文内容判断正误

1. 盐酸能使紫罗兰颜色变红。　　　　　　　　　　　　　　　　　　（　）
2. 不是所有的酸都能使紫罗兰颜色变红。　　　　　　　　　　　　　（　）
3. 酸是蓝色的，碱是红色的。　　　　　　　　　　　　　　　　　　（　）
4. 根据石蕊试纸的变化，就能判断溶液是碱性的还是酸性的。　　　　（　）

5. 酚酞试纸可以检验溶液的酸碱性。 （   ）

五、名词解释

1. 溶液

2. 指示剂

3. 石蕊

六、根据课文内容回答问题

1. 在化学实验中最常用的化学试剂是什么？有什么作用？
2. 波义尔是怎么发现盐酸能使紫罗兰变为红色的？
3. 怎样来判别溶液是不是酸？

课后作业

一、抄写词语，每个词语抄写三遍
二、概括课文大意

课文三

课前练习

一、根据你所学的知识，谈谈我们生活中除了手机和笔记本电脑使用锂电池外，还有哪些器材使用锂电池
二、选择正确词语填空

兴起　进而　循环　作为　几率　风险　过度　存储

1. 锂电池由_____阴极的钴酸锂和_____阳极的石墨组成。
2. 随着热量积蓄，锂电池开始出现"热失控"，_____引发着火爆炸。
3. 其实，使用锂电池的相对风险仅大于被雷电击中死亡的_____。
4. 随着手机、笔记本电脑等电子产品的_____，锂电池的使用已非常普遍。
5. 笔记本电脑电池发生爆炸的_____是非常非常小的。

6. 锂电池_____一段时间后，即使不进行_____使用，其小部分容量也会永久丧失，会出现不可控制的自身_____放电，电池寿命同样会衰减。

三、根据课文内容选择正确答案
1. 锂电池由作为阴极的_____和作为阳极的石墨组成。
   A. 氧　　　　　　B. 碳　　　　　　C. 锂离子　　　　D. 钴酸锂
2. 锂电池的保存不应超过_____年。
   A. 半年　　　　　B. 1年　　　　　C. 2年　　　　　D. 3年
3. 一般来说，锂电池充电次数为_____次。
   A. 100～300　　　B. 300～600　　　C. 600～900　　　D. 900～1200
4. 锂电池存储温度最好是_____。
   A. 15℃　　　　　B. 低于15℃　　　C. 15～20℃　　　D. 20～25℃

手机、笔记本电脑中的锂电池[1]

随着手机、笔记本电脑等电子产品的兴起，锂电池的使用已非常普遍，2005年仅美国的消费者就购买了12亿块。但从2003年至2005年，美国消费产品安全委员会就接到关于手机和笔记本电脑锂电池发生冒烟或着火的报告339起，有的甚至造成人员受伤。近几年媒体上不断有关于国内外手机或笔记本电脑锂电池发生着火爆炸的报道。

手机和笔记本电脑的锂电池能着火爆炸，是其化学成分造成的。在很小的体积中含有着火所需要的所有成分——碳、氧和易燃液体。

锂电池由作为阴极[2]的钴酸锂和作为阳极[3]的石墨[4]组成，中间由分离膜分开，周围则是一种非常易燃的液体——锂盐类电解质[5]。锂电池充电时，阴极的锂离子向阳极移动，锂电池在使用过程中，锂离子又回到阴极以提供能量。在充完电的状态下，失去大部分离子的阴极非常不稳定。随着热量积蓄[6]，锂电池开始出现"热失控"，进而引发着火爆炸。

如此说来，手机和笔记本电脑的锂电池发生爆炸的风险[7]到底有多大呢？在此借用美国化学学会一位负责人詹姆斯·考平说的话作为回答："世界上什么都不是零风险的。笔记本电脑电池发生爆炸的风险是非常非常小的。其实，使用锂电池的相对风险仅大于被雷电击中死亡的几率[8]，低于食物中毒死亡的风险，远低于在高速公路上撞车的风险，所以，鉴于其低风险和巨大的优良特性，锂电池还是被广泛应用在了手机和电脑的电池上。"

那么，有一点我们也应该了解，就是保存暂时不用的锂电池的合适温度是多少，这样有助于延长锂电池的使用寿命[9]。

由于锂电池本身的性质，即使不使用，电池本身每天也会按0.2%～0.3%的比例放电，而且存储[10]一段时间后，即使不进行循环[11]使用，其小部分容量[12]也会永久丧失[13]，会出现不可控制的自身过度[14]放电，电池寿命同样会衰减[15]。

因此，要想保存暂时不用的锂电池，除了每个月对存放电池完成一次充放电，以防止锂电耗尽外，建议存储温度低于15℃，并且锂电池的保存不应超过1年。一般而言，锂电池充电次数为300～600次，在此期间能够保持原容量的80%，正常使用的寿命约为1～2年。

(选自《微笑着读完趣味化学》，石岩编著，金城出版社，2011.12，有改动　804字)

词　汇

1. 锂电池	（名）	lǐdiànchí		لىتىي باتارېيىسى
2. 阴极	（名）	yīnjí		كاتود؛ مەنپىي قۇتۇپ
3. 阳极	（名）	yángjí		ئانود؛ مۇسبەت قۇتۇپ
4. 石墨	（名）	shímò		سۇرمە تاش؛ گرافىت
5. 电解质	（名）	diànjiězhì		ئېلېكترولىت
6. 积蓄	（动）	jīxù		جۇغلىماق؛ جۇغلانماق؛ توپلىماق؛ توپلانماق؛ يىغقان پۇل
7. 风险	（名）	fēngxiǎn		خەۋپ-خەتەر؛ خىيىم-خەتەر
8. 几率	（名）	jīlǜ		ئېهتىماللىق
9. 寿命	（名）	shòumìng		ئۆمۈر؛ جان
10. 存储	（动）	cúnchǔ		ساقلىماق؛ ساقلاپ قويماق
11. 循环	（动）	xúnhuán		دەۋر؛ دەۋرىيلىنىش
12. 容量	（名）	róngliàng		سىغىمچانلىق؛ ئابيوم
13. 丧失	（动）	sàngshī		ئايرىلماق؛ يوقاتماق؛ مەھرۇم بولماق؛ قولدىن بەرمەك
14. 过度	（形）	guòdù		ھەددىدىن ئارتۇق؛ ھەددىدىن زىياده
15. 衰减	（动）	shuāijiǎn		ئاجىزلاشماق؛ توختىماق؛ پەسىيمەك

词语解释

1. 钴酸锂

是一种无机化合物，一般用作锂电池的正电极材料。

2. 石墨

是元素碳的一种同素异形体,是其中一种最软的矿物,它的用途包括制造铅笔芯和润滑剂。

3. 分离膜

是一种特殊的、具有选择性透过功能的薄层物质,它能使流体内的一种或几种物质透过,而其他物质不透过,从而起到浓缩和分离纯化的作用。

4. 阳极

是电化学反应的一个术语。发生氧化反应的极称为阳极。在原电池中,阳极是负极,电子由负极流向正极,电流由正极流向负极。

5. 阴极

是电化学反应的一个术语。发生还原反应的极称为阴极。在原电池中,阴极是正极,电子由负极流向正极,电流由正极流向负极。

语言点

如此说来,手机和笔记本电脑的锂电池发生爆炸的风险到底有多大呢?

"如此说来"是一个固定格式,表示从上面谈到的某种情况推断出后面的情况或结论。例如:

(1)离职与失业都有可能是不得不做出的选择,据调查,平均一个人一生会换九个工作,如此说来,我们该学的是随时要有"离开"的心理准备。

(2)《禹贡》载:荆、河惟豫州。荆指荆山,河指黄河。《周礼》和《尔雅》中都说,河南曰豫州。如此说来,豫州就是现在的河南全省及湖北的荆山以北。

课堂练习

一、看拼音写汉字

　　shuāi　　　　mò　　　　　mó　　　　　xù　　　　　jiě
　　(　)减　　石(　)　　分离(　)　　积(　)　　电(　)质

二、解释下列句子中的画线词语

1. 所以,<u>鉴于</u>其低风险和巨大的优良特性,锂电池还是被广泛应用在了手机和电脑的电池上。

2. 因此,要想保存暂时不用的锂电池,除了每个月对存放电池完成一次充放电,以防止锂电<u>耗尽</u>外,建议存储温度低于15℃,并且锂电池的保存不应超过1年。

三、模仿造句

1. <u>随着</u>热量积蓄,锂电池开始出现"热失控",<u>进而</u>引发着火爆炸。

(随着……,进而……)

2. 鉴于其低风险和巨大的优良特性，锂电池还是被广泛应用在了手机和电脑的电池上。（鉴于）

3. 由于锂电池本身的性质，即使不使用，电池本身每天也会按0.2%～0.3%的比例放电。（由于……，即使……，也……）

4. 如此说来，手机和笔记本电脑的锂电池发生爆炸的风险到底有多大呢？（如此说来）

四、根据课文内容判断正误
1. 锂电池广泛应用于手机和笔记本电脑中。（　）
2. 使用锂电池没有任何危险。（　）
3. 锂电池由钴酸锂和石墨组成。（　）
4. 锂电池的安全性比较高。（　）
5. 锂电池的使用寿命为1～2年。（　）

五、名词解释
1. 钴酸锂

2. 阳极

3. 阴极

4. 分离膜

六、根据课文内容回答问题
1. 锂电池为什么会发生爆炸？
2. 使用锂电池的风险有多大？
3. 锂电池为什么会被应用在手机和电脑上？
4. 存放暂时不用的锂电池适宜的温度、保存时间是多少？
5. 锂电池的充电次数和使用寿命是多少？

课后作业

一、抄写词语，每个词语抄写三遍
二、概括课文大意

第四课

课文一

课前练习

一、根据你所学的知识，谈谈你对化肥的认识

二、选择正确词语填空

　　补给　脱贫致富　间接　经济　兼　剧烈　功不可没　释放　呼吁　调节

1. 在今天，有环境工作者_____回归"有机农业"。
2. 在农作物增产上，化肥_____。
3. 化学肥料的出现成了渴望_____的农民和贫瘠土地的救星，成了农业增产的法宝。
4. 农民以天然肥料_____作物从土地夺去的养分不能充分恢复和提高土地的肥力。
5. 从理论上来看，植物可以利用铵态氮素，并且比利用硝态氮素_____些。
6. 硝铵与易被氧化的金属粉末混合在一起，经_____摩擦、冲击能引起爆炸。
7. 硝酸铵中_____有硝态氮和铵态氮。
8. 用化学方法合成或加工而成的化肥可以有目的地利用化肥_____土壤中养分含量的比例。
9. 植物细胞中的叶绿素能利用太阳能把吸收的二氧化碳和水分化合成糖类，并_____出氧气。
10. 化肥是能直接或_____供给作物必需的营养，以提高其产量、改善其品质的一类物质。

三、根据课文内容选择正确答案

1. 碳铵占我国氮肥总产量的_____。
   A. 50%　　　　B. 40%　　　　C. 30%　　　　D. 20%
2. 化肥按其所含有的营养成分分为单元肥料和_____。
   A. 复混肥料　　B. 农家肥料　　C. 复合肥料　　D. 无机肥料

3. 无机氮肥可分为_____和硝态氮。
　　A. 铵态氮　　　　B. 硝酸铵　　　　C. 硫酸铵　　　　D. 碳酸氢铵
4. 有机氮肥可分为_____和碳肥。
　　A. 尿素　　　　　B. 农家肥　　　　C. 固体碳肥　　　D. 二氧化碳肥
5. 下列属于无机肥的是_____。
　　A. 杂草　　　　　B. 饼肥　　　　　C. 草木灰　　　　D. 硝酸铵

化　肥

很早以前农民就知道对作物[1]施[2]粪肥[3]、草木灰[4]，或与豆科植物轮作[5]，可增加土地肥力[6]，提高产量。20世纪初氨合成[7]成功后，人们用合成氨生产了大量铵盐[8]，用作植物生产所需的肥料[9]，满足了农民的需要。在今天，虽然有环境工作者呼吁[10]回归"有机农业"，但当农民以天然[11]肥料补给[12]作物从土地夺去的养分[13]不能充分恢复和提高土地的肥力时，化学肥料的出现成了渴望脱贫致富[14]的农民和贫瘠[15]土地的救星[16]，成了农业增产的法宝[17]。

化肥及其种类

化肥是能直接或间接供给[18]作物必需的营养，以提高其产量、改善其品质的一类物质，是以矿物[19]为主要原料，经化学及机械加工[20]制成的农用化学品。化肥多为含营养元素的无机盐[21]类，因而在有的资料上也称之为无机肥[22]。

化肥按其所含有的营养成分分为单元[23]肥料和复合[24]肥料。单元肥料是只含有氮、磷[25]、钾[26]等一种营养元素的化肥，例如氮肥、钾肥、磷肥等；复合肥料是几种养分以化合物形态结合在一起的化肥。

与无机肥相对应，将农家肥，如动物的粪尿、饼肥[27]、草木灰、落叶和杂草等称为有机肥。与农家肥相比，用化学方法合成或加工而成的化肥具有养分高、肥效快、贮运[28]和施用[29]方便等优点，还可以有目的地利用化肥调节土壤中养分含量的比例，促进稳产、高产。目前，化肥正向着使用方便、功能全面的复合肥和复混肥方向发展。

氮肥

氮肥分为无机[30]氮肥和有机氮肥。

1. 无机氮肥可分为铵态氮[31]和硝态氮[32]两大类。

铵态氮及硝态氮对植物的营养作用是有差别的，从理论上来看，植物可以利用铵态氮素，并且比利用硝态氮素经济[33]些。植物在吸收铵态氮和硝态氮后，在体内经光合作用[34]、呼吸作用[35]的转化可以合成氨基酸[36]和蛋白质[37]。

碳酸氢铵[38]又称碳铵，曾经是我国无机氮肥的主要品种，目前占我国氮肥总产量的50%左右。碳铵在常温下比较稳定，但敞开放置时容易分解[39]成氨、二氧化碳和水。所以碳铵的包装要结实，防止受潮，保存处要干燥通风，施用时要深施覆[40]土。

硝酸铵中兼有硝态氮和铵态氮。硝铵吸湿性强，易结块，易潮解[41]。硝铵与易被氧化[42]的金属粉末混合在一起，经剧烈摩擦[43]、冲击[44]能引起爆炸。为了防潮防爆，在硝铵的生产过程中要使其颗粒化[45]或添加稳定剂。硝铵最适于旱地和旱作物。

硫酸铵[46]性质稳定，是施用最早的氮肥品种之一，可作为标准氮肥。硫铵长期施用会在土壤中残留较多的硫酸根离子，从而增加土壤的酸度，可能引起土壤板结[47]。因此，应增施农家肥或轮换氮肥品种。

2. 有机氮肥分为尿素[48]和碳肥两种。

尿素是固体氮肥中含氮量最高的。当代尿素工业基础的反应是用二氧化碳和氨合成尿素。尿素产品之所以纯度高、杂质少，主要是因为生产原料的洁净以及生产过程的封闭。

占植物中95%的碳、氢、氧元素一般来自于空气中的二氧化碳和根部吸收的水分。植物细胞中的叶绿素[49]能利用太阳能把吸收的二氧化碳和水分化合成糖类，并释放出氧气。

二氧化碳是以气态进入植物叶片的绿色组织而被吸收的，但在敞开的环境中施加二氧化碳，因空气流动而扩散，容易造成浪费。于是，人们想到在相对封闭的空间里，如塑料大棚[50]中和玻璃温室里，施加二氧化碳肥。目前，许多地方的温室[51]里施用了碳肥，效果很不错。

施加碳肥的方法有干冰[52]深埋法、燃料燃烧法和化学反应生成法。

干冰深埋法：在温室里每平方米挖一个坑，在坑里埋入适量固体的二氧化碳——干冰，让干冰自然挥发[53]，从而使室内的二氧化碳达到一定的浓度。

燃料燃烧法：用煤或其他燃料燃烧的方法生成二氧化碳，排放到温室中。由于燃料中除含有碳元素以外，还含有其他元素，诸如[54]硫元素、氮元素等，燃料燃烧后还会生成诸如二氧化硫、硫化氢、气体有机物等有害气体，可能会对农作物产生危害。因此，燃烧产生的气体在排放到温室之前，应该先净化[55]。

化学反应生成法：是在温室内使化学物质之间发生反应，生成一定量的二氧化碳气体的施碳肥的方法。一般是选用稀硫酸和碳酸氢铵作为反应物，生成的二氧化碳气体通过排气管释放到温室中。

化肥的作用

尽管土壤通过风化作用[56]和其他自然过程会释放出一些养分，但事实上土壤释放的养分只能满足作物需要的40%～60%，其余要靠施肥来解决，在肥料中有60%～80%是依靠化肥来解决的。据联合国粮农组织调查，发展中国家粮食总产量的增加，近75%是通过提高单位面积产量而得到的。而在提高单位面积产量的诸因素中，化肥所占的比重约50%以上。

从1950年到1994年，化肥的平均年用量在逐年增多，而农作物的单产量也在逐年提高。所以，在农作物增产上，化肥功不可没。

需要指出的是，科学地施用化肥与绿色食品、无公害农产品并无冲突。化肥施用得当，对农产品的产量和品质都有好的影响，而不会引起食品的污染和安全问题。但化肥使用不当，很可能会引起土壤酸化[57]、土壤板结和水体污染。

（选自《化学与人类文明》，刘军编著，东北大学出版社，2008.7，有改动 1840字）

词 汇

1. 作物　　（名）　zuòwù　　زىرائەتلەر
2. 施　　　（动）　shī　　　بەرمەك؛ تەقدىم قىلماق؛ ھەدىيە قىلماق
3. 粪肥　　（名）　fènféi　　قىغ؛ ئوغۇت
4. 草木灰　（名）　cǎomùhuī　ئوت-چۆپ (ئوتۇن) كۈلى
5. 轮作　　（动）　lúnzuò　　نۆۋەتلەشتۈرۈپ تېرىماق؛ ئالماشتۇرۇپ تېرىماق
6. 肥力　　（名）　féilì　　قۇۋۋەت؛ كۈچ؛ مۇنبەتلىك
7. 合成　　（动）　héchéng　سىنتېزلەش
8. 铵盐　　（名）　ǎnyán　　ئاممونىي تۇزى
9. 肥料　　（名）　féiliào　ئوغۇت
10. 呼吁　（动）　hūyù　　مۇراجىئەت قىلماق
11. 天然　（形）　tiānrán　تەبىئىي
12. 补给　（动）　bǔjǐ　　تولۇقلىماق
13. 养分　（名）　yǎngfèn　ئوزۇقلۇق ماددىلار
14. 脱贫致富　tuōpín zhìfù　نامراتلىقتىن قۇتۇلماق باي بولماق؛
15. 贫瘠　（形）　pínjí　　ئۇنۇمسىز؛ قۇۋۋەتسىز
16. 救星　（名）　jiùxīng　نىجات يۇلتۇزى؛ نىجاتكار؛ قۇتۇلدۇرغۇچى

17. 法宝	（名）	fǎbǎo		ئەگۈشتەر
18. 供给	（动）	gōngjǐ		تەمىنات؛ تەمىنلەش
19. 矿物	（名）	kuàngwù		مىنېرال ماددا
20. 机械加工		jīxiè jiāgōng		ماشىنا ئىشلەپ چىقماق
21. 无机盐	（名）	wújīyán		ئانئورگانىك تۇز
22. 无机肥	（名）	wújīféi		ئانئورگانىك ئوغۇت
23. 单元	（形）	dānyuán		يېلىمېنت؛ بىرلىك؛ بۆلەك
24. 复合	（动）	fùhé		بىرىكىش؛ قوشۇلۇش
25. 磷	（名）	lín		P فوسفور
26. 钾	（名）	jiǎ		K كالىي
27. 饼肥	（名）	bǐngféi		كۈنجۈرە ئوغۇت
28. 贮运	（动）	zhùyùn		ساقلاش ۋە توشۇش
29. 施用	（动）	shīyòng		ئىشلەتمەك؛ ئىشقا سالماق؛ بەرمەك
30. 无机	（形）	wújī		ئانئورگانىك
31. 铵态氮		ǎntàidàn		ئاممونىي ھالەتدىكى ئازوت
32. 硝态氮		xiāotàidàn		نىترات ھالەتدىكى ئازوت
33. 经济	（形）	jīngjì		ئىقتىساد؛ ئۈنۈملۈك؛ تېجەشلىك؛ ئەرزان
34. 光合作用		guānghé-zuòyòng		فوتوسىنتېز رولى
35. 呼吸作用		hūxī-zuòyòng		نەپەسلىنىش رولى
36. 氨基酸	（名）	ānjīsuān		ئامىنو كىسلاتا
37. 蛋白质	（名）	dànbáizhì		ئاقسىل
38. 碳酸氢铵	（名）	tànsuānqīng'ǎn		ئاممونىي ھىدرو كاربونات
39. 分解	（动）	fēnjiě		پارچىلاپ؛ پارچىلىنىش
40. 覆	（动）	fù		ياپماق؛ قاپلىماق؛ پۈركەمەك
41. 潮解	（动）	cháojiě		ئېرىمەك؛ نەملىكتىن پارچىلانماق
42. 氧化	（动）	yǎnghuà		ئوكسىدلىنىش
43. 摩擦	（动）	mócā		سۈركىلىش
44. 冲击	（动）	chōngjī		ئۇرۇلماق؛ زەربە بەرمەك؛ ھۇجۇم قىلماق
45. 颗粒化		kēlìhuà		دانچىلىشىش

46. 硫酸铵	（名）	liúsuān'ǎn		ئاممۇنىي سۇلفات
47. 板结	（动）	bǎnjié		قېتىپ قېلىش؛ قاتتىقلىشىش؛ تاتىراڭلىشىش؛ قاتقلاق
48. 尿素	（名）	niàosù		ئۇربىيە
49. 叶绿素	（名）	yèlǜsù		خلوروفىل
50. 大棚	（名）	dàpéng		لاپاس؛ ساتما؛ چەللە
51. 温室	（名）	wēnshì		پارنىك
52. 干冰	（名）	gānbīng		قۇرۇق مۇز
53. 挥发	（动）	huīfā		پارلىنىش؛ ئۇچۇش
54. 诸如	（动）	zhūrú		مەسىلەن؛ ئالايلۇق
55. 净化	（动）	jìnghuà		تازىلاش؛ پاكىزلىنىش
56. 风化作用		fēnghuà zuòyòng		يەمىرىلىش
57. 酸化	（动）	suānhuà		كىسلاتالىنىش

词语解释

1. 肥力

指土壤肥沃的程度。土壤肥力是一种天然的能力，并非施了化肥才具有肥力。它是指能同时并不断地供应和调节植物在生长过程中所需的水分、养分、空气和热量的能力。

2. 铵盐

氨与酸反应的生成物都是由铵离子和酸根离子构成的离子化合物，这类化合物称为铵盐。

3. 矿物

由地质作用所形成的天然单质或化合物。它们具有相对固定的化学组成，呈固态者还具有确定的内部结构；它们在一定的物理化学条件范围内稳定，是组成岩石和矿石的基本单元。

4. 复混肥

复混肥料的简称。就是含有多种植物所需矿物质元素或其他养分的肥料。

5. 铵态氮

以铵离子（NH_4^+）形态存在于土壤、植物和肥料中的氮素，常用符号 NH_4^+-N 表示。

6. 硝态氮

指硝酸盐中所含有的氮元素。水和土壤中的有机物分解生成铵盐，被氧化后变为硝态氮。硝态氮易溶于水，溶水后降低水温；硝态氮易燃、易爆、易吸潮。许多水溶性肥料中含有硝态氮。

7. 光合作用

即光能合成作用，是植物、藻类和某些细菌，在阳光的照射下，经过光反应和碳反应，利用光合色素，将二氧化碳（或硫化氢）和水转化为有机物，并释放出氧气（或氢气）的生化过程。

8. 呼吸作用

生物体内的有机物在细胞内经过一系列的氧化分解，最终生成二氧化碳或其他产物，并且释放出能量的总过程，叫作呼吸作用。呼吸作用是生物体在细胞内将有机物氧化分解并产生能量的化学过程，是所有的动物和植物都具有的一项生命活动。

9. 氨基酸

含有氨基和羧基的一类有机化合物的通称。是生物功能大分子蛋白质的基本组成单位，是构成动物营养所需蛋白质的基本物质。

10. 潮解

有些晶体能自发吸收空气中的水蒸气，在它们的固体表面逐渐形成饱和溶液，它的水蒸气压若是低于空气中的水蒸气压，则平衡向着潮解的方向进行，水分子向物质表面移动。这种现象叫作潮解。

11. 稳定剂

能增加溶液、胶体、固体、混合物的稳定性的化学物都叫稳定剂。它可以减慢反应，保持化学平衡，降低表面张力，防止光、热分解或氧化分解等。

12. 板结

农业术语。指土壤因缺乏有机质，在降雨或灌水后变硬结块。

13. 风化作用

指地表或接近地表的坚硬岩石、矿物与大气、水及生物接触过程中发生物理、化学变化而在原地形成松散堆积物的全过程。根据风化作用的因素和性质可将其分为三种类型：物理风化作用、化学风化作用、生物风化作用。

语言点

从理论上来看，植物可以利用铵态氮素，并且比利用硝态氮素经济些。

"从……来看（看、看来、来说、说来）"表示论述的角度、着眼点或依据、凭借。"从"后多为名词、名词性短语。例如：

（1）从很多国家的公务员购买商业保险的事实来看，他们一生都拥有很多保单。到了晚年，没有人会因年轻时买了很多保险而后悔。

（2）从这个角度来看，足球队老将退役、新手上阵，都是积极的，有发展的。

课堂练习

一、看拼音写汉字

（ tuō ）贫致富　　（ shī ）用　　（ lún ）作　　（ cháo ）解

功不可（ mò ）　　板（ jié ）　　补（ jǐ ）　　（ kuàng ）物

二、解释下列句子中画线的词语

1. 与无机肥<u>相对应</u>，将农家肥，如动物的粪尿、饼肥、草木灰、落叶和杂草等称为有机肥。
2. 碳铵在常温下比较稳定，但<u>敞开</u>放置时容易分解成氨、二氧化碳和水。
3. 硫铵长期施用会在土壤中<u>残留</u>较多的硫酸根离子，从而增加土壤的酸度，可能引起土壤板结。
4. 尿素产品之所以<u>纯度</u>高、杂质少，主要是因为生产原料的洁净以及生产过程的封闭。
5. 在温室里每平方米挖一个坑，在坑里埋入适量固体的二氧化碳——干冰，让干冰自然<u>挥发</u>，从而使室内的二氧化碳达到一定的浓度。
6. 需要指出的是，科学地施用化肥与绿色食品、无公害农产品并无<u>冲突</u>。

三、模仿造句

1. <u>与</u>无机肥<u>相对应</u>，将农家肥，如动物的粪尿、饼肥、草木灰、落叶和杂草等称为有机肥。　　　　　　　　　　　　　　　　　　　（与……相对应）
2. <u>与</u>农家肥<u>相比</u>，用化学方法合成或加工而成的化肥具有养分高、肥效快、贮运和施用方便等优点。　　　　　　　　　　　　　　（与……相比）
3. <u>从</u>理论上<u>来看</u>，植物可以利用铵态氮素，并且比利用硝态氮素经济些。
　　　　　　　　　　　　　　　　　　　　　　　　　　　（从……来看）
4. 硫铵长期施用会在土壤中残留较多的硫酸根离子，<u>从而</u>增加土壤的酸度，可能引起土壤板结。　　　　　　　　　　　　　　　　　　　（从而）
5. 在敞开的环境中施加二氧化碳，<u>因</u>空气流动<u>而</u>扩散，容易造成浪费。
　　　　　　　　　　　　　　　　　　　　　　　　　　　（因……而……）

四、根据课文内容判断正误

1. 硝铵最适于旱地。　　　　　　　　　　　　　　　　　　　　（　）
2. 硝酸铵是施用最早的氮肥。　　　　　　　　　　　　　　　　（　）
3. 施加碳肥的方法有两种。　　　　　　　　　　　　　　　　　（　）
4. 化学反应生成法是在温室内使化学物质内部发生反应，生成一定量的二氧化碳气体的施碳肥的方法。　　　　　　　　　　　　　　　　　　（　）

5. 土壤释放的养分能够满足作物的需要。　　　　　　　　（　）

6. 要想提高粮食单位产量全靠化肥。　　　　　　　　　　（　）

五、名词解释

1. 肥力

2. 复混肥

3. 风化作用

4. 颗粒化

5. 潮解

六、根据课文内容回答问题

1. 什么是化肥？

2. 化肥可分为哪几类？分别是什么？

3. 氮肥可分为哪几类？分别是什么？

4. 什么是碳铵？有什么特点？

5. 硝铵有什么特点？

6. 尿素为什么纯度高，杂质少？

7. 施加碳肥的方法有哪几种？

8. 化肥的施用问题会造成什么影响？

课后作业

一、抄写词语，每个词语抄写三遍

二、概括课文大意

课文二

课前练习

一、根据你所学的知识，谈谈哪些物质溶于水时会放热，哪些物质溶于水时会吸热

二、选择正确词语填空

盛　溶解　沸腾　均匀　沉　生成　浮　无意　搅拌　混合

1. 小明进来了，他_____中用手摸了一下烧杯的外壁，感觉烧杯外壁很烫。
2. 他在一个100毫升的烧杯中，_____了30毫升20℃的水。
3. 溶质的分子或离子要通过扩散分散到溶剂分子里去，形成_____的溶液。
4. 这样，溶液的温度是慢慢上升的，不会使水_____溅出。
5. 这是由于浓硫酸的比重比水大得多，如果把水倒进硫酸里，水就_____在上面。
6. 把硫酸慢慢地倒进水里，硫酸比水重，逐渐_____到下层。
7. 溶质的分子或离子有一部分要和溶剂的分子发生化合反应，_____溶剂合物。
8. 他在一个100毫升的烧杯中，盛了30毫升20℃的水，用小量筒量了10毫升20℃的浓硫酸，慢慢地倒入水中，同时不停地_____。
9. 浓硫酸和水_____的操作步骤，有一点特别的地方，就是一定要把浓硫酸倒进水里，绝不允许把水往硫酸里倒。
10. 听了爸爸对物质_____吸热或放热的理论解释后，小明告诉爸爸："我一定要好好儿学习化学，像爸爸一样有学问。"

三、根据课文内容选择正确答案

1. 浓硫酸和水混合的正确操作是_____。
   A. 硫酸倒进水里
   B. 水往硫酸里倒
   C. 硫酸倒进水里或水往硫酸里倒都可以
   D. 以上都不对

2. 浓硫酸和水混合，溶液温度会_____。
   A. 升高　　　　B. 降低　　　　C. 不变　　　　D. 不清楚

3. 溶于水会吸收热量的是_____。
   A. 硫酸　　　　B. 硝酸铵　　　C. 氢氧化钾　　D. 氢氧化钠

听爸爸讲"秘密"

一天，小明的爸爸在实验室里做实验。他在一个100毫升的烧杯[1]中，盛[2]了30毫升20℃的水，用小量筒量了10毫升20℃的浓硫酸[3]，慢慢地倒入水中，同时不停地搅拌[4]。

正在这时，小明进来了，他无意中用手摸了一下烧杯的外壁，感觉烧杯外壁很烫。

咦？硫酸倒进水里，为什么温度升高了？

聪明好学的小明缠着爸爸，要他讲讲这其中的"秘密"。

爸爸抚摸着小明的头，认真地说："20℃的硫酸倒进20℃的水里，也没有加热，为什么温度升高了？这是因为，浓硫酸溶解[5]进水里变成稀[6]硫酸时，要释放大量的热，正是这部分热量，使溶液[7]的温度升高了。"

爸爸又告诉小明："浓硫酸和水混合[8]的操作步骤，有一点特别的地方，就是一定要把浓硫酸倒进水里，绝不允许把水往硫酸里倒。这是由于浓硫酸的比重比水大得多，如果把水倒进硫酸里，水就浮[9]在上面，浓硫酸和水发生溶解反应时放出的大量的热，会使水沸腾[10]起来，带着硫酸液滴四处飞溅，溅到皮肤上、衣服上，容易发生危险。反过来，把硫酸慢慢地倒入水里，硫酸比水重，逐渐沉[11]到下层，通过搅拌，分散[12]到溶液的各部分，和水发生溶解反应放出的热量，也均匀[13]地分配到整个溶液。这样，溶液的温度是慢慢上升的，不会使水沸腾溅出。"

爸爸还告诉小明："除了硫酸以外，有些物质溶于水时也放出热量。例如苛性钠[14]（氢氧化钠）和苛性钾[15]（氢氧化钾）溶于水时也放出大量的热。50克氢氧化钠溶于水变成稀溶液时，能放出11.5千卡的热量呢！"

爸爸接着说："与硫酸相反，也有许多物质溶于水时吸热，使溶液的温度降低。例如80克硝酸铵溶于水变成稀溶液时，要吸收6千卡的热量，使溶液的温度大大下降。"

爸爸最后告诉小明："物质溶于水放热或吸热，是个复杂的过程。一方面，溶质[16]的分子或离子要通过扩散分散到溶剂分子里去，形成均匀的溶液，这个过程是需要吸收热量的；另一方面，溶质的分子或离子有一部分要和溶剂的分子发生化合反应，生成[17]溶剂合物，如果溶剂是水，则生成水合[18]分子或水合离子，这个过程是要放出热量的。因此，溶解时放热还是吸热，要看哪一方面占优势，如果生成溶剂合物时放出的热量超过溶质扩散时吸收的热量，整个溶解过程就是放热的，反之，溶解过程就是吸热的。"

听了爸爸对物质溶解吸热或放热的理论解释后,小明告诉爸爸:"我一定要好好儿学习化学,像爸爸一样有学问。"

爸爸高兴地拍了拍小明的头。

(选自《中外化学故事》,吴伟丽编著,中州古籍出版社,2012.12,有改动　936字)

词　汇

1. 烧杯	(名)	shāobēi		كولبا
2. 盛	(动)	chéng		قاچىلماق؛ قۇيماق
3. 浓硫酸		nóng liúsuān		قويۇق سۆلفات كىسلاتاسى
4. 搅拌	(动)	jiǎobàn		ئارىلاشتۇرماق
5. 溶解	(动)	róngjiě		ئېرىمەك؛ ئېرىتمەك
6. 稀	(形)	xī		شالاڭ؛ سۇيۇق
7. 溶液	(名)	róngyè		ئېرىتمە
8. 混合	(动)	hùnhé		ئارىلاش؛ ئارىلاشتۇرماق
9. 浮	(动)	fú		لەيلىمەك
10. 沸腾	(动)	fèiténg		قايناش
11. 沉	(动)	chén		چۆكمەك؛ چۆكۈپ كەتمەك
12. 分散	(动)	fēnsàn		تارقاق؛ تارقىلىش
13. 均匀	(形)	jūnyún		بىر خىل؛ بىردەك؛ تەكشى
14. 苛性钠	(名)	kēxìngnà		ناترىي گىدروكسىد
15. 苛性钾	(名)	kēxìngjiǎ		كالىي گىدروكسىد
16. 溶质	(名)	róngzhì		ئېرىگۈچى؛ ئېرىگۈچى ماددا
17. 生成	(动)	shēngchéng		ھاسىل قىلىش
18. 水合	(动)	shuǐhé		گىدرات؛ گىدراتلىشىش

词语解释

1. 比重

也称相对密度,指物质的重量和它的体积的比值。简写为 s.g.。

2. 溶质

溶液中被溶剂溶解的物质。溶质可以是固体(如溶于水中的糖和盐等)、液体(如溶于水中的酒精等）或气体（如溶于水中的氯化氢气体等）。一般来说，溶液中相对较多的那种物质称为溶剂，而相对较少的物质称为溶质。

3. 溶剂

是一种可以溶化固体、液体或气体溶质的液体，继而成为溶液。在日常生活中最普遍的溶剂是水。

4. 水和分子

有些物质溶于水，它的分子（或原子）跟水分子结合生成水合分子。

5. 水和离子

在电解质溶液里，离子跟水分子结合生成的带电微粒叫水合离子。

语言点

一方面，溶质的分子或离子要通过扩散分散到溶剂分子里去，形成均匀的溶液，这个过程是需要吸收热量的；另一方面，溶质的分子或离子有一部分要和溶剂的分子发生化合反应，生成溶剂合物。

"一方面……，另一方面……"这一格式表示一种并列关系，各分句分别叙述或描写一件事情。例如：

（1）一方面我们要肯定工作中的成绩，另一方面我们也要指出工作中的不足。

（2）自治区领导来我校，一方面为了了解情况，另一方面是想听取大家的意见。

课堂练习

一、看拼音写汉字

步（zhòu　） 　（fèi　）腾　 （jiǎo　）拌　 （kēxìng　）钠　 飞（jiàn　）

二、解释下列句子中画线的词语

1. 聪明好学的小明<u>缠</u>着爸爸，要他讲讲这其中的"秘密"。

2. 这是由于浓硫酸的<u>比重</u>比水大得多。

3. 浓硫酸和水发生溶解反应时放出的大量的热，会使水沸腾起来，带着硫酸液滴四处<u>飞溅</u>，溅到皮肤上、衣服上，容易发生危险。

4. 因此，溶解时放热还是吸热，要看哪一方面占<u>优势</u>。

三、模仿造句

1. <u>正是</u>这部分热量，使溶液的温度升高了。　　　　　　　　　　　（正是）

2. 这是<u>由于</u>浓硫酸的比重比水大得多，<u>如果</u>把水倒进硫酸里，水<u>就</u>浮在上面，浓硫酸和水发生溶解反应时放出的大量的热，会使水沸腾起来，带着硫酸液滴四处飞溅，溅到皮肤上、衣服上，容易发生危险。　　　（由于……，如果……，就……）

3. 如果溶剂是水，则生成水合分子或水合离子，这个过程是要放出热量的。
　　　　　　　　　　　　　　　　　　　　　　　　　　（如果……，则……）

4. 一方面，溶质的分子或离子要通过扩散分散到溶剂分子里去，形成均匀的溶液，这个过程是需要吸收热量的；另一方面，溶质的分子或离子有一部分要和溶剂的分子发生化合反应，生成溶剂合物。　　　　（一方面……，另一方面……）

四、根据课文内容判断正误

1. 水倒进硫酸里会使溶液温度升高。　　　　　　　　　　　　　　（　）
2. 硝酸铵溶于水时，会使溶液的温度下降。　　　　　　　　　　　（　）
3. 如果生成溶剂合物时放出的热量超过溶质扩散时吸收的热量，整个溶解过程是吸热的。　　　　　　　　　　　　　　　　　　　　　　　　　　（　）
4. 浓硫酸的比重比水大。　　　　　　　　　　　　　　　　　　　（　）

五、名词解释

1. 水合分子

2. 水合离子

3. 溶质

4. 溶剂

六、根据课文内容回答问题

1. 为什么浓硫酸和水混合后，溶液的温度会升高？
2. 水倒进浓硫酸后会有什么情况发生？
3. 物质溶于水放热或吸热的过程是怎样的？

课后作业

一、抄写词语，每个词语抄写三遍
二、概括课文大意

课文三

课前练习

一、结合你所学的知识,谈谈化学在给我们创造巨大物质财富的同时,给我们赖以生存的环境造成了哪些污染

二、选择正确词语填空

赖以　介质　工艺　源头　审视　经济性　治本　推动　必由之路　新兴

1. 绿色化学就是应用化学的技术和_____去减少或消除那些对人类健康和生态环境有害的物质的使用和产生。
2. 绿色化学是一门从_____上防止环境污染的_____学科分支。
3. 绿色化学使我们对环境的治理从治标转向_____。
4. 化学在给人类创造巨大物质财富的同时,也对我们_____生存的环境造成了一定的污染。
5. 化学家在重新考虑和设计化学反应,使所选用的原料、反应试剂、催化剂、_____等均符合环境保护的要求。
6. 绿色化学已经成为一门重要的化学学科分支,是人类追求可持续发展的_____。
7. 绿色化学是更高层次的化学,它的突出特点是原子_____。
8. 发展绿色化学就是从节约资源和防止污染的观点来重新_____和改革现在的整个化学和化工。
9. 美国在 1996 年设立了总统绿色化学挑战奖,以_____社会各界进行化学污染预防和工业生态学研究。

三、根据课文内容选择正确答案

1. 绿色化学的突出特点是_____。
   A. 清洁化学　　B. 原子经济性　　C. 环境友好化学　　D. 环境无害化学
2. 化学家在重新考虑和设计化学反应,使所选用的原料、反应试剂、催化剂、介质以及所产生的_____和产品均符合环境保护的要求,即使化学过程成为环境友好的绿色过程。
   A. 产物　　　　B. 溶剂　　　　C. 副产物　　　　D. 中间体

绿色化学

化学在给人类创造巨大物质财富的同时，也对我们赖以生存的环境造成了一定的污染。因此，化学家在重新考虑和设计化学反应[1]，使所选用的原料[2]、反应试剂、催化剂、介质[3]以及所产生的中间体[4]和产品均符合环境保护的要求，即使化学过程成为环境友好的绿色过程。绿色化学又称环境无害化学、环境友好化学、清洁化学。绿色化学就是应用化学的技术和工艺[5]去减少或消除那些对人类健康、社区安全和生态环境有害的原料、催化剂、溶剂和试剂、产物[6]、副产物等的使用和产生。绿色化学的理想和目标是不再使用有毒、有害的物质，不再产生废物，是一门从源头[7]上防止环境污染的新兴[8]学科分支[9]。发展绿色化学就是从节约资源和防止污染的观点来重新审视[10]和改革现在的整个化学和化工。绿色化学是更高层次的化学，它的突出特点是原子经济性，即在获取新物质的化学过程中充分利用每个原料原子，实现"零排放"，既充分利用资源又不产生污染，从而使我们对环境的治理从治标[11]转向治本[12]。为此，美国在1996年设立了总统绿色化学挑战奖，以推动社会各界进行化学污染预防和工业生态学研究，鼓励支持重大的、创造性的科学技术突破，奖励在利用化学原理从根本上减少化学污染方面的科学成就。日本以及欧洲、拉美国家也都在环境无害制造技术、减少环境污染技术等方面建立了大量的绿色化学研究机构。总之，绿色化学已经成为一门重要的化学学科分支，是人类追求可持续发展[13]的必由之路[14]。

（选自《化之道：化学卷》，陈德展主编，山东科学技术出版社，2009.5，有改动　573字）

词　汇

1. 反应	（动）	fǎnyìng	رېئاكسىيە
2. 原料	（名）	yuánliào	خام ماتېرىيال؛ خام ئەشيا
3. 介质	（名）	jièzhì	ۋاستىچى ماددا؛ مۇھىت؛ دىئېلېكترىك
4. 中间体	（名）	zhōngjiāntǐ	ئارىلىق ماددا
5. 工艺	（名）	gōngyì	قول ھۈنەر؛ ھۈنەر-سەنئەت
6. 产物	（名）	chǎnwù	مەھسۇلات؛ ھاسىلات؛ مەھسۇل
7. 源头	（名）	yuántóu	بۇلاق؛ مەنبە
8. 新兴	（形）	xīnxīng	يېڭىدىن گۈللەنگەن

9. 分支	（名）	fēnzhī	تارماق؛ شاخلانما تارماق
10. 审视	（动）	shěnshì	تەپسىلىي قاراپ چىقماق؛ سىنچىلاپ قاراپ چىقماق؛ دىققەت بىلەن قاراپ چىقماق
11. 治标	（动）	zhìbiāo	ۋاقىتلىق؛ ۋاقىتىنچە چارە
12. 治本	（动）	zhìběn	تۈپتىن ھەل قىلماق؛ تۈپتىن تۈزگەنلىمەك؛ تۈپتىن تۈزىمەك؛ تۈپ ئاساسىدىن ئۆگشماق
13. 可持续发展		kěchíxù fāzhǎn	ئىمكانىيەتلىك سىجىل تەرەققىيات ئىستراتېگىيىسى
14. 必由之路		bìyóuzhīlù	مۇقەررەر يول؛ بېسىپ ئۆتۈشكە تېگىشلىك يول

词语解释

1. 介质

物理学名词。一种物质存在于另一种物质内部时，后者就是前者的介质；某些波状运动（如声波、光波等）借以传播的物质叫作这些波状运动的介质。

2. 工艺

是劳动者利用生产工具对各种原材料、半成品进行增值加工或处理，最终使之成为制成品的方法与过程。

3. 分支

从一个系统、主体、学科或家族分出之部分。如：拓扑学在泛函分析、微分几何、微分方程和其他许多数学分支中都有应用。

4. 新兴

新近建立的；处在生长或发展时期的。例如：

（1）当我们的汽车进入峡谷的时候，一座新兴城镇就展现在我们面前。

（2）这将是一个新兴的市场。

5. 可持续发展

可持续发展是一种注重长远发展的经济增长模式，最初于1972年提出，指既满足当代人的需求，又不损害后代人满足其需求的能力，是科学发展观的基本要求之一。

语言点

化学在给人类创造巨大物质财富的同时，也对我们赖以生存的环境造成了一定的污染。

"在……的同时，也（还）……"表示两种情况同时存在。例如：

（1）这次暑假班根据报考研究生的需要，在开设英语课的同时，也开设了政治课。

（2）汽车在方便人们出行的同时，也污染了环境。

课堂练习

一、看拼音写汉字

新（ xīng ） （ yuán ）头 （ fù ）产物 治（ biāo ） 分（ zhī ）

二、解释下列句子中画线的词语

1. 发展绿色化学就是从节约资源和防止污染的观点来重新<u>审视</u>和改革现在的整个化学和化工。
2. 绿色化学是更高层次的化学，它的突出特点是<u>原子经济性</u>。
3. 绿色化学既充分利用资源又不产生污染，从而使我们对环境的<u>治理</u>从治标转向治本。
4. 美国在1996年设立了总统绿色化学挑战奖，以推动社会各界进行化学污染预防和工业生态学研究，鼓励支持重大的、创造性的科学技术突破。
5. 化学在给人类创造巨大物质财富的同时，也对我们<u>赖以</u>生存的环境造成了一定的污染。

三、模仿造句

1. 化学<u>在</u>给人类创造巨大物质财富<u>的同时</u>，<u>也</u>对我们赖以生存的环境造成了一定的污染。（在……的同时，也……）
2. 绿色化学是更高层次的化学，它的突出特点是原子经济性，即在获取新物质的化学过程中充分利用每个原料原子，实现"零排放"，<u>既</u>充分利用资源<u>又</u>不产生污染，<u>从而</u>使我们对环境的治理从治标转向治本。（既……，又……，从而……）

四、根据课文内容判断正误

1. 化学既给人类带来了好处，又给环境造成了污染。　　　　　　　（　）
2. 绿色化学就是清洁化学。　　　　　　　　　　　　　　　　　　（　）
3. 绿色化学是化学学科的分支。　　　　　　　　　　　　　　　　（　）
4. 美国1996年设立了绿色化学挑战奖。　　　　　　　　　　　　　（　）

五、名词解释

1. 介质

2. 工艺

3. 新兴学科

4. 可持续发展

六、根据课文内容回答问题
　　1. 什么是绿色化学？
　　2. 绿色化学的理想和目标是什么？
　　3. 怎样发展绿色化学？
　　4. 绿色化学的突出特点是什么？
　　5. 美国在 1996 年设立了什么奖？为什么要设立此奖项？

课后作业

一、抄写词语，每个词语抄写三遍
二、概括课文大意

第五课

课文一

课前练习

一、你知道什么是元素周期表吗?

二、选择正确词语填空

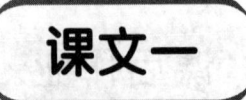

几经　寻找　相似　提供　表现　利用

1. 碱金属是金属性极强的元素,其单质也是典型的金属,(　　)出极强的导电、导热性。
2. 这就是(　　)氧化钙这一种碱性氧化物的碱性,跟二氧化硅这一酸性氧化物的酸性,从而能够化合生成硅酸钙的原理来造釉的。
3. 1859年,本生和另一位德国物理学家基尔霍夫发明了分光镜,人们开始用它来(　　)未知元素。
4. 它们的化学性质极为(　　),它们的原子量一个比一个大,化学活动性一个比一个强。
5. 根据五种性质相似的金属元素的原子量大小和性质上的差别,跟别的元素进行对比,给科学家为元素的分类(　　)了极有价值的材料。
6. 这种元素分类系统表,(　　)补充和修改,成了举世皆知的元素周期表。

三、根据课文内容选择正确答案

1. 下列哪种元素并不存在于自然界?
   A. 钫　　　　B. 铷　　　　C. 锂　　　　D. 钾
2. 氧化钙和二氧化硅能够化合生成_____。
   A. 氯化锂　　B. 生石灰　　C. 硅酸钙　　D. 氢氧化钙
3. 被称为"石头中的隐士"的是_____。
   A. 铯　　　　B. 锂　　　　C. 钾　　　　D. 铯

4. 分光镜的发明时间是_____。
   A. 1869　　　　　B. 1870　　　　　C. 1860　　　　　D. 1859
5. 以下属于放射性元素的是_____。
   A. 锂　　　　　　B. 钫　　　　　　C. 铷　　　　　　D. 铯

碱金属[1]集合

　　碱金属指的是元素周期表ⅠA族元素中所有的金属元素，目前共计锂、钠、钾、铷、铯、钫6种，前5种存在于自然界，钫只能由核反应产生，自然界不存在。碱金属是金属性极强的元素，其单质[2]也是典型的金属，表现出极强的导电[3]、导热[4]性。

　　我国远古时代，人们在生活和生产实践[5]中，早就使用有碱性的物质来进行一些特殊的反应了，如给陶瓷[6]制品[7]上釉[8]，配料[9]时多用生石灰[10]，跟瓷土调成浆后，实为氧化钙的生石灰会跟水反应生成氢氧化钙[11]，干后烧成时，氢氧化钙在高温下分解[12]为氧化钙的同时，跟瓷土中的二氧化硅[13]反应生成熔点[14]较低的硅酸钙[15]，冷却后便形成光滑不透水的釉。这就是利用氧化钙这一种碱性氧化物的碱性，跟二氧化硅这一酸性氧化物的酸性，从而能够化合生成硅酸钙的原理来造釉的，只是他们在做时，头脑里还没有酸和碱的概念。

　　欧洲早些时候，也是把所有的碱性物质泛指为碱，后来又把碱性物质分为温和碱[16]、苛性碱[17]。钾、钠都是在1807年发现的。10年后，瑞典的化学家阿尔费德森研究一种矿石[18]时，发现其中含有一种类似于钾、钠的元素，就想把它制成金属，但没有成功。戴维得知这一消息后，用了极强大的电流，才制出极少一点儿金属，后来它被起名叫"石头中的隐士[19]"，汉语的音译名称叫"锂"。直到1855年有人用熔融的氯化锂电解[20]，才得到了较多的金属锂，方有条件来研究它的性质。

　　1859年，本生和另一位德国物理学家基尔霍夫发明了分光镜，人们开始用它来寻找未知[21]元素，本生就用了这台仪器，于1860年发现了元素铯，数月之后又发现了元素铷。锂、钠、钾、铷、铯五种性质相似的金属元素，前后用了50多年的时间，都相继被发现了。它们的化学性质极为相似，它们的原子量一个比一个大，化学活动性一个比一个强。从原子量大小和性质上的差别，跟别的元素进行对比，给科学家为元素的分类提供了极有价值的材料。后来，又有人找出多种元素的原子量和元素性质的关系。直到1869年，俄国化学家门捷列夫发表了他所编制的第一张元素周期表，在这张表里，就把锂、钠、钾、铷、铯排在一行中了。这种元素分类系统表，几经补充和修改，成了举世皆知[22]的元素周期表，锂、钠、钾、铷、铯位居其中的第一个纵行，最下面又加上一种放射性元素钫。这六种元素，除了化学性质一个比一个更活泼外，它们的氢氧化物都是易溶于水，苛性最强的碱，所以把它们统称为碱金属，而对元素周期表来说，这一纵行的名称叫作碱金属元素族。

（选自《体验化学神奇》，宁正新主编，中央编译出版社，2010.5，有改动　959字）

词　汇

1. 碱金属	（名）	jiǎnjīnshǔ	ئىشقارىي مېتاللار
2. 单质	（名）	dānzhì	ئاددىي ماددا
3. 导电	（动）	dǎodiàn	توك ئۆتكۈزۈش
4. 导热	（动）	dǎorè	ئىسسىقلىق ئۆتكۈزۈش
5. 实践	（动）	shíjiàn	ئەمەلىيەت، پراكتىكا
6. 陶瓷	（名）	táocí	ساپال ۋە فارفور
7. 制品	（名）	zhìpǐn	بۇيۇم؛ مال؛ مەھسۇلات
8. 上釉		shàng yòu	ساپال سىرلاش
9. 配料	（动）	pèiliào	ئارىلاشما ماتېرىيال؛ تەڭشەلگەن ماتېرىيال
10. 生石灰	（名）	shēngshíhuī	ئۆچۈرۈلمىگەن ھاك
11. 氢氧化钙	（名）	qīngyǎnghuàgài	كالتسىي ھىدروكسىد
12. 分解	（动）	fēnjiě	پارچىلاش
13. 二氧化硅	（名）	èryǎnghuàguī	سىلتسىي (4) ئوكسىد
14. 熔点	（名）	róngdiǎn	سۇيۇقلىنىش نوقتىسى؛ بالقىش نوقتىسى
15. 硅酸钙	（名）	guīsuāngài	كالتسىي سىلىكات
16. 温和碱	（名）	wēnhéjiǎn	مۆتىدىل ئىشقار
17. 苛性碱	（名）	kēxìngjiǎn	كائۇستىك ئىشقار؛ ئۇيغۇچى ئىشقار؛ ئۇيغۇچى گىدروكسىدلار
18. 矿石	（名）	kuàngshí	رۇدا؛ مەدەن
19. 隐士	（名）	yǐnshì	دەرۋىش؛ زاھىد؛ تەركىدۇنيا بولغان ئادەم
20. 电解	（动）	diànjiě	ئېلېكتروليز، ئېلېكترولىزلىماق
21. 未知		wèi zhī	نامەلۇم
22. 举世皆知		jǔshì-jiēzhī	ھەممىگە ئايان؛ ھەممىگە مەلۇم

词语解释

1. IA 族元素

元素周期表中 IA 族元素包括锂（Li）、钠（Na）、钾（K）、铷（Rb）、铯（Cs）、钫（Fr）六种元素，由于钠和钾的氢氧化物是典型的碱，因此又称碱金属。

2. 核反应

指粒子（如中子、光子、π介子等）或原子核与原子核之间的相互作用引起的各种变化。

3. 金属性

指在化学反应中原子、分子或离子失去电子的能力。失电子能力越强的粒子所属的元素金属性就越强；反之越弱，而其非金属性就越强。

4. 单质

单质一定是纯净物，由同一种元素组成的纯净物是单质，比如铜（Cu）、铁（Fe）、氮气（N_2）、氢气（H_2）、氧气（O_2）等。

5. 导电性

指物体传导电流的能力。各种金属的导电性各不相同，通常银的导电性最好，其次是铜和金。

6. 导热性

指物质传导热量的性能。一般说导电性好的材料，其导热性也好。若某些零件在使用中需要大量吸热或散热时，则要用导热性好的材料。

7. 熔点

是固体将其物态由固态转变（熔化）为液态的温度。进行相反动作（即由液态转为固态）的温度，称之为凝固点。大多数情况下一个物体的熔点就等于凝固点。

8. 熔融

指温度升高时，分子的热运动的动能增大，导致结晶（جەۋھەر，كرىستال）破坏，物质由晶相变为液相的过程。发生熔融的温度叫熔点或熔融温度。

9. 电解

将电流通过电解质（ئېلېكترولىت，在水溶液或熔化状态下能导电的化合物）溶液或熔融态物质（又称电解液），在阴极和阳极上引起氧化还原反应的过程。

10. 苛性碱

苛性碱是碱金属及一价银、一价铊对应氢氧化物的统称，比如氢氧化钠、氢氧化钾、氢氧化铷等。因为它们的水溶液或其他溶液对皮毛、皮肤、纸张等具有强烈腐蚀作用，因而得"苛性"之名。

语言点

它们的化学性质极为相似，它们的原子量一个比一个大，化学活动性一个比一个强。

"一个比一个"这一格式用于比较，表示程度愈来愈深。例如：

（1）这些宝石的品质极为不错，颜色一个比一个鲜艳，光泽一个比一个靓丽。

（2）这几辆二手车的性价比极高，车价一个比一个便宜，车况一个比一个好。

课堂练习

一、看拼音写汉字

（　）金属　　陶（　jiǎn　）　　上（　cí　）　　（　yóu　）点

（　guī　）酸钙　　（　kē　）性钾　　金属（　lǐ　）

二、解释下列句子中画线的词语

1. 氢氧化钙在高温下分解为氧化钙的同时，跟瓷土中的二氧化硅反应生成熔点较低的硅酸钙，冷却后便形成光滑不透水的釉。

2. 欧洲早些时候，也是把所有的碱性物质泛指为碱。

3. 直到1855年有人用熔融的氯化锂电解，才得到了较多的金属锂，方有条件来研究它的性质。

4. 五种性质相似的金属元素，前后用了50多年的时间，都相继被发现了。

5. 这种元素分类系统表，几经补充和修改，成了举世皆知的元素周期表。

6. 锂、钠、钾、铷、铯位居其中的第一个纵行。

三、模仿造句

1. 直到1855年有人用熔融的氯化锂电解，才得到了较多的金属锂，方有条件来研究它的性质。　　　　　　　　　　　　　　　　　　　（直到……，才……）

2. 它们的化学性质极为相似，它们的原子量一个比一个大，化学活动性一个比一个强。　　　　　　　　　　　　　　　　　　　　　　　　（一个比一个）

3. 这种元素分类系统表，几经补充和修改，成了举世皆知的元素周期表。（几经）

四、根据课文内容判断正误

1. 我国远古时代，人们早就使用有碱性的物质进行特殊的反应了，并且已有了酸、碱的概念。（　）

2. 当前，欧洲把所有的碱性物质泛指为碱。（　）

3. 钾、锂都是在1807年发现的。（　）

4. 戴维用了极强大的电流，制出较多的锂进行研究。（　）

5. 碱金属和碱金属元素族都是指锂、钠、钾、铷、铯。（　）

五、名词解释

1. 金属性

2. 导电性

3. 熔点

4. 酸和碱

5. 电解质

六、根据课文内容回答问题
1. 什么是碱金属？其性质有何表现？
2. 请用酸、碱性质说明陶瓷制品上釉的过程。
3. 锂元素是谁在哪一年最先发现的？
4. 请简述锂、钠、钾、铷、铯的发现过程。
5. 元素周期表是怎样产生的？

课后作业

一、抄写词语，每个词语抄写三遍
二、概括课文大意

课文二

课前练习

一、请说说生活中的铝制品有哪些
二、选择正确词语填空

处处可见　让人欢喜让人愁　大显身手　逐一而论　广泛　记载　提炼　昂贵　接触

1. 生活中，我们和各种钢精制品（　　）得十分频繁。
2. 一般的文献（　　）铝的发现只有一百多年的历史。
3. 钾、钠、镁这些金属本身就很（　　），这样生产出来的铝，实际上就像金和铂那样稀贵。

4. 铝是一种比较活泼的金属元素，它的这种脾性，可以说是（　　）。

5. 这就给我们对金属铝的（　　）带来了困难，一度阻止了铝的冶炼的发展。

6. 由于铝具有许多优点，所以近几十年来它得到了（　　）的应用和发展。

7. 在建筑工业中铝的身影也（　　）。

8. 让铝（　　）的还是在航空业。

9. 在其他领域的实际应用当中，还伴随着一些其他的问题，在这里就不再（　　）。

三、根据课文内容选择正确答案

1. 下列元素中哪个不是制铝的化学方法中需要的元素？

　　A. 钾　　　　　B. 钠　　　　　C. 铁　　　　　D. 镁

2. 铝可以压成厚度只有一般纸的_____的铝箔。

　　A. $\frac{1}{10}$　　　　B. $\frac{1}{5}$　　　　C. $\frac{1}{4}$　　　　D. $\frac{1}{2}$

3. 下列不是文中提到的铝广泛应用的行业的是_____。

　　A. 建筑工业　　B. 医药工业　　C. 冶金工业　　D. 电气工业

4. 泡沫铝的重量只有水的_____左右。

　　A. $\frac{1}{5}$　　　　B. $\frac{1}{3}$　　　　C. $\frac{1}{2}$　　　　D. $\frac{1}{4}$

5. 一架大型运输机，光是铝的铆钉就有_____。

　　A. 一百多万颗　B. 二百多万颗　C. 三百多万颗　D. 四百多万颗

号称钢精[1]的铝[2]

　　生活中，我们和各种钢精制品接触得十分频繁——吃喝用的锅、勺、壶、盒以及食品工业中用来包装的容器……。那些可以折叠的家具，如桌、椅和儿童玩具，很多都是铝制的。铝是自然界最多的金属，几乎比铁多一倍。一般的文献记载铝的发现只有一百多年的历史。因为在矿石中，铝和氧化合成氧化铝[3]，结合力很强，很难像氧化铁那样，可以用碳来还原。初期制铝用的是化学法[4]，就是以钾、钠、镁这些更为活泼的碱金属或碱土[5]金属，把铝从它的卤族[6]化合物中取代出来。但是，钾、钠、镁这些金属本身就很昂贵，这样生产出来的铝，实际上就像金和铂那样稀贵[7]。所以说铝可算是金属中的"没落贵族"。

　　铝是一种比较活泼的金属元素，它的这种脾性[8]，可以说是让人欢喜让人愁。它与氧非常容易结合，形成极稳定的氧化物。将一块银白色的铝放置[9]在空气中，你将会发现铝块上出现一层非常致密[10]的氧化膜[11]层，使铝的银白色

278

光泽[12]黯然失色[13]。这层氧化膜的出现,有效地保护了铝,使它不再继续受外界的"侵犯",增强了铝的抵抗力[14],起了"抗生素[15]"的作用。可是,正由于铝在化学性质上比较活泼,它在自然界中都以难分离的、稳定的化合物状态存在着,这就给我们对金属铝的提炼[16]带来了困难,一度阻止了铝的冶炼[17]的发展。铝还有另外一些非常宝贵的特性。它的延展性[18]也很好,能拉成长达几十米、几百米,甚至几千米比头发还细的金属丝[19],能压成厚度只有一般纸的十分之一的铝箔[20]。

　　由于铝具有许多优点,所以近几十年来它得到了广泛的应用和发展。在我们日常生活中与铝制品打交道的地方太多了。除了在日常饮食器具方面,在建筑工业中铝的身影也处处可见。铝不但能制造精美的装饰品,还可以代替钢材[21]。莫斯科的克里木桥就是全部用铝合金建成的。铝还可以制成铝梁、空心壁板[22]和美观而坚固的人造大理石[23],用来建造灿烂发光的高楼大厦。电气工业中,它是铜的得力助手,用它制成同等导电能力的电缆[24]、电线,重量只有铜的一半,价格比铜还便宜。在机械工业[25]中,许许多多的机器零件都可以用铝合金来制造。在冶金工业中,铝能作为元素加入其他合金组成高强度的合金;在炼钢中它也是有用的金属元素,又是良好的脱氧剂[26],含铝1%的特种合金钢,经过特殊的氮化[27]处理,使其表面生成一层硬度极高的合金氮化物,就可以用来刻画玻璃,或制作发动机中最宝贵的大轴[28]和缸套[29];在普通钢的表面渗进一层铝,可以大大提高其抗蚀力[30],在某些情况下,可以用来代替昂贵的不锈钢和电炉中的镍铬丝[31]。把铝加热到熔融状态,加入一些能产生氢气的物质(如钛、锂的氢化物,它们遇热分解放出大量氢气,产生许多泡沫),经喷水冷却后,我们就能得到泡沫铝。这种泡沫铝的重量只有水的四分之一左右,比木材还轻,能浮在水面上,它有很强的隔音隔热能力,而且可以像木材那样加工,但不会像木材那样燃烧、腐朽[32]和被虫蛀[33],用来做飞机板壁等构件,是非常合适的材料。

　　铝粉还作为添加剂[34],掺[35]在火箭的固体燃料中,以提高火箭的推力。但是,让铝大显身手[36]的还是在航空业。简单说一下,一架普通飞机约有50%～80%的零件是铝制的,一架大型运输机,光是铝的铆钉[37],就有一百多万颗;人造地球卫星的外壳,有的也是用铝制成的,所以铝又有"有翼的金属"之称。在其他领域的实际应用当中,还伴随着一些其他的问题,在这里就不再逐一而论[38]。相信随着科学的飞跃发展,铝及其氧化物将会发挥越来越重要的作用。

（选自《微笑着读完趣味化学》,石岩编著,金城出版社,2011.12,有改动　1333字）

词　汇

1. 钢精	（名）	gāngjīng		ئاليۇمىن
2. 铝	（名）	lǚ		ئاليۇمىن
3. 氧化铝	（名）	yǎnghuàlǚ		ئاليۇمىن ئوكسىدى
4. 化学法	（名）	huàxuéfǎ		خىمىيىلىك
5. 碱土	（名）	jiǎntǔ		شورلۇق توپراق
6. 卤族	（名）	lǚzú		گالوگېنلار
7. 稀贵	（形）	xīguì		ئاز ھەم قىممەتلىك
8. 脾性	（名）	píxìng		مىجەز؛ خۇلق؛ ئادەت
9. 放置	（动）	fàngzhì		قويۇپ قويۇش
10. 致密	（形）	zhìmì		ئىنچىكە؛ نەپىس؛ زىچ
11. 氧化膜	（名）	yǎnghuàmó		ئوكسىدلىنىش پەردىسى
12. 光泽	（名）	guāngzé		پارقىراق
13. 黯然失色		ànrán shīsè		خىرەلەشمەك؛ غۇۋالاشماق
14. 抵抗力	（名）	dǐkànglì		قارشىلىق كۈچى
15. 抗生素	（名）	kàngshēngsù		ئانتىبىسئوتىكلار
16. 提炼	（动）	tíliàn		تاۋلاش؛ ئاجرىتىۋېلىش
17. 冶炼	（动）	yěliàn		تاۋلاش
18. 延展性		yánzhǎnxìng		كېڭىيىشچانلىق
19. 金属丝		jīnshǔsī		قىل سىم؛ ئىنچىكە سىم
20. 铝箔	（名）	lǚbó		ئاليۇمىن
21. 钢材	（名）	gāngcái		پولات ماتېرىيال
22. 壁板	（名）	bìbǎn		تامتاختا
23. 大理石	（名）	dàlǐshí		مەرمەر تاش (كالتسىي كاربونات)
24. 电缆	（名）	diànlǎn		كابېل
25. 机械工业		jīxiè gōngyè		ساناىئتى مېخانىكىلىق
26. 脱氧剂	（名）	tuōyǎngjì		ئوكسىگېنسىزلاشتۇرۇۋېتىش رېائكتىۋى؛ ئوكسىگېنسىزلاشتۇرغۇچى
27. 氮化	（动）	dànhuà		ئازوتلاشتۇرۇش؛ نىتراتلاشتۇرۇش
28. 大轴	（名）	dàzhóu		ئەڭ ئاخىرقى نومۇر

29. 缸套	（名）	gāngtào	سىلىندىر كىيدۈرمىسى
30. 抗蚀力	（名）	kàngshílì	چىرىشكە قارشى كۈچى
31. 镍铬丝		nièɡèsī	نىكېل-خروم قىل
32. 腐朽	（动）	fǔxiǔ	چىرىك؛ چىرىمەك
33. 蛀	（动）	zhù	كۈيە يېمەك؛ قۇرت چۈشمەك
34. 添加剂	（名）	tiānjiājì	خۇرۇچ
35. 掺	（动）	chān	يۈلمەك؛ قۇلتۇقلىماق ؛ ئارىلاشتۇرماق؛ ئەلەشتۈرمەك
36. 大显身手		dàxiǎn-shēnshǒu	ماھارەتنى كۆرسەتمەك؛ ھۈنەرنى نامايان قىلماق؛ كارامەتنى كۆرسەتمەك
37. 铆钉	（名）	mǎodīng	قاپلاقلىق مىخ؛ پەر-چىش مىخ
38. 逐一而论		zhúyī'érlùn	بىر-بىرلەپ بايان قىلماق

词语解释

1. 氧化膜

金属钝化（پاسسىپلاشماق，钝化是使金属表面转化为不易被氧化的状态从而延缓金属的腐蚀速度的方法）理论认为，金属表面可以生成覆盖性良好的致密的钝化膜，大多数钝化膜是由金属氧化物组成的，故也称氧化膜。

2. 延展性

延展性是延性、展性这两个概念相近的机械性质的合称。物体在外力作用下能延伸成细丝而不断裂的性质叫延性，在外力（锤击或滚轧）作用下能碾（niǎn）成薄片而不破裂的性质叫展性。常见金属及许多合金均有延展性。

3. 氮化处理

一种在一定温度下一定介质中使氮原子渗入工件表层的化学热处理工艺。经氮化处理的制品具有优异的耐磨性、耐疲劳性、耐蚀性及耐高温的特性。

4. 合金

是由两种或两种以上的金属与非金属经一定方法所合成的具有金属特性的物质。一般通过熔合成均匀液体后凝固而得。根据组成元素的数目，可分为二元合金、三元合金和多元合金。

5. 固体燃料

燃料的一大类。是能产生热能或动力的固态可燃物质。

6. 氧化物

是氧元素为负二价时和另外一种化学元素组成的二元化合物，如二氧化碳（CO_2）、氧化钙（CaO）等。其构成中只含两种元素，其中一种一定为氧元素，另一种若为金属元素，则为金属氧化物，若为非金属，则为非金属氧化物。

理科汉语

语言点

除了在日常饮食器具方面，在建筑工业中铝的身影也处处可见。
"除了……，也……"这一格式后一句对前一句进行了补充。例如：
（1）他除了在艺术方面表现得很突出，在体育方面也比较优秀。
（2）他除了在语言方面有天赋，在物理方面也取得了不少成就。

课堂练习

一、看拼音写汉字

氧化（　lǚ　）　　（　lǚ　）族　　（　yě　）炼　　铝（　bó　）　　（　dàn　）化

（　niè　）丝　　虫（　gè　）　　（　mǎo　）钉　　抗（　shí　）力

二、解释下列句子中画线的词语

1. 生活中，我们和各种钢精制品接触得十分<u>频繁</u>。
2. 钾、钠、镁这些金属本身就很昂贵，这样生产出来的铝，实际上就像金和铂那样<u>稀贵</u>。
3. 铝是一种比较活泼的金属元素，它的这种<u>脾性</u>，可以说是让人欢喜让人愁。
4. 将一块银白色的铝放置在空气中，你将会发现铝块上出现一层非常致密的氧化膜层，使铝的银白色光泽<u>黯然失色</u>。
5. 这层氧化膜的出现，有效地保护了铝，使它不再继续受外界的"<u>侵犯</u>"，增强了铝的<u>抵抗力</u>，起了"抗生素"的作用。
6. 这就给我们对金属铝的提炼带来了困难，<u>一度</u>阻止了铝的冶炼的发展。
7. 在我们日常生活中与铝制品<u>打交道</u>的地方太多了。
8. 在建筑工业中铝的<u>身影</u>也处处可见。

三、模仿造句

1. 铝是一种比较活泼的金属元素，它的这种脾性，<u>可以说是</u>让人欢喜让人愁。
（可以说是）

2. <u>除了</u>在日常饮食器具方面，在建筑工业中铝的身影<u>也</u>处处可见。
（除了……，也……）

3. 铝<u>不但能</u>制造精美的装饰品，<u>还可以</u>代替钢材。　　（不但能……，还可以……）

四、根据课文内容判断正误

1. 铝在自然界中的含量跟铁一样多。　　　　　　　　　　　　　　　　　　（　　）
2. 氧化膜层是抗生素。　　　　　　　　　　　　　　　　　　　　　　　　（　　）

3. 莫斯科的克里木桥是全部用铝合金建成的。（　）

4. 铝的重量比铜轻一半，价格比铜便宜。（　）

5. 一架飞机约有 50%～80% 的零件是铝制的，所以铝有"有翼的金属"之称。
（　）

五、名词解释

1. 卤族

2. 氧化膜

3. 铝箔

4. 脱氧剂

5. 镍铬丝

六、根据课文内容回答问题

1. 初期制铝使用的是什么方法？

2. 为什么说铝是金属中的"没落贵族"？

3. 铝有哪些特性？

4. 除了在日常饮食器具方面，铝还在哪些领域中得到广泛应用？

课后作业

一、抄写词语，每个词语抄写三遍

二、概括课文大意

课文三

课前练习

一、根据你所学的知识，谈谈钢铁可以用来干什么

二、选择正确词语填空

开创　塌落　伴随　耐用　四通八达　提供　冶炼　摆脱　震惊　改进　积累

1. 尽管古人已（　　）出了钢铁，但距人们所称的"钢铁时代"还很遥远。
2. "钢铁时代"的到来，是（　　）着化学炼钢技术的（　　）和近代炼钢过程中运用化学法除磷以及钢铁的广泛应用而诞生的。
3. 大桥在冬天特别寒冷的一个夜晚，突然从中间断裂（　　）。
4. 此事（　　）了世界，后经深入地研究才知道，造成钢的脆性的"元凶"是磷。
5. 从此，焦炭、转炉炼钢和化学法除磷三种方法合而为一，为人类（　　）了真正的"钢铁时代"。
6. 人类创造的财富日益增多，从而为社会的资本（　　）打下了坚实的物质基础，为人类社会从封建社会向资本主义社会过渡（　　）了物质条件。
7. 钢铁的使用，也使蒸汽机的发明得以有合格（　　）的材料。
8. 用钢轨修筑的铁路和钢铁桥梁，为工业布局（　　）水系向内陆腹地延伸提供了有力的手段。
9. 如果没有数量众多的钢材，怎会有今天（　　）的铁路网？

三、根据课文内容选择正确答案

1. 以下不是伴随着钢铁时代诞生的一项是_____。
　　A. 化学法除磷　　　　　　　　B. 木炭冶炼钢铁
　　C. 钢铁的广泛应用　　　　　　D. 化学炼钢技术的改进
2. 造成钢的脆性的"元凶"是_____。
　　A. 铬　　　　B. 磷　　　　C. 镍　　　　D. 锰
3. 化学家季尔克利斯·托马斯找到除磷方法是在_____。
　　A. 1876年　　B. 1877年　　C. 1878年　　D. 1879年
4. 人类现在使用的主要特种材料是_____。

A. 铜　　　　　B. 钢　　　　　C. 铁　　　　　D. 合金
5. 无论是钢铁还是各种合金的开发和研究，都离不开_____。
A. 铁与铬　　　B. 铁与钛　　　C. 碳铁元素　　D. 化学之"手"

话说"钢铁时代"

　　金属材料中，最重要的可以说是钢铁。尽管古人已冶炼出了钢铁，但距人们所称的"钢铁时代"还很遥远。"钢铁时代"的到来，是伴随着化学炼钢技术的改进和近代炼钢过程中运用化学法除磷[1]以及钢铁的广泛应用而诞生的。

　　18世纪以前，不论是中国还是欧洲，都是用木炭[2]冶炼钢铁，这种方式需要大量的木材。由于木材资源有限，大规模用木炭冶炼钢铁受到很大限制。后来，英国人大胆地试验用焦煤炼钢[3]，竟获得了成功。从此，钢铁工业便同采煤业[4]和炼焦业[5]结下了不解之缘[6]。利用焦炭炼钢[7]，不仅使冶炼温度提高了，而且随着用转炉[8]炼钢，加上鼓风机[9]的使用，使焦炭的不完全燃烧产生的一氧化碳能够很好地将铁矿石还原。由于采用转炉炼钢，并通过鼓风机使风从下到上通过铁水，这样可烧去多余的碳质，并产生大量的热，使钢始终保持在液态状态下形成。待钢炼成后，使高炉倾斜，就可将钢水铸成[10]钢锭[11]，这在工艺上使化学炼钢更加合理，化学反应更加充分。就这样，钢铁工业的规模越来越大，近代钢铁工业便逐渐崛起[12]了。不过钢的产量虽然增加了，但钢的质量太差。用这种方法炼出的钢脆性大，而且经不起低温的考验。在比利时，当时有人用这种钢建造了一座大桥，可它竟在冬天特别寒冷的一个夜晚，突然从中间断裂塌落[13]。此事震惊[14]了世界，后经深入地研究才知道，造成钢的脆性的"元凶[15]"是磷。到了1879年，化学家季尔克利斯·托马斯终于找到了除去磷的方法：用碱性的氧化钙和氧化镁[16]等做炼钢炉膛[17]的衬里，就可以方便地、有效地除去有害的磷。这样，钢的性能大大改善了，钢铁的使用也更加广泛，需求量[18]大增，成为令人喜爱和信赖的材料。从此，焦炭、转炉炼钢和化学法除磷三种方法合而为一，为人类开创了真正的"钢铁时代"。钢铁的使用，使一系列[19]的发明创造有了材料上的保证，使生产工具制造和劳动的效率大大提高。人类创造的财富日益增多，从而为社会的资本积累打下了坚实的物质基础，为人类社会从封建社会[20]向资本主义社会过渡[21]提供了物质条件。钢铁的使用，也使蒸汽机的发明得以有合格耐用[22]的材料，使火车行驶的道路铺上了钢轨[23]。同时，用钢轨修筑的铁路和钢铁桥梁，为工业布局[24]摆脱水系[25]向内陆腹地[26]延伸提供了有力的手段，使内陆腹地的矿产资源得以有效地开发和运输，对内地的经济发展起了很大的促进作用。直到现在，几乎所有国家都还是以铁路作为主要交通运输工具。试想，如果没有数量众多的钢材，怎会有今天四通八达的铁路网？钢铁无论在工业生产还是人们的日常生活中，都得到了广泛的应用，这方面的例子比比皆是，从机器的制造加工到日用消费品，许多都与钢铁相伴。可以说，直到今天，钢铁仍是人类使用的最重要的通用材料。钢，实质上是铁碳等元素的"合金"。同样，铁也可同其他化学元素，如铬[27]、镍[28]、锰[29]、铌[30]、钛[31]和钽[32]等组成各种合金。它们都具有独特的功能，像我们经常遇到的不锈钢，就是铁与铬的合金。如果说钢铁是当今人类最主要的通用材料，那么数以千计的各种合金则是人类现在使用的主要特种材料，它们一道构成了今日的"钢铁时代"。然而，无论是钢铁还是各种合金的开发和研制，都离不开化学之"手"的创造。今后，化学之"手"还将为人类充分利用金属材料，做出无限的新贡献。

（选自《神奇的化学"巨手"》，顾可俊、陈军著，中国和平出版社，1993.7，有改动　1271字）

词　汇

1. 磷	（名）	lín		فوسفور
2. 木炭	（名）	mùtàn		ياغاچ كۆمۈر
3. 焦煤炼钢		jiāoméi liàngāng		كوكس كۆمۈر بىلەن پولات تاۋلاش
4. 采煤业	（名）	cǎiméiyè		كۆمۈر قېزىش كەسپى
5. 炼焦业	（名）	liànjiāoyè		كوكۇس كۆيدۈرۈش كەسپى
6. 不解之缘		bùjiězhīyuán		بۇزۇلماس مۇناسىۋەت؛ ئايرىلماس مۇناسىۋەت
7. 焦炭炼钢		jiāotàn liàngāng		كوكس بىلەن پولات تاۋلاش
8. 转炉	（名）	zhuànlú		ئايلانما مەش؛ ئايلانما پېچ
9. 鼓风机	（名）	gǔfēngjī		شامالدۇرغۇچ
10. 铸成		zhùchéng		قۇيۇپ چىقارماق؛ ياسىماق؛ ھاسىل قىلماق؛ كەلتۈرۈپ چىقارماق
11. 钢锭	（名）	gāngdìng		نۆكچە پولات؛ پولات قۇيما
12. 崛起	（动）	juéqǐ		چوقچىيىپ تۇرۇش؛ كۆتۈرۈلۈپ تۇرماق؛ كۆتۈرۈلۈپ چىقماق؛ پەيدا بولماق؛ قايتىدىن باش كۆتۈرمەك
13. 塌落	（动）	tāluò		ئۆرۈلۈپ چۈشمەك؛ غۇلاپ چۈشمەك
14. 震惊	（动）	zhènjīng		تىترەتمەك؛ لەرزىگە كەلتۈرمەك؛ ھەيرانلىقتا قالدۇرماق؛ ھاڭ تاڭ قالدۇرماق
15. 元凶	（名）	yuánxiōng		باش جىنايەتچى

16. 氧化镁	（名）	yǎnghuàměi	ماگنىي ئوكسىد
17. 炉膛	（名）	lútáng	ئوچاق ئىچى؛ ئوتخانا
18. 需求量		xūqiúliàng	لازىملىق مىقدار
19. 一系列		yīxìliè	بىر قاتار؛ بىر مۇنچە
20. 封建社会		fēngjiàn shèhuì	فېئوداللىق جەمئىيەت
21. 过渡	（动）	guòdù	ئۆتمەك؛ ئۆتكۈزمەك
22. 耐用	（形）	nàiyòng	چىداملىق؛ پىششىق؛ پۇختا؛ چىڭ
23. 钢轨	（名）	gāngguǐ	رېلىس
24. 布局	（名）	bùjú	قۇرۇلۇش؛ ئورۇنلاشتۇرۇش
25. 水系	（名）	shuǐxì	سۇ سىستېمىسى
26. 内陆腹地		nèilù fùdì	ئىچكى قۇرۇقلۇق رايون
27. 铬	（名）	gè	خروم
28. 镍	（名）	niè	نىكەل
29. 锰	（名）	měng	مانگان؛ مارگانېتس
30. 铌	（名）	ní	نىئوبىي
31. 钛	（名）	tài	تىتان
32. 钽	（名）	tǎn	تانتال

词语解释

1. 焦煤

焦煤也称冶金煤，是中等及低挥发分的中等黏结性及强黏结性的一种烟煤。在我国煤炭分类国家标准中，是对煤化度较高、结焦性好的烟煤的称谓。又称主焦煤。

2. 焦炭

一种固体燃料，质硬、多孔、发热量高，用煤高温干馏（قۇرۇق ھەيدەش）而成，多用于炼铁。

3. 不完全燃烧

指燃料的燃烧产物中还含有某些可燃物质的燃烧。按发生原因的不同，有化学不完全燃烧和机械不完全燃烧两种。前者指在燃烧产物中尚残存有一氧化碳、氢、甲烷等可燃物质；后者指一部分燃料在燃烧设备内未能参与燃烧，而以煤核、炭粒、油滴或积焦的形态出现。

4. 钢锭

钢水经盛钢包注入铸模凝固形成钢锭。钢液在炼钢炉中冶炼完成后，必须铸成一定形状的锭或坯才能进行加工。用铸模铸成钢锭的工艺过程简称为铸锭。

5. 脆性

材料在外力作用下（如拉伸、冲击等）仅产生很小的变形即断裂破坏的性质。

6. 碱性

碱性（ئىشقارلىق خۇسۇسىيەت）是指一种物质在溶剂中能向其他物质提供未共用电子对的能力，其当 pH>7 的时候，溶液呈碱性。

语言点

1. 钢铁无论在工业生产还是人们的日常生活中，都得到了广泛的应用。

"无论……还是……，都……"表示不受所说的条件的影响，结果或结论保持不变。例如：

（1）他无论在同龄人中还是在比他大的孩子中，都表现出了较高的天资。

（2）无论在狂风暴雨中还是在炎炎夏日中，他都坚守着自己的岗位。

2. 如果说钢铁是当今人类最主要的通用材料，那么数以千计的各种合金则是人类现在使用的主要特种材料。

"如果说……是……，那么……则是……"前一个分句假设存在或出现了某种情况，后一个分句说出假设情况一旦实现产生的结果。两个分句之间是一种假定的条件与结果的关系。例如：

（1）如果说他是我的良师益友，那么我则是他的兄弟和战友。

（2）如果说人生是一首优美的乐曲，那么痛苦则是一个不可缺少的音符。

课堂练习

一、看拼音写汉字

焦炭（liàn）钢　　不解之（yuán）　　（zhù）成钢　　（dìng）氧化（měi）

转（lú）　　（jué）起　　钢（guǐ）　　（tā）落

二、解释下列句子中画线的词语

1."钢铁时代"的到来，是伴随着化学炼钢技术的改进和近代炼钢过程中运用化学法除磷以及钢铁的广泛应用而<u>诞生</u>的。

2.从此，钢铁工业便同采煤业和炼焦业结下了<u>不解之缘</u>。

3.此事震惊了世界，后经<u>深入</u>地研究才知道，造成钢的脆性的"元凶"是磷。

4.钢的性能大大改善了，钢铁的使用也更加广泛，需求量大增，成为令人喜爱和<u>信赖</u>的材料。

5. 从此，焦炭、转炉炼钢和化学法除磷三种方法合而为一，为人类开创了真正的"钢铁时代"。
6. 人类创造的财富日益增多，从而为社会的资本积累打下了坚实的物质基础，为人类社会从封建社会向资本主义社会过渡提供了物质条件。
7. 钢铁无论在工业生产还是人们的日常生活中，都得到了广泛的应用，这方面的例子比比皆是。

三、模仿造句
1. 利用焦炭炼钢，不仅使冶炼温度提高了，而且随着用转炉炼钢，加上鼓风机的使用，使焦炭的不完全燃烧产生的一氧化碳能够很好地将铁矿石还原。
 (不仅……，而且……)
2. 人类创造的财富日益增多，从而为社会的资本积累打下了坚实的物质基础。
 (从而)
3. 钢铁无论在工业生产还是人们的日常生活中，都得到了广泛的应用。
 (无论……还是……，都)
4. 如果说钢铁是当今人类最主要的通用材料，那么数以千计的各种合金则是人类现在使用的主要特种材料。　　(如果说……是……，那么……则是……)

四、根据课文内容判断正误
1. 古人很早就炼出了钢铁，因此人类很早就进入了"钢铁时代"。（　）
2. 我国在 18 世纪以前用木炭炼钢。（　）
3. 物理学家季尔克利斯·托马斯 1879 年找到了除磷方法。（　）
4. 不锈钢是铬与锰的合金。（　）
5. 钢铁是当今人类最主要的通用材料。（　）

五、名词解释
1. 磷

2. 炼焦业

3. 炉膛

4. 钢锭

六、根据课文内容回答问题
1. 请简要说一说焦炭炼钢的长处和不足。
2. 请概括说一说钢铁的使用给人类社会带来了怎样的变化。
3. 什么是真正的"钢铁时代"？什么是今日的"钢铁时代"？

4. 化学之"手"是什么意思?

课后作业

一、抄写词语,每个词语抄写三遍
二、概括课文大意

第六课

课文一

课前练习

一、根据你所学的知识，谈谈合理营养与平衡膳食对每个人有怎样的重要性

二、选择正确词语填空

   不可缺少 弥补 多种多样 避免 比重 促进 消耗 增加

1. 粮食的（ ）应与体力的（ ）相适应。
2. 每一类营养素都有其特殊的生理功能，都是（ ）和不可替代的。
3. 动物肉类和豆类可以（ ）主食中蛋白质供应之不足。
4. 动物肉类和奶、豆类在膳食中的（ ）应为6%。
5. 各类食物中所含的营养成分是（ ）、千差万别的。
6. 一是（ ）食物的香味，二是补充部分热能并供给必需脂肪酸，还可以（ ）脂溶性维生素的吸收。
7. 多样化的膳食也是（ ）食品中有毒物质达到有害剂量的科学方法之一。

三、根据课文内容选择正确答案

1. 下列哪一项不属于平衡膳食的组成部分？
  A. 粮食   B. 爆米花   C. 肉类、豆类 D. 蔬菜、水果
2. 食物是营养素的"_____"。
  A. 通道   B. 物质   C. 种类   D. 载体
3. 从事中等体力劳动的成年人，每天需要粮食500～600g，占膳食总重的_____。
  A. 65%   B. 51%   C. 42%   D. 33%
4. 从事中等体力劳动的成年人，每天应供给_____瘦肉、50g鸡蛋和50g黄豆或相应的豆制品。
  A. 50～100g B. 300g   C. 400～500g D. 500～600g

5. 蔬果类在膳食中所占的比重应为_____。
A. 21%   B. 31%   C. 41%   D. 51%

合理营养[1]与平衡膳食[2]

合理营养

　　食物是营养素[3]的"载体[4]"，人体所需的营养素必须通过食物获得。一方面，每一类营养素都有其特殊的生理[5]功能，都是不可缺少和不可替代的。人体对每一类营养素都有一个最佳的需要量，同时，各类营养素又是在互相配合、互相影响下对人体发挥生理功能的，所以人体所需的各类营养素之间又有一个最佳的配合量。另一方面，各类食物中所含的营养成分是多种多样、千差万别的，人体需求的全部营养素只有通过食用不同类的食物获得，任何一种单一食物都不可能满足人体对各类营养素的全部需要。因此，人们就必须研究营养素的数量、质量及比例[6]。合理营养就是使人体的营养生理需求与人体通过膳食[7]摄入[8]的各种营养物质之间保持平衡[9]。从广义上说，合理营养是健康长寿和力量的保证。因此，合理营养应该从胚胎时期[10]开始，即为了下代人的健康成长，必须首先重视孕妇[11]的合理营养。

平衡膳食

　　平衡膳食由多种食物构成，它不但要提供足够数量的热量和各种营养素，以满足人体的正常生理需要，而且要保持各种营养之间的数量平衡，以利于它们的吸收和利用，达到合理营养的目的。

　　平衡膳食是达到合理营养的手段，合理营养需要通过平衡膳食的各个具体措施[12]来实现。平衡膳食就是为人体提供足够数量的热能和适当比例的各类营养素，以保持人体新陈代谢的供需平衡，并通过合理的原料选择和烹调[13]、合理编制[14]食谱[15]和膳食制度，使膳食感官性状良好、品种多样化，并符合食品营养卫生标准，以适合人体的心理[16]和生理需求，达到合理营养的目的。根据食物营养素的特点，现代平衡膳食的组成，必须包括以下四个方面的食物：

　　1. 谷类[17]、薯类[18]和杂粮[19]。谷类、薯类和杂粮统称粮食，是我国传统的主食。南方以稻米为主，北方以小麦、玉米和杂粮为主。粮食是碳水化合物[20]的主要来源，碳水化合物是供给[21]热能的热源质。粮食中也含有蛋白质，虽含量不高，但因食用量大，所以也是蛋白质的主要来源，约占人体所需蛋白质的半数；还含有B族维生素和无机盐[22]。一个人每天吃多少粮食，应根据热能需要来决定，与年龄、劳动强度等均有关，也受辅食[23]供应量的影响。

因此，粮食的消耗[24]应与体力的消耗相适应。从事中等体力劳动的成年人，每天需要粮食500～600g，占膳食总重的51%。

2. 动物肉类和豆类。如牛、羊、兔肉，脏器类[25]，鸡、鸭、鹅肉，水产类，蛋类，奶类及黄豆和豆制品等。这类食物主要供给蛋白质，而且是生理价值高的优质蛋白质，以弥补主食中蛋白质供应之不足。从事中等体力劳动的成年人，这类食物每天应供给50～100g瘦肉[26]、50g鸡蛋和50g黄豆或相应的豆制品，动物肉类和奶、豆类在膳食中的比重应为6%。

3. 蔬菜类和水果类。其中以蔬菜为主，水果为辅助[27]食品。新鲜蔬菜可提供人体所需的维生素、食物纤维和无机盐，也用于维持体液的酸碱平衡。从事中等体力劳动的成年人，每天最好能吃400～500g新鲜蔬菜，其中多用些绿叶蔬菜，常吃些橙黄色[28]蔬菜，蔬果类在膳食中所占的比重应为41%。

4. 油脂类。主要是烹调用油。一是增加食物的香味，二是补充部分热能并供给必需脂肪酸[29]，还可以促进脂溶性[30]维生素的吸收。一般烹调用油以多用植物油为好，每天每人约需25g，占膳食总量的2%。

人们认为，多样化的膳食是获得适量各种基本营养素的最好方法，它不但符合《黄帝内经》中所指"五谷为养，五果为助，五畜为益，五菜为充"的广谱而平衡的膳食原则，同时也是避免食品中有毒物质达到有害剂量的科学方法之一。

（选自《现代生活与化学》，涂长信主编，山东大学出版社，2006.8，有改动　1366字）

词　汇

1. 合理营养		hélǐ yíngyǎng	مۇۋاپىق ئوزۇقلىنىش
2. 平衡膳食		pínghéng shànshí	يەمەكلىكلەرنى تەڭپۇڭلاشتۇرۇش
3. 营养素	（名）	yíngyǎngsù	ئوزۇقلۇق ماددا
4. 载体	（名）	zàitǐ	ۋاستىچى؛ يۆتكەكگۈچى
5. 生理	（名）	shēnglǐ	فىزىئولوگىيىلىك
6. 比例	（名）	bǐlì	نىسبەت؛ تاناسىپ
7. 膳食	（名）	shànshí	تائام
8. 摄入	（动）	shèrù	قوبۇل قىلىش
9. 平衡	（形）	pínghéng	تەڭپۇڭلۇق؛ تەڭپۇڭ
10. 胚胎时期		pēitāi shíqī	تۆرەلمە مەزگىلى
11. 孕妇	（名）	yùnfù	ئىغرىئاياغ ئايال؛ ھامىلىدار ئايال

12.	措施	（名）	cuòshī	تەدبىر؛ ۋاستە؛ چارە
13.	烹调	（动）	pēngtiáo	سېي قورۇماق ۋە تەمنى تەگشىمەك
14.	编制	（动）	biānzhì	تۈزمەك؛ توقۇماق؛ توقۇپ چىقماق (ھېكايە)؛ توقۇماق؛ ئۆرمەك
15.	食谱	（名）	shípǔ	تاماق شەجەرىسى؛ تاماق-سېي تىزىملىكى
16.	心理	（名）	xīnlǐ	پىسخىكا؛ روھىي ھال؛ روھىي ھالەت؛ پىسخولوگىيە
17.	谷类		gǔlèi	دانلىق
18.	薯类		shǔlèi	ياڭيۇ تۈرىدىكىلەر
19.	杂粮	（名）	záliáng	قارا ئاشلىق؛ قارا ئاش
20.	碳水化合物		tànshuǐ-huàhéwù	كاربون سۇ بىرىكمىلىرى؛ ئۇگلېۋودلار
21.	供给	（动）	gōngjǐ	تەمىنلىمەك؛ تەمىنات بەرمەك
22.	无机盐	（名）	wújīyán	ئانئورگانىك تۇز
23.	辅食	（名）	fǔshí	قوشۇمچە يىمەكلىك
24.	消耗	（动）	xiāohào	خورىماق؛ سەرپ بولماق؛ خوراتماق؛ ئازايتماق؛ سەرپ قىلماق؛ چىقىم قىلماق؛ ئىشلىتىپ تۈگەتمەك
25.	脏器类		zàngqìlèi	ھەزىم قىلىش ئەزالىرى
26.	瘦肉	（名）	shòuròu	ئورۇق گۆش؛ قارا گۆش
27.	辅助	（动）	fǔzhù	ياردەملەشمەك؛ ياردەم بەرمەك
28.	橙黄色	（名）	chénghuángsè	قىنىق سېرىق
29.	脂肪酸	（名）	zhīfángsuān	ماي كىسلاتاسى
30.	脂溶性		zhīróngxìng	مايدا ئېرىيدىغان خۇسۇسىيەت

词语解释

1. 胚胎
在母体内初期发育的动物体。即有性繁殖发展形成过程的最初阶段，从受精卵开始第一次分裂，到下一阶段发展开始前，是发育生物学最早的阶段。

2. 热能
又称热量、能量等，它是生命的能源。肌体摄入和消耗的能量通常用热量单位"卡"或"千卡"表示。营养学上一般多采用"千卡"。

3. 性状
指生物的形态结构、生理特征、行为习惯等具有的各种特征。

4. 体液
肌体含有大量的水分，这些水和溶解在水里的各种物质总称为体液，约占体重的

60%。体液可分为两大部分——细胞内液和细胞外液，总称体液。

5. **酸碱平衡**

人体内各种体液必须具有适宜的酸碱度，这是维持正常生理活动的重要条件之一。组织细胞在代谢过程中不断产生酸性和碱性物质，还有一定数量的酸性和碱性物质随食物进入体内。肌体可通过一系列的调节作用，最后将多余的酸性或碱性物质排出体外，达到酸碱平衡。酸碱平衡失调可引起酸中毒和碱中毒。

语 言 点

食物是营养素的"载体"，人体所需的营养素必须通过食物获得。一方面，每一类营养素都有其特殊的生理功能，都是不可缺少和不可替代的。……另一方面，各类食物中所含的营养成分是多种多样、千差万别的，……。因此，人们就必须研究营养素的数量、质量及比例。

"一方面……，∥另一方面……，／因此……"连接二重复句，第一重复句是因果关系，第二重复句是并列关系。例如：

（1）母亲重病期间，他一方面要照顾母亲，另一方面还要准备高考，因此，那段时期较为艰难。

（2）上大学的时候，一方面要上课，另一方面又要当家教挣钱，因此，那几年她是最累的。

课堂练习

一、看拼音写汉字

　　shàn　　　　pēng　　　　shǔ　　　　xiān　　　　pēi
　（　）食　　（　）调　　（　）类　　（　）维　　（　）胎

二、解释下列句子中画线的词语

1. 每一类营养素都有其特殊的生理功能，都是不可缺少和<u>不可替代</u>的。
2. 各类食物中所含的营养成分是多种多样、<u>千差万别</u>的。
3. 人们就必须研究营养素的数量、质量及<u>比例</u>。
4. 它不但要提供足够数量的热量和各种营养素，以满足人体的正常生理需要，而且要保持各种营养之间的数量<u>平衡</u>。
5. 通过合理的原料选择和<u>烹调</u>、合理编制食谱和膳食制度，使膳食感官性状良好、品种多样化。

三、模仿造句

1. 合理营养应该从胚胎时期开始，<u>即</u>为了下代人的健康成长，必须首先重视孕妇的合理营养。

（即）

2. 粮食中也含有蛋白质，虽含量不高，但因食用量大，所以也是蛋白质的主要来源。
(虽……，但……，所以……)

3. 主要是烹调用油。一是增加食物的香味，二是补充部分热能并供给必需脂肪酸，还可以促进脂溶性维生素的吸收。 （……，一是……，二是……，还可以……）

四、根据课文内容判断正误

1. 合理营养就是使人体的营养生理需求与人体通过膳食摄入的各种营养物质之间保持平衡。（ ）

2. 粮食中含有蛋白质、B族维生素、无机盐等。（ ）

3. 从事体力劳动的成年人，只有每天吃够400～500g蔬菜才能满足身体所需。（ ）

4. 油脂类就是指烹调用油，它可以增加食物的香味，补充部分热能并供给必需脂肪酸，还可以促进脂溶性维生素的吸收。（ ）

5. 获得适量各种基本营养素的唯一办法是多样化膳食。（ ）

五、名词解释

1. 载体

2. 食谱

3. 碳水化合物

4. 脂肪酸

5. 无机盐

六、根据课文内容回答问题

1. 为什么说食物是营养的"载体"？
2. 什么是合理营养？
3. 什么是平衡膳食？
4. 平衡膳食与合理营养有怎样的关系？
5. 现代平衡膳食由哪几个方面组成？

课后作业

一、抄写词语，每个词语抄写三遍

二、概括课文大意

课文二

课前练习

一、根据你所学的知识,谈谈石油和乙醇分别是什么

二、选择正确词语填空

指标　铺平　关注　展示　利用　大名鼎鼎　掺进

1. 生产乙醇的主角是（　　）的酵母菌。
2. 开发利用乙醇作为动力燃料,正受到人们越来越多的（　　）。
3. 辛烷值是衡量车用汽油抗爆性能好坏的一项重要（　　）。
4. 有的国家把乙醇（　　）汽油里混合使用。
5. 作为化石燃料的最佳替代能源,乙醇已（　　）出良好的前景。
6. （　　）纤维素做原料生产乙醇,为乙醇登上新能源的宝座（　　）了道路。

三、根据课文内容选择正确答案

1. 可以提高汽油的效率和汽油辛烷值的物质是＿＿＿＿。
   A. 作物　　　　B. 柴油　　　　C. 鸡尾酒　　　　D. 乙醇汽油
2. 乙醇的发热值比汽油低＿＿＿＿。
   A. 30%　　　　B. 40%　　　　C. 50%　　　　D. 80%
3. 用纯乙醇做燃料的机动车,其功率比烧柴油的机动车高＿＿＿＿。
   A. 18%　　　　B. 20%　　　　C. 30%　　　　D. 8倍
4. 以下不属于糖料作物或淀粉作物的是＿＿＿＿。
   A. 木薯　　　　B. 甜菜　　　　C. 甘蔗　　　　D. 稻草
5. 以下不属于微生物中的菌类的是＿＿＿＿。
   A. 杆菌　　　　B. 球菌　　　　C. 放线菌　　　　D. 纤维素酶

绿色石油——乙醇[1]

乙醇,就是我们通常说的酒精[2]。纯乙醇[3]的沸点为78.5℃,很容易燃烧,

在世界面临能源危机的今天，开发利用乙醇作为动力燃料[4]，正受到人们越来越多的关注。有的国家把乙醇掺进[5]汽油里混合使用，称为乙醇汽油，这就如同两种以上的酒调制成的鸡尾酒[6]，这种乙醇汽油的效率甚至比单纯的汽油还高，还能提高汽油的辛烷值[7]（辛烷值是衡量车用汽油抗爆性能好坏的一项重要指标，辛烷值越高，抗爆性能越好）。因此，让汽车喝"鸡尾酒"不失为有效利用能源的一种好方法。在产糖量居世界第一位的巴西[8]，完全用乙醇开动的汽车早已在圣保罗[9]的大街上奔驰了。虽然乙醇的发热值[10]比汽油低30%左右，但乙醇的密度高，因此，作为化石燃料（主要指汽油、柴油）的最佳替代能源，乙醇已展示出良好的前景。以纯乙醇做燃料的机动车，其功率比烧柴油的机动车还高18%左右。采用乙醇做燃料，对环境的污染比汽油和柴油要小得多。用20%的乙醇与汽油混合使用，汽车的发动机[11]可以不必改装。

生产乙醇的主角是大名鼎鼎[12]的酵母菌，它能够在缺氧的条件下，开动体内的一套特殊装置——酶系统，把碳水化合物转变成乙醇。近年来，人们又陆续发现，微生物王国中能制造乙醇的菌种还真不少，比如有一种叫酵单孢菌的，它的本领比酵母菌还高，不仅发酵[13]速度快，生产效率高，而且能更充分地利用原料[14]，产出的乙醇要比酵母菌高出8倍多，很可能是更为理想的乙醇制造者。在相当长的一段时间里，用来生产乙醇的原料主要是甘蔗[15]、甜菜[16]、甜高粱[17]等糖料作物[18]和木薯[19]、马铃薯[20]、玉米等淀粉作物[21]。因为糖和淀粉也是我们生活所必需的食物，用它们来大量生产乙醇做燃料，显然会影响到人类的食物来源，所以，现在人们又找到了一种新的原料，就是纤维素[22]。纤维素也是碳水化合物，而且在自然界中大量存在，许多绿色植物及其副产品[23]，如树枝、树叶、稻草[24]、糠壳[25]等等，其中几乎有一半是纤维素，用它们做原料可以说是取之不尽、用之不竭[26]的。当然，用纤维素做原料对酵母菌来说将发生极大的困难，也就是说酵母菌很难施展[27]它的发酵本领。不过有办法，人们早就从牛、羊等牲畜[28]能吸收纤维素的现象中发现，微生物中的球菌[29]、杆菌[30]、黏菌[31]和一些真菌[32]、放线菌，会分泌[33]出一种能催化[34]纤维素分解的酶，叫纤维素酶[35]，用这种纤维素酶先把纤维素分解成单个的葡萄糖[36]分子[37]，然后再用酵母菌把葡萄糖发酵成乙醇。利用纤维素做原料生产乙醇，为乙醇登上新能源的宝座铺平了道路。由于这些原料都来自绿色植物，所以有人把乙醇称为"绿色石油"。

（选自《化之道：化学卷》，陈德展主编，山东科学技术出版社，2009.5，有改动　1014字）

词　汇

1.	乙醇	（名）	yǐchún	ئالكوگول؛ ئېتىل ئالكوگول
2.	酒精	（名）	jiǔjīng	ئىسپىرت
3.	纯乙醇		chún yǐchún	ساپ ئالكوگول
4.	燃料	（名）	ránliào	يېقىلغۇ
5.	掺进		chānjìn	ئارىلاشتۇرماق؛ ئىلەشتۈرمەك
6.	鸡尾酒	（名）	jīwěijiǔ	كتېيل
7.	辛烷值	（名）	xīnwánzhí	ئوكتان قىممىتى
8.	巴西	（名）	Bāxī	بىرازىلىيە
9.	圣保罗	（名）	Shèngbǎoluó	سان پاۋلو
10.	发热值	（名）	fārèzhí	ئىسسىقلىق چىقىرىش قىممىتى
11.	发动机	（名）	fādòngjī	دۋىگاتېل؛ ماتور
12.	大名鼎鼎		dàmíng-dǐngdǐng	داڭدار؛ داڭلىق؛ ئاتاقلىق
13.	发酵	（动）	fā//jiào	ئېچىماق؛ بولماق
14.	原料	（名）	yuánliào	خام ماتېرىيال؛ خام ئەشيا
15.	甘蔗	（名）	gānzhe	شىكەر قومۇش
16.	甜菜	（名）	tiáncài	قىزىلچا
17.	甜高粱	（名）	tiángāoliang	تاتلىق ئاقجۇغاق
18.	糖料作物		tángliào zuòwù	شىكەر ماتېرىياللىرى زىرائىتى
19.	木薯	（名）	mùshǔ	مانىخوت
20.	马铃薯	（名）	mǎlíngshǔ	ياڭيۇ
21.	淀粉作物		diànfěn zuòwù	كىراخماللىق زىرائەتلەر
22.	纤维素	（名）	xiānwéisù	سېللىيۇلوزا؛ كلېتچاتكا (تالا ماددىسى)
23.	副产品	（名）	fùchǎnpǐn	قوشۇمچە مەھسۇلات
24.	稻草	（名）	dàocǎo	شال پاخلى
25.	糠壳		kāngké	كېپەك؛ پوست
26.	取之不尽，用之不竭		qǔ zhī bù jìn, yòng zhī bù jié	ئالغانغا تۈگمەيدىغان؛ ئىشلەتكەنگە خورىمايدىغان؛ پۈتمەس-تۈگمەس
27.	施展	（动）	shīzhǎn	كۆرسەتمەك؛ ئىشقا سالماق

28. 牲畜	（名）	shēngchù	ئۆي ھايۋانلىرى؛ ئات-ئۇلاغ؛ مال
29. 球菌	（名）	qiújūn	شارسىمان باكتېرىيە
30. 杆菌	（名）	gǎnjūn	تاياقچە باكتېرىيە؛ باتسىللا
31. 黏菌	（名）	niánjūn	يېپىشقاق باكتېرىيە
32. 真菌	（名）	zhēnjūn	زەمبۇرۇغ
33. 分泌	（动）	fēnmì	ئاجراتماق؛ ئاجرالما؛ ئاجرىتىپ چىقارماق
34. 催化	（动）	cuīhuà	كاتالىز؛ كاتالىزلاش
35. 纤维素酶	（名）	xiānwéisùméi	سېللىيۇلازا
36. 葡萄糖	（名）	pútaotáng	گلۇكوزا
37. 分子	（名）	fēnzǐ	مولېكۇلا

词语解释

1. 乙醇

乙醇是一种有机物，俗称酒精，在常温、常压下是一种易燃、易挥发的无色透明液体，它的水溶液具有特殊的、令人愉快的香味，并略带刺激性。有酒的气味和刺激的辛辣滋味，微甘。

2. 化石燃料

化石燃料是指煤炭、石油、天然气等埋藏在地下和海洋下的不能再生的燃料资源。

3. 能源

能源就是向自然界提供能量转化的物质（矿物质能源、核物理能源、大气环流能源、地理性能源）。

4. 功率

功率是指物体在单位时间内所做的功，即功率是描述做功快慢的物理量。功的数量一定，时间越短，功率值就越大。求功率的公式为：功率 = 功 / 时间。

5. 酶系统

酶系统是指将种类繁多的酶品种进行分类和编号而形成的一定的分类系统。目前已发现的酶品种大约有 2000 余种，几千种酶分布在不同的生物类群中，各尽其责，互相协作完成生命活动。

6. 发酵

通常所说的发酵，多是指生物体对于有机物的某种分解过程。发酵是人类较早接触的一种生物化学反应，如今在食品工业、生物和化学工业中均有广泛应用。发酵也是生物工程的基本过程，即发酵工程。酵母菌、乳酸菌等微生物的无氧呼吸也叫发酵。

7. 纤维素

纤维素是由葡萄糖组成的大分子多糖。不溶于水及一般有机溶剂。是植物细胞壁的主要成分。麻、麦秆、稻草、甘蔗渣等都是纤维素的丰富来源。纤维素是重要的造纸原料。

语言点

让汽车喝"鸡尾酒"不失为有效利用能源的一种好方法。
"不失为"意思是可以算得上。例如：
（1）在这种场合，让她来作证，不失为一种有效举措。
（2）用酒精做燃料不失为解决能源问题的一种好方法。

课堂练习

一、看拼音写汉字

乙（chún） 辛（wán）值 大名（dǐngdǐng） 发（jiào） 木（shǔ）

（nián）菌 分（mì） （chān）进 甜高（liang）

二、解释下列句子中画线的词语
1. 让汽车喝"鸡尾酒"<u>不失为</u>有效利用能源的一种好方法。
2. 在产糖量居世界第一位的巴西，完全用乙醇开动的汽车早已在圣保罗的大街上<u>奔驰</u>了。
3. 用糖和淀粉来大量生产乙醇做燃料，<u>显然</u>会影响到人类的食物来源。
4. 用它们做原料可以说是<u>取之不尽、用之不竭</u>的。
5. 用纤维素做原料对酵母菌来说将发生极大的困难，也就是说酵母菌很难<u>施展</u>它的发酵本领。

三、模仿造句
1. 让汽车喝"鸡尾酒"<u>不失为</u>有效利用能源的一种好方法。 （不失为）
2. 这种乙醇汽油的效率<u>甚至比</u>单纯的汽油<u>还</u>高，还能提高汽油的辛烷值。
（……甚至比……还……）
3. <u>虽然</u>乙醇的发热值比汽油低30%左右，<u>但</u>乙醇的密度高，<u>因此</u>，作为化石燃料的最佳替代能源，乙醇已展示出良好的前景。 （虽然……，但……，因此……）
4. 有一种叫酵单孢菌的，它的本领比酵母菌还高，<u>不仅</u>发酵速度快，生产效率高，<u>而且</u>能更充分地利用原料，产出的乙醇要比酵母菌高出8倍多。
（不仅……，而且……）
5. <u>由于</u>这些原料都来自绿色植物，<u>所以</u>有人把乙醇称为"绿色石油"。
（由于……，所以……）

四、根据课文内容判断正误

  1. 乙醇的沸点是 87.5℃。(　　)

  2. 乙醇汽油是鸡尾酒的一种。(　　)

  3. 生产乙醇的主角是酵母菌和酵单孢菌。(　　)

  4. 纤维素是人们找到的一种新的生产乙醇的原料。(　　)

  5. 微生物中的球菌、杆菌、黏菌和一些真菌、放线菌，会分泌出一种能催化纤维素分解的酶，并转化成酵母菌，变成乙醇。(　　)

五、名词解释

  1. 乙醇

  2. 辛烷值

  3. 发酵

  4. 纤维素

  5. 杆菌

六、根据课文内容回答问题

  1. 为什么说乙醇是化石燃料的最佳替代能源？

  2. 生产乙醇的菌种都有哪些？

  3. 用甘蔗、甜菜、甜高粱等糖料作物和木薯等淀粉作物做生产乙醇的原料，对人类有怎样的影响？为什么？

  4. 人们通过什么办法实现了用纤维素做生产乙醇的原料？

  5. 为什么说乙醇是"绿色石油"？

课后作业

一、抄写词语，每个词语抄写三遍

二、概括课文大意

课文三

课前练习

一、根据你所学的知识,谈谈化学元素跟我们的生活有怎样的联系

二、选择正确词语填空

　　　　深化　引起　随着　然后　统称　即　维持

1. 目前在人体中已发现的81种元素中,与人类生命息息相关的有25种,这些元素被称为生命必需元素,(　　)生命过程中必不可少的元素。
2. 生命必需元素在人体中的含量以氧居首位,约占整个体重的65%,(　　)依次是碳、氢、氮等元素。
3. 人们对人体生命必需元素的认识是逐渐(　　)的。
4. 后来采用人为地造成微量元素缺失而(　　)反应的方法,证实了钒、铬、镍、氟、硅也是生命必需元素。
5. (　　)时间的推延和科学技术的不断发展,今后可能还会发现更多的生命必需元素。
6. 人体内元素除碳、氢、氧、氮(以有机物和水的形式存在,占人体总重量的96%)外的其余各种元素(　　)为无机盐或矿物质。
7. 它们是构成人体组织和(　　)正常生理活动所不可缺少的物质。

三、根据课文内容选择正确答案

1. 平均一个人体内所含的碳可制作＿＿＿＿支铅笔。
　　A. 2000　　　　B. 7000　　　　C. 8000　　　　D. 9000
2. 生命必需元素中在人体中的含量占65%的是＿＿＿＿。
　　A. 氧　　　　　B. 氮　　　　　C. 氢　　　　　D. 碳
3. 下列不是在1925—1956年之间发现的生命必需元素是＿＿＿＿。
　　A. 铜　　　　　B. 锌　　　　　C. 钼　　　　　D. 铬
4. 下列不属于常量元素的是＿＿＿＿。
　　A. 氯　　　　　B. 碘　　　　　C. 氮　　　　　D. 硫
5. 下列不属于微量元素的是＿＿＿＿。
　　A. 钒　　　　　B. 氟　　　　　C. 钠　　　　　D. 锰

人体中的化学元素知多少

一切物质都由化学元素组成，人体也不例外[1]。这里有一组有趣的数据[2]：平均[3]一个人体内所含的碳可制作9000支铅笔，所含的磷可制2000枚火柴头，所含的铁可制一枚[4]铁钉。人体内所含的化学元素当然远不止碳、磷、铁这几种。构成地壳[5]的常见元素有92种，目前在人体中已发现了81种。其中与人类生命息息相关[6]的有25种，这些元素被称为生命必需元素，即生命过程中必不可少的元素。例如人体中的骨骼[7]、牙齿不能没有钙，人体中的脂肪、糖、蛋白质、酶、核酸[8]则含有碳、氢、氧、氮、硫[9]、磷和金属元素等。25种生命必需元素包括氧（O）、碳（C）、氢（H）、氮（N）、硫（S）、磷（P）、钾（K）、钠（Na）、钙（Ca）、镁[10]（Mg）、氯[11]（Cl）、铁（Fe）、铜[12]（Cu）、锌[13]（Zn）、锰[14]（Mn）、钼[15]（Mo）、钴[16]（Co）、铬（Cr）、碘[17]（I）、硒[18]（Se）、氟[19]（F）、钒[20]（V）、硅[21]（Si）、镍（Ni）、锡[22]（Sn）等。生命必需元素在人体中的含量以氧居首位，约占整个体重的65%，然后依次是碳、氢、氮等元素。

人们对人体生命必需元素的认识是逐渐深化的，如1925—1956年，发现铜、锌、钴、锰、钼在人体内的存在是必要的，后来采用人为地造成微量元素[23]缺失而引起反应的方法，证实了钒、铬、镍、氟、硅也是生命必需元素。随着时间的推延和科学技术的不断发展，今后可能还会发现更多的生命必需元素。人体中的化学元素按其含量可分为常量元素[24]和微量元素。在人体中含量高于0.01%的元素，称为常量元素。属于这个范围的有氧、碳、氢、氮、钙、磷、钾、硫、钠、氯和镁等11种，占人体总重量的99.95%，是构成细胞、血液、骨骼、肌肉和脏器的主要成分。人体中含量低于0.01%的化学元素，称为微量元素，主要有铁、铜、锌、锰、钼、钴、铬、碘、硒、氟、钒、硅、镍、锡等14种，占人体总重量的0.05%，是体内众多的酶和辅酶[25]的活性成分。铁是最早发现的人体必需微量元素，后来又发现碘、钒、氟、硅、镍等。至今已确认的动物和人必需的14种微量元素中有10种为微量金属元素。人体内元素除碳、氢、氧、氮（以有机物[26]和水的形式存在，占人体总重量的96%）外的其余各种元素统称为无机盐[27]或矿物质。矿物质虽仅占人体重量的4%，需要量也不像蛋白质、脂类[28]、碳水化合物那样多，但它们是构成人体组织和维持正常生理活动所不可缺少的物质。

（选自《化之道：化学卷》，陈德展主编，山东科学技术出版社，2009.5，有改动　869字）

第三单元 化学篇

词　汇

1. 例外	（动）	lìwài	دىن تاشقىرى؛ مۇستەسنا؛ باشقىچە ....
2. 数据	（名）	shùjù	سانلىق ئاساس؛ سانلىق ئىسپات
3. 平均	（动）	píngjūn	ئوتتۇرىچە
4. 枚	（量）	méi	دانە
5. 地壳	（名）	dìqiào	يەر پوستى
6. 息息相关		xīxī-xiāngguān	ھەمنەپەس بولماق؛ ناھايىتى يېقىن مۇناسىۋەتتە بولماق.
7. 骨骼	（名）	gǔgé	ئىسكىلەت؛ سۆڭەك
8. 核酸	（名）	hésuān	يادور كىسلاتاسى
9. 硫	（名）	liú	گۈڭگۈرت
10. 镁	（名）	měi	ماگنىي
11. 氯	（名）	lǜ	خلور
12. 铜	（名）	tóng	مىس
13. 锌	（名）	xīn	سىنك
14. 锰	（名）	měng	مانگان؛ مارگانېتس
15. 钼	（名）	mù	مولىبدېن
16. 钴	（名）	gǔ	كوبالت
17. 碘	（名）	diǎn	يود
18. 硒	（名）	xī	سېلېن
19. 氟	（名）	fú	فتور
20. 钒	（名）	fán	ۋانادىي
21. 硅	（名）	guī	كرېمنىي
22. 锡	（名）	xī	قەلەي؛ ستاننۇم
23. 微量元素		wēiliàng yuánsù	مىكرو ئېلېمېنتلار
24. 常量元素		chángliàng yuánsù	تولۇق مىقدارلىق ئېلېمېنت
25. 辅酶	（名）	fǔméi	ياردەمچى ئېنزىم؛ كوئېنزىم
26. 有机物	（名）	yǒujīwù	ئورگانىك ماددا
27. 无机盐	（名）	wújīyán	ئىنئورگانىك تۇز
28. 脂类		zhīlèi	ياغلار؛ مايلار؛ لىپىدلار؛ لىپىنلار

词语解释

1. 地壳

由岩石组成的固体外壳，地球固体圈层的最外层，岩石圈的重要组成部分。整个地壳平均厚度约 17 千米；其中大陆地壳厚度较大，平均约为 33 千米；高山、高原地区地壳更厚，最高可达 70 千米；平原、盆地地壳相对较薄；大洋地壳则远比大陆地壳薄，厚度只有几千米。

2. 金属元素

具有金属通性的元素。金属元素种类高达八十余种，性质相似，主要表现为还原性，有光泽，导电性与导热性良好，质硬，有延展性，常温下一般是固体（汞除外，汞在常温下为银白色液体，俗称"水银"）。

3. 活性成分

有效成分又称活性成分，是指具有医疗效用或生理活性，能用分子式和结构式表示并具有一定熔点、沸点、旋光度、溶解度等理化常数的单体化合物。随着科学研究的发展，越来越多的植物的有效成分被发现，如青蒿（qīnghāo，كۆك ئەمەن）中抗疟（kàng nüè，بەزگەككە توڕماق قارشى）的活性成分青蒿素、田七的止血活性成分田七氨酸、水飞蓟（shuǐfēijì，سلبوم گۈلى）中具有保肝作用的活性成分水飞蓟素等。

语言点

生命必需元素在人体中的含量以氧居首位，约占整个体重的 65%，然后依次是碳、氢、氮等元素。

"……以……居首位，然后依次是……"这一格式表示顺序的先后。例如：

（1）在 2014 年全国理工类高校排行榜中，以清华大学居首位，然后依次是华中科技大学、中国科学技术大学、哈尔滨工业大学。

（2）在去年世界一流作家的收入排名中，帕特森以 7000 万美元居首位，然后依次是斯蒂芬妮·梅耶、斯蒂芬·金。

课堂练习

一、看拼音写汉字

骨（gé）　二氧化（guī）　加（diǎn）盐　氧化（xīn）　（lǜ）化钠

二、解释下列句子中画线的词语

1. 一切物质都由化学元素组成，人体也<u>不例外</u>。
2. 人体内所含的化学元素当然<u>远不止</u>碳、磷、铁这几种。
3. 其中与人类生命<u>息息相关</u>的有 25 种，这些元素被称为生命必需元素。

4. 生命必需元素在人体中的含量以氧居首位，约占整个体重的65%，然后依次是碳、氢、氮等元素。

5. 后来采用人为地造成微量元素缺失而引起反应的方法，证实了钒、铬、镍、氟、硅也是生命必需元素。

6. 至今已确认的动物和人必需的14种微量元素中有10种为微量金属元素。

三、模仿造句

1. 一切物质都由化学元素组成，人体也不例外。（一切……都……，……也不例外）

2. 生命必需元素在人体中的含量以氧居首位，约占整个体重的65%，然后依次是碳、氢、氮等元素。　　　　（……以……居首位，然后依次是……）

3. 人体内元素除碳、氢、氧、氮外的其余各种元素统称为无机盐或矿物质。
　　　　　　　　　　　　　　　（……除……外的……统称为……）

四、根据课文内容判断正误

1. 人体是由化学元素组成的。（　）

2. 生命必需的元素在人体中的含量排前四名的是氧、碳、氢、氮。（　）

3. 生命必需的元素有81种。（　）

4. 至今已确认的动物和人必需的14种微量元素中，有8种为微量金属元素。（　）

5. 矿物质仅占身体重量的4%，因此可有可无。（　）

五、名词解释

1. 地壳

2. 常量元素

3. 微量元素

4. 辅酶

5. 矿物质

六、根据课文内容回答问题

1. 人体中的化学元素有多少？

2. 请你谈谈人类对人体生命必需元素的认识过程。

3. 人体中的化学元素是怎么分类的？

课后作业

一、抄写词语，每个词语抄写三遍

二、概括课文大意

第四单元 生物篇

第一课

课文一

课前练习

一、根据你已有的知识，谈谈对细胞的认识

二、选择正确词语填空

免疫　突飞猛进　局限性　统称　特定　探索　呈　不懈　工艺　隐隐约约

1. 在一代又一代科学家的（　　）努力下，人们终于意识到生物体在构成上有一个共同点。

2. 但是由于时代的（　　），这个学说并没有将微生物包括进去。

3. 电子显微镜出现之后，对细胞结构的了解可谓（　　）。

4. 细胞膜具有控制物质进出、信息传递、代谢调控、识别与（　　）等多种功能。

5. 细胞质是细胞膜以内、细胞核以外的原生质的（　　）。

6. 人们很早就在（　　）生物体是如何构成的。

7. 于是人们继续改进显微镜的制造（　　），不断提高放大倍数。

8. 细胞膜是包围在细胞表面的极薄的膜，电子显微镜下（　　）三层结构。

9. 细胞质中（　　）还有一些结构。

10. 这些元素在生物体（　　）的结构基础上，有机地结合成各种化合物。

三、根据课文内容选择正确答案

1. 生命的基本单位是_____。
   A. 病毒　　　　B. 细胞　　　　C. 微生物　　　　D. 蛋白质

2. 细胞是由细胞膜、_____和细胞核构成的。
   A. 细胞壁　　　B. 细胞器　　　C. 细胞质　　　　D. 细胞液泡

3. 细胞膜由磷脂双分子层和镶嵌在上面的_____分子构成。
   A. 水　　　　　B. 核酸　　　　C. 无机盐　　　　D. 蛋白质

4. 细胞核包括核膜、_____、核仁和核液。

  A. 脂质   B. 糖类   C. 染色质   D. 染色体

细胞[1]

细胞的发现

  人们很早就在探索[2]生物体[3]是如何构成的，可是，由于科学技术不够发达，一直没有找到答案。直到1665年，英国建筑师[4]罗伯特·虎克使用自制的显微镜[5]，观察到软木薄片上有许多像蜂窝一样的小格子，并将其命名为细胞，即小室的意思。此后，在一代又一代科学家的不懈[6]努力下，人们终于意识到生物体在构成上有一个共同点，即无论动物还是植物，都是由细胞构成的。19世纪30年代，德国科学家施莱登和施旺提出了细胞学说，认为一切动物和植物都是细胞的集合体，细胞是生命的基本单位。这一学说被誉为19世纪自然科学的三大发现之一。但是由于时代的局限性[7]，这个学说并没有将微生物[8]包括进去。其实，早在虎克发现细胞之前，另一个虎克，荷兰科学家列文·虎克已发现微生物的存在，但是微生物学直到19世纪末才发展起来，现在大家都知道，除了病毒[9]和类病毒外，其他一切生物均是由细胞构成的。

细胞的结构

  虽然生物体大都是由细胞构成的，可是不同的细胞却是形态各异：就样子来说，有圆的、方的、长条状的、星状的等各种不规则状的；就大小来说，最大的细胞如卵[10]细胞（鸵鸟[11]卵细胞）直径[12]可达十几厘米，最小的细胞直径仅1微米[13]左右，是前者的一百万分之一。但是这些细胞在构成上却是相似的。

  在电子显微镜发明之前，人们在光学显微镜下看到动物细胞是由细胞核[14]、细胞质[15]和细胞膜[16]三部分构成的，植物细胞则还有细胞壁[17]和细胞液泡[18]、叶绿体[19]等结构。细胞质中隐隐约约[20]还有一些结构。于是人们继续改进显微镜的制作工艺[21]，不断提高放大倍数，可是后来却发现放大倍数一旦超过1500倍，影像[22]会变得很模糊（这是因为光波波长太长所致）。电子显微镜出现之后，对细胞结构的了解可谓突飞猛进[23]，目前科学家发现细胞主要是由细胞膜、细胞质和细胞核构成的。

  细胞膜是包围在细胞表面的极薄的膜，电子显微镜下呈[24]三层结构，目前认为细胞膜是由磷脂[25]双分子[26]层和镶嵌[27]在上面的蛋白质[28]分子构成的。细胞膜具有控制物质进出、信息传递、代谢[29]调控[30]、识别[31]与免疫[32]等多种功能。

细胞质是细胞膜以内、细胞核以外的原生质[33]的统称[34]。包括细胞质基质[35]、细胞器[36]和内含物。细胞质的主要成分是蛋白质、核酸[37]、无机盐[38]和水等。

细胞核的形态随细胞形态、代谢状态或发育阶段的不同而有差别，通常为圆形或椭圆[39]形。核的大小在不同生物中有所不同，高等生物的核较大。细胞核包括核膜[40]、染色质[41]、核仁[42]及核液[43]。

细胞中的化合物[44]

细胞中常见的化学元素有20多种，这些组成生物体的化学元素虽然在生物体内有一定的生理[45]作用，但是单一的某种元素不可能表现出相应的生理功能。这些元素在生物体特定[46]的结构基础上，有机地结合成各种化合物，这些化合物与其他的物质相互作用才能体现出相应的生理功能。组成细胞的化合物大体可以分为无机[47]化合物和有机[48]化合物。无机化合物包括水和无机盐，有机化合物包括蛋白质、核酸、糖类[49]和脂质。水、无机盐、蛋白质、核酸、糖类、脂质等有机地结合在一起才能体现出生物体的生命活动。在组成的化合物中含量最多的是水，但是在细胞的干重中，含量最多的化合物是蛋白质，占干重的50%以上。

（选自《生物化学奇遇记》，徐东梅编著，现代出版社，2012.11，有改动　1271字）

词　　汇

1. 细胞	（名）	xìbāo		ھۇجەيرە
2. 探索	（动）	tànsuǒ		ئىزدىنمەك؛ ئىزدەنمەك؛ تەتقىق قىلماق
3. 生物体	（名）	shēngwùtǐ		جانلىقلار تېنى
4. 建筑师	（名）	jiànzhùshī		ئارخىتېكتور؛ بىناكار
5. 显微镜	（名）	xiǎnwēijìng		مىكروسكوپ
6. 不懈	（形）	bùxiè		ھارماي-تالماي؛ بوشاپ كەتمەسلىك؛ بوشاشماسلىق
7. 局限性	（名）	júxiànxìng		چەكلىملىك؛ چەكلىكلىك
8. 微生物	（名）	wēishēngwù		مىكروئورگانىزم
9. 病毒	（名）	bìngdú		ۋىرۇس
10. 卵	（名）	luǎn		تۇخۇم
11. 鸵鸟	（名）	tuóniǎo		تۆگىقۇش
12. 直径	（名）	zhíjìng		دىئامېتر

第四单元 生物篇

13. 微米	（名）	wēimǐ		مىكرومېتىر
14. 细胞核	（名）	xìbāohé		ھۈجەيرە يادروسى
15. 细胞质	（名）	xìbāozhì		سىتوپلازما؛ ھۈجەيرە پلازمىسى
16. 细胞膜	（名）	xìbāomó		ھۈجەيرە پەردىسى
17. 细胞壁	（名）	xìbāobì		ھۈجەيرە پوستى؛ ھۈجەيرە دېۋارى
18. 液泡	（名）	yèpào		ۋاكۇئولا
19. 叶绿体	（名）	yèlùtǐ		خلوروپلاست؛ خلوروفىل تەنچىلىرى
20. 隐隐约约		yǐnyǐnyuēyuē		غۇۋا؛ توتۇق؛ بىلىنەر-بىلىنمەس
21. 工艺	（名）	gōngyì		ھۈنەر؛ تېخنولوگىيە
22. 影像	（名）	yǐngxiàng		ئوبراز؛ سۈرەت
23. 突飞猛进		tūfēi-měngjìn		ئۇچقاندەك ئالغا باسماق؛ تېز سۈرئەت بىلەن ئىلگىرىلىمەك
24. 呈	（动）	chéng		كۆرۈنمەك؛ كۆرسەتمەك
25. 磷脂	（名）	línzhī		فوسفاتىد
26. 双分子		shuāngfēnzǐ		قوش مولېكۇلا
27. 镶嵌	（动）	xiāngqiàn		نەقىش سالماق؛ قويماق؛ سالماق
28. 蛋白质	（名）	dànbáizhì		ئاقسىل
29. 代谢	（动）	dàixiè		ماددا ئالماشتۇرۇش
30. 调控	（动）	tiáokòng		تەڭشىمەك ۋە كونترول قىلماق
31. 识别	（动）	shíbié		پەرق ئەتمەك؛ پەرقلەندۈرمەك؛ ئاجراتماق
32. 免疫	（动）	miǎnyì		ئىممۇنىتېت
33. 原生质	（名）	yuánshēngzhì		پروتوپلازما
34. 统称	（名）	tǒngchēng		ئومۇمىي نام؛ ئومۇملاشتۇرۇپ ئاتىماق
35. 细胞质基质		xìbāozhì jīzhì		سىتوپلازما ئاساسىي ماددىسى
36. 细胞器	（名）	xìbāoqì		ھۈجەيرە ئاپپاراتى
37. 核酸	（名）	hésuān		يادرو كىسلاناسى
38. 无机盐	（名）	wújīyán		ئانئورگانىك تۇز
39. 椭圆	（名）	tuǒyuán		ئېللىپس
40. 核膜	（名）	hémó		يادرو پەردىسى
41. 染色质	（名）	rǎnsèzhì		خروموسوما؛ خروماتىن (بوياۋغۇچى مادىدا)
42. 核仁	（名）	hérén		نۇكلېئولۇس؛ كىچىك يادرو؛ يادرو مېغىزى؛ مېغىز

43. 核液	（名）	héyè	كارىيولىمفا ؛ ھۇجەيرە سۇيۇقلۇقى
44. 化合物	（名）	huàhéwù	خىمىيىۋى بىرىكمە؛ بىرىكمىلەر ؛ بىرىكمە
45. 生理	（名）	shēnglǐ	فىزىئولوگىيە؛ فىزىئولوگىيىلىك
46. 特定	（形）	tèdìng	ئېنىق بەلگىلەنگەن؛ ئالاھىدە بەلگىلەنگەن ؛ مۇئەييەن؛ مەلۇم؛ بەلگىلىك
47. 无机	（形）	wújī	ئىنئورگانىك ؛ جانسىز
48. 有机	（形）	yǒujī	ئورگانىك؛ جانلىق
49. 糖类		tánglèi	قەنتلەر

词语解释

1. **微生物**
微生物是形体微小、构造简单的生物的统称。

2. **病毒**
病毒是比细菌还小、没有细胞结构、只能在细胞中增殖的微生物。由蛋白质和核酸组成。多数要用电子显微镜才能观察到。

3. **细胞壁**
细胞壁是细胞的外层，在细胞膜的外面，细胞壁之厚薄常因组织、功能不同而异。植物、真菌（زەمبۇرۇغ ؛ گىرىپ）、藻类（يوسۇنلەر）和原核生物（ئىپتىدائىي يادرولۇق جانلىقلار）都具有细胞壁，而动物细胞不具有细胞壁。细胞壁本身结构疏松，外界物质可通过细胞壁进入细胞中。

4. **液泡**
液泡是植物细胞质中的泡状结构。幼小的植物细胞，具有许多小而分散的液泡，随着细胞的生长，液泡也长大，互相并合，最后在细胞中央形成一个大的中央液泡，它可占据细胞体积的 90% 以上。这时，细胞质的其余部分，连同细胞核一起，被挤成紧贴细胞壁的一个薄层。

5. **磷脂**
磷脂是指含有磷酸（فوسفات كىسلاتا）（化学式 H_3PO_4，分子量为 97.9724，是一种常见的无机酸，是中强酸）的脂类（ياغلار），属于复合脂。

6. **原生质**
原生质是细胞内生命物质的总称。它的主要成分是蛋白质、核酸、脂质。原生质分化产生细胞膜、细胞质和细胞核。一个动物细胞就是一个原生质体。植物细胞由原生质体和细胞壁组成。

7. **细胞质基质**
细胞质基质是细胞质中除去能分辨的细胞器和颗粒以外的胶态的基底物质。现又称细胞溶胶。

8. 细胞器

细胞器是细胞质中具有一定结构和功能的微结构。主要有：线粒体、内质网、中心体、叶绿体、高尔基体、核糖体等。它们组成了细胞的基本结构，使细胞能正常地工作、运转。

9. 无机

原指化合物是跟非生物体有关或从非生物体而来，一般指除碳酸盐和碳的氧化物外不含碳原子的化合物。

10. 有机

主要由氧元素、氢元素、碳元素组成的含碳的化合物，但是不包括一氧化碳、二氧化碳和化学式以碳酸根结尾的物质。

语言点

不同的细胞却是形态各异：就样子来说，有圆的、方的、长条状的、星状的等各种不规则状的；就大小来说，最大的细胞如卵细胞（鸵鸟卵细胞）直径可达十几厘米，最小的细胞直径仅 1 微米左右，是前者的一百万分之一。

"……：/就……来说，……；//就……来说，……"这一格式用于解说复句，前面是总说，后面是分说，即先总后分。例如：

（1）本学期，古丽在各方面都取得了长足的进步：就学习成绩来说，平均成绩比上一学期提高了 25 分；就政治思想表现来说，光荣地加入了中国共产党。

（2）经过一年的汉语学习，同学们的汉语水平得到了大幅度的提高：就听说水平来说，达到了 MHK 三级甲等水平；就读写来说，达到了 MHK 三级乙等水平。

课堂练习

一、看拼音写汉字

显（wēi）镜　病（dú）　细胞（bì）　（lín）脂　免（yì）

（rǎn）色质　（tuǒ）圆　代（xiè）　（hé）膜　（táng）类

二、解释下列句子中画线的词语

1. 虽然生物体大都是由细胞构成的，可是不同的细胞却是<u>形态各异</u>。
2. 这是因为光波波长太长<u>所致</u>。
3. 电子显微镜出现之后，对细胞结构的了解<u>可谓突飞猛进</u>。
4. 这些化合物与其他的物质<u>相互作用</u>才能体现出相应的生理功能。
5. 细胞膜在电子显微镜下<u>呈</u>三层结构。

6. 细胞膜是由磷脂双分子层和镶嵌在上面的蛋白质分子构成的。
7. 组成细胞的化合物大体可以分为无机化合物和有机化合物。
8. 但是在细胞的干重中，含量最多的化合物是蛋白质，占干重的 50% 以上。

三、模仿造句
1. 人们终于意识到生物体在构成上有一个共同点，即无论动物，还是植物，都是由细胞构成的。　　　　　　　　　　　（无论……，还是……，都……）
2. 这一学说被誉为 19 世纪自然科学的三大发现之一。　　　　　（被誉为）
3. 虽然生物体大都是由细胞构成的，可是不同的细胞却是形态各异：就样子来说，有圆的、方的、长条状的、星状的等各种不规则状的；就大小来说，最大的细胞如卵细胞直径可达十几厘米，最小的细胞直径仅 1 微米左右，是前者的一百万分之一。　　　　（……：就……来说，……；就……来说，……）
4. 细胞质是细胞膜以内、细胞核以外的原生质的统称。　（……是……的统称）
5. 细胞核的形态随细胞形态、代谢状态或发育阶段的不同而有差别，通常为圆形或椭圆形。　　　　　　　　　　　　　（……随……的不同而……）

四、根据课文内容判断正误
1. 细胞就是小格子。　　　　　　　　　　　　　　　　　　　　（　　）
2. 细胞学说是 19 世纪自然科学的三大发现之一。　　　　　　　　（　　）
3. 病毒和类病毒是由细胞构成的。　　　　　　　　　　　　　　（　　）
4. 不同的细胞形态各异，构成上也完全不同。　　　　　　　　　（　　）
5. 光学显微镜的放大倍数越大，影像就越清楚。　　　　　　　　（　　）
6. 无机化合物和有机化合物有机地结合在一起才能体现出生物体的生命活动。（　　）

五、名词解释
1. 细胞

2. 液泡

3. 叶绿体

4. 磷脂

5. 染色质

6. 核酸

六、根据课文内容回答问题
1. 什么是细胞的多样性？什么是细胞的统一性？

2. 什么是细胞膜？其构成和功能是什么？
3. 什么是细胞质？其主要成分是什么？
4. 什么是细胞核？其形态如何？
5. 组成细胞的化合物大体有哪些？其成分是什么？

课后作业

一、抄写词语，每个词语抄写三遍
二、概括课文大意

课文二

课前练习

一、你知道哪些食物中含有蛋白质吗？
二、选择正确词语填空

氧化　释放　特异　免疫　修复　渗入　化合物　被誉为　催化剂　血红蛋白

1. 蛋白质是由多种氨基酸分子组成的高分子（　　　）。
2. 蛋白质（　　　）生命的"基础"。
3. 这些反应是在一类叫作酶的特殊蛋白质生物（　　　）的作用下进行的。
4. 动物体内氧气的运输是靠血液中的血红素，对于高等哺乳动物来说就是（　　　）。
5. 外界的病原体入侵生物体时，生物体便产生一种（　　　）蛋白质与它们对抗。
6. 抗体是生物体内的（　　　）防御系统。
7. 生物体内某一部分可以产生一类特种的蛋白质，通过循环，（　　　）到血液中，调节其他部分的生命活动。
8. 身体的生长发育、衰老组织的更新、损伤组织的（　　　），都需要用蛋白质作为机体重要的"建筑材料"。
9. 如果膳食中长期缺乏蛋白质，血浆中蛋白质含量就会降低，血液中的水分便会过多地（　　　）到周围组织，出现营养性水肿。
10. 从食物中摄取的蛋白质，有些不符合人体需要，或者摄取数量过多，也会被

（　　）分解，释放能量。

三、根据课文内容选择正确答案

1. 蛋白质和＿＿＿＿组成蛋白体。
    A. 酶　　　　　B. 激素　　　　　C. 核酸　　　　　D. 血红素

2. 可以将蛋白质分为酶蛋白、运载蛋白、结构蛋白、＿＿＿＿和激素五类。
    A. 抗体　　　　B. 染色体　　　　C. 核糖体　　　　D. 血红蛋白

3. 生物体内进行着成千上万种化学反应，这些反应是在一类叫作酶的特殊蛋白质生物＿＿＿＿的作用下进行的。
    A. 质体　　　　B. 真核　　　　　C. 催化剂　　　　D. 蛋白质

4. 动物体内氧气的运输是靠血液中的＿＿＿＿，对于高等哺乳动物来说就是血红蛋白。
    A. 染色体　　　B. 细胞核　　　　C. 血红素　　　　D. 血红蛋白

5. 外界的＿＿＿＿入侵生物体时，生物体便产生一种特异蛋白质与它对抗。
    A. 核酸　　　　B. 抗体　　　　　C. 激素　　　　　D. 病原体

6. 蛋白质能构成和＿＿＿＿身体组织。
    A. 渗入　　　　B. 修补　　　　　C. 衰老　　　　　D. 损伤

7. 抗体是活跃在血液中的一支"突击队"，具有保卫机体＿＿＿＿细菌和病毒的侵害、提高机体抵抗力的作用。
    A. 免受　　　　B. 修补　　　　　C. 衰老　　　　　D. 损伤

8. 正常人＿＿＿＿和组织液之间的水分不断交换并保持平衡。
    A. 血浆　　　　B. 血红素　　　　C. 血小板　　　　D. 血红蛋白

生命活动的主要承担[1]者——蛋白质

蛋白质是由多种氨基酸[2]分子组成的高分子[3]化合物，是生物体内含量最多的一类化合物。蛋白质被誉为生命的"基础"。有生命的地方，就有蛋白质。蛋白质和核酸组成蛋白体。

根据在生物体内所起作用的不同，可以将蛋白质分为酶蛋白[4]、运载[5]蛋白、结构蛋白、抗体[6]和激素[7]五类。

生物体内进行着成千上万种化学反应，这些反应是在一类叫作酶的特殊蛋白质生物催化剂[8]的作用下进行的，反应速度很快，往往是体外速度的几百倍甚至上千倍，这种蛋白质被称为酶蛋白。

生物的细胞膜上含有各种各样起着运输作用的蛋白质，这种蛋白质被称为运载蛋白。它们在生物的物质代谢中起着重要的作用。动物体内氧气的运输是靠血液中的血红素[9]，对于高等哺乳动物来说就是血红蛋白[10]。

生物体的细胞结构，包括细胞膜、细胞核、质体[11]、线粒体[12]、核糖体[13]、内膜[14]系统以及真核[15]类的染色体[16]等，它们在结构上都含有大量由蛋白质组成的亚基，形成了细胞的框架[17]结构。这种蛋白质被称为结构蛋白。

外界的病原体[18]入侵生物体时，生物体便产生一种特异[19]蛋白质与它们对抗，使其解体，这就是抗体。抗体是生物体内的免疫防御[20]系统。

生物体内某一部分可以产生一类特种[21]的蛋白质，通过循环[22]，释放到血液中，调节其他部分的生命活动。这种蛋白质被称为激素。

蛋白质在人体中的生理功能概括起来主要有以下四种：

首先，蛋白质能构成和修补[23]身体组织[24]。它占人的体重的16.3%，占人体干重的42%～45%。身体的生长发育[25]、衰老[26]组织的更新、损伤[27]组织的修复[28]，都需要用蛋白质作为机体[29]重要的"建筑材料"。儿童长身体更不能缺少它。

其次，蛋白质构成生理活性[30]物质。人体内的酶、激素、抗体等活性物质都是由蛋白质组成的。人的身体就像一座复杂的化工厂，一切生理代谢、化学反应都是由酶参与完成的。生理功能靠激素调节，如生长激素、性激素[31]、肾上腺素[32]等。抗体是活跃在血液中的一支"突击队"，具有保卫机体免受细菌[33]和病毒的侵害、提高机体抵抗力的作用。

第三，蛋白质能调节渗透压[34]。正常人血浆[35]和组织液[36]之间的水分不断交换并保持平衡。血浆中蛋白质的含量对保持平衡状态起着重要的调节作用。如果膳食[37]中长期缺乏蛋白质，血浆中蛋白质含量就会降低，血液中的水分便会过多地渗入到周围组织，出现营养性水肿[38]。

第四，蛋白质能供给能量[39]。这不是蛋白质的主要功能，但在能量缺乏时，蛋白质也必须用于产生能量。另外，从食物中摄取[40]的蛋白质，有些不符合人体需要，或者摄取数量过多，也会被氧化[41]分解[42]，释放能量。

（选自《生物化学奇遇记》，徐东梅编著，现代出版社，2012.11，有改动　1034字）

词　汇

1. 承担	（动）	chéngdān	ئۈستىگە ئالماق
2. 氨基酸	（名）	ānjīsuān	ئامىنو كىسلاتاسى
3. 高分子		gāofēnzǐ	يۇقىرى مولېكۇلا
4. 酶蛋白	（名）	méidànbái	ئاپوئېنزىم
5. 运载	（动）	yùnzài	قاچىلاش-توشۇش؛ توشۇش

#	词	词性	拼音	维文
6.	抗体	（名）	kàngtǐ	ئانتىتېلا
7.	激素	（名）	jīsù	ھورمون
8.	催化剂	（名）	cuīhuàjì	كاتالىزاتور
9.	血红素	（名）	xuèhóngsù	قىزىل قان ئېلېمېنتى
10.	血红蛋白	（名）	xuèhóngdànbái	گېموگلوبىن؛ قىزىل قان ئاقسىلى
11.	质体	（名）	zhìtǐ	پلاستىد
12.	线粒体	（名）	xiànlìtǐ	خوندرىئوزوما
13.	核糖体	（名）	hétángtǐ	رېبوسوما
14.	内膜	（名）	nèimó	ئىچكى پەردە
15.	真核	（名）	zhēnhé	ئېۇكارىيون
16.	染色体	（名）	rǎnsètǐ	خروموزوما
17.	框架	（名）	kuàngjià	رام؛ رامكا
18.	病原体	（名）	bìngyuántǐ	كېسەللىك قوزغاتقۇچى پاتوگېن؛
19.	特异	（形）	tèyì	ئالاھىدە؛ ئالاھىدىلىك؛ باشقىچە؛ باشقىچىلىك؛ ئۆزگىچىلىك؛ خاس؛ خاسلىق
20.	防御	（动）	fángyù	مۇداپىئەلىنىش
21.	特种	（形）	tèzhǒng	ئالاھىدە تىپ؛ مەخسۇس؛ ئالاھىدە
22.	循环	（动）	xúnhuán	ئايلىنىپ تۇرماق؛ تەكرارلىنىپ تۇرماق؛ دەۋر قىلماق؛ دەۋرىي؛ ئايلىنىش؛ ئايلىنما
23.	修补	（动）	xiūbǔ	ياماش
24.	组织	（名）	zǔzhī	قۇرۇلما؛ قۇرۇلۇش؛ تۇزۇلمە؛ تۇزۇلۇش
25.	发育	（动）	fāyù	ئۆسمەك؛ يېتىلمەك
26.	衰老	（动）	shuāilǎo	قېرىش
27.	损伤	（动）	sǔnshāng	زەخمىلەندۇرمەك؛ يارىلانماق
28.	修复	（动）	xiūfù	ئەسلىگە كەلتۈرمەك؛ ئوڭشىماق؛ ياساش؛ ئەسلىگە كەلتۈرۈش؛ تۈزەش
29.	机体	（名）	jītǐ	ئورگانىزم
30.	活性	（名）	huóxìng	ئاكتىپلىق
31.	性激素	（名）	xìngjīsù	جىنسىي ھورمون
32.	肾上腺素	（名）	shènshàngxiànsù	ئادرىنالىن؛ ئېپىنېفرىن
33.	细菌	（名）	xìjūn	باكتېرىيە

34. 渗透压	（名）	shèntòuyā		ئوسموتىك بېسىم؛ ئوسموسلۇق بېسىم
35. 血浆	（名）	xuèjiāng		قان پلازمىسى؛ قان شەربىسى
36. 组织液	（名）	zǔzhīyè		توقۇلما سۇيۇقلۇقى
37. 膳食	（名）	shànshí		تائام
38. 水肿	（动）	shuǐzhǒng		سۇلۇق ئىششىق
39. 能量	（名）	néngliàng		ئېنېرگىيە
40. 摄取	（动）	shèqǔ		ئالماق؛ ئوزۇقلانماق؛ ئۆزلەشتۈرمەك
41. 氧化	（动）	yǎnghuà		ئوكسىدلىنىش
42. 分解	（动）	fēnjiě		پارچىلاش

词语解释

1. 氨基酸

氨基酸是含有氨基（由一个氮原子和两个氢原子组成，化学式 $-NH_2$）和羧（suō）基（由一个碳原子、两个氧原子和一个氢原子组成，化学式 $-COOH$）的一类有机化合物的通称，是组成蛋白质的基本单位。

2. 高分子化合物

高分子化合物是指由众多原子或原子团主要以共价键（共价键的概念请参阅化学篇第二课课文三）结合而成的相对分子量在一万以上的化合物。

3. 血红蛋白

血红蛋白是高等生物体内负责运载氧的一种蛋白质，是使血液呈红色的蛋白。

4. 质体

质体是植物细胞中由双层膜包裹的一类细胞器的总称，存在于真核植物细胞内。

5. 线粒体

线粒体是细胞中制造能量的结构。一个细胞内含有线粒体的数目可以从几百个到数千个不等，越活跃的细胞含有的线粒体数目越多，如时刻跳动的心脏细胞和经常思考问题的大脑细胞含有线粒体的数目最大，皮肤细胞含有线粒体的数目比较少。

6. 真核

真核（即真核生物）是所有单细胞或多细胞且细胞具有细胞核的生物的总称。

7. 染色体

染色体是细胞内具有遗传性质的物体，易被碱性染料染成深色，所以叫染色体（染色质）。

8. 病原体

病原体指可造成人或动物感染疾病的微生物（包括细菌、病毒、真菌）和寄生虫的统称。

9. 机体

机体是具有生命的个体的统称，包括植物和动物，如最低等最原始的单细胞生物、最高等最复杂的人类。也叫有机体。

10. 活性

活性是指具有生命力，能够顽强活跃下去的一种活动性质。

11. 肾上腺素

由人体分泌出的一种激素。当人经历某些刺激（例如兴奋、恐惧、紧张等）时会分泌出肾上腺素。它能让人呼吸加快（提供大量氧气），心跳与血液流动加速，瞳孔放大，为身体活动提供更多能量，使反应更加快速。

12. 渗透压

用半透膜把两种不同浓度的溶液隔开时发生渗透现象，达到平衡时半透膜两侧溶液产生的位能差就叫渗透压。

语言点

根据在生物体内所起作用的不同，可以将蛋白质分为酶蛋白、运载蛋白、结构蛋白、抗体和激素五类。

"根据……的不同，可以将……分为……"是常用句式，前面是分类标准，后面是根据前面的分类标准对事物进行的分类。例如：

（1）根据民族的不同，可以将同学们分为汉族、维吾尔族、哈萨克族、蒙古族和锡伯族。

（2）根据汉语水平的不同，可以将预科班级分为基础班、初级班和中级班三个层次。

课堂练习

一、看拼音写汉字

（ ān ）基酸　催化（ jì ）　肾上（ xiàn ）素　细（ jūn ）　血（ jiāng ）

（ méi ）蛋白　（ jī ）性　（ shàn ）素　（ shè ）食　（ xiàn ）取　（ ）粒体

二、解释下列句子中画线的词语

1. 外界的病原体入侵生物体时，生物体便产生一种<u>特异</u>蛋白质与它们对抗，使其解体，这就是抗体。

2. 身体的生长发育、衰老组织的<u>更新</u>、损伤组织的修复，都需要用蛋白质作为<u>机体</u>重要的"建筑材料"。

3. 人体内的酶、激素、抗体等活性物质都是由蛋白质组成的。
4. 如果膳食中长期缺乏蛋白质，血液中的水分便会过多地渗入到周围组织，出现营养性水肿。
5. 从食物中摄取的蛋白质，有些不符合人体需要，或者摄取数量过多，也会被氧化分解，释放能量。

三、模仿造句
1. 蛋白质是由多种氨基酸分子组成的高分子化合物，是生物体内含量最多的一类化合物。　　　　　　　　　　　　　　　　　　（……是由……组成的……）
2. 根据在生物体内所起作用的不同，可以将蛋白质分为酶蛋白、运载蛋白、结构蛋白、抗体和激素五类。　　　　　（根据……的不同，可以将……分为……）
3. 首先，蛋白质能构成和修补身体组织；其次，蛋白质构成生理活性物质；第三，蛋白质能调节渗透压；第四，蛋白质能供给能量。
　　　　　　　　　　　　　（首先，……；其次，……；第三，……；第四，……）

四、根据课文内容判断正误
1. 氨基酸被誉为生命的"基础"。　　　　　　　　　　　　　（　）
2. 酶蛋白能加快生物体内的化学反应速度。　　　　　　　　（　）
3. 运载蛋白在生物的物质代谢中起着重要的作用。　　　　　（　）
4. 抗体可以防御外界病原体的入侵。　　　　　　　　　　　（　）
5. 激素可以调节生物体其他部分的生命活动。　　　　　　　（　）
6. 身体的生长发育、衰老组织的更新、损伤组织的修复都离不开蛋白质。（　）
7. 从食物中摄取的过多的蛋白质会被氧化分解，释放能量。　（　）

五、名词解释
1. 氨基酸

2. 酶蛋白

3. 激素

4. 线粒体

5. 病原体

6. 肾上腺素

7. 渗透压

六、根据课文内容回答问题

1. 蛋白质是什么？蛋白质可以分为哪几类？
2. 酶蛋白的作用是什么？
3. 什么是运载蛋白？
4. 什么是结构蛋白？
5. 抗体是什么？有什么作用？
6. 蛋白质在人体中的生理功能有哪些？

课后作业

一、抄写词语，每个词语抄写三遍
二、概括课文大意

课文三

课前练习

一、简要谈一下你对基因的了解
二、选择正确词语填空

   广泛 头尾相连 贫血症 极其 聚合 脱氧核糖核酸 胰岛素

1. 核酸是一种由许多核苷酸（ ）而成的生物大分子化合物。
2. 核酸（ ）存在于所有动物细胞、植物细胞、微生物、生物体内。
3. 根据化学组成不同，核酸可分为核糖核酸和（ ）。
4. 核酸在实践应用方面有（ ）重要的作用。
5. 人类镰刀形红细胞（ ）是由于患者的血红蛋白分子中一个氨基酸的遗传密码发生了改变。
6. 应用遗传工程方法已能使大肠杆菌产生（ ）、干扰素等珍贵的生化药物。
7. DNA 和 RNA 都是由一个一个核苷酸（ ）而形成的。

三、根据课文内容选择正确答案

1. 核酸是生命的最基本物质之一，是遗传信息的_____。

  A. 推广者   B. 继承者   C. 携带者   D. 发明者

2. 核酸常与蛋白质结合形成_____。

  A. 抗体   B. 核蛋白   C. 核糖体   D. 酶蛋白

3. 20世纪70年代以来兴起的_____，使人们可用人工方法改组DNA，从而有可能创造出新兴的生物品种。

  A. 遗传工程   B. 细胞工程   C. 生物工程   D. 建筑工程

4. _____是储存、复制和传递遗传信息的主要物质基础。

  A. RNA   B. DNA   C. 磷酸   D. 核苷酸

5. _____在蛋白质合成过程中起着重要作用。

  A. RNA   B. DNA   C. 磷酸   D. 核苷酸

遗传[1]信息的携带者[2]——核酸

  核酸是从细胞核里提取出来的一种酸性物质，所以称之为核酸。核酸是一种由许多核苷酸[3]聚合[4]而成的生物大分子[5]化合物。核酸是生命的最基本物质之一，是遗传信息的携带者。最早由米歇尔于1868年在脓[6]细胞中发现和分离出来。核酸广泛存在于所有动物细胞、植物细胞、微生物、生物体内。核酸常与蛋白质结合形成核蛋白[7]。不同的核酸，其化学组成、核苷酸排列顺序等不同。根据化学组成不同，核酸可分为核糖核酸[8]（简称RNA）和脱氧核糖核酸[9]（简称DNA）。DNA是储存、复制和传递遗传信息的主要物质基础。RNA在蛋白质合成过程中起重要作用。核酸不仅是基本的遗传物质，而且在蛋白质的生物合成中也占重要地位，因而在生长、遗传、变异[10]等一系列重大生命现象中起决定性的作用。

  核酸在实践应用方面有极其重要的作用。现已发现近2000种遗传性疾病都和DNA结构有关。如人类镰刀形红细胞贫血症[11]是由于患者的血红蛋白分子中一个氨基酸的遗传密码[12]发生了改变，白化病[13]则是患者DNA分子上缺乏产生酪氨酸酶[14]的基因所致，而酪氨酸酶是促进黑色素[15]生成的。20世纪70年代以来兴起的遗传工程，使人们可用人工方法改组DNA，从而有可能创造出新兴的生物品种。如应用遗传工程方法已能使大肠杆菌[16]产生胰岛素[17]、干扰素[18]等珍贵的生化药物。

  核酸是生物体内的高分子化合物。DNA和RNA都是由一个一个核苷酸头尾相连而形成的。RNA平均长度大约为2000个核苷酸，而人的DNA却很长，约有3×10^9个核苷酸。

单个核苷酸由含氮有机碱[19]、戊糖[20]（即五碳糖）和磷酸[21]三部分构成。

（选自《生物化学奇遇记》，徐东梅编著，现代出版社，2012.11，有改动　630字）

词　汇

1. 遗传　　　　　　（动）yíchuán　　　　　　نەسىلدىن نەسىلگە ئۆتمەك؛ ئىرسىيەت
2. 携带者　　　　　　　　 xiédàizhě　　　　　　ئېلىپ يۈرگۈچى
3. 核苷酸　　　　　　（名）hégānsuān　　　　　　نۇكلېبىئوتىد
4. 聚合　　　　　　　（动）jùhé　　　　　　توپلانماق؛ يىغىلماق؛ پولىمېرلانماق
5. 大分子　　　　　　　　 dàfēnzǐ　　　　　　چوڭ مولېكۇلا؛ ماكرومولېكۇلا
6. 脓　　　　　　　　（名）nóng　　　　　　يىرىڭ
7. 核蛋白　　　　　　（名）hédànbái　　　　　　يادروئاقسىلى
8. 核糖核酸　　　　　　　 hétáng hésuān　　　　　　رىبونۇكلېبىئىك كىسلاتا
9. 脱氧核糖核酸　　　　　 tuōyǎng hétáng hésuān　　　　　　ئوكسىگېنسىزلانغان رىبو يادرو كىسلاناسى
10. 变异　　　　　　　（动）biànyì　　　　　　ئۆزگىرىش؛ ۋارىئاتسىيە
11. 贫血症　　　　　　（名）pínxuèzhèng　　　　　　كەم قانلىق كېسەللىكى
12. 密码　　　　　　　（名）mìmǎ　　　　　　شىفىر؛ مەخپىي رەقەم
13. 白化病　　　　　　（名）báihuàbìng　　　　　　ئاقىرىش كېسىلى؛ ئالبىنىزم
14. 酪氨酸酶　　　　　（名）làoʼānsuānméi　　　　　　تىروزىنازا
15. 黑色素　　　　　　（名）hēisèsù　　　　　　مېلانىن؛ قارا پىگمېنت
16. 大肠杆菌　　　　　　　 dàcháng gǎnjūn　　　　　　چوڭ ئۈچەي تاياقچە (ئىشىپرىخىيە) باكتېرىيىسى
17. 胰岛素　　　　　　（名）yídǎosù　　　　　　ئىنسۇلىن
18. 干扰素　　　　　　（名）gānrǎosù　　　　　　ئىنتېرفېرون؛ توسالغۇ ماددا
19. 有机碱　　　　　　（名）yǒujījiǎn　　　　　　ئاساسى گۇرۇپپىسى؛ ئىشقار رادىكالى
20. 戊糖　　　　　　　（名）wùtáng　　　　　　پېنتوزا
21. 磷酸　　　　　　　（名）línsuān　　　　　　فوسفوت كىسلاتا

词语解释

1. 遗传

遗传是指经由基因的传递，使后代获得亲代的特征。

2. 核苷酸

一类由嘌呤碱（piàolìngjiǎn）（پۇرىن ئىشقارى）或嘧啶碱（mìdìngjiǎn）（پرىمىدىن）、核糖或脱氧核糖以及磷酸三种物质组成的化合物。

3. 大分子

大分子指相对分子质量在 5000 以上，甚至超过百万的生物学物质，如蛋白质、核酸、多糖等。它与生命活动关系极为密切，由被认为单体的简单分子单位所组成。

4. 核蛋白

核蛋白是指在细胞质内合成，然后运输到核内起作用的一类蛋白质。

5. 变异

亲子之间以及子代个体之间性状表现存在差异的现象称为变异。

6. 酪氨酸酶

酪氨酸酶是黑色素合成的关键酶，可能是白癜风（báidiànfēng）（ئاق كېسەل）自身免疫的重要抗原（ئانتىگېن）。（抗原是一类能刺激机体的免疫系统，使之发生免疫应答，产生抗体与致敏淋巴细胞等，并能与相应抗体或致敏淋巴细胞在体内或体外发生特异性结合反应的物质。）

7. 干扰素

是一种广谱抗病毒剂，并不直接杀伤或抑制病毒，而主要是通过细胞表面受体作用使细胞产生抗病毒蛋白，从而抑制乙肝病毒的复制。

8. 有机碱

有机碱的定义是很广泛的，一般情况下，可以说有机碱就是分子中含有氨基的有机化合物，例如胺类化合物。

9. 戊糖

一个分子中含有 5 个碳原子的糖就是戊糖。戊糖中最重要的有核糖、脱氧核糖和核酮糖。核糖和脱氧核糖是核酸的重要成分；核酮糖是重要的中间代谢物，又称木糖。

10. 磷酸

化学式 H_3PO_4，分子量为 97.9724，是一种常见的无机酸，是中强酸。

语言点

核酸不仅是基本的遗传物质，而且在蛋白质的生物合成中也占重要地位，因而在生长、遗传、变异等一系列重大生命现象中起决定性的作用。

"……不仅……，// 而且……，/ 因而……"这一格式连接多重复句，第一层表示因果关系，第二层表示递进关系。例如：

（1）他不仅理论水平高，而且教学水平也高，因而获得了"授课大赛"的冠军。

（2）通过一年的预科汉语学习，艾山不仅快速提高了听说水平，而且读写能力也得到了大幅度提升，因而顺利通过了 MHK 考试。

课堂练习

一、看拼音写汉字

核（gān）酸　　贫血（zhèng）　　（yí）岛素　　（wù）糖

（nóng）细胞　　（lào）氨酸　　（méi）　　有机（jiǎn）　　（lín）酸

二、解释下列句子中画线的词语
1. 核酸是从细胞核里提取出来的一种酸性物质，所以<u>称之为</u>核酸。
2. 核酸是一种由许多核苷酸<u>聚合</u>而成的生物大分子化合物。
3. 核酸不仅是基本的遗传物质，而且在蛋白质的生物合成中也占重要地位，因而在生长、遗传、<u>变异</u>等一系列重大生命现象中起决定性的作用。
4. 应用遗传工程方法已能使<u>大肠杆菌</u>产生胰岛素、干扰素等珍贵的生化药物。
5. 核酸是生命的最基本物质之一，是<u>遗传</u>信息的<u>携带者</u>。

三、模仿造句
1. 核酸是从细胞核里提取出来的一种酸性物质，所以<u>称之为</u>核酸。　　（称之为）
2. 核酸<u>不仅</u>是基本的遗传物质，<u>而且</u>在蛋白质的生物合成中也占重要地位，<u>因而</u>在生长、遗传、变异等一系列重大生命现象中起决定性的作用。

（不仅……，而且……，因而……）

3. 20 世纪 70 年代以来兴起的遗传工程，使人们可用人工方法改组 DNA，<u>从而</u>有可能创造出新兴的生物品种。　　（从而）
4. <u>不同</u>的核酸，其化学组成、核苷酸排列顺序等<u>不同</u>。　　（不同……，……不同）

四、根据课文内容判断正误
1. 核酸是一种由许多蛋白质聚合而成的生物大分子化合物。（　）
2. RNA 是储存、复制和传递遗传信息的主要物质基础。（　）
3. RNA 在蛋白质合成过程中起着重要作用。（　）
4. 核酸在实践应用方面有极其重要的作用。（　）
5. 人类镰刀形红细胞贫血症是由于患者的核蛋白分子中一个氨基酸的遗传密码发生了改变。（　）

五、名词解释
1. 脱氧核糖核酸

2. 干扰素

3. 酪氨酸酶

4. 有机碱

5. 戊糖

六、根据课文内容回答问题

    1. 核酸是什么？可以分为哪几类？

    2. DNA 的作用是什么？RNA 的作用是什么？

    3. 核蛋白是如何形成的？

    4. 核酸在实践应用方面有哪些作用？

课后作业

一、抄写词语，每个词语抄写三遍

二、概括课文大意

第二课

课文一

课前练习

一、说一说细胞膜的组成有何特点

二、选择正确词语填空

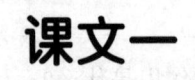

修复　故　决定于　何以　随机

1. 如以重量计算,膜中蛋白质约为脂质的 1～4 倍不等,但蛋白质的分子量比脂质大得多,(　　)膜中脂质的分子数反较蛋白质分子数多得多,至少超过蛋白质分子数 100 倍以上。
2. 脂质双分子层在热力学上的稳定性和它的流动性,能够说明(　　)细胞可以承受相当大的张力和外形改变而不致破裂。
3. 即使膜结构有时发生一些较小的断裂,也可以自动融合而(　　)。
4. 生物膜所具有的各种功能,在很大程度上(　　)膜所含的蛋白质。
5. 各种功能蛋白质分子并不都能在所在的细胞膜中自由移动和(　　)分布。

三、根据课文内容选择正确答案

1. 细胞膜及其他膜结构主要由_____等物质组成。
   A. 脂质、蛋白质和糖类　　　　B. 脂质、蛋白质和核酸
   C. 脂质、维生素和糖类　　　　D. 维生素、蛋白质和糖类
2. 细胞膜中的脂质分子在一般体温条件下是呈_____的。
   A. 气态　　　B. 固态　　　C. 液态　　　D. 雾态
3. 生物膜所具有的各种功能,在很大程度上决定于膜所含的_____。
   A. 水　　　B. 核酸　　　C. 无机盐　　　D. 蛋白质
4. 细胞膜所含糖类_____。
   A. 很多　　　B. 很少　　　C. 比较多　　　D. 比较少

细胞膜的化学组成及跨膜运输

  细胞膜及其他膜结构主要由脂质[1]、蛋白质和糖类等物质组成；尽管不同来源的膜中各种物质的比例和组成有所不同，但一般是以蛋白质和脂质为主，糖类只占极少量。如以重量计算，膜中蛋白质约为脂质的 1~4 倍不等，但蛋白质的分子量[2]比脂质大得多，故膜中脂质的分子数反较蛋白质分子数多得多，至少超过蛋白质分子数 100 倍以上。

  脂质的熔点[3]较低，这决定了膜中的脂质分子在一般体温条件下是呈液态的，即膜具有某种程度的流动性。脂质双分子层在热力学[4]上的稳定性和它的流动性，能够说明何以[5]细胞可以承受相当大的张力[6]和外形改变而不致[7]破裂，而且即使膜结构有时发生一些较小的断裂，也可以自动融合而修复，仍保持连续的双分子层的形式。观察一下体内某些吞噬细胞[8]通过毛细血管[9]壁内皮细胞间隙时的变形运动和红细胞通过纤细的毛细血管管腔时被扭曲而不破裂的情况，便会对细胞膜的可变性和稳定性有深刻的印象。

  膜结构中的蛋白质，具有不同的分子结构和功能。生物膜所具有的各种功能，在很大程度上决定于膜所含的蛋白质；细胞和周围环境之间的物质、能量和信息交换，大都与细胞膜上的蛋白质分子有关。由于脂质分子层是液态的，镶嵌在脂质层中的蛋白质是可移动的，即蛋白质分子可以在膜脂分子间横向漂浮移位[10]；不同细胞膜中的不同蛋白质分子的移动和所在位置，存在着精细的调控机制。例如，骨骼肌细胞膜中与神经肌肉间信息传递有关的通道蛋白质分子，通常都集中在肌细胞膜与神经末梢分布相对应的那些部分，而在肾小管[11]和消化管上皮细胞[12]，与管腔相对的膜和其余部分的膜中所含的蛋白质种类大不相同，说明各种功能蛋白质分子并不都能在所在的细胞膜中自由移动和随机[13]分布，而实际存在着的有区域特性的分布，显然同蛋白质完成其特殊功能有关。膜内侧的细胞骨架可能对某种蛋白质分子局限在膜的某一特殊部分起着重要作用。

  细胞膜所含糖类甚少，主要是一些寡糖[14]和多糖链[15]，它们都以共价键[16]的形式和膜脂质或蛋白质结合，形成糖脂[17]和糖蛋白[18]；这些糖链绝大多数是裸露在膜的外面一侧的。这些糖链的意义之一在于其单糖排列顺序上的特异性，可以作为它们所结合的蛋白质的特异性的"标志"。例如，有些糖链可以作为抗原决定簇[19]，表示某种免疫[20]信息；有些是作为膜受体[21]的"可识别性"部分，能特异地与某种递质、激素或其他化学信号分子相结合。如人的红细胞[22]ABO 血型系统中，红细胞的不同抗原特性就是由结合在膜脂质的鞘氨醇[23]分子上的寡糖链所决定的，A型抗原和B型抗原的差别仅在于此糖链中一个糖基[24]的不同。

既然膜主要是由脂质双分子层构成的，那么理论上只有脂溶性的物质才有可能通过它。但事实上，一个进行着新陈代谢的细胞，不断有各种各样的物质进出细胞，包括各种供能物质、合成细胞新物质的原料、中间代谢产物和终产物、维生素、氧和二氧化碳，以及Na^+、K^+、Ca^{2+}等。它们理化性质[25]各异，且多数不溶于脂质或其水溶性[26]大于其脂溶性[27]。这些物质中除极少数能够直接通过脂质层进出细胞外，大多数物质分子或离子的跨膜运输，都与镶嵌在膜上的各种特殊的蛋白质分子有关。

（选自"人教网——高中生物"，2008.01.23，有改动　1213字）

词　汇

1. 脂质	（名）	zhīzhì		لپىدوزوما ؛ لپوزوما ؛ لپوپلاست
2. 分子量	（名）	fēnzǐliàng		مولېكۇلا ماسسىسى
3. 熔点	（名）	róngdiǎn		سۇيۇقلىنىش نۇقتىسى؛ بالقىش نۇقتىسى
4. 热力学	（名）	rèlìxué		تېرمودىنامىكا (ئىسسىقلىق دىنامىكسى)
5. 何以	（副）	héyǐ		نېمە بىلەن؛ نېمىنى؛ نېمىشقا؛ نېمە ئۈچۈن
6. 张力	（名）	zhānglì		كېڭىيىش كۈچى؛ تاراڭلاش كۈچى
7. 不致	（动）	bùzhì		مەلۇم ئاقىۋەت كېلىپ چىقمايدىغانلىقنى بىلدۇرىدۇ
8. 吞噬细胞		tūnshì-xìbāo		يۇتقۇچى جەيرە ؛ فاگوتسىت
9. 毛细血管		máoxì-xuèguǎn		قىل قان تومۇر؛ كاپىللىيارتومۇر؛ قىلدام تومۇرلار
10. 移位	（动）	yíwèi		ئورۇن يۆتكىمەك
11. 肾小管	（名）	shènxiǎoguǎn		بۆرەك قانالچىلىرى؛ بۆرەك نەيچىلىرى
12. 上皮细胞		shàngpí-xìbāo		ئېپىتېلىيە ھۈجەيرىسى؛تاق قەۋەتلىك چاسا ئېپىتېلىيە
13. 随机	（形）	suíjī		تاسادىپىي؛ تەۋەككۈل؛ ئىختىيارىي
14. 寡糖	（名）	guǎtáng		ئولگوساخارىد
15. 多糖链	（名）	duōtángliàn		كۆپ قەنتلىك زەنجىر
16. 共价键	（名）	gòngjiàjiàn		ئورتاق ۋالېنتلىق باغ
17. 糖脂	（名）	tángzhī		گلىكولىپىد
18. 糖蛋白	（名）	tángdànbái		قەنت ئاقسىلى
19. 抗原决定簇		kàngyuán juédìngcù		ئانتىگېن ھەل قىلغۇچ گۇرۇپپا

20. 免疫	（动）	miǎnyì	ئىمموۇنىتېت
21. 受体	（名）	shòutǐ	قوبۇل قىلغۇچى تەنچە
22. 红细胞	（名）	hóngxìbāo	قىزىل قان ھۇجەيرىسى ؛ قىزىل ھۇجەيرە
23. 鞘氨醇	（名）	qiào'ānchún	سفىنگوزىن
24. 糖基	（名）	tángjī	گلىكوزىل؛ فۇرفۇرىل
25. 理化性质		lǐhuà xìngzhì	فزىكىلىق-خىمىيىلىك خۇسۇسىيىتى
26. 水溶性		shuǐróngxìng	سۇدا ئېرىشچانلىق
27. 脂溶性		zhīróngxìng	مايدا ئېرىشچانلىق

词语解释

1. 神经末梢

神经末梢（shénjīng mòshāo نېرۋا ئاخىرقى ئۇچلىرى）为神经纤维（تالا）的末端部分，分布在各种器官和组织内。按其功能不同，分为感觉神经末梢和运动神经末梢。感觉神经末梢又称传入神经末梢，接受外界和体内的刺激。运动神经末梢又称传出神经末梢，把神经冲动传布到肌肉和腺体（بەز تەنچىسى）组织上，使它们产生运动和分泌（ئاجرىتىپ چىقارماق）活动。

2. 寡糖

寡糖又称低聚糖（تۆۋەن پولىمېرلىق قەنت），它集营养、保健、食疗于一体，广泛应用于食品、保健品、饮料、医药、饲料添加剂（خورۇچ）等领域，是替代蔗糖（قوموش شېكىرى）的新型功能性糖源。

3. 递质

即神经递质，是在神经元、肌细胞或感受器间的化学突触中充当信使的特定化学物质。

4. 鞘氨醇

鞘氨醇又称神经鞘氨醇，是一种含有不饱和烃（tīng تويۇنمىغان گىدروكاربون）基链的十八碳氨基醇（ئامىنو-ئالكوگول）。鞘氨醇为细胞膜组成成分之一。

5. 受体

受体是一类存在于胞膜或胞内的，能与细胞外专一信号分子结合进而激活（ئاكتىپلىشىش）细胞内一系列生物化学反应，使细胞对外界刺激产生相应的效应的特殊蛋白质。

6. 跨膜运输

主要是因外界环境与细胞体内密度不同而产生的运输方式，是一种被动运输（高浓度→低浓度），包括自由扩散和协助扩散；与之相对的是"主动运输"，即由细胞体自主完成运输物质的运动（低浓度→高浓度）。

语言点

如以重量计算，膜中蛋白质约为脂质的 1～4 倍不等，但蛋白质的分子量比脂质大得多，故膜中脂质的分子数反较蛋白质分子数多得多，至少超过蛋白质分子数 100 倍以上。

"反较"用于比较句，相当于"反而比"。例如：

（1）今年这家钢铁厂的钢铁产量比去年增加 10%，但由于原材料价格上涨了 15%，所以今年利润总量反较去年下降了一些。

（2）出租车调价以来，他每天的运营时间少了，收入非但没降，反较以前增加了一些。

课堂练习

一、看拼音写汉字

吞（shì）细胞　　（róng）点　　（shèn）小管　　（qiào）氨醇

免（yì）　　（guǎ）糖　　糖（liàn）　　（qiāng）管

二、解释下列句子中画线的词语

1. 红细胞通过<u>纤细</u>的毛细血管管腔时被扭曲而不破裂。

2. 不同细胞膜中的不同蛋白质分子的移动和所在位置，存在着精细的<u>调控机制</u>。

三、模仿造句

1. 如以重量计算，膜中蛋白质约为脂质的 1～4 倍不等，但蛋白质的分子量比脂质大得多，故膜中脂质的分子数<u>反较</u>蛋白质分子数多得多，至少超过蛋白质分子数 100 倍以上。　　　　　　　　　　　　　　　　　　　　　　　　（反较）

2. <u>既然</u>膜主要是由脂质双分子层构成的，<u>那么</u>理论上只有脂溶性的物质才有可能通过它。<u>但事实上</u>，一个进行着新陈代谢的细胞，不断有各种各样的物质进出细胞。
　　　　　　　　　　　　　　　　　　　　（既然……，那么……。但事实上，……）

3. <u>尽管</u>不同来源的膜中各种物质的比例和组成有所不同，<u>但</u>一般是以蛋白质和脂质为主，糖类只占极少量。　　　　　　　　　　　　　　　　（尽管……，但……）

四、根据课文内容判断正误

1. 膜中脂质的分子数至少超过蛋白质分子数 100 倍以上。　　　　　　　（　）

2. 膜结构有时发生一些较小的断裂也无法自动修复。　　　　　　　　　（　）

3. 膜结构中的蛋白质，具有不同的分子结构和功能。　　　　　　　　　（　）

4. 各种功能蛋白质分子都能在细胞膜中自由移动和随机分布。　　　　　（　）

5. 细胞膜中所含糖链的单糖排列顺序上的特异性，可以作为它们结合的蛋白质的特异性的"标志"。　　　　　　　　　　　　　　　（　　）

五、名词解释

1. 脂质

2. 寡糖

3. 糖基

4. 跨膜运输

5. 抗原决定簇

6. 受体

7. 糖蛋白

8. 鞘氨醇

六、根据课文内容回答问题

1. 为什么细胞可以承受相当大的张力和外形改变而不破裂？
2. 细胞和周围环境之间的物质、能量和信息交换与什么有关？
3. 细胞膜中的糖链有什么意义？
4. 大多数物质分子或离子的跨膜运输与什么有关？

课后作业

一、抄写词语，每个词语抄写三遍
二、概括课文大意

课文二

课前练习

一、我们每天都要吃饭,你知道食物是怎样被消化的吗?

二、选择正确词语填空

专一性　药用　行使　转化　有赖于

1. 只有全酶才能（　　）催化功能。
2. 一个人患消化不良的病,很可能是缺少胃蛋白酶引起的,吃上一点儿（　　）胃蛋白酶就可以治疗。
3. 一个酶分子在一分钟内能使几百个到几百万个底物分子（　　）。
4. 男女性征、生儿育女也（　　）酶的参加。
5. 酶具备高度的（　　）。

三、根据课文内容选择正确答案

1. 下列物质能行使催化功能的是_____。
   A. 辅因　　　　B. 全酶　　　　C. 酶蛋白　　　　D. 金属离子
2. 下列各种酶,不参与消化反应的是_____。
   A. 淀粉酶　　　B. 脂肪酶　　　C. 蛋白酶　　　　D. 转氨酶
3. 目前,自然界中发现的酶大约有_____。
   A. 2000 种　　 B. 3000 种　　 C. 4000 种　　　 D. 5000 种
4. 对酶的活性产生重要影响的因素有_____。
   A. 温度、湿度　B. 气压、温度　C. 湿度、酸碱度　D. 温度、酸碱度

降低化学反应活化能者——酶[1]

　　酶是生物体内产生的有催化能力的蛋白质,是生命的催化剂。催化剂能加速化学反应,而它本身的量和化学性质在化学反应后不发生改变。

　　一切酶分子都是由许许多多氨基酸[2]分子组成的高分子蛋白质,分子量在

1万～100万之间。天然酶分子有单纯酶与结合酶两种，前者的分子组成只含蛋白质，后者的分子组成中除蛋白质外还含有非蛋白质成分，有的还含有金属离子[3]。酶分子内非蛋白质成分称为辅因[4]，辅因与酶蛋白的结合物称全酶。只有全酶才能行使[5]催化功能。

酶有高效催化功能。酶能使化学反应的速度提高10^6～10^{12}倍，一个酶分子在一分钟内能使几百个到几百万个底物分子转化。一个人吃了两个汉堡包，吃后感到肚子饱了。然而过不了几小时又觉得饿了。两个汉堡包里面的淀粉、脂肪和蛋白质到哪里去了呢？它们被消化掉了。它们在酶的催化下变成简单的有机分子，由肠壁[6]吸收了。参加这一化学反应的酶主要是淀粉酶[7]、脂肪酶[8]和蛋白酶[9]。没有这些酶参加活动，汉堡包可能还是汉堡包，不会发生什么变化。这就是酶的神奇功能。

酶具备高度的专一性。一种酶只能催化一种化学反应。到目前为止，在自然界中发现的酶大约有3000种，它们催化的化学反应也有3000种左右。一种酶只控制和调节一种化学反应。一个人患消化不良的病，很可能是缺少胃蛋白酶引起的，吃上一点儿药用[10]胃蛋白酶就可以治疗。

生物体内分布着不同功能性质的酶，因此具有不同生活习性，如驴、马、牛、羊以草为粮，而豺[11]、狼、虎、豹却以肉为粮。同一生物个体内的不同组织器官也存在功能殊异[12]的酶。消化道内有各种消化酶以助消化、吸收营养物质；肝脏内的酶能合成蛋白质、糖原[13]和脂肪，还能把毒物清除出去；各种腺体[14]内的酶能合成调节新陈代谢的各种激素，甚至男女性征、生儿育女也有赖于[15]酶的参加。

酶对外界条件很敏感，因此很不稳定。高温、强酸、强碱和某些重金属离子会导致酶失去活性，不起作用。酶一般难以保存，给广泛应用带来不小的困难。

（选自《生物化学奇遇记》，徐东梅编著，现代出版社，2012.11，有改动　767字）

词　汇

1. 酶	（名）	méi	ئېنزىم；فېرمېنت；ئۇچتىقۇ
2. 氨基酸	（名）	ānjīsuān	ئامىنو كىسلاتاسى
3. 离子	（名）	lízǐ	ئىئون
4. 辅因	（名）	fǔyīn	ياردەمچى فاكتور；قوشۇمچە فاكتور
5. 行使	（动）	xíngshǐ	ئىشقا ئاشۇرماق；ئورۇندىماق；ئىجرا قىلماق

6. 肠壁	（名）	chángbì	ئۇچەي دېۋارى
7. 淀粉酶	（名）	diànfěnméi	كراخمال ئېنزىمى؛ ئاملازا
8. 脂肪酶	（名）	zhīfángméi	ياغ ئېنزىمى
9. 蛋白酶	（名）	dànbáiméi	پروتېئىنازا
10. 药用	（动）	yàoyòng	دورىلىق
11. 豺	（名）	chái	چىلبۆرە
12. 殊异	（形）	shūyì	پەرق؛ ئايرىمچىلىق
13. 糖原	（名）	tángyuán	گلىكوگېن
14. 腺体	（名）	xiàntǐ	بەز تەنچىسى
15. 有赖	（动）	yǒulài	باغلىق بولماق

词语解释

底物

底物（سوبىستىرات）为参与生化反应的物质，可与化学元素、分子或化合物，经酶作用形成产物。一个生化反应的底物往往同时也是另一个生化反应的产物。特定的底物会在特定的酶作用下合成或分解。

语言点

天然酶分子有单纯酶与结合酶两类，前者的分子组成只含蛋白质，后者的分子组成中除蛋白质外还含有非蛋白质成分，有的还含有金属离子。

"……有……和（与）……，前者……，后者……"这一格式用于解说复句，前面是总说，后面是分说，即先总后分。例如：

（1）蛋白有酶蛋白和抗体两类，前者在生物体内起着催化作用，后者是生物体内的免疫防御系统。

（2）唐朝有李白和杜甫两位最著名的诗人，前者是一位浪漫主义诗人，后者是一位现实主义诗人。

课堂练习

一、看拼音写汉字

催化（jì　　） 氨基（suān　　） （fǔ　　）因 淀粉（méi　　）

（　　）体　　　强（　　）　　　（　　）壁　　　（　　）性
　　　xiàn　　　　　　jiǎn　　　　　　cháng　　　　　huó

二、解释下列句子中画线的词语

1. 酶是生物体内产生的有<u>催化</u>能力的蛋白质。
2. 肝脏内的酶能<u>合成</u>蛋白质、糖原和脂肪。
3. 高温、强酸、强碱和某些重金属离子会导致酶失去<u>活性</u>，不起作用。
4. 一个酶分子在一分钟内能使几百个到几百万个<u>底物</u>分子转化。
5. 各种腺体内的酶能合成调节<u>新陈代谢</u>的各种激素。

三、模仿造句

1. 天然酶分子<u>有</u>单纯酶<u>与</u>结合酶两类，<u>前者</u>的分子组成只含蛋白质，<u>后者</u>的分子组成中除蛋白质外还含有非蛋白质成分，有的还含有金属离子。
   （……有……与……，前者……，后者……）
2. 各种腺体内的酶能合成调节新陈代谢的各种激素，甚至男女性征、生儿育女也<u>有赖于</u>酶的参加。　　　　　　　　　　　　　　　　（有赖于）

四、根据课文内容判断正误

1. 酶能加速化学反应，而它本身的量和化学性质不改变。（　　）
2. 酶分子是由许许多多氨基酸分子组成的高分子蛋白质。（　　）
3. 全酶由辅因和酶蛋白组成。（　　）
4. 酶能使化学反应的速度提高 $10^6 \sim 10^{12}$ 倍。（　　）
5. 一种酶能催化多种化学反应。（　　）
6. 牛、马等动物以草为粮，是因为它们体内的酶适合消化草。（　　）
7. 酶对外界条件很敏感，因此很不稳定。（　　）

五、名词解释

1. 酶

2. 氨基酸

3. 全酶

4. 单纯酶

5. 结合酶

6. 糖原

  7. 重金属

六、根据课文内容回答问题

  1. 关于酶的专一性，你如何理解？

  2. 酶具有什么特点？

  3. 酶在生物体内的作用是什么？

课后作业

一、抄写词语，每个词语抄写三遍

二、概括课文大意

课文三

课前练习

一、近些年癌症发病率很高，大家了解癌症吗？知道癌症是如何引起的吗？

二、选择正确词语填空

发病率 诱发 遏制 推算 渐进 突变

  1. 在正常情况下，细胞内存在着与癌症有关的基因，这些基因只有发生（　　）时才有致癌作用，变成癌基因。

  2. 每个基因发生自然突变的概率为 10^{-6}。可以（　　）出人的一生中每个基因会有 10^{10} 突变概率。

  3. 一个细胞癌变要求在一个细胞中发生几次单独的突变，它们共同作用才能（　　）细胞癌变。

  4. 事实上，人体癌症（　　）并没有预想的那样高。

  5. 癌症的（　　）发生过程非一日之寒，需要数年时间。

  6. 细胞中还存在另一类基因与（　　）细胞增殖有关。

三、根据课文内容选择正确答案

  1. 癌症起始于＿＿＿＿＿＿。

A. 细胞突变　　　B. 细胞分化　　　C. 细胞增殖　　　D. 细胞失活
2. 据统计，一个细胞转化需要发生_____单独的随机突变。
　　A. 1～2次　　　B. 3～7次　　　C. 10^{10} 次　　　D. 10^{16} 次
3. 癌症的发病率和人的年龄之间的关系是_____。
　　A. 随着年龄的增长而提高　　　　B. 随着年龄的增长而降低
　　C. 与年龄没有明显的关系　　　　D. 随着年龄的增长先降低后提高
4. 如果亲代传递给后代的某一抑癌基因中有一个等位基因无功能，那么，_____。
　　A. 这个后代个体就会患癌症　　　B. 这个后代个体就不会患癌症
　　C. 这个后代个体就容易患癌症　　D. 这个后代个体就不容易患癌症

癌[1]细胞的形成

在正常情况下，细胞内存在着与癌症有关的基因[2]，这些基因的正常表达是个体发育、细胞增殖[3]、组织再生[4]等生命活动不可缺少的，这些基因只有发生突变[5]时才有致癌作用，变成癌基因。这些具有引起细胞癌变潜能的基因称为原癌基因。原癌基因属于显性[6]基因，等位[7]基因中的一个发生突变，就会引起细胞癌变。正常细胞中虽然存在着原癌基因，但是原癌基因的活动受到严格的精密调控，其编码[8]产物是细胞生长和分化[9]所必需的，不会引起癌变。然而，当原癌基因发生了变化，产生了超出细胞活动所需要的产物时，就会引起细胞癌变。原癌基因的这种变化称为原癌基因的激活[10]。

癌症起始[11]于一个细胞突变，而人体是由大量体细胞组成的。人的一生大约要进行 10^{16} 次细胞分裂。即使不接触致癌剂[12]，每个基因发生自然突变的概率[13]为 10^{-6}。可以推算出人的一生中每个基因会有 10^{10} 突变概率。由此估计，一个突变细胞中应当有许多与细胞增殖有关的基因发生突变，失去了对细胞增殖的调控能力。然而事实上，人体癌症发病率并没有预想的那样高。由此可见，一次突变并不足以将一个健康细胞转变为癌细胞。一个细胞癌变要求在一个细胞中发生几次单独的突变，它们共同作用才能诱发[14]细胞癌变。据统计，一个细胞转化需要发生3～7次单独的随机[15]突变。

虽然癌症起始于一个细胞突变，但是这个突变细胞的后代必须经过几次突变，才能形成癌细胞。流行病学[16]的统计表明，癌症的发病率随年龄的增长而提高，而且是几何级数[17]提高，癌症的发病率是年龄的3次方、4次方甚至5次方。癌症的渐进发生过程非一日之寒，需要数年时间，在此期间既有内因的作用，也有外因的诱发，致癌因子需要有剂量[18]累积效应[19]。癌症的发生要有许多因子的共同作用。体内还有免疫监控[20]系统，可以随时消灭癌细胞。因此，许多癌症不是不可避免的。

细胞中还存在另一类基因与遏制[21]细胞增殖有关，这类基因的缺失或失活[22]，也可引起细胞癌变，这类基因叫作抑癌基因或肿瘤抑制基因。抑癌基因与原癌基因不同，抑癌基因是隐性[23]基因，需要两个等位基因都突变失活，才能引起细胞癌变。如果亲代传递给后代的某一抑癌基因中有一个等位基因无功能，这个后代个体就容易患癌症。在正常细胞中，原癌基因与抑癌基因协调配合，共同维持细胞的正常增殖活动。

（选自"人教网"，人民教育出版社生物室，李红供稿，2006.3.28，有改动 893字）

词　汇

1. 癌（症） （名） ái（zhèng） راك
2. 基因 （名） jīyīn گېن
3. 增殖 （动） zēngzhí كۆپىيىش
4. 再生 （动） zàishēng قايتا ھاسىل بولماق؛ قايتا پەيدا بولماق؛ باشقىدىن ئۇنۇپ چىقماق
5. 突变 （动） tūbiàn توساتتىن ئۆزگىرىش؛ تاسادىپىي ئۆزگىرىش؛ ئۇشتۇمتۇت ئۆزگىرىش
6. 显性 （形） xiǎnxìng ئاشكارىلىق
7. 等位 děng wèi تەڭ پوتېنسىئاللىق
8. 编码 （动） biān//mǎ كود؛ كودلاشتۇرۇش؛ كودتۇرۇش
9. 分化 （动） fēnhuà بۆلۈنمەك؛ پارچىلانماق
10. 激活 （动） jīhuó ئاكتىپلاشتۇرماق؛ ئاكتىۋاتسىيە
11. 起始 （动） qǐshǐ باشلىماق؛ باشلانماق
12. 致癌剂 （名） zhì'áijì رال پەيدا قىلىدىغان مادىا
13. 概率 （名） gàilǜ ئېھتىماللىق
14. 诱发 （动） yòufā ئىلھاملاندۇرماق؛ ئۇيغاتماق؛ پەيدا قىلماق؛ توغدۇرماق
15. 随机 （形） suíjī تاسادىپىي؛ تەۋەككۈل
16. 流行病学 （名） liúxíngbìngxué ئېپىدېمىئولوگىيە
17. 几何级数 jǐhé jíshù گېئومېتىرىيىلىك قاتار
18. 剂量 （名） jìliàng دوزا؛ مىقدار؛ ئۆلچەم
19. 效应 （名） xiàoyìng ئېففېكت؛ تەسىر

20. 监控	（动）	jiānkòng	نازارەت قىلىش؛ نازارەت تىزگىنلەش
21. 遏制	（动）	èzhì	توسماق؛ توختاتماق؛ چەكلىمەك
22. 失活	（动）	shīhuó	ئاكتىپلىقىنى يوقىتىپ قويماق
23. 隐性	（形）	yǐnxìng	پىتىنقىلىق؛ يوشۇرۇنلۇق

词语解释

1. 原癌基因

原癌基因是细胞内与细胞增殖相关的基因，是维持机体正常生命活动所必需的，在进化上高度保守。当原癌基因的结构或调控区发生变异，基因产物增多或活性增强时，细胞过度增殖，从而形成肿瘤（ئۆسمە）。

2. 体细胞

体细胞（بەدەن ھۇجەيرىسى）是一个相对于生殖细胞（كۆپىيىش ھۇجەيرىسى）的概念，其遗传信息不会像生殖细胞那样遗传给下一代。高等生物的细胞差不多都是体细胞，除了精子和卵细胞以及它们的母细胞之外。

3. 抑癌基因

抑癌基因也称为抗癌（راكقا قارشى）基因，是一类抑制（تورمۇزلانماق；تىزگىنلىمەك）细胞过度生长、增殖从而遏制（توسماق، توختاتماق）肿瘤形成的基因。

语言点

然而事实上，人体癌症发病率并没有预想的那样高。由此可见，一次突变并不足以将一个健康细胞转变为癌细胞。

"由此可见"用来表达由某一件事可以推断出某个结论。例如：

（1）今年的足球联赛决赛中，甲队和乙队在120分钟的比赛时间内都没有进球，最终通过点球决出胜负。由此可见，这两个球队的实力是非常接近的。

（2）昨天还花红柳绿，今天就漫天飞雪。由此可见，乌鲁木齐春天的天气是多么地反复多变。

课堂练习

一、看拼音写汉字

　　ái　　　　　mǎ　　　　liú　　　　zhí
（　）症　　编（　）　　肿（　）　　增（　）

   xiào   wèi   è   yǐn
 （ ）应 等（ ） （ ）制 （ ）性

二、解释下列句子中画线的词语

 1. 在正常情况下，细胞内存在着与癌症有关的基因，这些基因只有发生<u>突变</u>时才有致癌作用，变成癌基因。

 2. 原癌基因的编码产物是细胞生长和<u>分化</u>所必需的，不会引起癌变。

 3. 当原癌基因发生了变化，产生了超出细胞活动所需要的产物时，就会引起细胞癌变。原癌基因的这种变化称为原癌基因的<u>激活</u>。

 4. 在正常细胞中，原癌基因与抑癌基因协调配合，共同维持细胞的正常<u>增殖</u>活动。

三、模仿造句

 1. 然而事实上，人体癌症发病率并没有预想的那样高。<u>由此可见</u>，一次突变并不足以将一个健康细胞转变为癌细胞。 （由此可见）

 2. <u>虽然</u>癌症起始于一个细胞突变，<u>但是</u>这个突变细胞的后代必须经过几次突变，<u>才</u>能形成癌细胞。 （虽然……，但是……，才……）

 3. 流行病学的统计表明，癌症的发病率<u>随</u>年龄的增长<u>而</u>提高，而且是几何级数提高。 （随……而……）

四、根据课文内容判断正误

 1. 正常情况下，细胞内存在着与癌症有关的基因。 （ ）

 2. 原癌基因属于隐性基因。 （ ）

 3. 人体癌症发病率没有预想的那样高。 （ ）

 4. 癌症是不可避免的。 （ ）

 5. 发生突变的细胞在很短的时间内就会形成癌细胞。 （ ）

 6. 抑癌基因失活或缺失可以引起癌变。 （ ）

五、名词解释

 1. 基因

 2. 原癌基因

 3. 细胞分裂

 4. 致癌剂

 5. 抑癌基因

六、根据课文内容回答问题

　　1. 什么是原癌基因的激活？

　　2. 癌症的发病率与年龄有什么关系？

　　3. 抑癌基因有何特点？

　　4. 为什么说癌症的发病率并没有想象的那么高？

课后作业

一、抄写词语，每个词语抄写三遍

二、概括课文大意

第三课

课文一

课前练习

一、我们每个人都和自己的父母在长相或者性格方面有相近、相同的地方，而有些方面又有比较大的差异，这是为什么呢？

二、选择正确词语填空

相对　辐射　复制　绝对　代代相传

1. 生物的子代与亲代之间性状相似，这是因为生物体里的遗传物质能（　　）的缘故。
2. 基因虽然十分稳定，可以在细胞分裂时精确地（　　）自己，但是这种稳定性也是相对的。
3. 一个小麦品种经（　　）处理以后，后代的株型开始变化，有的变高了，有的变矮了，有的仍保持原状不变。
4. 遗传是（　　）的，各种生物后代与祖先之间保持一定的连续性，因而各个物种可以延续下去。
5. 变异是（　　）的，后代不可能永远和祖先一个样，通过自然的和人工的影响，遗传性状会发生一些变异。

遗传变异[1]

遗传是指生物的子代[2]与亲代[3]之间表现性状[4]相似的现象。从遗传学[5]来解释，这个现象是生物体里的遗传物质能代代相传的缘故。遗传物质的基础是脱氧核糖核酸（DNA），一般来说是相对稳定的，假使没有其他原因，会代代相传下去。如果受到其他因素的影响，遗传物质发生了某些变化时，遗传的性状就会发生某些变异。所以，生物在世代相传的过程中，既有某些共同特点，又可能产生某些差异。

　　变异是指同种生物世代之间或同代不同个体[6]之间产生的性状差异。基因虽然十分稳定，可以在细胞分裂时精确地复制自己，但是这种稳定性也是相对的。在一定条件下，基因也可以从原来的存在形式突然改变成另外一种新的存在形式。也就是在一个位点上，突然再出现一个新的基因，代替原有的基因。而新产生的这个基因，就叫作变异基因。于是后代的表现中，也就会突然地出现祖先从未有过的新性状。

　　发生的变异有两种：一种是由于遗传物质发生改变而引起的，称作遗传的变异，这种变异会遗传下去。例如一个小麦品种经辐射[7]处理以后，后代的株型[8]开始变化，有的变高了，有的变矮了，有的仍保持原状不变。这种变高或变矮的变异，就是辐射使它的遗传物质组成发生变化而引起的，会遗传下去。又如英国女王维多利亚家族[9]在她以前没有发现过血友病[10]的病人，然而她的一个儿子却患上了血友病，成为她家族中第一个患血友病的成员。后来，她的家族又在她的外孙中出现了几个血友病病人。很显然，在她的父亲或母亲中肯定产生了一个血友病基因的突变，然后这个突变基因传给了她。而她是杂合子[11]，所以表现仍是正常的，但是却通过她传给了她儿子。

　　另一种是由于环境条件引起改变的，称作不遗传的变异。这种变异一般只能在当代表现出来，不能遗传给后代。例如同一品种的小麦，种在肥沃的地里，植株[12]就表现为秆[13]壮、穗[14]大、粒多、产量高；而种在瘠薄[15]的地里，植株便秆弱、穗小、粒少、产量低。这种由于土壤肥力的不同而引起的变异，并没有影响到植物内部遗传物质发生改变，所以不能遗传下去。

　　生物体发生的变异，无论是遗传的或不遗传的，都是育种[16]工作的对象，把发生变异的生物体进行培育、选择，将需要的变异性状巩固下来，就能培育出新品种。

　　遗传和变异是生命的重要特征之一。遗传是相对的，各种生物后代与祖先之间保持一定的连续性，因而各个物种[17]可以延续下去。变异是绝对的，后代不可能永远和祖先一个样，通过自然的和人工的影响，遗传性状会发生一些变异，而有些变异又能遗传下去，通过选择作用产生更多的新物种，使生物不断地向前发展。

（选自《生物化学奇遇记》，徐东梅编著，现代出版社，2012.11，有改动　1010字）

词　汇

1. 变异　　（动）　biànyì　　　　　　　　　　　　　　　ئۆزگىرىش
2. 子代　　（名）　zǐdài　　　　　　　　　　　　　　　　بەر ئەۋلاد

3. 亲代	（名）	qīndài	ئەجداد
4. 性状	（名）	xìngzhuàng	ئالامەتلىرى؛ بەلگە
5. 遗传学	（名）	yíchuánxué	گېنېتىكا (ئىرسىيەت ئىلمى)؛ ئىرسىيەتشۇناسلىق
6. 个体	（名）	gètǐ	يەككە
7. 辐射	（动）	fúshè	نۇر چېچىش؛ نۇرلىنىش؛ رادىئاتسىيە
8. 株型	（名）	zhūxíng	تۈپ شەكلى
9. 家族	（名）	jiāzú	ئۇرۇقداشلىق؛ ئۇرۇق؛ قەبىلە
10. 血友病	（名）	xuèyǒubìng	قانغا مايىللىق كېسىلى
11. 杂合子	（名）	záhézǐ	ئارىلاش زىگوتا
12. 植株	（名）	zhízhū	ئۆسۈملۈك تۈپى
13. 秆	（名）	gǎn	غول؛ شاخ؛ شادا
14. 穗	（名）	suì	باش؛ باشاق؛ ئۆسۈملۈكنىڭ چىچەك ۋە مېۋە تۇرىدىغان ئۇچلىرى؛ پوپۇك؛ چوچا
15. 瘠薄	（形）	jíbó	ئۇنۇمسىز؛ كۈچسىز
16. 育种	（动）	yùzhǒng	سورت يېتىشتۈرمەك؛ ئۇرۇق يېتىشتۈرمەك
17. 物种	（名）	wùzhǒng	تۈر؛ خىل

词语解释

1. 辐射

辐射（نۇر چېچىش）指的是能量以电磁波（ئېلېكترومانگىنت دولقۇنى）或粒子（زەررىچە）的形式向外扩散。自然界中的一切物体，只要温度在绝对零度以上，都以电磁波和粒子的形式时刻不停地向外传送热量，这种传送能量的方式被称为辐射。辐射本身是中性词，但某些物质的辐射可能会带来危害。

2. 株型

株型（تۈپ شەكلى）一般分为叶型、茎（jīng غول）型、穗（suì باش،باشاق）型和根型等。

3. 血友病

血友病为一组遗传性凝血功能障碍的出血性疾病，其共同的特征是活性凝血活酶生成障碍，凝血时间延长，终身具有轻微创伤后出血倾向，重症患者没有明显外伤也可发生"自发性"出血。

4. 基因突变

基因组 DNA 分子发生的突然的、可遗传的变异现象。从分子水平上看，基因突变是指基因在结构上发生碱基对（ئىشقار جۈپى؛ ئىشقار رادىكاللىرى جۈپى）组成或排列顺序的改变。

5. 杂合子

杂合子是指同一位点上的两个等位基因不相同的基因型个体，如 Aa。杂合子间交配所生后代会出现性状的分离。

6. 瘠薄

与"贫瘠"是同义词。指土地因缺少植物生长所需的养分、水分而不肥沃。

语言点

发生的变异有两种：一种是由于遗传物质发生改变而引起的，称作遗传的变异，这种变异会遗传下去；另一种是由于环境条件引起改变的，称作不遗传的变异。

"……有两种：一种是……；另一种是……"这一格式作为一种语段衔接方式，用于解说某一事物（现象），先总说，后分说。例如：

（1）大学本科即将毕业时，我们面临的选择通常有两种：一种是求职——找到一份比较满意的工作，另一种是求学——考取研究生。

（2）广受人们喜爱的新疆红枣有两种：一种是骏枣，主要产于和田地区；另一种是灰枣，主产地在巴音郭楞蒙古自治州若羌县。

课堂练习

一、看拼音写汉字

　　　fú　　　　　zhū　　　　　zú　　　　　jí
　（　）射　　（　）型　　家（　）　　（　）薄
　　　yù　　　　　yí　　　　　zá　　　　　rǎng
　（　）种　　（　）传　　（　）合子　　土（　）

二、解释下列句子中画线的词语

1. 如果受到其他因素的影响，遗传物质发生了某些变化时，遗传的性状就会发生某些<u>变异</u>。
2. 一个小麦品种经<u>辐射</u>处理以后，后代的株型开始变化。
3. 同一品种的小麦，种在肥沃的地里，植株就表现为秆壮、穗大、粒多、产量高；而种在<u>瘠薄</u>的地里，植株便秆弱、穗小、粒少、产量低。
4. 通过遗传和变异的选择作用可以产生更多的新<u>物种</u>，使生物不断地向前发展。

三、模仿造句

1. 发生的变异<u>有两种</u>：<u>一种是</u>由于遗传物质发生改变而引起的，称作遗传的变异，这种变异会遗传下去；<u>另一种是</u>由于环境条件引起改变的，称作不遗传的变异。

　　　　　　　　　　　　　　　　　（……有两种：一种是……；另一种是……）

2. 遗传<u>是相对的</u>，各种生物后代与祖先之间保持一定的连续性，因而各个物种可以延续下去。变异是绝对的，后代不可能永远和祖先一个样，通过自然的和人工的影响，遗传性状会发生一些变异。（……是相对的，……。……是绝对的，……）

四、根据课文内容判断正误

1. 遗传物质的基础是脱氧核糖核酸（DNA）。（　　）
2. 生物在世代相传的过程中，既有某些共同特点，又可能产生某些差异。（　　）
3. 一个小麦品种经辐射处理后，后代的株型开始变化，该变化属于不遗传的变异。（　　）
4. 把发生变异的生物体的变异性状巩固下来，就能培育成新品种。（　　）
5. 遗传是绝对的，变异是相对的。（　　）

五、名词解释

1. 性状

2. 遗传学

3. 位点

4. 遗传的变异

5. 不遗传的变异

6. 株型

7. 杂合子

六、根据课文内容回答问题

1. 什么是遗传？遗传为什么能发生？
2. 什么是变异？变异有几种情况？
3. "遗传和变异是生命的重要特征之一"，对此如何理解？

课后作业

一、抄写词语，每个词语抄写三遍

二、概括课文大意

课文二

课前练习

一、我们每个人都想长寿,那么男性和女性相比,谁更长寿呢?

二、选择正确词语填空

概率　成双成对　特有　先天　碱性

1. 染色体是细胞质中由脱氧核糖核酸(DNA)、蛋白质和少量的核糖核酸(RNA)组成的,并能进行自我复制的线状体,能够被(　　)染料染色,故称染色体。
2. 所有细胞核内都含有染色体,而且都是(　　)地存在,但染色体的数目和形态却不同。
3. 如果染色体的数目或结构(　　)异常,就会引起胎儿畸形或智力低下。
4. Y染色体里的基因中,有19个是X染色体也有的基因,只有7个基因是Y染色体(　　)的。
5. 比起男性,女性的染色体突变的(　　)会更小。

染色体[1]与男女寿命[2]的长短

染色体是细胞质[3]中由脱氧核糖核酸(DNA)、蛋白质[4]和少量的核糖核酸(RNA)组成的,并能进行自我复制的线状体[5]。在科学实验中,这些线状体能够被碱性[6]染料染色,故称染色体。所有细胞核内都含有染色体,而且都是成双成对地存在,但染色体的数目和形态却不相同。例如,果蝇[7]体细胞内染色体数是8条,玉米是20条,水稻[8]是24条。人的染色体有46条,共23对。其中22对男女都一样,叫作常染色体;只有1对,男女有差异,叫作性染色体。在女性身上,这一对性染色体形态、大小完全相同,即XX染色体;而在男性身上,这一对性染色体形态、大小差别很大,即XY染色体。生男孩儿还是生女孩儿就是由这一对染色体决定。

染色体上载有一个物种[9]的全部遗传信息,物种的区别由染色体的差别决定。染色体在细胞分裂时，能够复制出完全相同的另一套，并且分配给新生细胞，所以父母会把自己的一些遗传信息传递给子女。在子女个体发育过程中，父母的遗传信息通过个体的性状表现出来，保证了父母与子女在遗传上的延续和稳定。如果染色体的数目或结构先天[10]异常，就会引起胎儿[11]畸形[12]或智力[13]低下。

人口调查发现女性比男性寿命长，为什么会这样呢？从基因来看，可以发现男性比女性更加脆弱。

决定性的基因位于Y染色体，但Y染色体比X染色体要小而且更短。X染色体有数千个基因，但是Y染色体只有26个基因。很有趣的事情是Y染色体里的基因中，有19个是X染色体也有的基因，只有7个基因是Y染色体特有的。

Y染色体的突变情况是X染色体的2倍多。为什么这种突变有差异呢？

男性为了形成精子[14]，生殖细胞会分裂，并且这种过程会持续。而复杂的减数分裂[15]过程中，只要一个地方出现问题，基因就会有异常。女性产生卵子[16]，但是一个月只排出一个就可以了（这个过程叫排卵[17]）。

另外，女性的X染色体是一对，即使一个染色体出问题，另一个也可以改善[18]。所以比起男性，女性的染色体突变的概率[19]会更小。

但是这只是从基因的角度说的。基因上的问题可以通过持续的运动和良好的生活习惯等外界因素克服，所以我们要努力锻炼自己的身体，养成健康的生活习惯。

(选自《生物化学奇遇记》，徐东梅编著，现代出版社，2012.11；《"慢慢老去的"生物书之遗传》，人民邮电出版社，2013.1，有改动　843字)

词　汇

1. 染色体	（名）	rǎnsètǐ	خرومۇزوما(بۇيالغۇچى تەنچە)
2. 寿命	（名）	shòumìng	ئۆمۈر
3. 细胞质	（名）	xìbāozhì	ھۈجەيرە ماددىسى؛ سىتوپىلازما
4. 蛋白质	（名）	dànbáizhì	ئاقسىل؛ پروتېئىن
5. 线状体	（名）	xiànzhuàngtǐ	يىپسىمان جىسىم
6. 碱性	（名）	jiǎnxìng	ئىشقارلىق؛ ئىشقارلىق خۇسۇسىيەت
7. 果蝇	（名）	guǒyíng	مېۋە چۈمۈلىسى
8. 水稻	（名）	shuǐdào	شال

9. 物种	（名）	wùzhǒng		تۈر؛ خىل
10. 先天	（名）	xiāntiān		تۇغما؛ تەبئىي
11. 胎儿	（名）	tāi'ér		تۆرەلمە؛ ھامىلە؛ بالا
12. 畸形	（形）	jīxíng		غەيرى، تەبئىي؛ غەلىتە شەكىللىك، شەكلى ئۆزگەرمەك، دېفورماتسىيىلەنمەك
13. 智力	（名）	zhìlì		ئەقلىي قابىلىيەت؛ ئەقىل؛ زېھىن؛ ئەقلىي كۈچ
14. 精子	（名）	jīngzǐ		ئۇرۇق؛ ئىسپېرما
15. 减数分裂		jiǎnshù fēnliè		سان كېمەيتىپ بۆلۈنۈش
16. 卵子	（名）	luǎnzǐ		تۇخۇم
17. 排卵	（动）	pái//luǎn		تۇخۇم چىقىرىش
18. 改善	（动）	gǎishàn		ياخشىلىماق
19. 概率	（名）	gàilǜ		ئېھتىماللىق

词语解释

1. 果蝇

果蝇为果蝇科果蝇属昆虫，约 1000 种，是被人类研究得最彻底的生物之一，也是最为常见的生物之一。果蝇分为白眼和红眼，白眼属于基因突变的结果。

2. 减数分裂

减数分裂是生物细胞中染色体数目减半的分裂方式。

语言点

所有细胞核内都含有染色体，而且都是成双成对地存在，但染色体的数目和形态却不同。

"……，//而且……，/但……"这一格式用于连接多重复句，第一层表示转折关系，第二层表示递进关系。例如：

（1）艾山学习刻苦，学习成绩优异，而且思想品德也很高尚，但唯一遗憾的就是身体素质不好。

（2）他不喜欢农学专业，而且可以说很讨厌，但为了满足母亲的心愿，还是选择了农学专业。

课堂练习

一、看拼音写汉字

（ rǎn ）色体　　果（ yíng ）　　（ jī ）形　　排（ luǎn ）

概（ lù ）　　（ jīng ）子　　（ tāi ）儿　　（ shòu ）命

二、解释下列句子中画线的词语

1. 如果染色体的数目或结构先天异常，就会引起胎儿<u>畸形</u>或智力低下。
2. 复杂的<u>减数分裂</u>过程中，只要一个地方出现问题，基因就会有异常。
3. 所有细胞核内都含有染色体，而且都是<u>成双成对</u>地存在。
4. 人的染色体有46条，共23对。其中22对男女都一样，叫作<u>常染色体</u>；只有1对，男女有差异，叫作<u>性染色体</u>。
5. 女性的X染色体是一对，即使一个染色体出问题，另一个也可以改善。所以<u>比起</u>男性，女性的染色体突变的概率会更小。

三、模仿造句

1. 所有细胞核内都含有染色体，<u>而且</u>都是成双成对地存在，<u>但</u>染色体的数目和形态却不同。　　　　　　　　　　　　　　　（……，而且……，但……）
2. 物种的区别<u>由</u>染色体的差别<u>决定</u>。　　　　　　　　　　　（由……决定）
3. 女性的X染色体是一对，<u>即使</u>一个染色体出问题，另一个<u>也</u>可以改善。<u>所以</u>比起男性，女性的染色体突变的概率会更小。　　（即使……，也……，所以……）

四、根据课文内容判断正误

1. 染色体中的主要物质是脱氧核糖核酸（DNA）、蛋白质和少量的核糖核酸（RNA）。（　）
2. 不同生物细胞核内染色体的数目和形态也不同。（　）
3. X染色体的突变情况是Y染色体的2倍多。（　）
4. 基因上的问题无法通过外界因素克服。（　）

五、名词解释

1. 染色体

2. 线状体

3. 果蝇

4. 物种

六、根据课文内容回答问题
　　1. 染色体有什么作用？
　　2. 为什么父母可以把自己的一些遗传信息传递给子女？
　　3. 胎儿畸形和智力低下是怎么形成的？
　　4. 女性为什么比男性长寿？
　　5. Y 染色体的突变情况是 X 染色体的 2 倍多，为什么会有这样的差异？

课后作业

一、抄写词语，每个词语抄写三遍
二、概括课文大意

课文三

课前练习

一、根据你所学的知识，谈谈对细胞的认识
二、选择正确词语填空

　　　　繁殖　繁衍　形成　发育　使得　分裂　拥有　各自　显示　战胜

1. 但是有一个奇怪的地方，那就是人的受精卵在（　　）的时候，如果精子有 46 条染色体，卵子也有 46 条染色体，那么受精卵加起来就要有 92 条染色体。
2. 为了（　　）人的精子和卵子相遇之后形成人类，即为了让新生儿的染色体也同样为 46 条，生殖细胞会通过非常特别的分裂让自己的染色体数目为 23 条。
3. 生殖细胞是精子和卵子等（　　）后代所需要的细胞。
4. 通过减数分裂而形成的精子和卵子会各自（　　）23 条染色体。
5. 当精子和卵子相遇形成受精卵这样一个新细胞时，新的生命就开始（　　）了。
6. 两个遗传信息中的一个会（　　）另一个，从而来决定孩子的头发颜色。
7. 拥有 92 条染色体的受精卵是不可能（　　）为人类的。
8. 就像头发颜色一样，被（　　）出来的生物的特征叫作性状。
9. 受精卵会从父亲和母亲那里得到（　　）一半的染色体。

10. 减数分裂就像其字面意思一样，是指染色体数目会减少的（　　　）。

三、根据课文内容选择正确答案
1. 生殖细胞是_____等繁殖后代所需要的细胞。
   A. 精子　　　　　B. 卵子　　　　　C. 体细胞　　　　D. 精子和卵子
2. 如果精子有46条染色体，卵子也有46条染色体，那么_____加起来就要有92条染色体。
   A. 人体　　　　　B. 卵巢　　　　　C. 精子　　　　　D. 受精卵
3. 形成生殖细胞的_____分裂过程被称为减数分裂。
   A. 细胞　　　　　B. 卵子　　　　　C. 精子　　　　　D. 生殖细胞
4. 形成生殖细胞的时候_____的数目会减少一半。
   A. 脂质　　　　　B. 糖类　　　　　C. 染色质　　　　D. 染色体

细胞分裂

　　组成生物体的细胞可以分为体细胞[1]与生殖细胞[2]。细胞分裂就是不断生成体细胞的过程，所以此过程被称为体细胞分裂。

　　生殖细胞是精子和卵子等繁殖后代所需要的细胞。当精子和卵子相遇形成受精卵[3]这样一个新细胞时，新的生命就开始繁衍[4]了。但是有一个奇怪的地方，那就是人的受精卵在形成的时候，如果精子有46条染色体，卵子也有46条染色体，那么受精卵加起来就要有92条染色体。拥有92条染色体的受精卵是不可能发育为人类的。人的染色体是46条，为了使得人的精子和卵子相遇之后形成人类，即为了让新生儿的染色体也同样为46条，生殖细胞会通过非常特别的分裂让自己的染色体数目为23条。形成生殖细胞的细胞分裂过程被称为减数分裂。

　　减数分裂就像其字面意思一样，是指染色体数目会减少的分裂。形成生殖细胞的时候染色体的数目会减少一半。通过减数分裂而形成的精子和卵子会各自拥有23条染色体。所以精子和卵子相遇之后形成的受精卵会有46条染色体，从而成长为人类。

　　受精卵会从父亲和母亲那里得到各自一半的染色体，所以父亲和母亲的遗传信息都会传到孩子身体里。例如，父亲的头发是黄色，母亲的头发是棕色[5]，则孩子会有黄色和棕色头发的基因。但是长出来的头发不会是一半棕色一半黄色，因为两个遗传信息中的一个会战胜另一个，从而来决定孩子的头发颜色。

就像头发颜色一样，被显示[6]出来的生物的特征叫作性状[7]。生物中不能同时显示出来的相对性状的两种表现形式，更容易遗传的被称为显性[8]性状，不容易遗传的被称为隐性[9]性状。

（选自《"慢慢老去的"生物书之遗传》，人民邮电出版社，2013.1，有改动　608字）

词　汇

1. 体细胞	（名）	tǐxìbāo		تەن ھۇجەيرىسى
2. 生殖细胞		shēngzhí xìbāo		كۆپىيىش ھۇجەيرىسى
3. 受精卵	（名）	shòujīngluǎn		ئۇرۇقلانغان تۇخۇم
4. 繁衍	（动）	fányǎn		كۆپىيمەك؛ كۆپىيىش
5. 棕色	（名）	zōngsè		قوڭۇر رەڭ؛ قوڭۇر رەڭلىك
6. 显示	（动）	xiǎnshì		كۆرسەتمەك؛ ئاشكارىلىماق؛ نامايان قىلماق
7. 性状	（名）	xìngzhuàng		بەلگە؛ ئالامەتلىرى؛ شەكىل ۋە خۇسۇسىيەت
8. 显性	（形）	xiǎnxìng		ئاشكارىلىق
9. 隐性	（形）	yǐnxìng		يوشۇرۇن؛ يوشۇرۇنلۇق

词语解释

1. 细胞分裂

细胞分裂（ھۇجەيرە بۆلۈنۈشى）是活细胞繁殖其种类的过程，是一个细胞分裂为两个细胞的过程。分裂前的细胞称母细胞，分裂后形成的新细胞称子细胞。

2. 生殖细胞

生殖细胞是多细胞生物体内能繁殖后代的细胞的总称，包括从原始生殖细胞直到最终已分化的生殖细胞。体细胞最终都会死亡，只有生殖细胞有延存至下代的机会。

3. 受精卵

精子与卵子在输卵管里会合后，形成一个受精卵，生命开始了。卵子受精后，分裂为两个细胞，大约每隔12小时分裂一次。这团细胞从输卵管进入子宫时，分泌出液体，于是膨胀（كېڭىيمەك）成一个空心球，叫作胚泡（تۆرەلمە پۇۋەكچىسى）。这个空心球在几天内会变成两层，球内含有微量液体，细胞团堆在球的一侧。球壁以后会变成胎盘（باش سۇيى قېپى），和羊膜（ئەش؛ بالا ھەمراھى），里面的细胞则会变成胎儿。受精卵靠输卵管的收缩来到子宫，输卵管内壁的许多纤毛，不断推动管内的液体，对输送受精卵也起辅助作用。一般在排卵后4天左右受精卵到达子宫腔，约在卵子脱离卵胞的第9天，胚胎（تۆرەلمە）钻进子宫内膜，发育长大。

语言点

人的染色体是46条，为了使得人的精子和卵子相遇之后形成人类，即为了让新生儿的染色体也同样为46条，生殖细胞会通过非常特别的分裂让自己的染色体数目为23条。

"为了……，// 即为了……，/……"这一格式用于多重复句。第一层关系中第1、2分句和第3分句之间是目的与行动的关系，第二层关系中第1分句和第2分句之间是被解释与解释关系。例如：

（1）为了考上心目中的大学，即为了考上清华大学，他一定会更加刻苦努力的。

（2）为了实现自己的理想，即为了开办自己的现代化农场，他正在四处筹措资金。

课堂练习

一、看拼音写汉字

　　　zhí　　　　　　　　luǎn　　　　　　　yǎn
生（　）细胞　　　受精（　）　　　繁（　）生命

　　　liè　　　　　　xìng　　　　　　　zōng
细胞分（　）　　（　）状　　　（　）色

二、解释下列句子中画线的词语

1. 当精子和卵子相遇形成受精卵这样一个新细胞时，新的生命就开始<u>繁衍</u>了。

2. 生殖细胞会通过非常特别的分裂让自己的染色体<u>数目</u>为23条。

3. 减数分裂就像<u>其</u>字面意思一样，是指染色体数目会减少的分裂。

4. 例如，父亲的头发是黄色，母亲的头发是棕色，<u>则</u>孩子会有黄色和棕色头发的基因。

三、模仿造句

1. 细胞分裂就是不断生成体细胞的过程，所以此过程<u>被称为</u>体细胞分裂。（被称为）

2. 人的染色体是46条，<u>为了</u>使得人的精子和卵子相遇之后形成人类，<u>即为了</u>让新生儿的染色体也同样为46条，生殖细胞会通过非常特别的分裂让自己的染色体数目为23条。（为了……，即为了……，……）

3. 两个遗传信息中的一个会战胜另一个，<u>从而</u>来决定孩子的头发颜色。（从而）

四、根据课文内容判断正误

1. 组成生物体的细胞可以分为体细胞与生殖细胞。（　）

2. 生殖细胞是精子和卵子等繁殖生物体所需要的细胞。（　）

3. 拥有92条染色体的受精卵可以发育为人类。（　）

4. 通过减数分裂而形成的精子和卵子会各自拥有46条染色体。（　）

5. 受精卵从父亲那里得到的染色体占大半。（　）

6. 如果父亲的头发是黄色，母亲的头发是棕色，则孩子长出来的头发不会是一半棕色一半黄色。（　）

五、名词解释
　　1. 体细胞分裂

　　2. 减数分裂

　　3. 显性性状

　　4. 隐性性状

六、根据课文内容回答问题
　　1. 什么是细胞分裂？
　　2. 生殖细胞为什么会发生减数分裂？

课后作业

一、抄写词语，每个词语抄写三遍
二、概括课文大意

第四课

课文一

课前练习

一、根据你所学的知识，谈谈对生物圈的理解

二、选择正确词语填空

　　　免受　　不足　　分布　　转化　　构成　　威胁　　意识　　频繁　　导致　　防止

1. 地球表面由大气圈、水圈和土壤岩石圈所（　　）。
2. 臭氧层可以保护地面生物（　　）外界空间各种宇宙射线的危害，（　　）地表温度的激烈变化和水分过量散失。
3. 陆地上的淡水（　　）地球总水量的1%，主要（　　）在各大河流和湖泊之中。
4. 在光能作用下各种植物通过光合作用将光能（　　）为化学能，使植物生长、发育、繁衍。
5. 人口的增长和工农业的发展，超负荷的生产（　　）资源衰竭，破坏了生物圈的生产力。
6. 温室效应、能源匮乏、粮食短缺正极大地（　　）着人类的生存。
7. 一些专家学者和政府首脑已（　　）到破坏生物圈内的生态平衡给人类造成的恶果和保护生物圈的意义。
8. 工业"三废"的排放造成严重污染和不可更新资源的大量消耗，导致灾害（　　）发生。

三、根据课文内容选择正确答案

1. 大气圈可以供给生物活动所必需的_____、氢、氧、氮等元素。

　　A. 钙　　　　　　B. 碳　　　　　　C. 硫　　　　　　D. 铁

2. _____可以保护地面生物免受外界空间各种宇宙射线的危害。

　　A. 水圈　　　　　B. 土壤层　　　　C. 臭氧层　　　　D. 有机圈层

3. _____是生命的起源地，也是多种物质的储存库。
   A. 海洋　　　　　B. 湖泊　　　　　C. 江河　　　　　D. 地下水
4. 地球表面的岩石经过长年的风化_____和生物的作用，逐渐形成不同类型的土壤，因而组成土壤岩石圈。
   A. 侵入　　　　　B. 侵蚀　　　　　C. 演变　　　　　D. 盐碱化
5. 生物圈内已知的生物约_____万种。
   A. 20　　　　　　B. 50　　　　　　C. 150　　　　　　D. 200

地球的生物圈[1]

地球表面是由大气圈、水圈和土壤[2]岩石圈[3]所构成的，三圈中适合生物生存的范围称为生物圈。

从地球表面到几十千米以至近一千千米的高空，覆盖着由多种气体成分组成的大气层，它的厚度在地球表面的不同地带是不一样的，这就是大气圈。大气圈不但供给生物活动所必需的碳[4]、氢[5]、氧、氮[6]等元素[7]，而且其间的臭氧[8]层可以保护地面生物免受外界空间各种宇宙射线[9]的危害，防止地表温度的激烈变化和水分过量散失。

地球表面的各种水体，包括海洋、湖泊[10]、江河及地下水构成水圈。海洋占地球总水量的97%，覆盖面积超过地球面积的70%。海洋是生命的起源地，也是多种物质的储存库。它不断向人类提供丰富的矿产资源，而且还是人类食物的重要来源之一。陆地上的淡水[11]不足地球总水量的1%，主要分布在各大河流和湖泊之中。另有约2%的水是以冰的形式存在于地球南北两极。

地球表面的岩石经过长年的风化[12]侵蚀[13]和生物的作用，逐渐形成不同类型的土壤，因而组成土壤岩石圈。土壤是陆生植物生长的基地，它供给植物养分和水分，在光能作用下各种植物通过光合作用[14]将光能转化为化学能，使植物生长、发育、繁衍，构成森林、草原，并促进农作物生长发育，为人类和其他动物提供食物和必要的生活环境。

生物圈是指地球表面生命进行活动的、连续的有机圈层，它由大气圈下层、水圈、土壤岩石圈及活动于三圈中的生物组成。根据生物分布幅度[15]，生物圈上限[16]可达海平面以上10千米的高度，下限可达海平面以下12千米深。但是，绝大多数生物都集中生活在地表以上100米至水面以下100米的范围内。在这一空间，阳光比较集中，绿色植物能够生长，直接或间接依靠植物生活的动物和微生物[17]群聚度高，活动能力强，是地球表面生命活动最旺盛[18]的区域[19]，因此，常把该区域称为活跃生物圈。生物圈内已知的生物约200万种，其中植物约 50 万种，动物约 150 万种，微生物约 3.7 万种。这些生物类群通过食物链[20]紧密联系并与其相适应的环境组成多种多样的生态系统。

生物圈是人类赖以[21]生存的空间，它提供人类生活所必需的自然条件和经济建设的自然资源。但是，人口的增长和工农业的发展，超负荷[22]的生产导致资源衰竭[23]，破坏了生物圈的生产力；工业"三废"的排放造成严重污染和不可更新资源的大量消耗[24]，导致灾害频繁[25]发生。温室效应、能源匮乏[26]、粮食短缺正极大地威胁着人类的生存。一些专家学者和政府首脑已意识到破坏生物圈内的生态平衡给人类造成的恶果[27]和保护生物圈的意义，于是 1971 年联合国教科文组织颁布[28]实施了一项"人与生物圈"（MAB）计划，以便对生物圈进行管理，合理利用和保护生物圈资源，改善人与环境的全球关系。我国政府与有关科学家也参与了这一计划的实施。我国的长白山、卧龙山和鼎湖山属于该计划中的 3 个生物圈保护区。

（选自《生命的密码——生物》，谢宇主编，百花洲文艺出版社，2010.1，有改动　1092 字）

词　汇

1. 生物圈　　（名）　shēngwùquān　　جانلىقلار چەمبىرىكى؛ بىئوسفېرا
2. 土壤　　　（名）　tǔrǎng　　توپا؛ توپراق
3. 岩石圈　　（名）　yánshíquān　　لىتوسفېرا
4. 碳　　　　（名）　tàn　　كاربون
5. 氢　　　　（名）　qīng　　ھىدروگېن
6. 氮　　　　（名）　dàn　　ئازوت؛ نىتروگېن
7. 元素　　　（名）　yuánsù　　ئېلېمېنت
8. 臭氧　　　（名）　chòuyǎng　　ئوزون
9. 射线　　　（名）　shèxiàn　　نۇر؛ نۇر دەستىسى؛ شولا
10. 湖泊　　　（名）　húpō　　كۆلەر
11. 淡水　　　（名）　dànshuǐ　　تاتلىق سۇ
12. 风化　　　（动）　fēnghuà　　شامال تەسىرىدە يەمىرىلىش؛ يەمىرىلىش؛ خۇراش
13. 侵蚀　　　（动）　qīnshí　　چىرىتىش؛ خورىتىش؛ تۇپرىتىش؛ ئۇپىراش؛ كورروزىيىلىنىش
14. 光合作用　　　　guānghé-zuòyòng　　فوتوسىنتېز رولى
15. 幅度　　　（名）　fúdù　　دائىرە؛ كۆلەم ؛ نىسبەت؛ دەرىجە
16. 上限　　　（名）　shàngxiàn　　ئەڭ يۇقىرى چەك
17. 微生物　　（名）　wēishēngwù　　مىكروئورگانىزم

362

第四单元 生物篇

18. 旺盛	（形）	wàngshèng	بولۇق؛ باراقسان
19. 区域	（名）	qūyù	رايون؛ دائىره؛ بۆلەك
20. 食物链	（名）	shíwùliàn	ئوزۇقلۇق زەنجىرى؛ ئوزۇقلىنىش زەنجىرى
21. 赖以	（动）	làiyǐ	تايانماق؛ يۆلەنمەك
22. 超负荷		chāofùhè	يۈك ئېشىپ كەتمەك
23. 衰竭	（动）	shuāijié	ئاجىزلاش؛ زەئىپلىشىش
24. 消耗	（动）	xiāohào	سەرپ قىلىش؛ خوراش
25. 频繁	（形）	pínfán	كۆپ؛ كۆپلەپ؛ قايتا؛ ئۇست-ئۇستىگە؛ پات-پات؛ كەين-كەينىدىن
26. 匮乏	（形）	kuìfá	كەم؛ كەمچىل؛ يېتەرسىز
27. 恶果	（名）	èguǒ	يامان ئاقىۋەت؛ يامان نەتىجە
28. 颁布	（动）	bānbù	ئېلان قىلماق؛ جاكارلىماق

词语解释

1. 臭氧层

是指大气层的平流层（ستاتوسفېرا）中臭氧浓度相对较高的部分，其主要作用是吸收短波紫外线（ئۇلترا بىنەپشە نۇر）。紫外线打击双原子的氧气，把它分为两个原子，然后每个原子和没有分裂的氧合并成臭氧。臭氧分子不稳定，紫外线照射之后又分为氧气分子和氧原子，形成一个继续臭氧—氧气循环的过程，如此产生臭氧层。

2. 光能作用

是绿色植物进行光合作用的动力。在植物栽培中，合理利用光能，可以使绿色植物充分地进行光合作用。合理利用光能主要包括延长光合作用的时间和增加光合作用的面积两个方面。

3. 光合作用

是绿色植物和某些细菌利用叶绿素，在可见光的照射下，将二氧化碳和水转化为有机物（主要是淀粉），并释放出氧气的生化过程。

语言点

1. 从地球表面到几十千米以至近一千千米的高空，覆盖着由多种气体成分组成的大气层。

"从……到……以至……"这一格式表示范围、数量、时间、程度一步步地延伸，一般从小到大，从少到多，从浅到深。例如：

（1）从沿海城市到中东部城市以至广大西部地区，到处是一片欣欣向荣的景象。

（2）从年初到年末以至新年，他再也没出现过。

2. 一些专家学者和政府首脑已意识到破坏生物圈内的生态平衡给人类造成的恶果和保护生物圈的意义，于是1971年联合国教科文组织颁布实施了一项"人与生物圈"（MAB）计划，以便对生物圈进行管理，合理利用和保护生物圈资源，改善人与环境的全球关系。

"……，/于是……，//以便……"这一格式用于多重复句，第一层是顺承和事实因果关系，第二层是目的关系。例如：

（1）秦始皇意识到安期生所说的蓬莱仙境定有神仙，于是派徐福去海上寻找仙人居住的仙境，以便得到长生不老之药。

（2）艾山意识到再不学习就有可能留级了，于是发奋读书，以便顺利通过考试。

课堂练习

一、看拼音写汉字

土（rǎng　） 　（yán　）石圈　　食物（liàn　）　　超（fùhè　）

衰（jié　）　　（kuì　）乏　　威（xié　）　　（bān　）布

二、解释下列句子中画线的词语

1. 三圈中适合生物生存的范围<u>称为</u>生物圈。

2. 臭氧层可以<u>防止</u>地表温度的激烈变化和水分过量散失。

3. 海洋占地球总水量的97%，<u>覆盖</u>面积超过地球面积的70%。

4. 土壤是陆生植物生长的<u>基地</u>，它供给植物养分和水分。

5. 根据生物分布<u>幅度</u>，生物圈上限可达海平面以上10千米的高度。

6. 绝大多数生物都集中生活在地表以上100米<u>至</u>水面以下100米的范围内。

7. 人口的增长和工农业的发展，<u>超负荷</u>的生产导致资源衰竭，破坏了生物圈的生产力。

8. 我国的长白山、卧龙山和鼎湖山属于<u>该</u>计划中的3个生物圈保护区。

三、模仿造句

1. 从地球表面<u>到</u>几十千米<u>以至</u>近一千千米的高空，覆盖着由多种气体成分组成的大气层。　　　　　　　　　　　　　　　　　　　（从……到……以至……）

2. 根据生物分布幅度，生物圈上限<u>可达</u>海平面以上10千米的高度，下限<u>可达</u>海平面以下12千米深。　　　　　　　　　　　　　　　　　　　　　　　　（可达）

3. 生物圈是人类<u>赖</u>以生存的空间，它提供人类生活所必需的自然条件和经济建设的自然资源。　　　　　　　　　　　　　　　　　　　　　　　　　　　（赖）

4. 一些专家学者和政府首脑已意识到破坏生物圈内的生态平衡给人类造成的恶果和保护生物圈的意义，<u>于是</u>1971年联合国教科文组织颁布实施了一项"人与生物圈"(MAB)计划,以便对生物圈进行管理,合理利用和保护生物圈资源,改善人与环境的全球关系。　　　　　　　　　　　(……,于是……,以便……)

四、根据课文内容判断正误
1. 有约2%的水以冰的形式存在于地球南北两极。　　　　　(　)
2. 岩石是陆生植物生长的基地。　　　　　　　　　　　　(　)
3. 温室效应、能源匮乏、粮食短缺,生物圈正极大地威胁着人类的生存。(　)
4. 1971年,联合国教科文组织开始实施一项"人与生物圈"(MAB)计划。(　)
5. 我国政府与有关科学家也参与了"人与生物圈"这一计划的实施。(　)
6. 我国的长白山、井冈山和鼎湖山属于"人与生物圈"计划中的3个生物圈保护区。
　　　　　　　　　　　　　　　　　　　　　　　　　　　(　)

五、名词解释
1. 臭氧

2. 射线

3. 风化

4. 食物链

六、根据课文内容回答问题
1. 地球表面由哪几部分构成?
2. 什么是大气圈?大气圈能起到什么作用?
3. 水圈由哪几部分构成?陆地上的淡水充足吗?为什么?
4. 土壤岩石圈是怎么形成的?
5. 什么是生物圈?它由哪几部分构成?
6. 什么是活跃生物圈?
7. 生物圈内的生态平衡遭到了哪些破坏?

课后作业

一、抄写词语,每个词语抄写三遍
二、概括课文大意

课文二

课前练习

一、谈谈你是如何理解种群和群落的

二、选择正确词语填空

　　　　所　反映　构成　随　显现　指　等于　限于　相继　出于

1. 种群是（　　）在一定时间内占据特定空间的同一物种（或有机体）的集合体。
2. 各类生物种群在正常的生长发育条件下（　　）具有的共同特征即种群的共性。
3. 出生率减去死亡率就（　　）自然增长率。
4. 不同类型的存活曲线，（　　）了各种生物的死亡年龄的分布状况，有助于了解种群特性、种群状况及其与环境的相互关系。
5. 在水生群落中，生物的分布和活动性在很大程度上是由光、温度和含氧量的垂直分布所决定的，这些生态因子在垂直分布上（　　）的层次越多，水生群落所包含的生物种类也就越多。
6. 群落是指在一定时间内，居住于一定区域或环境内的各种生物种群的集合。它们相互联系、相互影响，（　　）一个统一的整体单元。
7. 演替是指群落（　　）时间和空间而发生的变化。
8. 于是，各种群落的更替相继发生，并形成演替系列，最后进入与环境相适应的、相对稳定的顶极群落。以植物为食物的动物群落，也（　　）发生更替。
9. 在群落垂直结构的每一个层次上都有各自所特有的生物栖息，大多数动物都只（　　）在1～2个层次上活动。
10. 这些变化是对各层次上生态条件变化的反映，也可能是各种生物（　　）对竞争的需要。

三、根据课文内容选择正确答案

1. 出生率和死亡率是影响＿＿＿＿增长的最重要因素。
　　A. 密度　　　　B. 基因　　　　C. 种群　　　　D. 植物群落
2. ＿＿＿＿群落的层次性主要是由光的穿透性、温度和氧气的垂直分布决定的。
　　A. 水生　　　　B. 植物　　　　C. 动物　　　　D. 微生物
3. 一般说来，群落的层次性越明显，分层越多，群落中的动物＿＿＿＿。
　　A. 体形越大　　B. 体形越小　　C. 种类越少　　D. 种类越多

4. 群落的空间分布受_____的制约，表现出明显的经度地带性、纬度地带性和垂直地带性。

　　A. 自然界　　　　B. 顶级群落　　　　C. 环境梯度　　　　D. 动物群落

种群¹和群落²

种群

　　种群是指在一定时间内占据特定空间的同一物种³（或有机体）的集合体，是物种存在的基本单位，也是生物群落的基本组成单位。种群由个体组成，但不等于个体的简单相加。

　　各类生物种群在正常的生长发育条件下所具有的共同特征即种群的共性，包含：空间特征，即有一定分布区域和分布方式；数量特征，即有一定密度、出生率、死亡率、年龄结构和性别比例；遗传特征，即具有一定的基因组成，以区别于其他物种，并随着时间进程改变其遗传特性。

　　出生率和死亡率是影响种群增长的最重要因素。出生率一般以种群中每单位时间（年）每1000个个体的出生数来表示。死亡率一般也是以种群中每单位时间（年）每1000个个体的死亡数来表示。出生率减去死亡率就等于自然增长率。

　　生态学家常以存活数量的对数值为纵坐标⁴，以年龄为横坐标作图，从而把每一个种群的死亡—存活情况绘成一条曲线，这就是种群的存活曲线。不同种群的存活曲线具有不同的特点，大体上可区分为下述三种类型：

　　类型Ⅰ。曲线凹型，生命早期有极高的死亡率，但是一旦活到某一年龄，死亡率就变得很低而且稳定，如牡蛎⁵、鱼类、很多无脊椎动物⁶、寄生动物⁷和某些植物等。

　　类型Ⅱ。曲线呈⁸直线，种群各年龄的死亡率基本相同，如水螅⁹、小型哺乳动物¹⁰、鸟类的成年阶段和某些多年生植物等。

　　类型Ⅲ。曲线凸型¹¹，绝大多数个体都能活到生理年龄，早期死亡率极低，但当达到一定生理年龄时，短期内几乎全部死亡，如人类、盘羊¹²和其他一些哺乳动物，以及某些植物（垂穗草¹³）等。

　　不同类型的存活曲线，反映了各种生物的死亡年龄的分布状况，有助于我们了解种群特性、种群状况及其与环境的相互关系。

群落

　　群落是指在一定时间内，居住于一定区域或环境内的各种生物种群的集合。它们相互联系、相互影响，构成一个统一的整体单元，与相邻生物群落的界线虽不十分明显，但在种类组成、个体特点等方面表现出明显的差异。

根据群落的组成特点，可分为植物群落、动物群落和微生物群落三大类。

生物群落的垂直[14]结构即生物群落的层次性，主要是由植物的生长型决定的。苔藓[15]、草本植物、灌木[16]和乔木[17]自下而上分别配置在群落的不同高度上，形成群落的垂直结构。植物的垂直结构又为不同种类的动物创造栖息[18]环境，在每一个层次上都有一些动物特别适合在那里生活。在每一个发育良好的森林中，从上到下可以看到有林冠层[19]、下木层[20]、灌木层、草本层[21]和地表层[22]。

其他群落也和森林一样具有垂直结构，只是没有森林那么高大，层次也较少。草原群落可分为草本层、地表层和根系层[23]。水生群落的层次性主要是由光的穿透性[24]、温度和氧气的垂直分布决定的。夏天，一个层次性较好的湖泊自上而下可分为表水层（水的循环性比较强）、斜温层[25]（湖水温度变化比较大）、静水层[26]（水的密度最大，水温大约4℃）和底泥层，共4层。

在群落垂直结构的每一个层次上都有各自所特有的生物栖息，大多数动物都只限于在1～2个层次上活动。在每个层次上活动的动物种类，在一天之内或一个季节之内是有变化的，这些变化是对各层次上生态条件变化的反应，也可能是各种生物出于对竞争的需要。一般说来，群落的层次性越明显，分层越多，群落中的动物种类也越多。因此，草原的层次比较少，动物的种类也比较少；森林的层次比较多，动物的种类也比较多。在水生群落中，生物的分布和活动性在很大程度上是由光、温度和含氧量的垂直分布所决定的，这些生态因子[27]在垂直分布上显现的层次越多，水生群落所包含的生物种类也就越多。

演替[28]是指群落随时间和空间而发生的变化。每一个群落在发生发展过程中，不断改变自身的生态环境，新的生态环境逐渐不适于原有群落物种的生存，却为其他物种的侵入[29]和定居创造了条件。于是，各种群落的更替[30]相继发生，并形成演替系列，最后进入与环境相适应的、相对稳定的顶极群落。以植物为食物的动物群落，也相继发生更替。

群落的空间分布受环境梯度[31]的制约，表现出明显的经度[32]地带性[33]、纬度[34]地带性和垂直地带性。在自然界中，群落类型的转变，可能是逐渐过渡[35]的，也可能是急速改变的。两个或多个群落相连接的地带，称为群落交错区[36]，群落交错区内的物种数目和种群密度要比毗邻[37]群落大，这种现象称为边缘效应[38]。

（选自《生命的密码——生物》，谢宇主编，百花洲文艺出版社，2010.1，有改动　1664字）

词　　汇

1. 种群　　　　（名）　zhǒngqún　　　　　　　　　　تور توپى

第四单元 生物篇

2. 群落	（名）	qúnluò		تۈركۈم؛ كولونىيە
3. 物种	（名）	wùzhǒng		تۈر؛ خىل
4. 坐标	（名）	zuòbiāo		كوئوردېنات
5. 牡蛎	（名）	mǔlì		ئۇسپىتر قولۇلسى
6. 无脊椎动物		wújǐzhuī dòngwù		ئومۇرتقىسىز ھايۋان؛ ئومۇرتقىسىز ھايۋانلار
7. 寄生动物		jìshēng dòngwù		تەييارتاپ ھايۋانلار؛ پارازىت ھايۋانلار
8. 呈	（动）	chéng		كۆرۈنمەك؛ كۆرسەتمەك
9. 水螅	（名）	shuǐxī		گىدرا
10. 哺乳动物		bǔrǔ dòngwù		ئەمگۈچى ھايۋان
11. 凸型		tūxíng		كۆپۈڭگۈلۈك
12. 盘羊	（名）	pányáng		ئارقار؛ غۇلجا
13. 垂穗草	（名）	chuísuìcǎo		بوتبلوس ئوتى
14. 垂直	（动）	chuízhí		ۋېرتىكال؛ تىك
15. 苔藓	（名）	táixiǎn		مۇخ
16. 灌木	（名）	guànmù		چاتقال
17. 乔木	（名）	qiáomù		غوللۇق دەرەخ
18. 栖息	（动）	qīxī		ماكانلىشىش؛ ماكان تۇتۇش
19. 林冠层		línguāncéng		ئورمان باراخسىنى قاتلىمى
20. 下木层		xiàmùcéng		ئورمان چاتقاللىرى قاتلىمى
21. 草本层		cǎoběncéng		سامان غوللۇقلار قاتلىمى
22. 地表层		dìbiǎocéng		يەر يۈزى قاتلىمى
23. 根系层		gēnxìcéng		يىلتىز سىستېمىسى قاتلىمى
24. 穿透性		chuāntòuxìng		تېشىپ ئۆتۈش ئىقتىدارى
25. 斜温层		xiéwēncéng		مېتالمنېتىك
26. 静水层		jìngshuǐcéng		جىمجىت سۇ قاتلىمى
27. 生态因子		shēngtài yīnzǐ		ئېكولوگىيىلىك ئامىل
28. 演替	（动）	yǎntì		ئالماشماق؛ ئورنىنى ئالماق؛ نۆۋەتلەشمەك
29. 侵入	（动）	qīnrù		چىلماق؛ چوكتۇرمەك؛ پاتۇرماق
30. 更替	（动）	gēngtì		ئالماشماق؛ ئالماشتۇرماق
31. 梯度	（名）	tīdù		گرادىئېنت
32. 经度	（名）	jīngdù		ئۇزۇنلۇق؛ مېرىدىئان
33. 地带性		dìdàixìng		زونالنق

34. 纬度	（名）	wěidù	كەڭلىك گرادۇسى；پاراللېل
35. 过渡	（动）	guòdù	ئۆتمەك；ئۆتكۈزمەك；ئۆتكۈنچى
36. 交错区		jiāocuòqū	گىرەلەشمە رايون
37. 毗邻	（动）	pílín	قوشنا；چېگرىداش
38. 边缘效应		biānyuán xiàoyìng	گىرۋەك ئىپپېكت

词语解释

1. 牡蛎

牡蛎是一种双壳类软体动物，分布于温带和热带各大洋沿岸水域。是富含锌元素的食物之一。

2. 无脊椎动物

无脊椎动物是背侧没有脊椎骨的动物。是动物的原始形式。其种类数占动物总种类数的95%，现存约100余万种。包括棘皮动物、软体动物、扁形动物、环节动物、腔肠动物、节肢动物、原生动物、线形动物等。

3. 寄生动物

寄生动物主要是低等动物类群，如原生动物，这些低等动物主要寄生在较高等或高等动物的体内。

语言点

不同类型的存活曲线，反映了各种生物的死亡年龄的分布状况，有助于我们了解种群特性、种群状况及其与环境的相互关系。

"有助于"意思是前面的事实对后面的情况极为有利。例如：

（1）中医学上，不同的舌苔颜色，反映了身体的各种情况，有助于大夫了解病情，对症下药。

（2）摸底考试成绩反映了学生对知识的掌握情况，这个成绩有助于教师合理备课和因材施教。

课堂练习

一、看拼音写汉字

   luò   jǐzhuī   jìshēng   bǔrǔ

群（　　）　无（　　）动物　（　　）动物　（　　）动物

   guān shēngtài   pí   biānyuán

林（　　）层　（　　）因子　（　　）邻　（　　）效应

二、解释下列句子中画线的词语
  1. 生态学家常以存活数量的对数值为纵坐标，以年龄为横坐标作图，从而把每一个种群的死亡—存活情况<u>绘</u>成一条曲线，这就是种群的存活曲线。
  2. 不同种群的存活曲线具有不同的特点，大体上可区分为<u>下述</u>3种类型。
  3. 绝大多数个体都能活到生理年龄，早期死亡率极低，但当达到一定生理年龄时，短期内<u>几乎</u>全部死亡。
  4. 生物群落的垂直结构<u>即</u>生物群落的层次性，主要是由植物的生长型决定的。
  5. 植物的垂直结构又为不同种类的动物创造<u>栖息</u>环境，在每一个层次上都有一些动物特别适合在那里生活。
  6. 于是，各种群落的<u>更替</u>相继发生，并形成演替系列，最后进入与环境相适应的、相对稳定的顶极群落。
  7. 群落的空间分布受环境梯度的<u>制约</u>。
  8. 两个或多个群落相连接的地带，称为群落交错区，群落交错区内的物种数目和种群密度要比<u>毗邻</u>群落大。

三、模仿造句
  1. 生态学家常<u>以</u>存活数量的对数值<u>为</u>纵坐标，<u>以</u>年龄<u>为</u>横坐标作图。（以……为……）
  2. 生命早期有极高的死亡率，但是<u>一旦</u>活到某一年龄，死亡率<u>就</u>变得很低而且稳定。
　　　　　　　　　　　　　　　　　　　　　　　　　　　　　　（一旦……，就……）
  3. 不同类型的存活曲线，反映了各种生物的死亡年龄的分布状况，<u>有助于</u>我们了解种群特性、种群状况及其与环境的相互关系。　　　　　　　　　　（有助于）
  4. 在水生群落中，生物的分布和活动性在很大程度上是<u>由</u>光、温度和含氧量的垂直分布<u>所决定</u>的。　　　　　　　　　　　　　　　　　　　（由……所决定）

四、根据课文内容判断正误
  1. 生物群落的垂直结构即生物群落的层次性，主要是由森林的生长型决定的。（　　）
  2. 草原群落可分为草本层、地表层和根系层。　　　　　　　　　　　　（　　）
  3. 冬天，一个层次性较好的湖泊自上而下可以分为表水层、斜温层、静水层和底泥层，共4层。　　　　　　　　　　　　　　　　　　　　　　　　　　　（　　）
  4. 在群落垂直结构的每一个层次上都有各自所特有的生物栖息，大多数动物都只限于在2个层次上活动。　　　　　　　　　　　　　　　　　　　　　　（　　）
  5. 每一个群落在发生发展过程中，不断改变自身的生态环境，新的生态环境逐渐不适于原有群落物种的生存，却为其他物种的侵入和定居创造了条件。（　　）
  6. 群落交错区内的物种数目和种群密度要比毗邻群落小。　　　　　　（　　）

五、名词解释
  1. 灌木

2. 乔木

3. 坐标

4. 斜温层

六、根据课文内容回答问题
1. 什么是种群？种群有什么共性？
2. 什么是种群的存活曲线？举例说明种群存活曲线的三种类型。
3. 群落可分为哪几类？
4. 什么是群落交错区？
5. 什么是边缘效应？

课后作业

一、抄写词语，每个词语抄写三遍
二、概括课文大意

课文三

课前练习

一、根据你所学的知识，谈谈生态系统的构成
二、选择正确词语填空

转变　紧扣　循环　渗入　淋溶　蒸腾　硝化　游离　行使　分解

1. 细菌、真菌、某些原生动物及食腐性动物等，靠（　　）有机化合物为生。
2. 生态系统中的各个组成部分彼此一环（　　）一环，形成一个统一的、不可分割的生态系统整体。
3. 在通常情况下，起主导作用的是生产者，它把太阳能（　　）为化学能，并引入生态系统中，然后使其他各个组成部分（　　）各自机能。

4. 在生态系统中，物质流动是（　　）的，各种有机物质最终被还原者分解成可被生产者吸收的形式，重返环境中进行再循环。
5. 地面降水的一部分聚到河、湖，重新注入海洋，另一部分（　　）土壤或松散岩层。
6. 被植物吸收的水分除少量结合在植物体内外，大多通过植物叶面（　　）作用返回大气。
7. 进入生态系统中的氮被固定成氨或铵盐，经过（　　）成为硝酸盐或亚硝酸盐，被植物吸收合成蛋白质。
8. 有部分硝酸盐经反硝化作用生成（　　）的氮，返回大气中。
9. 硝酸盐还可能储存在腐殖质中并被（　　），然后经过河流、湖泊最后到达海洋，为水域生态系统所利用。

三、根据课文内容选择正确答案

1. ＿＿＿＿既是构成物质代谢的材料，同时也构成生物的无机环境。
   A. 生产者　　　B. 消费者　　　C. 分解者　　　D. 非生物
2. 自养生物被异养生物摄食后，能量由自养生物流到异养生物体内，不能再返回给＿＿＿＿。
   A. 植物　　　B. 生态系统　　　C. 异养生物　　　D. 自养生物
3. 从总的能流途径来看，能量只能＿＿＿＿经过生态系统，不能循环，因此是不可逆的。
   A. 多次　　　B. 无数次　　　C. 一次性　　　D. 不断地
4. 地球上海洋、河流、湖泊等一切水体的水不断蒸发，变成＿＿＿＿，进入大气层。
   A. 云　　　B. 大气　　　C. 空气　　　D. 水蒸气
5. 碳循环从光合作用固定大气中的＿＿＿＿开始。
   A. 氧气　　　B. 氮气　　　C. 氢气　　　D. 二氧化碳

生态系统

生态系统及其结构

生态系统就是在一定地区空间内，生物和它们的非生物[1]环境（物理环境）之间进行着连续的能量和物质交换所形成的一个生态学功能单位。

生态系统的组成非常复杂，主要包括生物和非生物两大部分，其中生物部分包括生产者、消费者和分解者[2]三大功能类群。

生产者。指绿色植物和某些能进行光合作用和化能合成作用的细菌[3]，即自养生物[4]，它们能利用太阳能进行光合作用，把从周围环境中摄取[5]的无机物[6]合成有机化合物[7]，并把能量储存起来，以供本身需要或作为其他生物的营养。

消费者。指直接或间接以生产者为食的各种动物。包括植食性动物[8]和肉食性动物[9]，前者为初级消费者，后者为次级[10]消费者或更高级的消费者。

分解者。主要指细菌、真菌[11]、某些原生动物[12]及食腐性动物[13]（如蚯蚓[14]、白蚁[15]等），它们靠分解有机化合物为生（腐生[16]），从生态系统中的废物产品和死亡的有机体中取得能量，把动植物复杂的有机残体分解为较简单的化合物和单质[17]，释放归还到环境中去，供植物再利用，故又称为还原者。

非生物成分。包括光能、热量、水、二氧化碳、氧气、氮气、矿物盐类、酸、碱[18]以及其他单质或化合物，它们既是构成物质代谢的材料，同时也构成生物的无机环境。

在通常情况下，起主导作用的是生产者，它把太阳能转变为化学能，并引入生态系统中，然后使其他各个组成部分行使各自机能，彼此一环紧扣一环，形成一个统一的、不可分割的生态系统整体。

生态系统的能量流动

生态系统的能量流动是指能量在生态系统中不断传递、转换的过程。能量在生态系统中的流动具有以下特点。

1. 能量流动具有单方向、不可逆[19]性

能量以光能的形式进入生态系统后，就不再以光的形式存在，而是以热的形式不断散失到环境中。主要表现在以下三个方面：太阳的辐射能以光能的形式输入[20]生态系统后，通过植物固定为化学能，此后，不再以光能的形式返回；自养生物被异养生物[21]摄食[22]后，能量由自养生物流到异养生物体内，不能再返回给自养生物；从总的能流途径来看，能量只能一次性经过生态系统，不能循环，因此是不可逆的。

2. 能量流动具有逐级递减[23]性

太阳的辐射能被生产者固定，经草食性动物到肉食性动物，再到顶级肉食性动物，能量是逐级递减的。因为各营养级不可能百分之百地利用前一营养级的生物量。各营养级的同化作用[24]也不是百分之百，总有一部分不被同化。生物的新陈代谢[25]过程总要消耗一部分能量。

生态系统的物质循环

在生态系统中，物质流动是循环的，各种有机物质最终被还原者分解成可被生产者吸收的形式，重返环境中进行再循环。物质循环的类型有多种，下面主要介绍水循环、碳循环和氮循环。

1. 水循环

水是生物圈中最丰富的物质，又是生命过程中氢的来源，它覆盖[26]地球

表面总面积的大约70%。地球上海洋、河流、湖泊等一切水体的水不断蒸发[27]，变成水蒸气[28]，进入大气层，它遇冷凝结成雨、雪、雹等降落在地面与水上。地面降水的一部分聚到河、湖，重新注入海洋，另一部分渗入[29]土壤或松散岩层，其中有些成为地下水，有些被植物吸收。被植物吸收的部分除少量结合在植物体内外，大多通过植物叶面蒸腾作用[30]返回大气。

2. 碳循环

碳循环从光合作用固定大气中的二氧化碳开始。在这一过程中，二氧化碳和水反应，生成碳水化合物，同时释放出氧气，进入大气中。一部分碳水化合物直接作为生产者的能量而被消耗，生产者固定的一部分也被消费者消耗，并进行呼吸而放出二氧化碳。生物死亡后，最终被分解者微生物分解，生物组织内的碳被氧化成二氧化碳，又回到大气中。

3. 氮循环

进入生态系统中的氮被固定成氨[31]或铵盐[32]，经过硝化[33]成为硝酸盐[34]或亚硝酸盐[35]，被植物吸收合成蛋白质，然后经食物链合成动物蛋白质。在动物的生活中，一部分蛋白质分解为尿素[36]、尿酸[37]排出体外，另一部分经细菌分解成为氨基酸[38]，氨基酸再进一步分解成为氨，氨排到土壤中再次被细菌、植物、动物循环利用，但其中有部分硝酸盐经反硝化作用生成游离[39]的氮，返回大气中。另外，硝酸盐还可能储存在腐殖质[40]中并被淋溶[41]，然后经过河流、湖泊最后到达海洋，为水域生态系统所利用。

（选自《生命的密码——生物》，谢宇主编，百花洲文艺出版社，2010.1，有改动　1609字）

词　汇

1. 非生物		fēishēngwù	بئورگانىزم؛ جانسىز؛ جانسىزلار
2. 分解者		fēnjiězhě	پارچىلىغۇچىلار
3. 细菌	（名）	xìjūn	باكتېرىيە؛ مىكروب
4. 自养生物		zìyǎng shēngwù	ئۆزىدىن ئوزۇقلىنىدىغان جانلىقلار
5. 摄取	（动）	shèqǔ	ئالماق؛ ئوزۇقلانماق؛ ئۆزلەشتۈرمەك
6. 无机物	（名）	wújīwù	ئائنوگانىك ماددىلار
7. 有机化合物		yǒujī huàhéwù	ئورگانىك بىرىكمىلەر
8. 植食性动物		zhíshíxìng dòngwù	ئوسۇملۇك بىلەن ئوزۇقلىنىدىغان ھايۋان
9. 肉食性动物		ròushíxìng dòngwù	گۆشخور ھايۋان

10. 次级	（形）	cìjí		دەرىجە؛ ئىككىنچى؛ ئىككىلەمچى
11. 真菌	（名）	zhēnjūn		زەمبۇرۇغ
12. 原生动物		yuánshēng dòngwù		پروتوزوئا
13. 食腐性动物		shífǔxìng dòngwù		چىرىندىخور ھايۋانلار
14. 蚯蚓	（名）	qiūyǐn		سازاك
15. 白蚁	（名）	báiyǐ		ئاق چۈمۈلە
16. 腐生	（动）	fǔshēng		چىرىندىخور
17. 单质	（名）	dānzhì		ئاددىي ماددا؛ يەككە ماددا
18. 碱	（名）	jiǎn		ئىشقار
19. 不可逆		bù kěnì		ئەكسىگە يانماس
20. 输入	（动）	shūrù		كىرىش؛ كىرگۈزۈش
21. 异养生物		yìyǎng shēngwù		چەتتىن ئوزۇقلىنىدىغان جانلىقلار
22. 摄食	（动）	shèshí		ئوزۇقلانماق (ھايۋانات)
23. 递减	（动）	dìjiǎn		تۈۋەنلەپ بارماق؛ تەدرىجىي پەسىيمەك؛ ئازىيىپ بارماق
24. 同化作用		tónghuà zuòyòng		ئاسسىمىلياتسىيە رولى
25. 新陈代谢		xīnchén-dàixiè		ماددا ئالمىشىش؛ مېتابولىزم
26. 覆盖	（动）	fùgài		قاپلاش؛ قاپلىنىش
27. 蒸发	（动）	zhēngfā		ھورلىنىش؛ پارلىنىش
28. 水蒸气	（名）	shuǐzhēngqì		سۇ ھورى؛ ھور؛ پار
29. 渗入		shènrù		سىڭمەك؛ سىڭىپ كىرمەك
30. 蒸腾作用		zhēngténg-zuòyòng		پارلاندۇرۇش رولى
31. 氨	（名）	ān		ئاممىياك
32. 铵盐	（名）	ǎnyán		ئاممونىي تۇزى
33. 硝化	（动）	xiāohuà		نىتراتلاشتۇرۇش؛ نىتراتلىشىش
34. 硝酸盐	（名）	xiāosuānyán		نىتراتلار (نىترات كىسلاتا تۇزى)
35. 亚硝酸盐	（名）	yàxiāosuānyán		نىترىتلار
36. 尿素	（名）	niàosù		ئۇرېبە
37. 尿酸	（名）	niàosuān		ئۇرىك كىسلاتا؛ سۈيدۈك كىسلاتاسى
38. 氨基酸	（名）	ānjīsuān		ئامىنو كىسلاتاسى

39. 游离	（动）	yóulí	ئىئونلىنىش؛ ئاجرىلىش؛ ئاجرىلىپ چىقىش؛ بوْلۇنۇش
40. 腐殖质	（名）	fǔzhízhì	چىرىندى؛ چىرىگەن نەرسە
41. 淋溶	（动）	línróng	سىڭىپ ئېرىتىش

词语解释

1. 腐生

是生物体获得营养的一种方式。凡从动植物尸体或腐烂组织获取营养维持自身生活的生物叫腐生生物。大多数霉菌、细菌、酵母菌及少数高等植物都属腐生生物。

2. 原生动物

原生动物是原生生物界中较为接近动物的一类真核单细胞生物。与原生动物相对，一切由多细胞构成的动物，称为后生动物。原生动物一般以有性和无性两种世代相互交替的方法进行生殖。

3. 异养生物

指的是那些只能将外界环境中现成的有机物作为能量和碳的来源，将这些有机物摄入体内，转变成自身的组成物质，并且储存能量的生物。如营腐生生活和寄生生活的真菌，大多数种类的细菌以及各种动物。

4. 同化作用

是生物新陈代谢当中的一个重要过程，是把消化后的营养重新组合，形成有机物和贮存能量的过程。因为是把食物中的物质元素存入身体里面，所以叫作"同化作用"。同化作用的类型包括自养型和异养型。简单说，同化作用就是把非己变成自己；异化正好相反，是把自己变成非己。

5. 铵盐

氨与酸反应的生成物都是由铵离子和酸根离子构成的离子化合物，这类化合物称为铵盐。

6. 腐殖质

已死的生物体在土壤中经微生物分解而形成的有机物质。

语言点

太阳的辐射能被生产者固定，经草食性动物到肉食性动物，再到顶级肉食性动物，能量是逐级递减的。

"经……到……，再到……"用来说明工作程序或运动路线。例如：

（1）从乌鲁木齐坐火车到北京，需经兰州到西安，再到郑州，最后到北京。

（2）这项政策，经中央到省区，再到地州，最后到县乡，逐一落实，不得打折扣。

课堂练习

一、看拼音写汉字

(shè)取　　(zhí)食性动物　　(qiū)蚓　　(ān)基酸

(xiāo)酸盐　　腐(zhí)质　　(lín)溶　　碳(xún)环

二、解释下列句子中画线的词语

1. 消费者指直接或间接以生产者为食的各种动物。包括<u>植食性动物</u>和肉食性动物。
2. 自养生物能通过光合作用合成有机化合物，并把能量储存起来，以<u>供</u>本身需要或作为其他生物的营养。
3. 生产者把太阳能转变为化学能，并引入生态系统中，然后使其他各个组成部分行使各自机能，彼此<u>一环紧扣一环</u>，形成一个统一的、不可分割的生态系统整体。
4. 自养生物被异养生物<u>摄食</u>后，能量由自养生物流到异养生物体内，不能再返回给自养生物。
5. 各种有机物质最终被还原者分解成可被生产者吸收的形式，<u>重返</u>环境中进行再循环。
6. 水是生物圈中最丰富的物质，又是生命过程中氢的来源，它<u>覆盖</u>地球表面总面积的大约70%。
7. 地球上海洋、河流、湖泊等一切水体的水不断<u>蒸发</u>，变成水蒸气，进入大气层，它遇冷<u>凝结</u>成雨、雪、雹等降落在地面与水上。
8. 地面降水的一部分聚到河、湖，<u>重新注入</u>海洋，另一部分<u>渗入</u>土壤或松散岩层。

三、模仿造句

1. 消费者<u>包括</u>植食性动物和肉食性动物，<u>前者为</u>初级消费者，<u>后者为</u>次级消费者或更高级的消费者。（……包括……，前者为……，后者为……）
2. 能量<u>以</u>光能的<u>形式</u>进入生态系统后，就不再以光的形式存在，而是以热的形式不断散失到环境中。（以……形式）
3. 太阳的辐射能被生产者固定，<u>经</u>草食性动物<u>到</u>肉食性动物，<u>再到</u>顶级肉食性动物，能量是逐级递减的。（经……到……，再到……）

四、根据课文内容判断正误

1. 生产者能利用太阳能进行光合作用，把从周围环境中摄取的无机物合成有机化合物。　　　　　　　　　　　　　　　　　　　　　　　　　　　　　　　　（　　）
2. 植食性动物为次级消费者。　　　　　　　　　　　　　　　　　　　　（　　）
3. 生态系统的能量流动是指太阳能在生态系统中不断传递、转换的过程。（　　）
4. 各营养级的同化作用是百分之百的，全部能被同化。　　　　　　　　（　　）

5. 在生态系统中，物质流动是循环的。　　　　　　　　　（　）
6. 被植物吸收的水分除少量结合在植物体内外，大多通过植物叶面光合作用返回大气。　　　　　　　　　　　　　　　　　　　　　　　（　）

五、名词解释
 1. 自养生物

 2. 异养生物

 3. 新陈代谢

 4. 蒸腾作用

六、根据课文内容回答问题
 1. 你如何理解生态系统？
 2. 生态系统的组成成分有哪些？
 3. 分解者为什么又被称为还原者？
 4. 非生物包括了哪些物质？
 5. 能量在生态系统中的流动具有哪些特点？
 6. 请简单介绍一下水循环的过程。
 7. 请简单介绍一下碳循环的过程。
 8. 请简单介绍一下氮循环的过程。

课后作业

一、抄写词语，每个词语抄写三遍

二、概括课文大意

第五课

课文一

课前练习

一、根据你所学的知识，谈谈对微生物的认识

二、选择正确词语填空

　　　分歧　坚韧　凝聚　无视　排泄　顾名思义　遗传　借助　维持

1. 科学家在是否把病毒归为微生物这个问题上出现了（　　）。
2. 细菌是一类细胞细而短、结构简单、细胞壁（　　）的原核微生物。
3. 古细菌，（　　），就是历史很悠久的古老细菌。
4. 被分成许多不同方向，然后（　　）在一起像一串葡萄一样的是葡萄球菌。
5. 感冒以后如果不多多喝水身体里的毒素是（　　）不出来的。
6. 我的长相（　　）了妈妈，所以人家说我们是姐妹。
7. 所有的病毒都必须（　　）细菌、古细菌和真核生物等其他生命体的细胞来维持生命。
8. 我们家靠爸爸的工资（　　）生活。
9. 我们不要（　　）细菌，因为在地球生物中，细菌的种类是最多的。

三、根据课文内容选择正确答案

1. 微生物是形体微小、_____的生物的统称。
　　A. 种类繁多　　　B. 数量众多　　　C. 构造简单　　　D. 分布广泛
2. 微生物可以分成细菌、古细菌、真菌、_____和病毒五种。
　　A. 霉菌　　　　　B. 链球菌　　　　C. 螺杆菌　　　　D. 原生生物
3. 细菌是一类细胞细而短、结构简单、细胞壁_____的原核微生物。
　　A. 松弛　　　　　B. 坚韧　　　　　C. 较厚　　　　　D. 很薄
4. 我们用来炖汤或炒着吃的_____，也属于真菌。
　　A. 紫菜　　　　　B. 海带　　　　　C. 蘑菇　　　　　D. 酵母

5.病毒和其他的所有生命体一样，具有基因，可以_____，所以有人认为病毒是生命体。

A.活动　　　　　B.分类　　　　　C.重叠　　　　　D.繁殖

微生物[1]

微生物是形体微小、构造简单的生物的统称。绝大多数微生物要用显微镜才能看到。微生物的大小一般在10～100微米[2]，而微米就是把米分成100万份的单位。

当然，并不是所有微生物都这样小，也存在肉眼可以看到的大型微生物，最具代表性的就是蘑菇。

不管体形大还是体形小，所有的微生物都有一个共同点——身体的结构非常简单。而动物或者植物即使再小，身体也会很明显地分成几部分，各个部分负责不同的工作。

微生物可以分成细菌[3]、古细菌、真菌[4]、原生生物和病毒五种。病毒不仅更小，而且有时会表现出非生物的特征，所以科学家在是否把病毒归为微生物这个问题上出现了分歧[5]。在此，我们将它归为微生物的一个种类来说明。

细菌

细菌是一类细胞细而短、结构简单、细胞壁坚韧[6]的原核[7]微生物。细菌分成球形和木杆形两种。其中球形菌种是球菌[8]，如果两个球菌相互连接不断开，且成对的话，就是双球菌；如果多个球菌连成一条不分开的链子[9]，就是链球菌；如果被两个平面分成4个部分，就是四联球菌；如果被分成8个部分，就是八叠球菌；还有被分成许多不同方向，然后凝聚[10]在一起像一串葡萄一样的是葡萄球菌。

木杆模样的细菌是杆菌。成对生存的杆菌是双杆菌[11]，排列成链子模样的是链杆菌，之外还有弯曲的香肠模样的弧菌、螺旋[12]状的螺杆菌[13]。

细菌由单细胞，即一个细胞构成。人的身体由60兆[14]亿～100兆亿个细胞组成，现在能想象细菌有多小了吧？细菌如此微小，没有嘴巴，也没有鼻子和耳朵。但是不要无视细菌，因为在地球生物中，细菌的种类是最多的。

真菌

真菌是指具有细胞壁，无根、茎、叶的分化，不含叶绿素，营腐生或寄生方式生活，除少数为单细胞，大多数的菌体呈分枝或不分枝的丝状，能进行有性繁殖[15]和无性繁殖的一类真核[16]微生物。

坏掉的食物或湿气大的地方，会长出浅蓝色的棉絮[17]样的霉菌[18]。霉菌散发出奇怪的气味,用手触摸就会掉落,乍一看像昆虫或植物,但是霉菌是微生物的一种。菌细胞无法用肉眼看到,但由数亿个菌丝聚集形成的菌丝体,是一个大块,我们就能用肉眼看到了。

霉菌像植物或动物一样,是由有核细胞组成的生物,大部分是由多个细胞组成的多细胞生物。但是它们不能像植物一样进行光合作用[19](利用阳光、水和二氧化碳[20]生成氧气和淀粉[21]的过程),也不能像动物一样吃其他的生物。所以霉菌通过分解死掉的植物或动物,还有排泄[22]物,来吸收自身所需的营养成分。

我们用来炖[23]汤或炒着吃的蘑菇,也属于真菌。使面包发酵[24]的"酵母"[25],其主要成分就是属于真菌的酵母菌。我们吃的很多种食物,都是利用微生物制成的。

微生物并不是只给人类带来益处,还有许多种真菌能引发脚气[26]、皮肤病、呼吸性疾病等。霉菌大多在黑暗潮湿的地方繁殖,所以经常通风,让阳光和新鲜的空气充分进入,在衣橱[27]和抽屉里安放[28]湿气[29]清除剂[30]等,可以有效抑制霉菌的繁殖。

原生生物

原生生物是有核的单细胞生物,但也有多细胞组成的原生生物。原生生物拥有植物的特征,也拥有动物的特征,机能[31]和模样非常多样化[32]。

取一瓢[33]池塘[34]的水,用显微镜[35]仔细观察,就能很容易地看到原生生物。它们没有固定的模样,例如能够自己移动的变形虫[36]就是原生生物的一种。外形像海带[37]和紫菜一样的海藻[38](生活在海里,能像植物一样进行光合作用的生物,属于海藻类。与植物不同的是海藻没有根、茎、叶的分化),则属于原生生物中的多细胞生物。

古细菌

古细菌指的是生存在温泉、盐水湖或者南极冰山等普通生物无法生存的极端环境里的微生物,所以也叫极限生物。

古细菌,顾名思义[39],就是历史很悠久的古老细菌。生存在极限环境里的微生物,为什么叫古细菌呢?

我们可以推测,这些极端环境与刚出现生物的原始地球环境十分相似。所以生活在极限环境里的生物,可以被认为是生存在地球形成之初的古老生物,所以称其为古细菌。

病毒

病毒和其他的所有生命体一样,具有基因,可以繁殖,所以有人认为病毒是生命体。但是病毒所具有的遗传物质,不能用维持生命所必需的蛋白质来制造，所以病毒和一般的生命体不同，不能独自维持自己的生命。

　　所有的病毒都必须借助细菌、古细菌和真核生物等其他完整生命体的细胞来维持生命。像这样和其他的生命体一起生存，从其他生命体那里得到帮助，同时也给其他生命体带来伤害的生存方式，叫寄生[40]；被寄生的生命体叫宿主[41]。病毒寄生在生物体内，介于生物和非生物之间。

（选自《"慢慢老去的"生物书之微生物》，人民邮电出版社，2013.1，有改动　1697字）

词　　汇

1. 微生物	（名）	wēishēngwù		مىكروئورگانىزم
2. 微米	（名）	wēimǐ		مىكرون؛ مىكرومېتر
3. 细菌	（名）	xìjūn		باكتېرىيە؛ مىكروب
4. 真菌	（名）	zhēnjūn		گرىپ؛ زەمبۇرۇغ
5. 分歧	（名）	fēnqí		ئىختىلاپ؛ كېلىشمەسلىك
6. 坚韧	（形）	jiānrèn		قايىتماس؛ ئېگىلمەس
7. 原核	（名）	yuánhé		دەسلەپكى يادرو
8. 球菌	（名）	qiújūn		شارچە باكتېرىيە؛ كوككى
9. 链子	（名）	liànzi		زەنجىر
10. 凝聚	（动）	níngjù		توپلىنىش؛ ئۇيۇشۇش
11. 双杆菌	（名）	shuānggǎnjūn		دىپلوباتسىللا؛ قوش تاياقچە باكتېرىيە
12. 螺旋	（名）	luóxuán		ۋىنتا؛ بۇرما؛ سپىرال
13. 螺杆菌	（名）	luógǎnjūn		قوڭۇلۇلسىمان تاياقچە باكتېرىيە
14. 兆	（数）	zhào		مىليون
15. 繁殖	（动）	fánzhí		كۆپىيىش؛ كۆپەيتىش
16. 真核	（名）	zhēnhé		ئېۋكارىيون
17. 棉絮	（名）	miánxù		پاختا تالاسى؛ تور پاختا
18. 霉菌	（名）	méijūn		كۆكۈرۈك زەمبۇرۇغى
19. 光合作用		guānghé-zuòyòng		فوتوسىنتېز رولى
20. 二氧化碳	（名）	èryǎnghuàtàn		كاربون تۆت ئوكسىد
21. 淀粉	（名）	diànfěn		كراخمال
22. 排泄	（动）	páixiè		چىقارماق؛ چىقىرىش؛ ھەيدەش

23.	炖	（动）	dùn	پىشۇرماق؛ دۆملەپ پىشۇرماق ؛ ئاستا ئوتتا قايناتماق؛ ئىسىتماق؛ ئۈلتەتماق
24.	发酵	（动）	fā//jiào	ئىچىتىش
25.	酵母	（名）	jiàomǔ	ئىچىتقۇچ
26.	脚气	（名）	jiǎoqì	بېرىبېرى كېسىلى
27.	衣橱	（名）	yīchú	كىيىم ئىشكاپى
28.	安放	（动）	ānfàng	قويماق؛ قويۇپ قويماق
29.	湿气	（名）	shīqì	نەمخوش ھاۋا؛ نەملىك ؛ ھۆل تەمرەتكە ؛ نەم گاز
30.	清除剂	（名）	qīngchújì	تازىلاش دورىسى
31.	机能	（名）	jīnéng	رول ؛ خىزمەت؛ ئىقتىدار؛ فۇنكسىيە؛ پائالىيەت
32.	多样化		duōyànghuà	خىلمۇخىللىق؛ ھەر خىللىق؛ خىلمۇخىل قىلماق
33.	瓢	（名）	piáo	نوگاي؛ چۆمۈچ
34.	池塘	（名）	chítáng	كۆلچەك
35.	显微镜	（名）	xiǎnwēijìng	مىكروسكوپ
36.	变形虫	（名）	biànxíngchóng	ئامىيوبا
37.	海带	（名）	hǎidài	لامىنارىيە؛ خەيدەي
38.	海藻	（名）	hǎizǎo	دېڭىز يۇسۇنى
39.	顾名思义		gùmíng-sīyì	ئىسمىدىن جىسمىنى بىلمەك؛ ئىتىبغا قاراپ مەنىسىنى ئويلىماق
40.	寄生	（动）	jìshēng	تەييارتاپلىق؛ تېپكىنخورلۇق؛ پارازىتلىق؛ تەييارتاپ؛ پارازىت
41.	宿主	（名）	sùzhǔ	پارازىت قۇرۇتنىڭ خوجايىنى

词语解释

1. 叶绿素

叶绿素（خلوروفىل）是一类与光合作用有关的最重要的色素。光合作用是通过合成一些有机化合物将光能转变为化学能的过程。叶绿素实际上存在于所有能进行光合作用的生物体中，包括绿色植物、原核的蓝绿藻（蓝菌）和真核的藻类。叶绿素从光中吸收能量，然后能量被用来将二氧化碳转变为碳水化合物。

2. 脚气

即足癣（پۇت تەمرەتكىسى），系真菌感染引起，其皮肤损害往往是先单侧（即单脚）发生，数周或数月后才感染到对侧。

3. 变形虫

变形虫是一种单细胞生物，属原生动物，主要生活在清水池塘，或在水流缓慢藻类较多的浅水中，一般泥土中也可找到，亦可成寄生虫寄生在其他生物里面。由于变形虫身体仅由一个细胞构成，没有固定的外形，可以任意改变体形，因此得名。

4. 寄生

寄生即两种生物在一起生活，一方受益，另一方受害，后者给前者提供营养物质和居住场所，这种生物的关系称为寄生。

5. 营腐生

营腐生就是以腐生生活为生，通常指以生物尸体、尸体分解产物或生物的排泄物等为营养物的生活方式。如大多数霉菌、细菌等都以这种方式生活。

6. 酵母菌

酵母菌是一些单细胞真菌。可在缺氧环境中生存。酵母菌是人类文明史中被应用得最早的微生物。酵母菌在自然界分布广泛，主要生长在偏酸性的潮湿的含糖环境中，而在酿酒中它也十分重要。

语言点

1. 不管体形大还是体形小，所有的微生物都有一个共同点——身体的结构非常简单。

"不管……// 还是……，/ 都……" 这一格式连接多重复句，第一层是条件关系，第二层是选择关系，表示前面所说的条件不会影响后面的结果或结论。例如：

（1）不管是高年级，还是低年级，所有的学生都要参加这次活动。

（2）不管是去上海旅游，还是去北京旅游，都无法打动他。

2. 病毒不仅更小，而且有时会表现出非生物的特征，所以科学家在是否把病毒归为微生物这个问题上出现了分歧。

"不仅……，// 而且……，/ 所以……" 这一格式连接多重复句，第一层是因果关系，第二层是递进关系。例如：

（1）我们班的阿孜古丽同学不仅会唱歌，而且舞也跳得很好，所以学校的各种晚会上经常能看到她。

（2）张庆不仅专业课成绩好，思想品德高尚，而且通过社会实践积累了一些工作经验，所以被用人单位看中了。

课堂练习

一、看拼音写汉字

二（yǎng）化（tàn）　原（hé）　海（zǎo）　（néng）机　（wēi）生物

（gù）名（sī）义　发（jiào）　螺（xuán）　（zhǔ）宿

理科汉语

二、解释下列句子中画线的词语
1. 肉眼可以看到的<u>大型</u>微生物，最具<u>代表性</u>的就是蘑菇。
2. 病毒不仅更小，而且有时会表现出非生物的特征，所以科学家在是否把病毒<u>归为</u>微生物这个问题上出现了<u>分歧</u>。
3. 不要<u>无视</u>细菌，因为在地球生物中，细菌的种类是最多的。
4. 坏掉的食物或<u>湿气</u>大的地方，会长出浅蓝色的<u>棉絮</u>样的霉菌。
5. 霉菌<u>散发</u>出奇怪的气味，用手<u>触摸</u>就会掉落。
6. 在衣橱和抽屉里安放湿气清除剂等，可以<u>有效</u>抑制霉菌的繁殖。
7. 原生生物<u>拥有</u>植物的特征，也拥有动物的特征，机能和模样非常<u>多样化</u>。
8. 我们可以<u>推测</u>，这些<u>极端</u>环境与刚出现生物的原始地球环境十分相似。
9. 古细菌，<u>顾名思义</u>，就是历史很悠久的古老细菌。
10. 病毒<u>寄生</u>在生物体内，<u>介于</u>生物和非生物之间。

三、模仿造句
1. <u>并不是</u>所有微生物<u>都</u>这样小，<u>也</u>存在肉眼可以看到的大型微生物，最具代表性的就是蘑菇。　　　　　　　　　　（并不是……都……，也……）
2. <u>不管</u>体形大<u>还是</u>体形小，所有的微生物<u>都</u>有一个共同点——身体的结构非常简单。
　　　　　　　　　　　　　　　　　　　　　　（不管……还是……，都……）
3. 病毒<u>不仅</u>更小，<u>而且</u>有时会表现出非生物的特征，<u>所以</u>科学家在是否把病毒归为微生物这个问题上出现了分歧。　　　（不仅……，而且……，所以……）
4. <u>如果</u>两个球菌相互连接不断开，<u>且</u>成对的话，<u>就是</u>双球菌。
　　　　　　　　　　　　　　　　　　　　　　（如果……，且……，就是……）

四、根据课文内容判断正误
1. 微生物可以分成细菌、古细菌、真菌、霉菌和原生生物五种。　　（　　）
2. 细菌分成球形和木杆形两种。　　　　　　　　　　　　　　　　（　　）
3. 如果多个球菌连成一条不分开的链子，就是四联球菌。　　　　　（　　）
4. 微生物对人类只有害处，没有益处。　　　　　　　　　　　　　（　　）
5. 坏掉的食物或湿气大的地方，会长出红色的棉絮样的霉菌。　　　（　　）
6. 霉菌通过分解死掉的植物或动物，还有排泄物，来吸收自身所需的营养成分。
　　　　　　　　　　　　　　　　　　　　　　　　　　　　　　（　　）

五、名词解释
1. 微生物

2. 葡萄球菌

3. 叶绿素

4. 宿主

六、根据课文内容回答问题

1. 微生物可以分为几种？
2. 什么是细菌？细菌分为几种？
3. 什么是真菌？我们日常生活中可以看到的真菌有哪些？
4. 什么是原生生物？原生生物有什么特征？
5. 什么是古细菌？古细菌生活环境是怎样的？
6. 病毒怎样维持生命？

课后作业

一、抄写词语，每个词语抄写三遍
二、概括课文大意

课文二

课前练习

一、你喜欢花儿吗？你能说出多少种花儿的名字？
二、选择正确词语填空

五彩缤纷　朝思暮想　难以相信　席卷　风靡
出类拔萃　绚丽多姿　别具一格　赫赫有名　感染

1. 一些独特的品种，要价之高，现在看起来实在使人（　　）。
2. 某些品种是检疫的对象，不但分文不值，而且为了防止（　　），还应该销毁才行。
3. 原来植物的花色所以（　　），主要是因为含有花青素的缘故。
4. 17世纪初，起先在荷兰，以后到法国，曾（　　）着一股所谓的"郁金香热"。
5. 当年人们不知底细，还以为它是一种（　　）的新品种，深加赞赏。
6. 各个大都市的交易所里，大笔买卖不断地进行着，狂热情绪（　　）了整个社会。
7. 上至（　　）的富豪权贵，下至普通平民百姓，对于鲜艳的郁金香，简直都着了迷。

8. 为了得到一株（　　）的郁金香花，有人愿意拿出自己的全部金钱。
9. 花瓣中的花青素分布不均匀，成为（　　）、（　　）的新式样。

三、根据课文内容选择正确答案
1. 法国利尔的一个啤酒商为了得到新的郁金香球根付出了_____。
　　A. 全部财产　　　B. 啤酒成品　　　C. 啤酒原料　　　D. 一个啤酒厂
2. 植物的花色绚丽多姿，主要是因为_____。
　　A. 含有花青素　　　　　　　　　B. 病毒的作用
　　C. 花青素合成受干扰　　　　　　D. 包括前三项
3. 我国出产的翠菊开的花朵_____。
　　A. 红彤彤　　　　B. 亮晶晶　　　　C. 黄灿灿　　　　D. 晶莹碧绿

病毒和花色

17世纪初，起先在荷兰，以后到法国，曾风靡[1]着一股所谓的"郁金香[2]热"，上至赫赫有名[3]的富豪[4]权贵[5]，下至普通平民百姓，对于鲜艳[6]的郁金香，简直都着了迷。各个大都市的交易所里，大笔买卖不断地进行着，狂热[7]情绪席卷[8]了整个社会。一些独特的品种，要价之高，现在看起来实在使人难以相信。往往出现这样一种局面：为了得到一株朝思暮想的郁金香花，有人不但愿意拿出自己的全部金钱，甚至还乐意献出所有一切。例如在法国利尔的一位啤酒商，为了得到一株新培植出来的郁金香球根，竟愿意付出自己的一个大型啤酒制造厂，包括全部原料和啤酒成品，价值大约达到3万法郎[9]！

据记载，一种称作"付花王"的品种，公开的标价[10]是：5吨麦子、10吨谷子、4头肥壮的公牛、12只山羊、2桶葡萄酒、4桶啤酒、2桶黄油、4普特[11]干酪[12]，还有许多衣裙和银杯[13]等。但是这和珍奇[14]品种比起来，还称不上品种昂贵哩！

那么这些品种究竟有些什么特色，居然如此值钱？

现在才知道，原来其中某些品种，竟是感染了病毒病的结果！用今天的标准来衡量，它们属于所谓的检疫[15]对象，不但不值分文，而且为了防止感染，还应该销毁[16]才行！可是在那时，人类根本不知道什么叫病毒，对于由此形成的奇特[17]条纹和有规律的斑纹[18]，竟认为是美丽的化身，不惜巨款采购。

原来植物的花色所以绚丽[19]多姿，主要是因为含有花青素[20]的缘故，感染病毒后，由于病毒的作用，干扰[21]了花青素的合成，于是花瓣中的花青素分布不均匀，成为五彩缤纷[22]、别具一格[23]的新式样。

当年人们不知底细，还以为它是一种出类拔萃[24]的新品种，深加赞赏。

于是在狂热的猎奇[25]风气中，它居然"身价百倍"，价值连城[26]了。当然，病毒打扮植物，这并不是仅有的例子。现在知道，我国出产的翠菊[27]，其色彩成因也和病毒有密切的关系。所谓翠菊，是菊花中一种比较名贵的品种，每临秋天，它们都开出晶莹[28]碧绿的花朵，非常可爱。目前终于明了，这是一种病毒侵染[29]翠菊后，干扰了花青素的合成，但却并不影响叶绿素，于是使它成为娇嫩[30]而青翠[31]欲滴的奇花了。

想不到吧！专门捣蛋[32]的病毒，在这里居然成了出色的艺术大师哩！

（选自《有趣的生物》，梁祖霞编著，石油工业出版社，2003.1，有改动　837字）

词　汇

1. 风靡	（动）	fēngmǐ	
2. 郁金香	（名）	yùjīnxiāng	
3. 赫赫有名		hèhè-yǒumíng	
4. 富豪	（名）	fùháo	
5. 权贵	（名）	quánguì	
6. 鲜艳	（形）	xiānyàn	
7. 狂热	（形）	kuángrè	
8. 席卷	（动）	xíjuǎn	
9. 法郎	（名）	fǎláng	
10. 标价	（名）	biāojià	
11. 普特	（量）	pǔtè	
12. 干酪	（名）	gānlào	
13. 银杯	（名）	yínbēi	
14. 珍奇	（形）	zhēnqí	
15. 检疫	（动）	jiǎnyì	
16. 销毁	（动）	xiāohuǐ	
17. 奇特	（形）	qítè	
18. 斑纹	（名）	bānwén	
19. 绚丽	（形）	xuànlì	

20. 花青素	（名）	huāqīngsù	سۈانندىن
21. 干扰	（动）	gānrǎo	كاشىلا قىلماق؛ دەخلى-تەرۇز قىلماق؛ توسقۇنلۇق قىلماق
22. 五彩缤纷		wǔcǎi-bīnfēn	رەڭمۇرەڭ؛ رەڭگارەڭ؛ كۆزنى قاماشتۇرىدىغان
23. 别具一格		biéjù-yīgé	باشقىچە ئۇسلۇب؛ ئالاھىدە ئۇسۇل
24. 出类拔萃		chūlèi-bácuì	ھەممىنىڭ ئالدى؛ ھەممىنى بېسىپ چۈشىدىغان؛ ئالدىنقى قاتاردىكى
25. 猎奇	（动）	lièqí	غەلىتە نەرسىلەرنى ئىزدىمەك
26. 价值连城		jiàzhí-liánchéng	بباھا
27. 翠菊	（名）	cuìjú	كۆك جۆخار؛ قاتجۆخار؛ قوقاڭگۈل
28. 晶莹	（形）	jīngyíng	پارقىراق؛ ئۈنچىدەك؛ مەرۋايىتتەك
29. 侵染	（动）	qīnrǎn	تەسىرگە ئۇچرىماق؛ يۇقماق؛ يۇقتۇرماق
30. 娇嫩	（形）	jiāonèn	يۇمران؛ نازۇك
31. 青翠	（形）	qīngcuì	كۆپكۆك؛ ياپيېشىل
32. 捣蛋	（动）	dǎo//dàn	ئۇكتەم؛ ئۇكتەمەللىك قىلماق؛ دودەن؛ دودەنلىك قىلماق؛ چاتاقچى؛ چاتاق سالماق

词语解释

花青素

花青素是一种水溶性色素，可以随着细胞液的酸碱性改变颜色。细胞液呈酸性则偏红，细胞液呈碱性则偏蓝。花青素是构成花瓣和果实颜色的主要色素之一。

语言点

上至赫赫有名的富豪权贵，下至普通平民百姓，对于鲜艳的郁金香，简直都着了迷。"上至……，下至……，都……"这一格式表示在所给予的范围内都具有某种相同特点。例如：

（1）上至国家领导，下至黎民百姓，对于战争都非常痛恨。
（2）上至校领导，下至每位教师，对于教学评估工作都非常重视。

课堂练习

一、看拼音写汉字

| | hèhè | | cǎi | fēn | zhāo | mù | nán | xiāng |
| （　）有名 | 五（　）缤（　） | （　）思（　）想 | （　）以（　）信 |

　　　　　　lèi　　bá　　　　xuàn　　　zī　　　bié　　　gé　　jiàzhí
　　出（　）（　）萃　（　）丽多（　）（　）具一（　）（　　　）连城

二、解释下列句子中画线的词语

　　1. 上至赫赫有名的富豪权贵，下至普通平民百姓，对于鲜艳的郁金香，简直都<u>着了迷</u>。

　　2. 一些<u>独特</u>的品种，要价之高，现在看起来实在使人难以相信。

　　3. 为了得到一株郁金香花，有人愿意拿出自己的全部金钱，甚至还<u>乐意</u>献出所有一切。

　　4. 这和珍奇品种比较起来，<u>还称不上</u>品种昂贵哩！

　　5. 人类对于由此形成的奇特条纹和有规律的斑纹，竟认为是美丽的化身，<u>不惜</u>巨款采购。

　　6. 每临秋天，它们都开出<u>晶莹碧绿</u>的花朵，非常可爱。

　　7. 当年人们不知底细，还以为它是一种出类拔萃的新品种，<u>深加赞赏</u>。

三、模仿造句

　　1. 17世纪初，<u>起先</u>在荷兰，<u>以后</u>到法国，曾风靡着一股所谓的"郁金香热"。
　　　　　　　　　　　　　　　　　　　　　　　　　　　　（起先……，以后……）

　　2. <u>上至</u>赫赫有名的富豪权贵，<u>下至</u>普通平民百姓，对于鲜艳的郁金香，简直<u>都</u>着了迷。　　　　　　　　　　　　　　　　　　　　　　　（上至……，下至……，都……）

　　3. 原来植物的花色<u>所以</u>绚丽多姿，主要是<u>因为</u>含有花青素的缘故，感染病毒后，由于病毒的作用，干扰了花青素的合成，于是花瓣中的花青素分布不均匀，成为五彩缤纷、别具一格的新式样。　　　　　　　　　　　　（所以……，是因为……）

四、根据课文内容判断正误

　　1. 19世纪初，起先在荷兰，以后到法国，曾风靡着一股所谓的"郁金香热"。（　　）

　　2. 当时只有有钱的人和有权力的人才喜欢郁金香。　　　　　　　　　　（　　）

　　3. 在大都市的交易所里，郁金香卖得非常好。　　　　　　　　　　　　（　　）

　　4. 某些郁金香品种感染了病毒所以很美丽。　　　　　　　　　　　　　（　　）

　　5. 人们不知道情况时还以为那些花色特别的是最好的新品种，深加赞赏。（　　）

　　6. 美国出产的翠菊，是菊花中一种比较名贵的品种。　　　　　　　　　（　　）

五、词语解释

　　1. 花青素

　　2. 球根

　　3. 病毒

六、根据课文内容回答问题

1. 请你举例说明 17 世纪初荷兰人和法国人对郁金香的热爱程度。
2. 郁金香花色绚丽多姿的原因是什么？
3. 我国是否有病毒感染植物而形成的奇特的品种？请举例说明。

课后作业

一、抄写词语，每个词语抄写三遍

二、概括课文大意

课文三

课前练习

一、根据你所学的知识，谈谈对幽门螺杆菌的认识

二、选择正确词语填空

腐蚀　简称　包裹　幸运　预防　传染　必不可少　分泌　中和

1. 为了消化食物，胃部会（　　）出强大的酸性溶液。
2. 胃液的酸性甚至可以（　　）钢铁。
3. 螺杆菌的身体里面有（　　）胃液的酶。
4. 幽门螺杆菌（　　）力很强。
5. （　　）幽门螺杆菌，日常良好的饮食卫生习惯是（　　）的。
6. 死去的螺杆菌的身体里的酶，会（　　）住还没有死的螺杆菌的身体，使其能够存活下来。
7. 这种细菌正是引起胃炎和胃溃疡的幽门螺杆菌，（　　）"螺杆菌"。
8. 在死去同伴的帮助下，（　　）存活下来的螺杆菌，会穿透胃黏膜进入安全的地方。

三、根据课文内容选择正确答案

1. 为了消化食物，胃部会分泌出强大的_____。

　　A. 碱性溶液　　　B. 酸性溶液　　　C. 水性溶液　　　D. 理性溶液

2. 澳大利亚科学家用显微镜观察胃炎患者的组织时，发现胃里面有_____。
   A. 细菌　　　　　B. 霉菌　　　　　C. 链球菌　　　　D. 原生生物
3. 螺杆菌的身体里面有中和胃液的_____。
   A. 钠　　　　　　B. 钙　　　　　　C. 锌　　　　　　D. 酶
4. 幽门螺杆菌患者平时可以吃_____。
   A. 甜食　　　　　B. 油炸食物　　　C. 烟熏食物　　　D. 腌制食物

幽门螺杆菌

　　为了消化食物，胃部会分泌[1]出强大的酸性[2]溶液[3]。因为胃液[4]的酸性甚至可以腐蚀[5]钢铁，所以之前我们认为，胃里没有微生物。但是后来，澳大利亚的科学家罗宾·沃伦和巴里·马歇尔通过显微镜发现了一个惊人的事实。用显微镜观察胃炎[6]患者的组织时，发现胃里面有细菌。这种细菌正是引起胃炎和胃溃疡[7]的幽门螺杆菌，简称"螺杆菌"。

　　螺杆菌是生存在胃里的细菌，但准确地说，它生存在胃壁里面。胃壁上有胃黏膜[8]来保护胃部免受强酸性胃液的伤害，但是螺杆菌可以穿过胃黏膜，进入到胃壁里面。

　　螺杆菌的身体里面有中和[9]胃液的酶。但事实上，这种酶不是给自己使用的。螺杆菌进入胃里，很快就会被胃液杀死，死去的螺杆菌的身体里的酶，会包裹[10]住还没有死的螺杆菌的身体，使其能够存活下来。在死去同伴的帮助下，幸运存活下来的螺杆菌，会穿透[11]胃黏膜进入安全的地方。

　　幽门螺杆菌传染力很强，可通过手、不洁食物、不洁餐具、粪便等途径传染，所以，预防幽门螺杆菌，日常良好的饮食卫生习惯是必不可少的。幽门螺杆菌患者平时应注意饮食定时定量，营养丰富，食物软烂易消化，少量多餐，细嚼慢咽，忌过饱，忌生冷酸辣、油炸[12]刺激的食物，忌[13]烟熏[14]、腌制[15]食物。含亚硝胺[16]的腌制食品等具有致癌作用，加上幽门螺杆菌阳性[17]的作用，就会增加癌变的几率，因此要特别注意预防。

（选自《"慢慢老去的"生物书之微生物》，人民邮电出版社，2013.1，有改动　526字）

词　　汇

1. 分泌　　　（动）　fēnmì　　　　ئاجرالما；ئاجراتما؛ سېكرېت؛ ئاجراتماق؛ ئاجرىتىپ چىقارماق
2. 酸性　　　（名）　suānxìng　　　كىسلاتالىق خوۇسۇسىيەت

3. 溶液	（名）	róngyè		ئېرىتمە
4. 胃液	（名）	wèiyè		ئاشقازان سۈيۈقلۇقى
5. 腐蚀	（动）	fǔshí		بۇزۇلماق；چىرىتمەك；چىرىتمەك
6. 胃炎	（名）	wèiyán		گاستىرىت；ئاشقازان ياللۇغى
7. 胃溃疡	（名）	wèikuìyáng		ئاشقازان يارىسى
8. 胃黏膜	（名）	wèiniánmó		ئاشقازان شىللىق پەردە
9. 中和	（动）	zhōnghé		نېيتراللاشتۇرۇش；نېيتراللىشىش
10. 包裹	（动）	bāoguǒ		تاڭماق؛يۆگىمەك؛ئورىماق؛باغلىماق
11. 穿透	（动）	chuāntòu		ئۆتۈپ كەتمەك؛بىرىپ ئۆتمەك؛تېشىپ ئۆتمەك
12. 油炸	（动）	yóuzhá		مايدا پىشۇرماق
13. 忌	（动）	jì		ئېغىر ئالماق؛يامان كۆرمەك؛ساقلانماق؛ئاگاھ بولماق
14. 烟熏	（动）	yānxūn		ئىسلاش؛فۇمىگاتسىيە
15. 腌制	（动）	yānzhì		تۇزلۇق سۇغا چىلاپ تەييارلىماق
16. 亚硝胺	（名）	yàxiāo'àn		نىترۇزامىن
17. 阳性	（名）	yángxìng		مۇسبەت；مۇسبىيلىق

词语解释

1. 幽门螺杆菌

幽门螺杆菌是一种单极、多鞭毛、末端钝圆、螺旋形弯曲的细菌。长 2.5～4.0μm，宽 0.5～1.0μm。在胃黏膜上皮细胞表面常呈典型的螺旋状或弧形。在固体培养基上生长时，除典型的形态外，有时可出现杆状或圆球状。

2. 胃液

胃液是胃内分泌物的总称。包括水、电解质、脂类、蛋白质和多肽激素。纯净胃液为无色透明液体。

3. 亚硝胺

亚硝胺是强致癌物，是最重要的化学致癌物之一。食物、化妆品、啤酒、香烟中都含有亚硝胺。在熏腊食品中，含有大量的亚硝胺类物质，某些消化系统肿瘤，如食管癌的发病率与膳食中摄入的亚硝胺数量相关。

语 言 点

螺杆菌的身体里面有中和胃液的酶。但事实上，这种酶不是给自己使用的。

"事实上"用来对前面所说的内容进行修正或补充，有转折意味。例如：

（1）大家都以为他是这个项目的冠军，但事实上，他不是冠军。
（2）看起来他很喜欢打篮球，但事实上，他最喜欢的运动不是篮球。

课堂练习

一、看拼音写汉字

分（ mì ）　　　胃（ nián ）膜　　　腐（ shí ）　　　中（ hé ）

（ yáng ）性　　　胃（ kuìyáng ）　　　胃（ yè ）　　　（ suān ）性

二、解释下列句子中画线的词语
1. 澳大利亚的科学家罗宾·沃伦和巴里·马歇尔<u>通过显微镜</u>发现了一个<u>惊人</u>的事实。
2. 胃壁上有胃黏膜来保护胃部<u>免受</u>强酸性胃液的<u>伤害</u>。
3. 预防幽门螺杆菌，<u>日常</u>良好的饮食卫生习惯是<u>必不可少</u>的。
4. 幽门螺杆菌患者平时应注意饮食<u>定时定量</u>。
5. 含亚硝胺的腌制食品等具有<u>致癌</u>作用，加上幽门螺杆菌<u>阳性</u>的作用，就会增加癌变的几率，因此要特别注意<u>预防</u>。

三、模仿造句
1. <u>因为</u>胃液的酸性甚至可以腐蚀钢铁，<u>所以</u>之前我们认为，胃里没有微生物。
（因为……，所以……）
2. 螺杆菌的身体里面有中和胃液的酶。<u>但事实上</u>，这种酶不是给自己使用的。
（事实上）

四、根据课文内容判断正误
1. 为了消化食物，胃部会分泌出少量的酸性溶液。（　　）
2. 螺杆菌生存在胃壁里面。（　　）
3. 螺杆菌的身体里面有中和胃液的酶。（　　）
4. 幽门螺杆菌传染力不强。（　　）
5. 含亚硝胺的腌制食品具有致癌作用。（　　）

五、名词解释
1. 胃溃疡

2. 胃液

3. 亚硝胺

4. 腌制食品

六、根据课文内容回答问题
1. 澳大利亚的科学家发现了什么？
2. 螺杆菌在哪里可以生存？为什么？
3. 螺杆菌通过什么途径传染？
4. 幽门螺杆菌的患者应该注意什么？

课后作业

一、抄写词语，每个词语抄写三遍
二、概括课文大意

第六课

课文一

课前练习

一、根据你所学的知识,谈谈对生物工程的认识

二、选择正确词语填空

    翻译 改造 拼接 设计 渗透 孤立 杂交 转化

1. 酶是生物体内进行新陈代谢,物质合成、分解、(　　)所不可缺少的生物催化剂。
2. 要创造新品种,采用(　　)方法是有局限性的。
3. 基因工程可以理解为是按照人们的预想重新(　　)生命的过程。
4. "生物工程"这个词,是由英文缩写(　　)而成的。
5. 生物工程利用生物学的现象,通过工程学的方法来(　　)生物,加工生物材料,创造出有益于人类并服务社会的各种产品。
6. 基因工程、细胞工程、酶工程和发酵工程不是(　　)存在的,而是彼此之间相互(　　)、相互结合的。
7. 基因工程是把不同生物的遗传物质分离出来,在体外进行剪切、(　　)后再重组在一起。

三、根据课文内容选择正确答案

1. "生物工程"这个词,是由_____的缩写翻译而成的。
  A. 俄文   B. 中文   C. 英文   D. 日文
2. "生物工程"就是生物学和_____的有机结合。
  A. 工程学   B. 电子学   C. 物理学   D. 有机化学
3. 生物工程包括基因工程、细胞工程、酶工程和_____。
  A. 土木工程 B. 发酵工程 C. 建筑工程 D. 设计工程
4. 小到病毒,大到高等生物,一切生物的遗传物质都是_____。

A. 乳酸　　　　B. 尿酸　　　　C. 核酸　　　　D. 鞣酸

5. 要创造新品种，采用杂交方法是有_____的。

A. 局限性　　　B. 多样性　　　C. 创造性　　　D. 单一性

生物工程

"生物工程"这个词，是由英文"Biologicaltechnology"的缩写[1] "Biotechnology"翻译[2]而成，也有人译成"生物技术"或"生物工艺学"。

顾名思义，"生物工程"就是生物学和工程学的有机结合。它利用生物学的现象，通过工程学的方法来改造[3]生物，加工生物材料，创造出有益于人类并服务社会的各种产品。

科学家们一般认为，生物工程包括基因工程、细胞工程、酶工程和发酵工程，它的外延[4]还包括蛋白质[5]工程、胚胎[6]工程和生化[7]工程、糖工程等，有人把医学工程、仿生学[8]、膜技术[9]也包括在内。下面把四大工程的具体内容做一简要介绍。

基因工程

我们知道，小到病毒，大到高等生物，一切生物的遗传物质都是核酸[10]。通常，遗传物质（核酸）传给后代是通过有性杂交[11]、精[12]卵[13]结合的方法来产生受精卵[14]，这个受精卵不断地分裂[15]、增生[16]、特化[17]而形成新的生命体。但是，要创造新品种，采用杂交方法是有局限性的。只有亲缘[18]关系比较近的才可以杂交，而亲缘关系比较远的就不能杂交。

但基因工程技术可以解决这个问题。它是用人工的方法，把不同生物的遗传物质（基因）分离出来，在体外进行剪切[19]、拼接[20]后再重组在一起，然后把杂交的遗传物质（在学术上叫作重组体）放回宿主细胞内（例如放回大肠杆菌[21]、酵母菌[22]内）进行大量复制，并使一种生物的遗传物质（基因）在另一种生物中（宿主细胞或个体中）表现出来，最终获得人们所需要的代谢产物。这就是人工重新设计生命，重新创造生物，并使新生物行使一种新的功能的过程。因此，基因工程可以理解为是按照人们的预想重新设计生命的过程。

细胞工程

现在对细胞工程的定义和范围还没有一个统一的看法，不过一般认为，以细胞为基本单位，在离体条件下进行培养、繁殖或人为地使细胞的某些生物学特性按照人们的意愿[23]改变，从而改良[24]品种和创造新品种，或加速繁殖动植物个体，或获得有用物质的过程，叫细胞工程。细胞工程包括动植物的细胞和组织培养技术、细胞融合技术（也称体细胞杂交）、染色体工程技术、细胞器移植技术。

酶工程

酶是生物（如微生物、动植物细胞）体内进行新陈代谢，物质合成、分解、转化所不可缺少的生物催化剂。酶在生物体内的催化特点是只需要常温常压，而且在催化反应时特异性[25]很高，某一种酶专门催化某一反应。

酶工程就是利用酶或含酶的细胞所具有的某些特异催化功能，利用生物反应器（即发酵罐）和整个的工艺过程来生产人类所需要的产品的一种技术。它包括固定化酶、固定化细胞技术和设计生产酶的发酵罐等。

发酵工程

发酵工程就是给微生物提供最适宜的生长条件，利用微生物的某种特定功能，通过现代化工程技术手段生产出人类需要的产品的过程，也有人称为微生物工程。

微生物本身能生产的产品有蛋白质（通常是单细胞蛋白和酶）、初级代谢产物（如氨基酸[26]、核苷酸[27]、有机酸[28]等）、次级代谢产物（如抗生素[29]、维生素[30]、生物碱[31]、细菌毒素[32]等），同时利用微生物还能浸提矿物，对某些化学物质进行改造，对有毒物质进行分解，以达到保护环境的目的。

现在，发酵工程不仅能用微生物，而且也可以用动植物细胞来发酵生产有用的物质。

基因工程、细胞工程、酶工程和发酵工程不是孤立[33]存在的，而是彼此之间相互渗透[34]、相互结合的。例如用基因重组技术和细胞融合技术可以创造出许多具有特殊功能和多功能的"工程菌"和超级[35]菌，再通过微生物发酵来产生新的有用物质。酶工程和发酵工程相结合可以改革发酵工艺，这样不但能提高产量，同时也能增加经济效益。

（选自《生物技术与基因武器》，肖占中等著，军事谊文出版社，2001.4，有改动　1360字）

词　汇

1. 缩写　　　（名）　suōxiě　　　قىسقارتما；قىسقارتىپ يازماق；قىسقارتماق

2. 翻译　　　（动）　fānyì　　　تەرجىمە；تەرجىمە قىلماق；تەرجىمان

3. 改造　　　（动）　gǎizào　　　ئۆزگەرتمەك

4. 外延　　　（名）　wàiyán　　　تاشقى دائىرە；ئۇقۇم دائىرىسى

5. 蛋白质　　（名）　dànbáizhì　　　ئاقسىل

6. 胚胎　　　（名）　pēitāi　　　تۇغۇلمە；باشلىنىش؛بىخ

7.	生化	（名）	shēnghuà	بىئوخىمىيە
8.	仿生学	（名）	fǎngshēngxué	بىئونىكا
9.	膜技术	（名）	mójìshù	يوپۇق تېخنىكىسى
10.	核酸	（名）	hésuān	يادرو كىسلاتاسى
11.	杂交	（动）	zájiāo	شالغۇتلاشتۇرۇش؛ چېتىشتۇرۇش
12.	精	（名）	jīng	ئۇرۇق؛ ئەسپېرما
13.	卵	（名）	luǎn	توخۇم
14.	受精卵	（名）	shòujīngluǎn	ئۇرۇقلانغان توخۇم
15.	分裂	（动）	fēnliè	بۆلۈنۈش؛ پارچىلىنىش؛ ئاجرىلىش
16.	增生	（动）	zēngshēng	ئارتۇقچە ئۆسۈپ كەتمەك؛ ئۆسۈپ قالماق؛ تېز ئۆسمەك
17.	特化	（动）	tèhuà	ئالاھىدىلىشىش؛ ئالاھىدىلەشمەك
18.	亲缘	（名）	qīnyuán	تۇغقانچىلىق؛ يېقىنلىق
19.	剪切	（动）	jiǎnqiē	قىيماق؛ قايچىلىماق
20.	拼接	（动）	pīnjiē	بىرىكتۈرمەك؛ جىپسىلاشتۇرماق؛ چاتماق
21.	大肠杆菌		dàcháng gǎnjūn	چوڭ ئۆچەي ئىچبېرىخىيە باكتېرىيىسى؛ كولىباتسىللا
22.	酵母菌	（名）	jiàomǔjūn	ئېچىتقۇ زەمبۇرۇغى
23.	意愿	（名）	yìyuàn	تىلەك؛ ئىستەك؛ ئارزۇ؛ ئوي؛ مەيىل؛ خاھىش
24.	改良	（动）	gǎiliáng	ياخشىلىماق؛ ئىسلاھ قىلماق
25.	特异性	（名）	tèyìxìng	ئالاھىدە خۇسۇسىيەت
26.	氨基酸	（名）	ānjīsuān	ئامىنو كىسلاتاسى
27.	核苷酸	（名）	hégānsuān	نۇكلېئوتىد
28.	有机酸	（名）	yǒujīsuān	ئورگانىك كىسلاتا
29.	抗生素	（名）	kàngshēngsù	ئانتىبىئوتىك
30.	维生素	（名）	wéishēngsù	ۋىتامىن
31.	生物碱	（名）	shēngwùjiǎn	ئالكالوئىد؛ بىئولوگىيىلىك ئىشقار
32.	毒素	（名）	dúsù	زەھەر؛ توكسىن
33.	孤立	（形）	gūlì	يالغۇز؛ تەنھا؛ تايانچسىز؛ يەككە-يېگانە
34.	渗透	（动）	shèntòu	سىڭىش؛ ئۆتۈشۈش
35.	超级	（形）	chāojí	ئادەتتىن تاشقىرى؛ ئەلا دەرىجىلىك؛ دەرىجىدىن تاشقىرى

第四单元 生物篇

词语解释

1. 细胞融合

细胞融合是指在自发或人工诱导下，两个不同基因型的细胞或原生质体融合形成一个杂种细胞。基本过程包括细胞融合形成异核体，异核体通过细胞有丝分裂进行核融合，最终形成单核的杂种细胞。

2. 生物碱

生物碱是存在于自然界中（主要在植物中，但有的也存在于动物中）的一类含氮的碱性有机化合物，有似碱的性质。

3. 细胞毒素

对特定的细胞造成毒性作用的能力或趋势。可对细胞造成损伤或死亡。

语言点

只有亲缘关系比较近的才可以杂交，而亲缘关系比较远的就不能杂交。

"只有……才……，而……就……"这一格式用于联合复句中，说明两种相反或相对的情况。例如：

（1）只有户口在新疆的孩子才有资格报名，而户口不在新疆的孩子就没有资格报名。

（2）只有在科学的道路上勇于攀登的人才有希望到达光辉的顶点，而没有勇于攀登的精神就不可能达到光辉的顶点。

课堂练习

一、看拼音写汉字

（　　）写　　蛋白（　　）　　（　　）生学　　外（　　）　　（　　）生
　suō　　　　　　　zhì　　　　　fǎng　　　　　　yán　　　　　zēng

（　　）性　　亲（　　）　　（　　）接　　生物（　　）　　分（　　）
　júxiàn　　　　yuán　　　　pīn　　　　　　jiǎn　　　　　lliè

二、解释下列句子中画线的词语

1. 生物工程创造出<u>有益于</u>人类并<u>服务</u>社会的各种产品。
2. 基因工程是把不同生物的遗传物质<u>分离</u>出来，在体外进行剪切、拼接后再<u>重组</u>在一起。
3. 酶是生物体内进行<u>新陈代谢</u>，物质合成、<u>分解</u>、转化所不可缺少的生物催化剂。
4. 酶在生物体内的催化特点是只需要<u>常温常压</u>，而且在催化反应时<u>特异性</u>很高。
5. 发酵工程就是给微生物提供最<u>适宜</u>的生长条件，利用微生物的某种特定功能，通过现代化工程技术<u>手段</u>生产出人类需要的产品的过程，也有人<u>称为</u>微生物工程。

理科汉语

6. 现在对细胞工程的定义和范围还没有一个<u>统一</u>的看法。

三、模仿造句

1. <u>顾名思义</u>，"生物工程"<u>就</u>是生物学和工程学的有机结合。

（顾名思义，……就是……）

2. <u>只有</u>亲缘关系比较近的<u>才</u>可以杂交，<u>而</u>亲缘关系比较远的<u>就</u>不能杂交。

（只有……才……，而……就……）

四、根据课文内容判断正误

1. 亲缘关系比较近的才可以杂交。（　　）
2. 初级代谢产物有氨基酸、核苷酸、有机酸。（　　）
3. 细胞工程包括细胞和组织培养技术、细胞融合技术、染色体工程技术、细胞器移植技术。（　　）
4. 酶工程和发酵工程相结合可以改革发酵工艺。（　　）

五、名词解释

1. 胚胎

2. 酵母菌

3. 生物碱

4. 细胞融合

5. 抗生素

六、根据课文内容回答问题

1. 什么是生物工程？它的作用是什么？
2. 生物工程都包括什么？
3. 什么是基因工程？基因工程解决了什么问题？
4. 细胞工程包括什么？
5. 什么是酶工程？
6. 基因工程、细胞工程、酶工程和发酵工程之间是否有关联？

课后作业

一、抄写词语，每个词语抄写三遍

二、概括课文大意

课文二

课前练习

一、根据你所学的知识,谈谈对克隆技术的认识

二、选择正确词语填空

培育　排异　福音　复制　避免　诱人　陌生　克隆

1. 这看起来似乎很（　　）,其实在我们的日常生活中经常遇到,只是没叫它"克隆"而已。
2. 利用"克隆"技术培植人体皮肤进行植皮手术,给病人带来了（　　）。
3. "克隆"技术的应用前景十分广阔和（　　）。
4. 一种外观像苹果而味道像梨的水果,叫作苹果梨,也是采用果树嫁接的方法（　　）而成的。
5. 在白鼠上（　　）出人耳,为人体缺失器官的修复和重建带来希望。
6. 利用"克隆"技术培植人体皮肤进行植皮手术,（　　）了异体植皮可能出现的（　　）反应。
7. 春天里,人们剪下植物枝条,通过扦插,形成了许多遗传物质组成完全相同的植株。这就是（　　）。

三、根据课文内容选择正确答案

1. "克隆"原是英语单词 clone 的_____。
   A. 新译　　　　B. 直译　　　　C. 音译　　　　D. 意译
2. 上世纪 50 年代,科学家用"克隆"技术成功地无性繁殖出一种_____。
   A. 爬行动物　　B. 哺乳动物　　C. 脊椎动物　　D. 两栖动物
3. 在_____,美国、瑞士等国家已能利用"克隆"技术培植人体皮肤进行植皮手术。
   A. 艺术领域　　B. 教育领域　　C. 医学领域　　D. 建筑领域
4. "克隆"技术还可用来_____繁殖许多有价值的基因。
   A. 小量　　　　B. 大量　　　　C. 微量　　　　D. 海量

什么是"克隆[1]"技术

"克隆"原是英语单词clone的音译[2],意为生物体通过细胞进行的无性[3]繁殖形成的基因型完全相同的后代个体组成的种群。这看起来似乎很陌生,其实在我们的日常生活中经常遇到,只是没叫它"克隆"而已。

春天里,人们剪下植物枝条,通过扦插[4],形成了许多遗传物质组成完全相同的植株。这就是"克隆"。一种外观像苹果而味道像梨的水果,叫作苹果梨,也是采用果树嫁接[5]的方法培育而成的"克隆"。还有将马铃薯[6]等植物的块茎[7]切成许多小块进行繁殖,由此而长出的后代也是"克隆"。

在动物界,也有无性繁殖的,不过多见于无脊椎动物[8],如原生动物[9]的分裂繁殖,尾索动物[10]的出芽生殖[11],等等。但对于高级动物,在自然条件下,一般只能进行有性[12]繁殖,所以要使其进行无性繁殖,科学家必须经过一系列复杂的操作程序。首先要用外科手术除去受精卵的细胞核,或用辐射[13]等手段使受精卵内的细胞核失去活性,然后再用注射器[14]将另一个个体的细胞核转换到已去除细胞核的受精卵中。在上世纪50年代,科学家用上述方法成功地无性繁殖出一种两栖动物[15]——非洲爪蟾[16],揭开了细胞生物学的新篇章。

那么,"克隆"技术有什么实用价值呢?

在园艺业和畜牧业中,"克隆"技术是选育遗传性质稳定的品种的理想手段,通过它可以培育出优质的果树和良种家畜[17]。在医学领域,目前美国、瑞士等国家已能利用"克隆"技术培植人体皮肤进行植皮[18]手术。这一新成就避免了异体[19]植皮可能出现的排异[20]反应,给病人带来了福音[21]。由此,科学家们预言[22],在不久的将来,医学工作者还将借助"克隆"技术制造出人的乳房[23]、耳朵、软骨[24]、肝脏,甚至心脏、动脉[25]等组织和器官,供医院临床使用。

事实上,我国医学界早就开始了这方面的实验。据新华社1997年4月4日报道,上海市第九人民医院整形[26]外科专家曹谊林在世界上首次采用体外细胞繁殖的方法,成功地在白鼠身上复制[27]出人耳,为人体缺失器官的修复和重建带来希望。

"克隆"技术还可用来大量繁殖许多有价值的基因。比如说,在基因工程操作中,科学家们为了让细菌等微生物"生产"出名贵[28]的药品,如治疗糖尿病[29]的胰岛素[30]、有希望使侏儒症[31]患者重新长高的生长激素[32]和能抗多种疾病感染的干扰素[33]等等,分别将一些相应的人体基因转移到不同的微生物细胞中，再设法[34]使这些微生物细胞大量繁殖。与此同时，人体基因数目也随着微生物的繁殖而增加。在人体基因被大量"克隆"时，微生物将会大量地"生产"出人们所需要的各种名贵药品。

"克隆"技术的应用前景十分广阔[35]和诱人[36]。

（选自《生物技术与基因武器》，王力、肖占中等著，军事谊文出版社，2001.4，有改动　985字）

词　汇

1. 克隆	（动）	kèlóng	جىنسسىز كۆپىيىش سىستېمىسى؛ كلون
2. 音译	（动）	yīnyì	ئاۋاز تەرجىمىسى
3. 无性		wú xìng	جىنسسىز گېنېراتسىيە
4. 扦插	（动）	qiānchā	قەلەمچە تىكمەك
5. 嫁接	（动）	jiàjiē	ئۇلىماق (دەرەخ ۋە گۈل-گىياھلارنى)
6. 马铃薯	（名）	mǎlíngshǔ	ياڭيۇ
7. 块茎	（名）	kuàijīng	تۇغۇرچەك غول؛ تۈگۈنەك غول
8. 无脊椎动物		wújǐzhuī dòngwù	ئومۇرتقىسىز ھايۋان؛ ئومۇرتقىسىز ھايۋانلار
9. 原生动物		yuánshēng dòngwù	پروتوزوئا
10. 尾索动物		wěisuǒ dòngwù	قۇيرۇق خوردىلىق ھايۋانلار؛ ئۇروخوردات
11. 生殖	（动）	shēngzhí	كۆپىيىش؛ نەسىل قالدۇرۇش
12. 有性		yǒu xìng	جىنسى؛ جىنسلىق
13. 辐射	（动）	fúshè	نۇر چېچىلماق؛ رادىئاتسىيە؛ تارالماق
14. 注射器	（名）	zhùshèqì	شپرىس
15. 两栖动物		liǎngqī dòngwù	قوش ماكانلىق ھايۋانلار
16. 爪蟾	（名）	zhǎochán	تىرناقلىق پاقا
17. 家畜	（名）	jiāchù	ئۆي ھايۋانلىرى
18. 植皮	（动）	zhípí	تېرە كۆچۈرمەك؛ ساق تېرىنى ئاغرىقنىڭ بىر يېرىگە كۆچۈرمەك
19. 异体	（名）	yìtǐ	يات تەن
20. 排异	（动）	páiyì	ياتلارنى يەكلىمەك
21. 福音	（名）	fúyīn	ئىنجىل؛ خۇش خەۋەر
22. 预言	（动）	yùyán	ئالدىن ئېيتىپ بەرمەك؛ كارامەت قىلماق؛ ئالدىن ئېيتىلغان سۆز؛ كارامەت

23. 乳房	（名）	rǔfáng		كۆكس؛ ئەمچەك
24. 软骨	（名）	ruǎngǔ		كۆمۈرچەك
25. 动脉	（名）	dòngmài		ئارتېرىيە؛ ئارتېرىيە تومۇرى
26. 整形	（动）	zhěngxíng		شەكلىنى تۈزىمەك
27. 复制	（动）	fùzhì		نۇسخا ئېلىش؛ كۆپەيتىپ ياساش؛ كۆپەيتىش
28. 名贵	（形）	míngguì		قىممەتلىك؛ ئاتاقلىق؛ مەشھۇر
29. 糖尿病	（名）	tángniàobìng		شېكەرلىك دىئابېت؛ شېكەر سىيىش كېسىلى
30. 胰岛素	（名）	yídǎosù		ئىنسۇلىن
31. 侏儒症	（名）	zhūrúzhèng		پەتە كېلىك كېسىلى؛ دۋارفىزم
32. 激素	（名）	jīsù		ھورمون
33. 干扰素	（名）	gānrǎosù		ئىنتېرفېرون؛ توسالغۇ ماددا
34. 设法	（动）	shèfǎ		ئامال قىلماق؛ ئامال ئىزدىمەك
35. 广阔	（形）	guǎngkuò		كەڭ؛ زور؛ بىپايان
36. 诱人	（形）	yòurén		كىشىنىڭ زوقىنى كەلتۈرىدىغان؛ مەپتۇن قىلىدىغان؛ جەلپ قىلىدىغان؛ ئۆزىگە تارتىدىغان؛ ھەۋىسىنى كەلتۈرىدىغان

词语解释

1. 尾索动物

尾索动物是小型海洋动物，大量遍布于世界各大海域，或营固着生活（永久地附着在海底或其他物体表面），或营浮游生活（漂浮）。

2. 出芽生殖

出芽生殖又叫芽殖，是无性繁殖方式之一。出芽生殖中的"芽"是指在母体上长出的芽体，而不是高等植物上真正的芽的结构。

3. 糖尿病

糖尿病是一组以高血糖为特征的代谢性疾病。高血糖则是由于胰岛素分泌缺陷或其生物作用受损，或两者兼有引起的。长期存在的高血糖，导致各种组织特别是眼、肾、心脏、血管、神经的慢性损害、功能障碍。

4. 胰岛素

胰岛素是由胰岛 β 细胞受内源性或外源性物质如葡萄糖、乳糖、核糖等的刺激而分泌的一种蛋白质激素。胰岛素是机体内唯一降低血糖的激素，同时促进糖原、脂肪、蛋白质合成。

语言点

但对于高级动物，在自然条件下，一般只能进行有性繁殖，所以要使其进行无性繁殖，科学家必须经过一系列复杂的操作程序。

"……，/所以要……，//必须……"这一格式连接多重复句，第一层是因果关系，第二层是假设关系。例如：

（1）对于基础差的学生，在现有条件下，只能补课，所以要使其很快赶上大部队，就必须保证有足够的补习时间。

（2）对于口语水平比较差的学生来说，只能多说多练，所以要使其快速提高口语水平，就必须督促其主动与汉族学生交流，必须为其创造口语交际环境。

课堂练习

一、看拼音写汉字

克（lóng　） 音（yì　） （zhùshè　）器 无（jǐzhuī　）动物

（qiān　）插 动（mài　） （zhěng　）形 两（qī　）动物

二、解释下列句子中画线的词语

1. "克隆"意为生物体通过细胞进行的无性繁殖形成的基因型完全相同的后代个体组成的<u>种群</u>。

2. 一种外观像苹果而味道像梨的水果，叫作苹果梨，也是采用果树<u>嫁接</u>的方法培育而成的"克隆"。

3. 在上世纪50年代，科学家用上述方法成功地无性繁殖出一种<u>两栖动物</u>——非洲爪蟾。

4. 在园艺业和畜牧业中，"克隆"技术是选育遗传性质稳定的品种的<u>理想手段</u>，通过它可以培育出优质的果树和良种家畜。

5. 无性繁殖揭开了细胞生物学的<u>新篇章</u>。

6. 科学家们<u>预言</u>，在不久的将来，医学工作者还将借助"克隆"技术制造出人的一些组织与器官，供医院临床使用。

7. <u>上海市第九人民医院整形外科专家曹谊林在世界上首次</u>采用体外细胞繁殖的方法，成功地在白鼠身上复制出人耳。

8. "克隆"技术的应用<u>前景</u>十分广阔和诱人。

三、模仿造句

1. 但对于高级动物，在自然条件下，一般只能进行有性繁殖，<u>所以要</u>使其进行无性繁殖，科学家必须经过一系列复杂的操作程序。（……，所以要……，必须……）

2. 这看起来似乎很陌生，其实在我们的日常生活中经常遇到，只是没叫它"克隆"而已。　　　　　　　　　　　　　（……，其实……，只是……而已）

3. 据新华社1997年4月4日报道，上海市第九人民医院整形外科专家曹谊林在世界上首次采用体外细胞繁殖的方法，成功地在白鼠身上复制出人耳。（据……报道）

四、根据课文内容判断正误

1. 动物界也有无性繁殖。　　　　　　　　　　　　　　　　　（　）

2. 苹果与梨嫁接也是一种"克隆"技术。　　　　　　　　　　　（　）

3. "克隆"技术不能用于植皮手术。　　　　　　　　　　　　　（　）

4. "克隆"技术在未来的发展空间很大。　　　　　　　　　　　（　）

五、名词解释

1. "克隆"技术

2. 两栖动物

3. 辐射

4. 排异反应

5. 胰岛素

六、根据课文内容回答问题

1. 什么是"克隆"？请举例说明。

2. "克隆"技术有什么实用价值？

3. 在我国是否有"克隆"技术的实验？

4. "克隆"技术的未来怎样？

课后作业

一、抄写词语，每个词语抄写三遍

二、概括课文大意

课文三

课前练习

一、根据你所学的知识，谈谈对生物武器的认识

二、选择正确词语填空

泄露　蔓延　致命　震惊　不堪设想　毁伤　足以　威胁　家喻户晓

1. 长期以来，核武器一直（　　）着人类的生存与安全。
2. 1979年前苏联一个生物武器战剂生产基地发生爆炸，致使大量炭疽杆菌气溶胶逸出到空气中，造成肺炭疽突然（　　）。
3. 把细菌的培养液装在一辆小卡车或小汽车上，神不知鬼不觉，在城市的大街上一洒就（　　）使成千上万人死亡。
4. 这次生物战剂（　　）事件直接造成1000余人死亡，并且在该地区疫病流行达10年之久。
5. 人们为埃博拉病毒的恐怖而感到发抖的时候，另一种更加可怕的艾滋病病毒已经（　　）。
6. 1995年（　　）世界的埃博拉病毒在扎伊尔［现刚果（金）］西南部城市流行，很短时间里就有200多人被感染，59人身亡。
7. 如果在已知病毒的基础上，运用基因工程再加以发展，那么情况就更加（　　）。
8. 基因工程可以制造出更加富有伤害性和（　　）的病菌或流行性病毒。
9. 生物武器可使大量人、畜发病或死亡，也可大规模（　　）农作物。

三、根据课文内容选择正确答案

1. 随着冷战的结束，核威胁在逐渐_____。
   A. 上升　　　　B. 削弱　　　　C. 软弱　　　　D. 减弱
2. 生物武器比核武器、化学武器更容易制造，投放简便，不需要_____的技术和设备，因而对人类的威胁更加现实和可怕。
   A. 困难　　　　B. 复杂　　　　C. 严格　　　　D. 简单
3. 炭疽杆菌造成的死亡是极其痛苦的，伴有发烧、咳嗽、呕吐和_____。
   A. 霍乱　　　　B. 腹泻　　　　C. 虚脱　　　　D. 内出血

4. 一颗装有炭疽杆菌弹头的_____如果在一个一般风力的天气中落到华盛顿市区，就可以杀伤3万至10万人。

　　A. 子弹　　　　B. 导弹　　　　C. 炮弹　　　　D. 炸弹

5. 基因工程可以制造出更加富有_____和致命的病菌或流行性病毒。

　　A. 活动性　　　B. 危害性　　　C. 可行性　　　D. 伤害性

生物武器为什么令人生畏[1]

　　长期以来，核武器[2]一直威胁着人类的生存与安全。随着冷战[3]的结束，核威胁在逐渐减弱。然而，就在人们还未从核武器威胁的阴影[4]中走出来的时候，一种新的威胁又笼罩[5]在人们的头上，这就是和核武器、化学武器[6]并称为三大杀伤武器的生物武器。

　　由于生物武器比核武器、化学武器更容易制造，投放[7]简便，不需要复杂的技术和设备，因而对人类的威胁更加现实和可怕。

　　生物武器，过去称细菌武器。它是使用生物战剂[8]杀伤有生力量的一种武器。生物武器可使大量人、畜发病或死亡，也可大规模毁伤[9]农作物。

　　提起生物武器，人们也许还记得1979年发生在前苏联的生物战剂泄漏[10]事件。当时，位于斯维尔德洛夫斯克市西南郊的一生物武器战剂生产基地[11]发生爆炸，致使大量炭疽杆菌[12]气溶胶[13]逸出[14]到空气中，造成肺炭疽[15]突然蔓延[16]。这次事件直接造成1000余人死亡，并且在该地区疫病[17]流行达10年之久。这仅仅是一次泄漏事件所造成的严重后果。

　　据美国政府技术评价局在一份有关大规模杀伤性武器[18]的报告中指出：一颗装有炭疽杆菌弹头的导弹如果在一个一般风力的天气中落到华盛顿市区，就可以杀伤3万至10万人。如果一架载有100千克炭疽杆菌培养液[19]的小飞机，在华盛顿上空洒下这种培养液，那么将可能造成100万人死亡。炭疽杆菌造成的死亡是极其痛苦的，伴有发烧、咳嗽、呕吐[20]和内出血。而且就炭疽杆菌这种生物战剂来说，它所造成的后果不仅仅是死那么多人，它还可以在土壤中生存多年。例如在第二次世界大战期间，英国人在格鲁尼亚岛试验了一颗炭疽杆菌炸弹，至今该岛仍不能住人。由此也可以看到生物武器对人类构成的威胁程度。

　　细菌武器的投放也可以不使用飞机或导弹，只要把某种细菌组成致命性的培养液，装在一辆小卡车或小汽车上，神不知鬼不觉，在城市的大街上一洒就足以使成千上万人死亡。只要有这样一次打击，就足以使一个国家的卫生组织忙得喘不过气[21]来。

和细菌武器相比，生物武器中的另一分支——病毒武器同样十分可怕。目前，病毒的威胁正一步步悄悄地逼近[22]人类。1995年震惊世界的埃博拉病毒在扎伊尔［现刚果（金）］西南部城市流行，很短时间里就有200多人被感染[23]，59人身亡。这种病毒危险性很大，任何体液的接触都能传播。它引起的症状有点儿像霍乱[24]，病人腹泻[25]、呕吐、虚脱[26]，然后便出现内出血，鼻孔、牙龈[27]、子宫[28]及眼球流血，随后就是等待死亡。就在人们为埃博拉病毒的恐怖[29]而感到发抖的时候，另一种更加可怕的艾滋病[30]病毒已经家喻户晓[31]。

如果在已知病毒的基础上，运用基因工程再加以发展，那么情况就更加不堪设想[32]，因为基因工程可以制造出更加富有伤害性和致命[33]的病菌或流行性病毒。

（选自《生物技术与基因武器》，王力、肖占中等著，军事谊文出版社，2001.4，有改动　1018字）

词　汇

1. 令人生畏		lìng rén shēng wèi	كىشىنىڭ ئۆچلۈكىنى كەلتۈرمەك؛ كىشىلەرنى ئۆزىدىن يىراقلاشتۇرماق
2. 核武器	（名）	héwǔqì	يادرو قورالى
3. 冷战	（名）	lěngzhàn	سوغۇق ئۇرۇش؛ سوغۇق مۇناسىۋەتلەر ئۇرۇشى
4. 阴影	（名）	yīnyǐng	كۆلەڭگە؛ سايە؛ سۆرۈن؛ داغ
5. 笼罩	（动）	lǒngzhào	قاپلىماق؛ پۈركەمەك
6. 化学武器		huàxué wǔqì	خىمىيىلىك قورال
7. 投放	（动）	tóufàng	تاشلىماق؛ سېلىپ بەرمەك؛ بەرمەك؛ تارقاتماق
8. 生物战剂		shēngwùzhànjì	بىئولوگىيىلىك ئۇرۇش ئاگېنتى
9. 毁伤	（动）	huǐshāng	بۇزماق؛ زىيان سالماق
10. 泄漏	（动）	xièlòu	ئاشكارىلاپ قويماق؛ بىلدۈرۈپ قويماق؛ ئاغزىدىن چىقىرىۋەتمەك
11. 生产基地		shēngchǎn jīdì	ئىشلەپچىقىرىش بازىسى
12. 炭疽杆菌		tànjū gǎnjūn	كۆيدۈرگە تاياقچە باكتېرىيىسى
13. 气溶胶	（名）	qìróngjiāo	ئايروزول
14. 逸出	（动）	yìchū	چىقىپ كەتمەك؛ قېچىپ كەتمەك
15. 肺炭疽	（名）	fèitànjū	ئۆپكە كۆيدۈرگىسى
16. 蔓延	（动）	mànyán	يامراپ كېتىش

17. 疫病	（名）	yìbìng	جدددي تارقىلىشچان يۇقۇملۇق كېسەللىكلەر
18. 杀伤性武器		shāshāngxìng wǔqì	قىرغىنچىلىق قوراللىرى
19. 培养液	（名）	péiyǎngyè	ئۆستۈرگۈچ سۇيۇقلۇق
20. 呕吐	（动）	ǒutù	قۇسماق؛ ياندۇرماق
21. 喘不过气		chuǎn bu guò qì	دەم ئالالماي قالماق
22. 逼近	（动）	bījìn	قىستاپ كەلمەك؛ يېقىنلىشىپ كەلمەك؛ يېقىن كېلىپ قالماق؛ يېقىنلاشماق
23. 感染	（动）	gǎnrǎn	يۇقۇملانماق
24. 霍乱	（名）	huòluàn	خولېرا
25. 腹泻	（动）	fùxiè	ئىچ سۈرۈش
26. 虚脱	（动）	xūtuō	كوللاپىس؛ كوللاپىس ھالەتتە بولماق
27. 牙龈	（名）	yáyín	چىش مىلكى
28. 子宫	（名）	zǐgōng	بالىياتقۇ؛ ماتكا
29. 恐怖	（形）	kǒngbù	تېررورلۇق؛ قورقۇنچلۇق
30. 艾滋病	（名）	àizībìng	ئەيدىس كېسەللىكى
31. 家喻户晓		jiāyù-hùxiǎo	ھەممە ئائىلىنى خەۋەردار قىلماق؛ ھەممە ئادەم خەۋەردار بولماق
32. 不堪设想		bùkān-shèxiǎng	تەسەۋۋۇر قىلغۇسىز؛ تەسەۋۋۇر قىلىش قىيىن
33. 致命	（动）	zhìmìng	ئۆلتۈرىۋېتىدىغان؛ جانىنى ئالىدىغان؛ ئۆلۈمگە ئېلىپ بارىدىغان

词语解释

1. 核武器

核武器是利用核反应的光热辐射、冲击波和感生放射性造成杀伤和破坏作用，以及造成大面积放射性污染，阻止对方军事行动以达到战略目的的巨大杀伤力武器。主要包括裂变武器（第一代核武器，通常称为原子弹）和聚变武器（亦称为氢弹，分为两级及三级式）。

2. 化学武器

化学武器是通过爆炸的方式（比如炸弹、炮弹或导弹）释放有毒化学品从而造成敌人大量伤亡的武器。化学武器通过包括窒息、神经损伤、血中毒和起水疱在内的令人恐怖的反应杀伤人类。化学武器素有"无声杀手"之称。它包括装有各种化学毒剂的化学炮弹、导弹和化学地雷、飞机布洒器、毒烟施放器以及某些二元化学炮弹等。

3. 生物武器

生物武器是以生物战剂杀伤有生力量和破坏植物生长的各种武器、器材的总称。生物战剂包括病毒、毒素、衣原体、真菌等。应用生物武器来达到其军事目的的作战称为生物战。

4. 生物战剂

生物战剂是指能在人员或动植物机体内繁殖并引起大规模疾病的微生物。生物战剂可分为致死剂、失能剂、接触剂（在接触过程中传染）和非接触剂。

5. 埃博拉病毒

埃博拉病毒又译作伊波拉病毒，是一种能引起人类和灵长类动物产生埃博拉出血热的烈性传染病病毒，有很高的死亡率。1976年在苏丹南部和扎伊尔［即现在的刚果（金）］的埃博拉河地区发现它的存在后，引起医学界的广泛关注和重视，"埃博拉"由此而得名。

语言点

如果在已知病毒的基础上，运用基因工程再加以发展，那么情况就更加不堪设想，因为基因工程可以制造出更加富有伤害性和致命的病菌或流行性病毒。

"如果……，// 那么……，/ 因为……"这一格式连接多重复句，第一层是因果复句，第二层是假设复句。例如：

（1）如果没有取得两个综合素质学分，那么就要留级，因为学校有相关的规章制度。

（2）如果你不同意，那么就算了，因为这牵涉不到核心利益。

课堂练习

一、看拼音写汉字

lìng　　　wèi　　　　　jídì　　　　tànjū　　　　péiyǎng
（　）人生（　）生产（　）（　）杆菌（　）液

chuǎn　　　　zī　　　　　yù　　　xiǎo　　　kān shè
（　）不过气　艾（　）病　家（　）户（　）不（　）想

二、解释下列句子中画线的词语

1. 人们还未从核武器威胁的<u>阴影</u>中走出来。

2. 生物武器，过去<u>称</u>细菌武器。

3. <u>提起</u>生物武器，人们也许还记得1979年发生在前苏联的生物战剂泄漏事件。

4. 这次事件直接造成1000余人死亡，并且在该地区疫病流行达10年之久。

5. 英国人在格鲁尼亚岛试验了一颗炭疽杆菌炸弹，<u>至今</u>该岛仍不能住人。

6. 把细菌的培养液装在一辆小卡车或小汽车上，神不知鬼不觉，在城市的大街上一洒就足以使成千上万人死亡。

7. 目前，病毒的威胁正一步步悄悄地逼近人类。

8. 这种病毒危险性很大，任何体液的接触都能传播。

三、模仿造句

1. 由于生物武器比核武器、化学武器更容易制造，投放简便，不需要复杂的技术和设备，因而对人类的威胁更加现实和可怕。　　　　　　（由于……，因而……）

2. 提起生物武器，人们也许还记得 1979 年发生在前苏联的生物战剂泄漏事件。
　　　　　　　　　　　　　　　　　　　　　　　　　　　　　　（提起）

3. 只要有这样一次打击，就足以使一个国家的卫生组织忙得喘不过气来。
　　　　　　　　　　　　　　　　　　　　　　　　　　（只要……，就……）

4. 和细菌武器相比，生物武器中的另一分支——病毒武器同样十分可怕。
　　　　　　　　　　　　　　　　　　　　　　（和……相比，……同样……）

5. 如果在已知病毒的基础上，运用基因工程再加以发展，那么情况就更加不堪设想，因为基因工程可以制造出更加富有伤害性和致命的病菌或流行性病毒。
　　　　　　　　　　　　　　　　　　　　（如果……，那么……，因为……）

四、根据课文内容判断正误

1. 生物武器不会对人类造成多大的威胁。　　　　　　　　　　　　（　）
2. 生物武器过去称细菌武器。　　　　　　　　　　　　　　　　　（　）
3. 生物武器可以使大量人、畜发病或死亡。　　　　　　　　　　　（　）
4. 炭疽杆菌可以在土壤中生存多年。　　　　　　　　　　　　　　（　）
5. 1995 年震惊世界的艾滋病病毒在扎伊尔［现刚果（金）］西南部城市流行，很多人感染了。　　　　　　　　　　　　　　　　　　　　　　　　　　（　）
6. 埃博拉病毒危险性很大，任何体液的接触都能传播。　　　　　　（　）

五、名词解释

1. 冷战

2. 炭疽杆菌

3. 培养液

4. 气溶胶

5. 艾滋病

六、根据课文内容回答问题

1. 三大杀伤武器指的是什么?
2. 为什么生物武器更让人害怕?举例说明。
3. 美国政府技术评价局在一份有关大规模杀伤性武器的报告中是怎么说的?
4. 细菌武器有什么优势?
5. 1995年在扎伊尔〔现刚果(金)〕西南部城市发生了什么事情?结果怎样?

课后作业

一、抄写词语,每个词语抄写三遍
二、概括课文大意

词汇总表

A

癌(症)	(名)	ái (zhèng)	4.2.3*
艾滋病	(名)	àizībìng	4.6.3
安放	(动)	ānfàng	4.5.1
安然无恙		ānrán-wúyàng	2.3.2
氨	(名)	ān	3.3.1
			4.4.3
			3.4.1
			4.1.2
氨基酸	(名)	ānjīsuān	4.2.2
			4.4.3
			4.6.1
铵态氮		ǎntàidàn	3.4.1
铵盐	(名)	ǎnyán	3.4.1
			4.4.3
黯然失色		ànrán shīsè	3.5.2
凹坑	(名)	āokēng	2.1.1

B

巴西	(名)	Bāxī	3.6.2
白化病	(名)	báihuàbìng	4.1.3
白蚁	(名)	báiyǐ	4.4.3
颁布	(动)	bānbù	4.4.1
斑纹	(名)	bānwén	4.5.2
板结	(动)	bǎnjié	3.4.1
半导体	(名)	bàndǎotǐ	2.4.3
半衰期	(名)	bànshuāiqī	3.1.1
伴随	(动)	bànsuí	2.3.1
包裹	(动)	bāoguǒ	4.5.3
包含	(动)	bāohán	1.3.1
保险	(名)	bǎoxiǎn	1.6.1
爆发	(动)	bàofā	2.3.2

倍立方	(名)	bèilìfāng	1.4.3
倍数	(名)	bèishù	1.5.1
			2.5.2
悖论	(名)	bèilùn	1.1.1
苯	(名)	běn	3.2.3
崩溃	(动)	bēngkuì	1.1.1
逼近	(动)	bījìn	4.6.3
比例	(名)	bǐlì	3.6.1
必由之路		bìyóuzhīlù	3.4.3
闭合电路		bìhé diànlù	2.2.2
闭合回路		bìhé huílù	2.4.1
闭合曲线		bìhé qūxiàn	2.3.3
壁板	(名)	bìbǎn	3.5.2
避雷针	(名)	bìléizhēn	2.3.2
避免	(动)	bìmiǎn	1.3.1
边缘	(名)	biānyuán	1.1.1
			2.5.2
边缘效应		biānyuán xiàoyìng	4.4.2
编码	(动)	biān//mǎ	4.2.3
编制	(动)	biānzhì	3.6.1
变量	(名)	biànliàng	1.3.1
变量数学		biànliàng shùxué	1.4.1
变形虫	(名)	biànxíngchóng	4.5.1
变异	(动)	biànyì	4.1.3
			4.3.1
变子	(名)	biànzǐ	3.1.1
标	(动)	biāo	1.3.3
标价	(名)	biāojià	4.5.2
表观	(名)	biǎoguān	2.2.1
表现形式		biǎoxiàn xíngshì	2.2.2

* 4.2.3意思是第四单元第二课课文三。下同。

表彰	（动）	biǎozhāng	3.3.1
表征数	（名）	biǎozhēngshù	1.6.1
别具一格		biéjù-yīgé	4.5.2
冰晶	（名）	bīngjīng	2.3.2
饼肥	（名）	bǐngféi	3.4.1
病毒	（名）	bìngdú	4.1.1
病原体	（名）	bìngyuántǐ	4.1.2
波长	（名）	bōcháng	2.5.1
波斯文	（名）	Bōsīwén	1.5.1
玻璃板	（名）	bōlibǎn	1.4.3
玻璃棒	（名）	bōlibàng	2.3.1
伯爵	（名）	bójué	2.1.1
补偿	（动）	bǔcháng	2.3.1
补集	（名）	bǔjí	1.1.2
补给	（动）	bǔjǐ	3.4.1
补角	（名）	bǔjiǎo	1.1.2
补数	（名）	bǔshù	1.1.2
哺乳动物		bǔrǔ dòngwù	4.4.2
不变量		búbiànliàng	1.4.2
不等式	（名）	bùděngshì	1.2.2
不解其意		bù jiě qí yì	1.3.3
不解之谜		bùjiězhīmí	2.2.3
不解之缘		bùjiězhīyuán	3.5.3
不堪设想		bùkān-shèxiǎng	4.6.3
不堪一击		bùkān-yījī	2.3.2
不可逆		bù kěnì	4.4.3
不料	（连）	bùliào	1.6.2
不懈	（形）	bùxiè	4.1.1
不学无术		bùxué-wúshù	1.1.2
不致	（动）	bùzhì	4.2.1
布局	（名）	bùjú	3.5.3
布设	（动）	bùshè	2.4.1
步伐	（名）	bùfá	2.2.3
钚	（名）	bù	2.6.3
部位	（名）	bùwèi	2.1.3

C

采煤业	（名）	cǎiméiyè	3.5.3
采用	（动）	cǎiyòng	1.1.3
彩票	（名）	cǎipiào	1.6.3
惨案	（名）	cǎn'àn	2.2.3
惨剧	（名）	cǎnjù	2.1.1
惨遭覆灭		cǎn zāo fùmiè	2.2.3
草本层		cǎoběncéng	4.4.2
草木灰	（名）	cǎomùhuī	3.4.1
侧向力	（名）	cèxiànglì	2.1.3
测地术	（名）	cèdìshù	1.4.2
测量	（动）	cèliáng	1.4.1
差	（名）	chā	1.2.3
察觉	（动）	chájué	3.1.3
刹那	（名）	chànà	1.4.3
豺	（名）	chái	4.2.2
掺	（动）	chān	3.5.2
掺进		chānjìn	3.6.2
产物	（名）	chǎnwù	3.4.3
长达		cháng dá	1.2.1
肠壁	（名）	chángbì	4.2.2
常规	（形）	chángguī	2.4.1
常量元素		chángliàng yuánsù	3.6.3
常数	（名）	chángshù	1.3.1
唱片	（名）	chàngpiàn	1.2.2
超负荷		chāofùhè	4.4.1
超级	（形）	chāojí	4.6.1
超声	（名）	chāoshēng	2.2.2
超越函数		chāoyuè hánshù	1.3.1
超子	（名）	chāozǐ	3.1.1
潮解	（动）	cháojiě	3.4.1
潮湿	（形）	cháoshī	2.3.2
车轮	（名）	chēlún	2.1.1
车厢	（名）	chēxiāng	2.1.1

沉	（动）	chén	3.4.2
呈	（动）	chéng	2.3.2 4.1.1 4.4.2
呈现	（动）	chéngxiàn	1.6.1
承担	（动）	chéngdān	4.1.2
承接	（动）	chéngjiē	2.1.1
承受能力		chéngshòu nénglì	2.2.1
盛	（动）	chéng	2.5.2 3.4.2
程度	（名）	chéngdù	2.2.1
橙黄色	（名）	chénghuángsè	3.6.1
池塘	（名）	chítáng	4.5.1
斥力	（名）	chìlì	3.1.1
赤道	（名）	chìdào	1.5.1
冲击	（动）	chōngjī	2.3.1 3.4.1
冲击波	（名）	chōngjībō	2.3.2
重重	（形）	chóngchóng	1.1.1
重结晶	（动）	chóngjiéjīng	3.1.2
抽象	（形）	chōuxiàng	1.4.2
抽象代数		chōuxiàng dàishù	1.4.1
臭氧	（名）	chòuyǎng	3.1.2 4.4.1
出类拔萃		chūlèi-bácuì	4.5.2
初等代数		chūděng dàishù	1.4.2
初等几何		chūděng jǐhé	1.4.2
初速度	（名）	chūsùdù	2.1.1
雏形	（名）	chúxíng	1.4.3
触发	（动）	chùfā	2.4.1
触及	（动）	chùjí	2.3.1
触碰	（动）	chùpèng	2.4.1
穿透	（动）	chuāntòu	4.5.3
穿透性		chuāntòuxìng	4.4.2
传播	（动）	chuánbō	2.5.1
传达	（动）	chuándá	1.2.1
传令兵	（名）	chuánlìngbīng	1.2.1
传球		chuán qiú	2.1.3
传热		chuán rè	2.2.2
船体	（名）	chuántǐ	2.2.3
喘不过气		chuǎn bu guò qì	4.6.3
创立	（动）	chuànglì	1.1.1
垂穗草	（名）	chuísuìcǎo	4.4.2
垂直	（动）	chuízhí	4.4.2
纯化	（动）	chúnhuà	3.3.1
纯净物	（名）	chúnjìngwù	3.1.2
纯乙醇		chún yǐchún	3.6.2
瓷	（名）	cí	2.3.1
磁场	（名）	cíchǎng	2.3.3
磁感线	（名）	cígǎnxiàn	2.3.3
磁感应		cí gǎnyìng	2.4.1
磁化	（动）	cíhuà	2.4.1
磁极	（名）	cíjí	2.4.2
磁力	（名）	cílì	2.4.1
磁区	（名）	cíqū	2.4.1
磁体	（名）	cítǐ	2.4.1
磁铁	（名）	cítiě	2.3.3
磁通量	（名）	cítōngliàng	2.4.1
磁性	（名）	cíxìng	2.4.1
次级	（形）	cìjí	4.4.3
次声	（名）	cìshēng	2.2.2
刺鼻	（形）	cìbí	3.3.2
刺激	（动）	cìjī	2.2.1
刺激性	（名）	cìjīxìng	2.2.1
刺眼	（形）	cìyǎn	2.5.1
从而	（连）	cóng'ér	1.3.1
粗浅	（形）	cūqiǎn	2.3.1
催化	（动）	cuīhuà	3.6.2
催化剂	（名）	cuīhuàjì	3.3.1 4.1.2

萃取	（动）	cuìqǔ	3.1.2
翠菊	（名）	cuìjú	4.5.2
存储	（动）	cúnchǔ	3.3.3
撮合	（动）	cuōhe	2.6.1
措施	（名）	cuòshī	3.6.1

D

答数	（名）	dáshù	1.2.1
打交道		dǎ jiāodao	2.2.1
大肠杆菌		dàcháng gǎnjūn	4.1.3, 4.6.1
大吃一惊		dàchī-yījīng	1.5.2
大分子		dàfēnzǐ	4.1.3
大理石	（名）	dàlǐshí	3.5.2
大名鼎鼎		dàmíng-dǐngdǐng	3.6.2
大棚	（名）	dàpéng	3.4.1
大气微粒		dàqì wēilì	2.5.1
大显身手		dàxiǎn-shēnshǒu	3.5.2
大致	（副）	dàzhì	1.6.3
大轴	（名）	dàzhóu	3.5.2
代数	（名）	dàishù	1.2.2
代数函数		dàishù hánshù	1.3.1
代数几何		dàishù jǐhé	1.4.1
代谢	（动）	dàixiè	4.1.1
单一	（形）	dānyī	2.5.3
单元	（形）	dānyuán	3.4.1
单质	（名）	dānzhì	3.1.2, 3.5.1, 4.4.3
淡水	（名）	dànshuǐ	4.4.1
蛋白酶	（名）	dànbáiméi	4.2.2, 3.4.1
蛋白质	（名）	dànbáizhì	4.1.1, 4.3.2, 4.6.1
氮	（名）	dàn	3.3.1, 4.4.1
氮化	（动）	dànhuà	3.5.2
氮气	（名）	dànqì	3.1.2
导出		dǎochū	1.4.1
导电	（动）	dǎodiàn	3.5.1
导热	（动）	dǎorè	3.5.1
导体	（名）	dǎotǐ	2.3.2, 2.4.3
导线	（名）	dǎoxiàn	2.3.1, 2.4.1
捣蛋	（动）	dǎo//dàn	4.5.2
道具	（名）	dàojù	2.1.2
倒背如流		dàobèi-rúliú	2.1.3
倒数	（名）	dàoshù	1.1.2
倒退	（动）	dàotuì	2.1.2
稻草	（名）	dàocǎo	3.6.2
得力	（形）	délì	3.3.1
得意忘形		déyì-wàngxíng	2.4.1
得意扬扬		déyì-yángyáng	1.5.3
等比数列		děngbǐ shùliè	1.5.1
等差数列		děngchā shùliè	1.5.2
等离子	（名）	děnglízǐ	2.6.2
等式	（名）	děngshì	1.2.2
等位		děng wèi	4.2.3
底物	（名）	dǐwù	3.3.1
抵抗力	（名）	dǐkànglì	2.2.3, 3.5.2
抵消	（动）	dǐxiāo	2.1.2
地表层		dìbiǎocéng	4.4.2
地磁	（名）	dìcí	2.4.2
地带性		dìdàixìng	4.4.2
地壳	（名）	dìqiào	3.6.3
地心吸力		dìxīn xīlì	2.1.3
递减	（动）	dìjiǎn	4.4.3
颠簸之苦		diānbǒ zhī kǔ	2.2.3
点球	（名）	diǎnqiú	2.1.3
点缀	（动）	diǎnzhuì	3.1.3

碘	（名）	diǎn	3.1.2 3.6.3
电场	（名）	diànchǎng	2.3.2
电场力	（名）	diànchǎnglì	2.2.2
电场线	（名）	diànchǎngxiàn	2.3.3
电磁波	（名）	diàncíbō	2.2.2 2.3.2
电磁感应		diàncí gǎnyìng	2.4.1
电磁感应现象		diàncí gǎnyìng xiànxiàng	2.2.2
电磁效应		diàncí xiàoyìng	2.4.2
电动势	（名）	diàndòngshì	2.4.1
电荷	（名）	diànhè	2.2.2
电火花	（名）	diànhuǒhuā	2.3.1
电价键	（名）	diànjiàjiàn	3.2.3
电解	（动）	diànjiě	3.5.1
电解质	（名）	diànjiězhì	3.3.3
电缆	（名）	diànlǎn	3.5.2
电离	（动）	diànlí	2.3.2
电流密度		diànliú mìdù	2.4.3
电路	（名）	diànlù	2.4.1
电闪雷鸣		diànshǎn-léimíng	2.3.2
电势	（名）	diànshì	2.3.3
电性	（名）	diànxìng	2.3.2
电学	（名）	diànxué	2.2.2
电子	（名）	diànzǐ	2.4.2 3.1.1
电子层	（名）	diànzǐcéng	3.2.1
电子大气		diànzǐ dàqì	2.6.1
电阻	（名）	diànzǔ	2.4.3
淀粉	（名）	diànfěn	4.5.1
淀粉酶	（名）	diànfěnméi	4.2.2
淀粉作物		diànfěn zuòwù	3.6.2
靛	（形）	diàn	2.5.1
跌跟头		diē gēntou	2.1.2
跌落	（动）	diēluò	2.1.1
叠压	（动）	diéyā	2.4.3
顶峰	（名）	dǐngfēng	2.2.1
顶天立地		dǐngtiān-lìdì	1.3.2
定量	（动）	dìngliàng	2.2.2
定义域	（名）	dìngyìyù	1.3.1
氡	（名）	dōng	3.2.2
动力	（名）	dònglì	2.1.1
动脉	（名）	dòngmài	4.6.2
动能	（名）	dòngnéng	2.2.1
动能定理		dòngnéng dìnglǐ	2.2.2
斗	（动）	dòu	1.3.2
毒素	（名）	dúsù	4.6.1
赌本	（名）	dǔběn	1.6.1
赌博	（动）	dǔbó	1.6.1
度量	（动）	dùliáng	1.4.1
短波	（名）	duǎnbō	2.5.1
短命	（形）	duǎnmìng	3.1.1
断裂	（动）	duànliè	2.2.3
堆积	（动）	duījī	3.2.3
堆芯	（名）	duīxīn	2.6.3
对称	（形）	duìchèn	3.3.1
对应关系		duìyìng guānxì	1.4.1
炖	（动）	dùn	4.5.1
多糖链	（名）	duōtángliàn	4.2.1
多维解析几何		duōwéi jiěxī jǐhé	1.4.1
多维空间		duōwéi kōngjiān	1.4.1
多样化		duōyànghuà	4.5.1

E

恶果	（名）	èguǒ	4.4.1
遏制	（动）	èzhì	4.2.3
二次曲线		èrcì qūxiàn	1.4.1
二维平面		èrwéi píngmiàn	1.4.1
二氧化硅	（名）	èryǎnghuàguī	3.5.1

二氧化碳	（名）	èryǎnghuàtàn	4.5.1

F

发动机	（名）	fādòngjī	2.2.3 3.6.2
发酵	（动）	fā//jiào	3.3.1 3.6.2 4.5.1
发掘	（动）	fājué	2.2.2
发热值	（名）	fārèzhí	3.6.2
发散	（动）	fāsàn	1.4.3
发育	（动）	fāyù	4.1.2
法宝	（名）	fǎbǎo	3.4.1
法拉第电磁感应定律		Fǎlādì diàncí gǎnyìng dìnglǜ	2.2.2
法郎	（名）	fǎláng	4.5.2
翻跟头		fān gēntou	2.1.2
翻译	（动）	fānyì	4.6.1
钒	（名）	fán	3.3.1 3.6.3
繁衍	（动）	fányǎn	4.3.3
繁杂	（形）	fánzá	1.5.2
繁殖	（动）	fánzhí	4.5.1
反比	（名）	fǎnbǐ	2.5.1
反射	（动）	fǎnshè	2.5.1
反射镜	（名）	fǎnshèjìng	1.4.3
反应	（动）	fǎnyìng	3.3.1 3.4.3
反证法	（名）	fǎnzhèngfǎ	1.1.3
反作用力	（名）	fǎnzuòyònglì	2.1.2
范畴	（名）	fànchóu	2.6.1
方	（副）	fāng	1.3.2
方差	（名）	fāngchā	1.6.1
方阵	（名）	fāngzhèn	1.2.1
钫	（名）	fāng	3.2.1
防雷装置		fángléi zhuāngzhì	2.3.2
防御	（动）	fángyù	4.1.2
仿生学	（名）	fǎngshēngxué	4.6.1
放大镜	（名）	fàngdàjìng	1.4.3
放电现象		fàngdiàn xiànxiàng	2.3.1
放射性	（名）	fàngshèxìng	3.1.1
放射性元素		fàngshèxìng yuánsù	3.1.1
放置	（动）	fàngzhì	3.5.2
飞驰	（动）	fēichí	2.1.1
飞溅	（动）	fēijiàn	3.3.2
非生物		fēishēngwù	4.4.3
肥力	（名）	féilì	3.4.1
肥料	（名）	féiliào	3.4.1
肺炭疽	（名）	fèitànjū	4.6.3
沸腾	（动）	fèiténg	3.4.2
费尽心机		fèijìn xīnjī	1.3.2
费劲	（动）	fèi//jìn	2.1.1
分化	（动）	fēnhuà	4.2.3
分解	（动）	fēnjiě	3.2.3 3.4.1 3.5.1 4.1.2
分解者		fēnjiězhě	4.4.3
分离	（动）	fēnlí	3.3.1
分裂	（动）	fēnliè	4.6.1
分馏	（动）	fēnliú	3.1.2
分泌	（动）	fēnmì	3.6.2 4.5.3
分明	（形）	fēnmíng	1.3.2
分歧	（名）	fēnqí	4.5.1
分散	（动）	fēnsàn	3.4.2
分支	（名）	fēnzhī	1.1.1 3.4.3
分子	（名）	fēnzǐ	2.5.1 3.6.2
分子量	（名）	fēnzǐliàng	4.2.1

分子热运动		fēnzǐ rèyùndòng	2.2.2
酚酞	（名）	fēntài	3.3.2
粪肥	（名）	fènféi	3.4.1
风尘仆仆		fēngchén púpú	1.6.2
风驰电掣		fēngchí-diànchè	2.1.1
风镐	（名）	fēnggǎo	2.2.3
风化	（动）	fēnghuà	4.4.1
风化作用		fēnghuà zuòyòng	3.4.1
风靡	（动）	fēngmǐ	4.5.2
风险	（名）	fēngxiǎn	3.3.3
封闭	（动）	fēngbì	2.5.3
封建社会		fēngjiàn shèhuì	3.5.3
服从	（动）	fúcóng	2.2.2
俘获	（动）	fúhuò	2.6.3
氟	（名）	fú	3.6.3
浮	（动）	fú	3.4.2
浮想联翩		fúxiǎng-liánpiān	2.5.1
符合	（动）	fúhé	2.1.3
幅度	（名）	fúdù	4.4.1
福音	（名）	fúyīn	4.6.2
辐射	（动）	fúshè	4.3.1 4.6.2
辅酶	（名）	fǔméi	3.6.3
辅食	（名）	fǔshí	3.6.1
辅因	（名）	fǔyīn	4.2.2
辅助	（动）	fǔzhù	3.6.1
腐生	（动）	fǔshēng	4.4.3
腐蚀	（动）	fǔshí	4.5.3
腐朽	（动）	fǔxiǔ	3.5.2
腐殖质	（名）	fǔzhízhì	4.4.3
负电荷	（名）	fùdiànhè	2.3.2
附录	（名）	fùlù	1.4.1
复合	（动）	fùhé	3.4.1
复色光	（名）	fùsèguāng	2.5.1
复制	（动）	fùzhì	4.6.2
副产品	（名）	fùchǎnpǐn	3.6.2
副产物	（名）	fùchǎnwù	3.3.1
富豪	（名）	fùháo	4.5.2
富有	（动）	fùyǒu	2.2.1
腹肌	（名）	fùjī	2.2.1
腹泻	（动）	fùxiè	4.6.3
覆	（动）	fù	3.4.1
覆盖	（动）	fùgài	4.4.3
覆灭	（动）	fùmiè	3.1.3

G

该	（代）	gāi	2.4.1
改良	（动）	gǎiliáng	4.6.1
改善	（动）	gǎishàn	4.3.2
改造	（动）	gǎizào	4.6.1
概率	（名）	gàilǜ	1.6.1 4.2.3 4.3.2
概念	（名）	gàiniàn	1.4.1
概要	（名）	gàiyào	1.4.1
干冰	（名）	gānbīng	3.4.1
干酪	（名）	gānlào	4.5.2
干扰	（动）	gānrǎo	4.5.2
干扰素	（名）	gānrǎosù	4.1.3 4.6.2
甘蔗	（名）	gānzhe	3.6.2
坩埚	（名）	gānguō	2.4.3
杆菌	（名）	gǎnjūn	3.6.2
秆	（名）	gǎn	4.3.1
感染	（动）	gǎnrǎn	4.6.3
感应	（动）	gǎnyìng	2.3.2
感应电流		gǎnyìng diànliú	2.4.1
感应加热		gǎnyìng jiārè	2.4.3
感应线圈		gǎnyìng xiànquān	2.4.1
感应作用		gǎnyìng zuòyòng	2.3.2

缸套	（名）	gāngtào	3.5.2
钢材	（名）	gāngcái	3.5.2
钢锭	（名）	gāngdìng	3.5.3
钢轨	（名）	gāngguǐ	3.5.3
钢精	（名）	gāngjīng	3.5.2
钢锯	（名）	gāngjù	2.2.3
高分子		gāofēnzǐ	4.1.2
高利贷	（名）	gāolìdài	1.5.3
高浓度		gāo nóngdù	2.2.2
高频	（名）	gāopín	2.4.3
个体	（名）	gètǐ	4.3.1
各显神通		gèxiǎn-shéntōng	1.3.2
铬	（名）	gè	3.5.3
根系层		gēnxìcéng	4.4.2
更替	（动）	gēngtì	4.4.2
工艺	（名）	gōngyì	3.4.3 / 4.1.1
公理集合论		gōnglǐ jíhélùn	1.1.1
公设	（名）	gōngshè	1.4.1
功能定理		gōng-néng dìnglǐ	2.2.2
供给	（动）	gōngjǐ	3.4.1 / 3.6.1
恭敬不如从命		gōngjìng bùrú cóngmìng	2.3.3
躬	（动）	gōng	1.3.2
共价键	（名）	gòngjiàjiàn	3.2.3 / 4.2.1
共振	（动）	gòngzhèn	2.2.3
勾股定理		gōugǔ dìnglǐ	1.4.2
孤立	（形）	gūlì	1.3.2
古往今来		gǔwǎng-jīnlái	1.1.1
古希腊		Gǔ Xīlà	2.3.1
谷类		gǔlèi	3.6.1
骨骼	（名）	gǔgé	3.6.3
钴	（名）	gǔ	3.6.3
鼓风机	（名）	gǔfēngjī	3.5.3
顾名思义		gùmíng-sīyì	4.5.1
寡糖	（名）	guǎtáng	4.2.1
关节	（名）	guānjié	2.1.2
关头	（名）	guāntóu	2.1.1
管束	（动）	guǎnshù	2.6.1
惯性离心力		guànxìng líxīnlì	2.2.3
灌木	（名）	guànmù	4.4.2
光合作用		guānghé-zuòyòng	3.4.1 / 4.4.1 / 4.5.1
光学	（名）	guāngxué	2.5.2
光泽	（名）	guāngzé	3.5.2
光子	（名）	guāngzǐ	2.6.1 / 3.1.1
广泛	（形）	guǎngfàn	2.6.2
广阔	（形）	guǎngkuò	4.6.2
规格	（名）	guīgé	1.3.3
规则	（形）	guīzé	2.1.3
硅	（名）	guī	3.1.2 / 3.6.3
硅酸钙	（名）	guīsuāngài	3.5.1
轨道	（名）	guǐdào	2.1.1
轨迹	（名）	guǐjì	1.4.1 / 1.4.3 / 2.1.3
贵族	（名）	guìzú	1.5.2
果蝇	（名）	guǒyíng	4.3.2
过度	（形）	guòdù	3.3.3
过渡	（动）	guòdù	3.5.3
过滤	（动）	guòlù	3.1.2

H

海带	（名）	hǎidài	4.5.1
海藻	（名）	hǎizǎo	4.5.1
氦	（名）	hài	3.2.1
函数	（名）	hánshù	1.3.1

毫发无损		háofà wúsǔn	2.1.1
耗资	（动）	hàozī	2.6.2
合成	（动）	héchéng	3.3.1 3.4.1
合理营养		hélǐ yíngyǎng	3.6.1
何以	（副）	héyǐ	4.2.1
和颜悦色		héyán-yuèsè	1.6.2
核蛋白	（名）	hédànbái	4.1.3
核电荷数		hédiànhèshù	3.1.1
核反应堆	（名）	héfǎnyìngduī	2.6.3
核苷酸	（名）	hégānsuān	4.1.3 4.6.1
核聚变	（动）	héjùbiàn	2.6.2
核力	（名）	hélì	3.1.1
核裂变	（动）	hélièbiàn	2.6.2
核膜	（名）	hémó	4.1.1
核能	（名）	hénéng	2.6.3 3.1.1
核仁	（名）	hérén	4.1.1
核酸	（名）	hésuān	3.6.3 4.1.1 4.6.1
核糖核酸		hétáng hésuān	4.1.3
核糖体	（名）	hétángtǐ	4.1.2
核外电子		hé wài diànzǐ	2.2.2 3.1.1 3.2.1
核武器	（名）	héwǔqì	4.6.3
核液	（名）	héyè	4.1.1
核子	（名）	hézǐ	2.6.1
赫赫有名		hèhè-yǒumíng	4.5.2
黑色素	（名）	hēisèsù	4.1.3
横坐标	（名）	héngzuòbiāo	1.3.1
轰轰隆隆		hōnghōnglónglóng	2.3.2
哄堂大笑		hōngtáng-dàxiào	1.3.3
红细胞	（名）	hóngxìbāo	4.2.1

后沿	（名）	hòuyán	1.2.1
厚实	（形）	hòushi	2.1.1
呼吸作用		hūxī-zuòyòng	3.4.1
呼吁	（动）	hūyù	3.4.1
弧圈球	（名）	húquānqiú	2.1.3
弧线	（名）	húxiàn	2.1.3
湖泊	（名）	húpō	4.4.1
糊涂	（形）	hútu	1.3.3
琥珀	（名）	hǔpò	2.3.1
互补	（动）	hùbǔ	1.1.2
互余	（动）	hùyú	1.1.2
花青素	（名）	huāqīngsù	4.5.2
划算	（形）	huásuàn	1.6.3
滑轮组	（名）	huálúnzǔ	2.1.2
化肥	（名）	huàféi	3.3.1
化合物	（名）	huàhéwù	3.1.2 4.1.1
化简	（动）	huàjiǎn	1.2.1
化学法	（名）	huàxuéfǎ	3.5.2
化学键	（名）	huàxuéjiàn	3.2.3
化学武器		huàxué wǔqì	4.6.3
化学性质		huàxué xìngzhì	3.2.2
环行	（动）	huánxíng	1.2.1
恍然大悟	（成）	huǎngrán-dàwù	1.5.1
挥发	（动）	huīfā	3.4.1
回路	（名）	huílù	2.4.1
毁伤	（动）	huǐshāng	4.6.3
会聚	（动）	huìjù	2.5.2
会聚透镜		huìjù tòujìng	2.5.2
混合	（动）	hùnhé	3.4.2
混合物	（名）	hùnhéwù	3.1.2
活灵活现		huólíng-huóxiàn	2.5.3
活性	（名）	huóxìng	3.3.1 4.1.2
伙计	（名）	huǒji	1.2.2
霍乱	（名）	huòluàn	4.6.3

J

几率	（名）	jīlǜ	3.3.3
击中		jīzhòng	2.3.2
机敏	（形）	jīmǐn	2.1.1
机能	（名）	jīnéng	4.5.1
机体	（名）	jītǐ	4.1.2
机械	（名）	jīxiè	1.6.1
机械波	（名）	jīxièbō	2.2.2
机械工业		jīxiè gōngyè	3.5.2
（机械）功	（名）	(jīxiè) gōng	2.2.2
机械加工		jīxiè jiāgōng	3.4.1
机械能	（名）	jīxiènéng	2.2.1
机械运动		jīxiè yùndòng	1.4.1
机械制动装置		jīxiè zhìdòng zhuāngzhì	2.2.1
机械装置		jīxiè zhuāngzhì	2.2.1
鸡尾酒	（名）	jīwěijiǔ	3.6.2
积蓄	（动）	jīxù	3.3.3
基因	（名）	jīyīn	4.2.3
畸形	（形）	jīxíng	4.3.2
激活	（动）	jīhuó	4.2.3
激起	（动）	jīqǐ	2.4.1
激素	（名）	jīsù	4.1.2 / 4.6.2
即		jí	1.2.3
即使	（连）	jíshǐ	1.6.3
极限	（名）	jíxiàn	1.3.1
极轴	（名）	jízhóu	1.4.1
急剧	（形）	jíjù	2.3.2
急于	（动）	jíyú	1.3.3
急中生智		jízhōng-shēngzhì	2.1.1
疾驶	（动）	jíshǐ	1.2.1
集合	（名）	jíhé	1.1.1
集合论	（名）	jíhélùn	1.1.1
瘠薄	（形）	jíbó	4.3.1
几何	（名）	jǐhé	1.1.2
几何	（代）	jǐhé	1.2.3
几何定理		jǐhé dìnglǐ	1.4.2
几何级数		jǐhé jíshù	4.2.3
几何量		jǐhéliàng	1.3.1
几何学	（名）	jǐhéxué	1.4.2
挤压	（动）	jǐyā	2.2.1
记载	（动）	jìzǎi	1.2.3
忌	（动）	jì	4.5.3
剂	（名）	jì	2.6.3
剂量	（名）	jìliàng	4.2.3
寄生	（动）	jìshēng	4.5.1
寄生动物		jìshēng dòngwù	4.4.2
加剧	（动）	jiājù	2.2.3
加速度	（名）	jiāsùdù	2.1.3
加速器	（名）	jiāsùqì	2.6.1
加以	（动）	jiāyǐ	1.1.3
夹住		jiāzhù	2.2.3
家境	（名）	jiājìng	1.5.2
家畜	（名）	jiāchù	4.6.2
家喻户晓		jiāyù-hùxiǎo	4.6.3
家族	（名）	jiāzú	4.3.1
甲板	（名）	jiǎbǎn	3.1.3
钾	（名）	jiǎ	3.4.1
价值连城		jiàzhí-liánchéng	4.5.2
假说	（名）	jiǎshuō	2.6.1
假想	（动）	jiǎxiǎng	2.3.3
嫁接	（动）	jiàjiē	4.6.2
坚韧	（形）	jiānrèn	4.5.1
监控	（动）	jiānkòng	4.2.3
兼	（动）	jiān	1.5.2
检验	（动）	jiǎnyàn	3.3.2
检疫	（动）	jiǎnyì	4.5.2
减数分裂		jiǎnshù fēnliè	4.3.2
剪切	（动）	jiǎnqiē	4.6.1

碱	（名）	jiǎn	3.1.2
			4.4.3
碱金属	（名）	jiǎnjīnshǔ	3.5.1
碱土	（名）	jiǎntǔ	3.5.2
碱性	（名）	jiǎnxìng	4.3.2
见势不妙		jiàn shì bùmiào	1.3.2
间接证法		jiànjiē zhèngfǎ	1.1.3
建筑师	（名）	jiànzhùshī	4.1.1
舰长	（名）	jiànzhǎng	3.1.3
交变电流		jiāobiàn diànliú	2.4.3
交错区		jiāocuòqū	4.4.2
交角	（名）	jiāojiǎo	1.4.2
交织	（动）	jiāozhī	2.2.1
娇嫩	（形）	jiāonèn	4.5.2
胶子	（名）	jiāozǐ	3.1.1
焦点	（名）	jiāodiǎn	1.4.3
焦耳热	（名）	jiāo'ěrrè	2.4.3
焦煤炼钢		jiāoméi liàngāng	3.5.3
焦炭炼钢		jiāotàn liàngāng	3.5.3
脚气	（名）	jiǎoqì	4.5.1
搅拌	（动）	jiǎobàn	3.4.2
酵母	（名）	jiàomǔ	4.5.1
酵母菌	（名）	jiàomǔjūn	3.3.1
			4.6.1
酵素	（名）	jiàosù	3.3.1
接触	（动）	jiēchù	2.1.1
接缝	（名）	jiēfèng	2.1.3
揭开		jiēkāi	2.5.3
节奏	（名）	jiézòu	2.2.3
解读	（动）	jiědú	2.5.1
解剖	（动）	jiěpōu	2.4.1
解析	（动）	jiěxī	1.4.1
解析函数		jiěxī hánshù	1.3.1
解析几何		jiěxī jǐhé	1.3.1
介质	（名）	jièzhì	3.4.3
介子	（名）	jièzǐ	2.6.1
			3.1.1
金属键	（名）	jīnshǔjiàn	3.2.3
金属接地体		jīnshǔ jiēdìtǐ	2.3.2
金属丝		jīnshǔsī	2.3.1
			3.5.2
金属氧化物		jīnshǔ yǎnghuàwù	3.1.2
金属引线		jīnshǔ yǐnxiàn	2.3.2
金属针		jīnshǔzhēn	2.3.2
尽善尽美		jìnshàn-jìnměi	2.3.3
尽头	（名）	jìntóu	3.2.2
进程	（名）	jìnchéng	1.1.1
浸液	（名）	jìnyè	3.3.2
经	（名）	jīng	1.3.2
经典	（形）	jīngdiǎn	2.6.1
经度	（名）	jīngdù	4.4.2
经济	（形）	jīngjì	3.4.1
惊诧	（形）	jīngchà	2.1.1
惊叹不已		jīngtàn bùyǐ	2.5.3
晶莹	（形）	jīngyíng	4.5.2
精	（名）	jīng	4.6.1
精确	（形）	jīngquè	1.4.2
精子	（名）	jīngzǐ	4.3.2
净化	（动）	jìnghuà	3.4.1
静电场	（名）	jìngdiànchǎng	2.3.3
静电势能		jìngdiàn shìnéng	2.2.2
静水层		jìngshuǐcéng	4.4.2
静止不动		jìngzhǐ bù dòng	2.1.1
酒精	（名）	jiǔjīng	3.3.2
			3.6.2
救星	（名）	jiùxīng	3.4.1
就地	（副）	jiùdì	1.3.2
局限	（动）	júxiàn	1.1.3
局限性	（名）	júxiànxìng	4.1.1
举动	（名）	jǔdòng	1.5.2

举世皆知		jǔshì-jiēzhī	3.5.1
举手之劳		jǔshǒuzhīláo	2.1.1
举重	（名）	jǔzhòng	2.1.2
举足轻重		jǔzú-qīngzhòng	2.2.2
矩形	（名）	jǔxíng	1.3.3
巨无霸	（名）	jùwúbà	2.5.1
剧烈	（形）	jùliè	2.2.3
聚合	（动）	jùhé	4.1.3
聚集	（动）	jùjí	2.3.1
聚焦	（动）	jùjiāo	2.5.2
绝缘	（动）	juéyuán	2.4.3
绝缘体	（名）	juéyuántǐ	2.3.1
绝招儿	（名）	juézhāor	1.3.2
崛起	（动）	juéqǐ	3.5.3
军阀	（名）	jūnfá	1.1.2
均匀	（形）	jūnyún	2.5.2

K

开本	（名）	kāiběn	1.3.3
开发	（动）	kāifā	2.2.2
开辟	（动）	kāipì	1.4.1
开凿	（动）	kāizáo	2.2.3
慷慨	（形）	kāngkǎi	1.5.1
糠壳		kāngké	3.6.2
抗生素	（名）	kàngshēngsù	3.5.2 / 4.6.1
抗蚀力	（名）	kàngshílì	3.5.2
抗体	（名）	kàngtǐ	4.1.2
抗原决定簇		kàngyuán juédìngcù	4.2.1
苛性钾	（名）	kēxìngjiǎ	3.4.2
苛性碱	（名）	kēxìngjiǎn	3.5.1
苛性钠	（名）	kēxìngnà	3.4.2
颗粒化		kēlìhuà	3.4.1
可持续发展		kěchíxù fāzhǎn	3.4.3
可想而知		kěxiǎng'érzhī	2.4.2
克服	（动）	kèfú	2.1.2
克隆	（动）	kèlóng	4.6.2
空间解析几何		kōngjiān jiěxī jǐhé	1.4.1
空空如也		kōngkōngrúyě	2.5.3
空旷	（形）	kōngkuàng	2.5.3
空气动力		kōngqì dònglì	2.1.2
空气动力学		kōngqì dònglìxué	2.1.3
恐怖	（形）	kǒngbù	4.6.3
口诀	（名）	kǒujué	1.1.2
扣	（动）	kòu	2.2.1
跨越	（动）	kuàyuè	2.2.1
块茎	（名）	kuàijīng	4.6.2
快捷	（形）	kuàijié	1.2.1
狂热	（形）	kuángrè	4.5.2
矿山	（名）	kuàngshān	2.2.3
矿石	（名）	kuàngshí	3.5.1
矿物	（名）	kuàngwù	3.4.1
框架	（名）	kuàngjià	4.1.2
匮乏	（形）	kuìfá	4.4.1
困扰	（动）	kùnrǎo	1.1.1
扩散	（动）	kuòsàn	2.3.2
扩展	（动）	kuòzhǎn	2.2.2

L

赖以	（动）	làiyǐ	4.4.1
拦腰折断		lányāo zhéduàn	2.2.3
牢固	（形）	láogù	2.2.1
酪氨酸酶	（名）	lào'ānsuānméi	4.1.3
冷却	（动）	lěngquè	2.3.2
冷战	（名）	lěngzhàn	4.6.3
离心力	（名）	líxīnlì	2.2.1
离子	（名）	lízǐ	4.2.2
李子	（名）	lǐzi	1.1.3
理化性质		lǐhuà xìngzhì	4.2.1
锂	（名）	lǐ	3.2.1
锂电池	（名）	lǐdiànchí	3.3.3
力线	（名）	lìxiàn	2.3.3

立场	（名）	lìchǎng	1.1.1
例外	（动）	lìwài	3.6.3
粒子	（名）	lìzǐ	2.6.1
连续性		liánxùxìng	1.4.1
联合	（动）	liánhé	1.2.2
炼焦业	（名）	liànjiāoyè	3.5.3
炼金		liàn jīn	3.3.1
链式反应		liànshì fǎnyìng	2.6.3
链子	（名）	liànzi	4.5.1
两栖动物		liǎngqī dòngwù	4.6.2
量子理论		liàngzǐ lǐlùn	2.6.1
列举	（动）	lièjǔ	2.5.3
猎奇	（动）	lièqí	4.5.2
林冠层		línguāncéng	4.4.2
淋溶	（动）	línróng	4.4.3
磷	（名）	lín	3.1.2 3.1.2 3.4.1 3.5.3
磷酸	（名）	línsuān	4.1.3
磷脂	（名）	línzhī	4.1.1
凌乱	（形）	língluàn	2.4.1
领域	（名）	lǐngyù	1.1.1
令人生畏		lìng rén shēng wèi	4.6.3
溜须拍马		liūxū-pāimǎ	1.5.1
流量	（名）	liúliàng	1.3.1
流体	（名）	liútǐ	2.1.3 2.3.1
流体力学		liútǐ lìxué	2.1.3
流行	（动）	liúxíng	1.6.3
流行病学	（名）	liúxíngbìngxué	4.2.3
留意	（动）	liú//yì	1.2.2
硫	（名）	liú	3.1.2 3.6.3
硫黄		liúhuáng	2.3.1 3.1.2
硫酸	（名）	liúsuān	3.3.1
硫酸铵	（名）	liúsuān'ǎn	3.4.1
笼	（名）	lóng	1.2.3
隆冬		lóngdōng	2.5.2
笼罩	（动）	lǒngzhào	4.6.3
漏	（动）	lòu	3.3.1
炉膛	（名）	lútáng	3.5.3
卤素	（名）	lǔsù	3.1.2
卤族	（名）	lǔzú	3.5.2
路途	（名）	lùtú	3.1.3
铝	（名）	lǚ	3.5.2
铝箔		lǚbó	3.5.2
屡见不鲜		lǚjiàn-bùxiān	1.6.3
氯	（名）	lǜ	3.6.3
氯气	（名）	lǜqì	3.1.2
孪生	（形）	luánshēng	2.3.3
卵	（名）	luǎn	4.1.1 4.6.1
卵子	（名）	luǎnzǐ	4.3.2
乱套	（动）	luàn//tào	2.1.3
轮作	（动）	lúnzuò	3.4.1
螺杆菌	（名）	luógǎnjūn	4.5.1
螺旋	（名）	luóxuán	4.5.1
螺旋桨	（名）	luóxuánjiǎng	2.1.1
洛伦兹力	（名）	luòlúnzīlì	2.4.3
落点	（名）	luòdiǎn	2.1.3

M

马不停蹄		mǎbùtíngtí	1.2.1
马格纳斯效应		Mǎgénàsī xiàoyìng	2.1.3
马铃薯	（名）	mǎlíngshǔ	3.6.2 4.6.2
埋	（动）	mái	1.5.3
麦秆	（名）	màigǎn	2.3.1 3.1.3
馒头	（名）	mántou	1.2.3

漫长	（形）	màncháng	1.1.1
漫反射	（动）	mànfǎnshè	2.5.1
蔓延	（动）	mànyán	4.6.3
毛细血管		máoxì-xuèguǎn	4.2.1
铆钉	（名）	mǎodīng	3.5.2
冒险	（动）	mào//xiǎn	2.2.1
枚	（量）	méi	3.6.3
眉开眼笑		méikāi-yǎnxiào	1.5.3
酶	（名）	méi	3.3.1 / 4.2.2
酶蛋白	（名）	méidànbái	4.1.2
霉菌	（名）	méijūn	4.5.1
镁	（名）	měi	3.1.2 / 3.6.3
魅力	（名）	mèilì	2.1.3
蒙在鼓里		méng zài gǔ lǐ	2.5.3
锰	（名）	měng	3.5.3 / 3.6.3
弥漫	（动）	mímàn	2.5.1
迷惑	（形）	míhuò	2.1.3
密封	（动）	mìfēng	2.4.1
密码	（名）	mìmǎ	4.1.3
密切	（形）	mìqiè	1.3.2
幂	（名）	mì	1.3.1
棉絮	（名）	miánxù	4.5.1
免疫	（动）	miǎnyì	4.1.1 / 4.2.1
面面相觑		miànmiàn-xiāngqù	1.1.2
妙不可言		miàobùkěyán	2.2.1
名贵	（形）	míngguì	4.6.2
明了	（形）	míngliǎo	1.1.2
明确	（动）	míngquè	1.3.1
命题	（名）	mìngtí	1.1.3 / 2.1.2
模拟	（动）	mónǐ	2.3.3
模型	（名）	móxíng	2.6.1
膜技术	（名）	mójìshù	4.6.1 / 2.1.1
摩擦	（动）	mócā	2.3.1 / 3.4.1
魔法	（名）	mófǎ	2.1.2
沫	（名）	mò	3.3.2
莫明其妙		mòmíngqímiào	1.1.2
牡蛎	（名）	mǔlì	4.4.2
木薯	（名）	mùshǔ	3.6.2
木炭	（名）	mùtàn	3.5.3
木屑	（名）	mùxiè	2.3.1
钼	（名）	mù	3.6.3

N

内涵	（名）	nèihán	2.2.2
内力	（名）	nèilì	2.1.2
内陆腹地		nèilù fùdì	3.5.3
内膜	（名）	nèimó	4.1.2
内能	（名）	nèinéng	2.2.2
氖	（名）	nǎi	3.2.1
耐心	（形）	nàixīn	1.3.3
耐用	（形）	nàiyòng	3.5.3
恼羞成怒		nǎoxiū-chéngnù	2.4.1
能级跃迁		néngjí yuèqiān	2.2.2
能量	（名）	néngliàng	4.1.2
能量守恒定律		néngliàng shǒuhéng dìnglǜ	2.2.1
铌	（名）	ní	3.5.3
黏菌	（名）	niánjūn	3.6.2
尿素	（名）	niàosù	3.4.1 / 4.4.3
尿酸	（名）	niàosuān	4.4.3
镍	（名）	niè	3.5.3
镍铬丝		niègèsī	3.5.2

凝聚	（动）	níngjù	2.5.1 / 4.5.1
牛顿力学第二定律		Niúdùn lìxué dì-èr dìnglǜ	2.1.3
牛顿力学第三定律		Niúdùn lìxué dì-sān dìnglǜ	2.1.2
扭转	（动）	niǔzhuǎn	2.4.1
农药	（名）	nóngyào	3.3.1
浓硫酸		nóng liúsuān	3.4.2
浓缩	（动）	nóngsuō	2.6.3
脓	（名）	nóng	4.1.3

O

欧几里得几何		Ōujǐlǐdé jǐhé	1.4.1
呕吐	（动）	ǒutù	4.6.3
呕心沥血		ǒuxīn-lìxuè	3.3.1
偶然	（形）	ǒurán	1.6.3

P

徘徊	（动）	páihuái	2.6.2
排斥	（动）	páichì	2.3.1 / 3.1.1
排卵	（动）	pái//luǎn	4.3.2
排遣	（动）	páiqiǎn	1.5.1
排泄	（动）	páixiè	4.5.1
排异	（动）	páiyì	4.6.2
盘羊	（名）	pányáng	4.4.2
庞大	（形）	pángdà	1.2.1
抛离	（动）	pāolí	2.2.1
抛射体	（名）	pāoshètǐ	1.4.3
抛物面	（名）	pāowùmiàn	1.4.3
抛物线	（名）	pāowùxiàn	1.4.3
炮弹	（名）	pàodàn	2.1.1
胚胎	（名）	pēitāi	4.6.1
胚胎时期		pēitāi shíqī	3.6.1
培养液	（名）	péiyǎngyè	4.6.3
赔	（动）	péi	1.5.3
配备	（动）	pèibèi	1.4.3
配料	（动）	pèiliào	3.5.1
喷气	（动）	pēnqì	2.1.2
抨击	（动）	pēngjī	1.1.1
烹调	（动）	pēngtiáo	3.6.1
蓬勃	（形）	péngbó	1.6.1
膨胀	（动）	péngzhàng	2.3.2
毗邻	（动）	pílín	4.4.2
脾气	（名）	píqi	2.4.2
脾性	（名）	píxìng	3.5.2
譬如	（动）	pìrú	2.2.3
偏差	（名）	piānchā	2.3.3
瓢	（名）	piáo	4.5.1
氕	（名）	piē	3.1.1
拼接	（动）	pīnjiē	4.6.1
贫瘠	（形）	pínjí	3.4.1
贫血症	（名）	pínxuèzhèng	4.1.3
频繁	（形）	pínfán	4.4.1
频率	（名）	pínlǜ	2.2.3 / 2.5.1
平和	（形）	pínghé	2.1.1
平衡	（形）	pínghéng	2.1.2 / 3.6.1
平衡膳食		pínghéng shànshí	3.6.1
平均	（动）	píngjūn	3.6.3
平行	（动）	píngxíng	1.4.3
屏蔽	（动）	píngbì	1.4.3
破产	（动）	pò//chǎn	1.5.3
破坏力	（名）	pòhuàilì	2.1.1
破门而入		pòmén'érrù	2.3.2
铺	（动）	pū	2.5.2
葡萄糖	（名）	pútaotáng	3.6.2
朴素集合论		pǔsù jíhélùn	1.1.1
普特	（量）	pǔtè	4.5.2

Q

栖息	（动）	qīxī	4.4.2
期盼	（动）	qīpàn	1.6.3

奇特	（形）	qítè	4.5.2
起初	（名）	qǐchū	1.5.2
起航	（动）	qǐháng	3.1.3
起见	（助）	qǐjiàn	1.2.1
起始	（动）	qǐshǐ	4.2.3
气缸	（名）	qìgāng	2.2.1
气溶胶	（名）	qìróngjiāo	4.6.3
扦插	（动）	qiānchā	4.6.2
牵牛花	（名）	qiānniúhuā	3.3.2
牵引	（动）	qiānyǐn	2.1.1
签	（动）	qiān	1.6.2
前端	（名）	qiánduān	1.2.1
前沿	（名）	qiányán	3.3.1
钳子	（名）	qiánzi	2.2.3
强调	（动）	qiángdiào	2.4.2
强度	（名）	qiángdù	2.5.1
强子	（名）	qiángzǐ	2.6.1
乔木	（名）	qiáomù	4.4.2
桥梁	（名）	qiáoliáng	2.2.3
巧惩		qiǎo chéng	1.5.3
巧妙	（形）	qiǎomiào	2.2.1
鞘氨醇	（名）	qiào'ānchún	4.2.1
切线	（名）	qiēxiàn	1.3.1
亲代	（名）	qīndài	4.3.1
亲缘	（名）	qīnyuán	4.6.1
侵染	（动）	qīnrǎn	4.5.2
侵入	（动）	qīnrù	4.4.2
侵蚀	（动）	qīnshí	4.4.1
青翠	（形）	qīngcuì	4.5.2
氢	（名）	qīng	3.3.1 4.4.1
氢核聚能		qīnghéjùnéng	2.6.2
氢氧化钙	（名）	qīngyǎnghuàgài	3.5.1
氢氧化镁	（名）	qīngyǎnghuàměi	3.1.2
轻而易举		qīng'éryìjǔ	1.2.2
轻核聚变		qīnghé jùbiàn	2.6.2
轻子	（名）	qīngzǐ	2.6.1
倾倒	（动）	qīngdǎo	2.1.3
倾倒	（动）	qīngdào	3.3.2
倾斜	（动）	qīngxié	2.1.1
清除剂	（名）	qīngchújì	4.5.1
氰化物	（名）	qínghuàwù	3.1.2
擎	（动）	qíng	2.3.2
蚯蚓	（名）	qiūyǐn	4.4.3
求	（动）	qiú	1.2.3
求解	（动）	qiújiě	1.2.1
求饶	（动）	qiú//ráo	1.3.2
球菌	（名）	qiújūn	3.6.2 4.5.1
球面三角		qiúmiàn sānjiǎo	1.4.2
球形闪电		qiúxíng shǎndiàn	2.3.2
区域	（名）	qūyù	3.2.2 4.4.1
曲面	（名）	qūmiàn	1.4.1
曲线	（名）	qūxiàn	1.3.1
趋利避害		qūlì-bìhài	2.3.2
趋势	（名）	qūshì	2.4.1
取决	（动）	qǔjué	1.6.1
取之不尽，用之不竭		qǔ zhī bù jìn, yòng zhī bù jié	3.6.2
趣谈	（动）	qùtán	3.1.1
全集	（名）	quánjí	1.1.2
权贵	（名）	quánguì	4.5.2
确保	（动）	quèbǎo	2.5.3
确定	（形）	quèdìng	1.3.1
确证	（动）	quèzhèng	1.1.2
群落	（名）	qúnluò	4.4.2

R

燃料	（名）	ránliào	3.6.2
染色体	（名）	rǎnsètǐ	4.1.2 4.3.2
染色质	（名）	rǎnsèzhì	4.1.1

热力学	（名）	rèlìxué	4.2.1
热力学第一定律		rèlìxué dì-yī dìnglǜ	2.2.2
热效应		rèxiàoyìng	2.3.2 2.4.3
热学	（名）	rèxué	2.2.2
任意	（副）	rènyì	2.5.2
绒毛	（名）	róngmáo	2.3.1
容量	（名）	róngliàng	3.3.3
容纳	（动）	róngnà	3.2.1
溶剂	（名）	róngjì	3.3.1
溶解	（动）	róngjiě	2.6.3 3.4.2
溶液	（名）	róngyè	3.3.2 3.4.2 4.5.3
溶质	（名）	róngzhì	3.4.2
熔点	（名）	róngdiǎn	3.5.1 4.2.1
熔化	（动）	rónghuà	2.4.3
冗长	（形）	rǒngcháng	1.4.1
肉食性动物		ròushíxìng dòngwù	4.4.3
铷	（名）	rú	3.2.1
乳房	（名）	rǔfáng	4.6.2
软骨	（名）	ruǎngǔ	4.6.2
若干	（代）	ruògān	1.2.3

S

三角函数		sānjiǎo hánshù	1.4.2
三角学	（名）	sānjiǎoxué	1.4.2
三维	（名）	sānwéi	1.4.1
三维空间		sānwéi kōngjiān	1.4.3
三氧化硫	（名）	sānyǎnghuàliú	3.3.1
散射	（动）	sǎnshè	2.5.2
丧失	（动）	sàngshī	3.3.3
铯	（名）	sè	3.2.1

杀伤性武器		shāshāngxìng wǔqì	4.6.3
山丘	（名）	shānqiū	2.2.1
闪电	（名）	shǎndiàn	2.3.1
闪电通道		shǎndiàn tōngdào	2.3.2
膳食	（名）	shànshí	3.6.1 4.1.2
赏赐	（动）	shǎngcì	1.5.1
上皮细胞		shàngpí-xìbāo	4.2.1
上限	（名）	shàngxiàn	4.4.1
上釉		shàng yòu	3.5.1
烧杯	（名）	shāobēi	3.4.2
稍	（副）	shāo	1.3.3
少许	（形）	shǎoxǔ	3.3.2
设法	（动）	shèfǎ	4.6.2
设想	（动）	shèxiǎng	1.2.3
射	（动）	shè	2.1.3
射门	（动）	shè//mén	2.1.3
射线	（名）	shèxiàn	2.6.1 4.4.1
射影对应		shèyǐng duìyìng	1.4.1
射影几何		shèyǐng jǐhé	1.4.1
摄取	（动）	shèqǔ	4.1.2 4.4.3
摄入	（动）	shèrù	3.6.1
摄食	（动）	shèshí	4.4.3
深奥	（形）	shēn'ào	1.4.1
深化	（动）	shēnhuà	3.2.2
神妙	（形）	shénmiào	2.1.3
神通广大		shéntōng guǎngdà	2.3.1
审视	（动）	shěnshì	3.4.3
肾上腺素	（名）	shènshàngxiànsù	4.1.2
肾小管	（名）	shènxiǎoguǎn	4.2.1
渗入		shènrù	4.4.3

渗透	（动）	shèntòu	1.1.1 4.6.1
渗透压	（名）	shèntòuyā	4.1.2
生产基地		shēngchǎn jīdì	4.6.3
生成	（动）	shēngchéng	3.4.2
生化	（名）	shēnghuà	4.6.1
生理	（名）	shēnglǐ	3.6.1 4.1.1
生石灰	（名）	shēngshíhuī	3.5.1
生态因子		shēngtài yīnzǐ	4.4.2
生物碱	（名）	shēngwùjiǎn	4.6.1
生物圈	（名）	shēngwùquān	4.4.1
生物体	（名）	shēngwùtǐ	4.1.1
生物战剂		shēngwùzhànjì	4.6.3
生殖	（动）	shēngzhí	4.6.2
生殖细胞		shēngzhí xìbāo	4.3.3
声波	（名）	shēngbō	2.2.2
声称	（动）	shēngchēng	1.5.2
牲畜	（名）	shēngchù	3.6.2
圣保罗	（名）	Shèngbǎoluó	3.6.2
盛名	（名）	shèngmíng	1.5.2
失活	（动）	shīhuó	4.2.3
施	（动）	shī	3.4.1
施用	（动）	shīyòng	3.4.1
施展	（动）	shīzhǎn	3.6.2
湿气	（名）	shīqì	4.5.1
湿透		shītòu	2.3.1
石墨	（名）	shímò	2.6.3 3.3.3
时效	（名）	shíxiào	1.2.1
识别	（动）	shíbié	4.1.1
实践	（动）	shíjiàn	3.5.1
实质	（名）	shízhì	1.1.3
食腐性动物		shífǔxìng dòngwù	4.4.3
食谱	（名）	shípǔ	3.6.1
食物链	（名）	shíwùliàn	4.4.1
始终	（副）	shǐzhōng	1.3.2
事半功倍		shìbàn-gōngbèi	2.4.2
势能	（名）	shìnéng	2.2.1
视网膜	（名）	shìwǎngmó	2.5.1
试剂	（名）	shìjì	3.3.2
试图	（动）	shìtú	1.4.3
试纸	（名）	shìzhǐ	3.3.2
释放	（动）	shìfàng	2.3.2
收缩	（动）	shōusuō	2.3.2
寿命	（名）	shòumìng	3.3.3 4.3.2
受精卵	（名）	shòujīngluǎn	4.3.3 4.6.1
受力		shòu lì	2.1.2
受体	（名）	shòutǐ	4.2.1
授予	（动）	shòuyǔ	3.3.1
瘦肉	（名）	shòuròu	3.6.1
殊异	（形）	shūyì	4.2.2
输出	（动）	shūchū	2.6.3
输入	（动）	shūrù	4.4.3
属性	（名）	shǔxìng	2.4.2
薯类		shǔlèi	3.6.1
曙光	（名）	shǔguāng	2.6.2
数据	（名）	shùjù	3.6.3
数理统计		shùlǐ tǒngjì	1.6.1
数量级	（名）	shùliàngjí	2.5.1
衰变	（动）	shuāibiàn	2.6.1 3.1.1
衰减	（动）	shuāijiǎn	2.3.2 3.3.3
衰竭	（动）	shuāijié	4.4.1
衰老	（动）	shuāilǎo	4.1.2
帅气	（名）	shuàiqi	2.1.3
双分子		shuāngfēnzǐ	4.1.1
双杆菌	（名）	shuānggǎnjūn	4.5.1

水稻	（名）	shuǐdào	4.3.2
水合	（动）	shuǐhé	3.4.2
水溶性		shuǐróngxìng	4.2.1
水螅	（名）	shuǐxī	4.4.2
水系	（名）	shuǐxì	3.5.3
水银	（名）	shuǐyín	3.3.1
水蒸气	（名）	shuǐzhēngqì	4.4.3
水肿	（动）	shuǐzhǒng	4.1.2
顺理成章		shùnlǐ-chéngzhāng	1.1.3
丝线	（名）	sīxiàn	2.3.1
四面体	（名）	sìmiàntǐ	1.4.2
松香	（名）	sōngxiāng	2.3.1
宿主	（名）	sùzhǔ	4.5.1
塑料	（名）	sùliào	3.3.1
酸	（名）	suān	3.1.2
酸化	（动）	suānhuà	3.4.1
酸碱指示剂		suān jiǎn zhǐshìjì	3.3.2
酸性	（名）	suānxìng	4.5.3
随后	（副）	suíhòu	2.2.1
			1.6.1
随机	（形）	suíjī	4.2.1
			4.2.3
随意	（形）	suíyì	2.1.3
随意函数		suíyì hánshù	1.3.1
穗	（名）	suì	4.3.1
损耗	（动）	sǔnhào	2.2.1
			2.4.3
损伤	（动）	sǔnshāng	4.1.2
缩写	（名）	suōxiě	4.6.1
所谓	（形）	suǒwèi	1.3.3

T

塌落	（动）	tāluò	3.5.3
胎儿	（名）	tāi'ér	4.3.2
抬升	（动）	táishēng	2.1.2
苔藓	（名）	táixiǎn	3.3.2
			4.4.2
太阳灶	（名）	tàiyángzào	1.4.3
钛	（名）	tài	3.5.3
坍毁	（动）	tānhuǐ	2.2.3
贪得无厌		tāndé-wúyàn	1.5.3
弹簧	（名）	tánhuáng	2.2.3
弹性势能		tánxìng shìnéng	2.2.2
钽	（名）	tǎn	3.5.3
叹服	（动）	tànfú	2.5.3
炭疽杆菌		tànjū gǎnjūn	4.6.3
探索	（动）	tànsuǒ	4.1.1
碳	（名）	tàn	3.1.2
			4.4.1
碳化物	（名）	tànhuàwù	3.1.2
碳水化合物		tànshuǐ-huàhéwù	3.6.1
碳酸	（名）	tànsuān	3.1.2
碳酸钙	（名）	tànsuāngài	3.1.2
碳酸氢铵	（名）	tànsuānqīng'ǎn	3.4.1
碳酸氢钠	（名）	tànsuānqīngnà	3.1.2
碳酸盐	（名）	tànsuānyán	3.1.2
糖蛋白	（名）	tángdànbái	4.2.1
糖基	（名）	tángjī	4.2.1
糖类		tánglèi	4.1.1
糖料作物		tángliào zuòwù	3.6.2
糖尿病	（名）	tángniàobìng	4.6.2
糖原	（名）	tángyuán	4.2.2
糖脂	（名）	tángzhī	4.2.1
陶瓷	（名）	táocí	3.5.1
特定	（形）	tèdìng	4.1.1
特化	（动）	tèhuà	4.6.1
特性	（名）	tèxìng	2.4.2
特异	（形）	tèyì	4.1.2
特异性	（名）	tèyìxìng	4.6.1
特种	（形）	tèzhǒng	4.1.2
腾出		téngchū	2.1.1

词条	词性	拼音	编号
腾空	（动）	téngkōng	2.1.2
梯度	（名）	tīdù	4.4.2
提炼	（动）	tíliàn	1.3.1 / 3.5.2
提议	（动）	tíyì	1.6.2
体细胞	（名）	tǐxìbāo	4.3.3
替代	（动）	tìdài	1.1.3
天赋	（名）	tiānfù	1.5.2
天然	（形）	tiānrán	3.1.1 / 3.4.1
天庭	（名）	tiāntíng	2.3.2
添加剂	（名）	tiānjiājì	3.5.2
甜菜	（名）	tiáncài	3.6.2
甜高粱	（名）	tiángāoliang	3.6.2
调节	（动）	tiáojié	2.5.2
调控	（动）	tiáokòng	4.1.1
通风	（动）	tōng//fēng	3.1.3
同化作用		tónghuà zuòyòng	4.4.3
同位素	（名）	tóngwèisù	3.1.1
同性电		tóngxìngdiàn	2.3.1
同性相斥		tóngxìng xiāng chì	2.4.2
铜	（名）	tóng	3.6.3
统称	（名）	tǒngchēng	4.1.1
头疼	（形）	tóuténg	2.4.2
投放	（动）	tóufàng	4.6.3
投影	（动）	tóuyǐng	1.4.1
投掷	（动）	tóuzhì	2.1.1
透镜	（名）	tòujìng	2.5.2
透视	（动）	tòushì	1.4.1
凸出		tūchū	2.3.2
凸度	（名）	tūdù	2.5.2
凸透镜	（名）	tūtòujìng	2.5.2
凸型		tūxíng	4.4.2
突变	（动）	tūbiàn	4.2.3
突飞猛进		tūfēi-měngjìn	4.1.1
突破	（动）	tūpò	1.3.1
徒手	（副）	túshǒu	2.1.1
途径	（名）	tújìng	2.2.2
土壤	（名）	tǔrǎng	4.4.1
钍	（名）	tǔ	3.1.1
推动	（动）	tuīdòng	2.2.1
推断	（动）	tuīduàn	1.6.1
推进	（动）	tuījìn	1.2.1
推理	（动）	tuīlǐ	1.4.2
推力	（名）	tuīlì	2.2.1
吞噬细胞		tūnshì-xìbāo	4.2.1
脱钩	（动）	tuō//gōu	2.1.1
脱轨	（动）	tuō//guǐ	2.2.1
脱离	（动）	tuōlí	1.1.2
脱贫致富		tuōpín zhìfù	3.4.1
脱氧核糖核酸		tuōyǎng hétáng hésuān	4.1.3
脱氧剂	（名）	tuōyǎngjì	3.5.2
鸵鸟	（名）	tuóniǎo	4.1.1
椭圆	（名）	tuǒyuán	4.1.1

W

词条	词性	拼音	编号
外延	（名）	wàiyán	4.6.1
玩儿花招儿		wánr huāzhāor	1.4.3
晚霞	（名）	wǎnxiá	3.1.3
王朝	（名）	wángcháo	1.5.2
旺盛	（形）	wàngshèng	4.4.1
危及	（动）	wēijí	2.4.3
危急	（形）	wēijí	2.1.1
威力无比		wēilì wúbǐ	1.1.3
威胁	（动）	wēixié	2.5.2
微乎其微		wēihūqíwēi	3.1.1
微积分	（名）	wēijīfēn	1.1.1
微量元素		wēiliàng yuánsù	3.6.3
微米	（名）	wēimǐ	4.1.1 / 4.5.1

微生物	（名）	wēishēngwù	4.1.1 4.4.1 4.5.1
违反	（动）	wéifǎn	2.1.3
维生素	（名）	wéishēngsù	4.6.1
尾索动物		wěisuǒ dòngwù	4.6.2
纬度	（名）	wěidù	4.4.2
为民除害		wèi mín chú hài	1.5.3
未曾	（副）	wèicéng	1.5.2
未知		wèi zhī	3.5.1
胃溃疡	（名）	wèikuìyáng	4.5.3
胃黏膜	（名）	wèiniánmó	4.5.3
胃酸	（名）	wèisuān	3.1.2
胃炎	（名）	wèiyán	4.5.3
胃液	（名）	wèiyè	4.5.3
蔚蓝	（形）	wèilán	2.5.1
温和碱	（名）	wēnhéjiǎn	3.5.1
温室	（名）	wēnshì	3.4.1
文明古国		wénmíng gǔguó	1.4.2
文献	（名）	wénxiàn	1.5.1
涡流	（名）	wōliú	2.4.3
涡旋	（名）	wōxuán	2.4.3
无机	（形）	wújī	3.4.1 4.1.1
无机肥	（名）	wújīféi	3.4.1
无机物	（名）	wújīwù	3.1.2 3.3.1 4.4.3
无机盐	（名）	wújīyán	3.4.1 3.6.1 3.6.3 4.1.1
无脊椎动物		wújǐzhuī dòngwù	4.4.2 4.6.2
无可奈何		wúkěnàihé	1.3.2
无穷维解析几何		wúqióng wéi jiěxī jǐhé	1.4.1
无限集合		wúxiàn jíhé	1.1.1
无性		wú xìng	4.6.2
五彩缤纷		wǔcǎi-bīnfēn	4.5.2
戊糖	（名）	wùtáng	4.1.3
物理性质		wùlǐ xìngzhì	3.2.2 4.3.1
物种	（名）	wùzhǒng	4.3.2 4.4.2
误导	（动）	wùdǎo	2.5.3

X

息息相关		xīxī-xiāngguān	3.6.3
硒	（名）	xī	3.6.3
稀	（形）	xī	3.4.2
稀贵	（形）	xīguì	3.5.2
稀奇	（形）	xīqí	2.1.1
稀有气体		xīyǒu qìtǐ	3.1.2
稀有元素		xīyǒu yuánsù	3.2.2
锡	（名）	xī	3.6.3
席卷	（动）	xíjuǎn	4.5.2
系数	（名）	xìshù	2.6.3
细胞	（名）	xìbāo	4.1.1
细胞壁	（名）	xìbāobì	4.1.1
细胞核	（名）	xìbāohé	4.1.1
细胞膜	（名）	xìbāomó	4.1.1
细胞器	（名）	xìbāoqì	4.1.1
细胞质	（名）	xìbāozhì	4.1.1 4.3.2
细胞质基质		xìbāozhì jīzhì	4.1.1
细光束		xì guāngshù	2.2.2
细菌	（名）	xìjūn	4.1.2 4.4.3 4.5.1
下沉	（动）	xiàchén	2.1.3

词	词性	拼音	位置
下木层		xiàmùcéng	4.4.2
先天	（名）	xiāntiān	4.3.2
纤维	（名）	xiānwéi	3.3.1
纤维素	（名）	xiānwéisù	3.6.2
纤维素酶	（名）	xiānwéisùméi	3.6.2
鲜艳	（形）	xiānyàn	4.5.2
显露	（动）	xiǎnlù	1.5.2
显然	（形）	xiǎnrán	1.2.1
显示	（动）	xiǎnshì	4.3.3
显微镜	（名）	xiǎnwēijìng	4.1.1 / 4.5.1
显性	（形）	xiǎnxìng	4.2.3 / 4.3.3
现象	（名）	xiànxiàng	1.4.3
线度	（名）	xiàndù	2.5.1
线粒体	（名）	xiànlìtǐ	4.1.2
线状体	（名）	xiànzhuàngtǐ	4.3.2
限制	（动）	xiànzhì	2.2.1
腺体	（名）	xiàntǐ	4.2.2
霰粒	（名）	xiànlì	2.3.2
相对	（形）	xiāngduì	2.1.3 / 3.4.1
相对论	（名）	xiāngduìlùn	2.6.1
相反数	（名）	xiāngfǎnshù	1.1.2
相继	（副）	xiāngjì	2.4.1
镶嵌	（动）	xiāngqiàn	4.1.1
向心力	（名）	xiàngxīnlì	2.2.1
橡胶	（名）	xiàngjiāo	3.3.1 / 3.3.1
消耗	（动）	xiāohào	3.6.1 / 4.4.1
硝化	（动）	xiāohuà	4.4.3
硝酸盐	（名）	xiāosuānyán	4.4.3
硝态氮		xiāotàidàn	3.4.1
销毁	（动）	xiāohuǐ	4.5.2
小不点儿	（名）	xiǎobudiǎnr	2.5.1
效应	（名）	xiàoyìng	4.2.3
协议	（名）	xiéyì	1.6.2
斜温层		xiéwēncéng	4.4.2
携带者		xiédàizhě	4.1.3
泄漏	（动）	xièlòu	4.6.3
心旷神怡		xīnkuàng-shényí	2.5.1
心理	（名）	xīnlǐ	3.6.1
辛烷值	（名）	xīnwánzhí	3.6.2
欣喜若狂		xīnxǐ-ruòkuáng	3.3.1
锌	（名）	xīn	3.6.3
新陈代谢		xīnchén-dàixiè	4.4.3
新纪元	（名）	xīnjìyuán	3.2.2
新兴	（形）	xīnxīng	3.4.3
兴起	（动）	xīngqǐ	1.6.1
行不通		xíng bu tōng	2.1.3
行军	（动）	xíngjūn	1.2.1
行使	（动）	xíngshǐ	4.2.2
行医	（动）	xíng//yī	2.3.1
形而上学	（名）	xíng'érshàngxué	2.3.1
形象直观		xíngxiàng zhíguān	2.3.3
幸存	（动）	xìngcún	3.1.3
性激素	（名）	xìngjīsù	4.1.2
性状	（名）	xìngzhuàng	4.3.1 / 4.3.3
胸有成竹		xiōngyǒuchéngzhú	1.6.2
熊熊烈焰		xióngxióng lièyàn	3.1.3
休	（副）	xiū	1.3.2
修补	（动）	xiūbǔ	4.1.2
修复	（动）	xiūfù	4.1.2
虚浮	（形）	xūfú	1.5.1
虚脱	（动）	xūtuō	4.6.3
需求量		xūqiúliàng	3.5.3
许可	（动）	xǔkě	2.2.3

序偶	（名）	xù'ǒu	1.3.1	阳离子	（名）	yánglízǐ	3.1.2
悬浮	（动）	xuánfú	2.5.1	阳性	（名）	yángxìng	4.5.3
悬挂	（动）	xuánguà	2.3.1	养分	（名）	yǎngfèn	3.4.1
旋即	（副）	xuánjí	2.1.1	氧化	（动）	yǎnghuà	3.4.1 / 4.1.2
旋转	（动）	xuánzhuǎn	1.4.3 / 2.1.3	氧化反应		yǎnghuà fǎnyìng	3.1.3
旋转体	（名）	xuánzhuǎntǐ	2.1.3	氧化铝	（名）	yǎnghuàlǚ	3.5.2
绚丽	（形）	xuànlì	4.5.2	氧化镁	（名）	yǎnghuàměi	3.5.3
血红蛋白	（名）	xuèhóngdànbái	4.1.2	氧化膜	（名）	yǎnghuàmó	3.5.2
血红素	（名）	xuèhóngsù	4.1.2	氧化物	（名）	yǎnghuàwù	3.1.2
血浆	（名）	xuèjiāng	4.1.2	药用	（动）	yàoyòng	4.2.2
血友病	（名）	xuèyǒubìng	4.3.1	钥匙	（名）	yàoshi	3.2.1
循环	（动）	xúnhuán	2.6.3 / 3.3.3 / 4.1.2	冶炼	（动）	yěliàn	2.4.3 / 3.5.2
				叶绿素	（名）	yèlǜsù	3.4.1
Y				叶绿体	（名）	yèlǜtǐ	4.1.1
压电效应		yādiàn xiàoyìng	2.4.1	液泡	（名）	yèpào	4.1.1
牙龈	（名）	yáyín	4.6.3	一筹莫展		yīchóu-mòzhǎn	1.5.1
亚硝胺	（名）	yàxiāo'àn	4.5.3	一哄而上		yīhòng'érshàng	1.1.3
亚硝酸盐	（名）	yàxiāosuānyán	4.4.3	一时半刻		yīshí-bànkè	2.1.3
氩	（名）	yà	3.2.1	一系列		yīxìliè	3.5.3
烟熏	（动）	yānxūn	4.5.3	一言为定		yīyán-wéidìng	1.5.3
腌制	（动）	yānzhì	4.5.3	衣橱	（名）	yīchú	4.5.1
延展性		yánzhǎnxìng	3.5.2	依次	（副）	yīcì	3.2.2
严谨	（形）	yánjǐn	1.3.1	依据	（名）	yījù	2.1.3
岩石	（名）	yánshí	2.2.3	依赖	（动）	yīlài	1.3.1
岩石圈	（名）	yánshíquān	4.4.1	依然	（副）	yīrán	1.6.1
盐酸	（名）	yánsuān	3.3.2	胰岛素	（名）	yídǎosù	4.1.3 / 4.6.2
衍生物	（名）	yǎnshēngwù	3.1.2	移位	（动）	yíwèi	4.2.1
眼明手快		yǎnmíng-shǒukuài	3.1.3	遗传	（动）	yíchuán	3.3.1 / 4.1.3
演变	（动）	yǎnbiàn	2.3.1	遗传学	（名）	yíchuánxué	4.3.1
演替	（动）	yǎntì	4.4.2	遗失	（动）	yíshī	1.2.2
演绎	（动）	yǎnyì	1.4.2	乙醇	（名）	yǐchún	3.6.2
验证	（动）	yànzhèng	3.3.2	以及	（连）	yǐjí	1.3.2
阳极	（名）	yángjí	3.3.3				

词	词性	拼音	位置
以致	（连）	yǐzhì	2.2.3
异曲同工		yìqǔ-tónggōng	2.1.1
异体	（名）	yìtǐ	4.6.2
异性电		yìxìngdiàn	2.3.1
异性相引		yìxìng xiāng yǐn	2.4.2
异养生物		yìyǎng shēngwù	4.4.3
疫病	（名）	yìbìng	4.6.3
翌年	（名）	yìnián	1.5.2
逸出	（动）	yìchū	4.6.3
意味着	（动）	yìwèizhe	2.3.3
意愿	（名）	yìyuàn	4.6.1
因变量（元）	（名）	yīnbiànliàng (yuán)	1.3.1
阴极	（名）	yīnjí	3.3.3
阴离子	（名）	yīnlízǐ	3.1.2
阴影	（名）	yīnyǐng	4.6.3
音译	（动）	yīnyì	4.6.2
银杯	（名）	yínbēi	4.5.2
银箔	（名）	yínbó	2.3.1
引航	（动）	yǐnháng	1.1.1
引力	（名）	yǐnlì	2.2.1
引力势能		yǐnlì shìnéng	2.2.1
隐蔽	（动）	yǐnbì	2.1.2
隐士	（名）	yǐnshì	3.5.1
隐性	（形）	yǐnxìng	4.2.3 / 4.3.3
隐隐约约		yǐnyǐnyuēyuē	4.1.1
英里	（名）	yīnglǐ	1.2.1
营养素	（名）	yíngyǎngsù	3.6.1
影像	（名）	yǐngxiàng	4.1.1
拥抱	（动）	yōngbào	2.4.2
踊跃	（形）	yǒngyuè	1.6.3
优惠	（形）	yōuhuì	1.6.2
优先	（动）	yōuxiān	1.4.2
悠闲	（形）	yōuxián	1.3.2
由此可知		yóu cǐ kě zhī	1.2.3
油炸	（动）	yóuzhá	4.5.3
铀	（名）	yóu	2.6.2 / 3.1.1
游离	（动）	yóulí	4.4.3
有机	（形）	yǒujī	3.3.1 / 4.1.1
有机化合物		yǒujī huàhéwù	4.4.3
有机碱	（名）	yǒujījiǎn	4.1.3
有机酸	（名）	yǒujīsuān	4.6.1
有机物	（名）	yǒujīwù	3.1.2 / 3.6.3
有赖	（动）	yǒulài	4.2.2
有眉有目		yǒu méi yǒu mù	2.3.3
有向线段		yǒuxiàng xiànduàn	1.4.1
有性		yǒu xìng	4.6.2
诱发	（动）	yòufā	4.2.3
诱惑	（动）	yòuhuò	1.6.3
诱人	（形）	yòurén	4.6.2
余割	（名）	yúgē	1.4.2
余角	（名）	yújiǎo	1.1.2
余切	（名）	yúqiē	1.4.2
愚弄	（动）	yúnòng	1.5.3
育种	（动）	yùzhǒng	4.3.1
郁金香	（名）	yùjīnxiāng	4.5.2
预言	（动）	yùyán	3.2.2 / 4.6.2
御医	（名）	yùyī	2.3.1
元素	（名）	yuánsù	4.4.1
元素周期表		yuánsù zhōuqībiǎo	3.2.1
元素周期律		yuánsù zhōuqīlǜ	3.2.1
元凶	（名）	yuánxiōng	3.5.3

词	词性	拼音	编号
原核	（名）	yuánhé	4.5.1
原理	（名）	yuánlǐ	2.1.2
原料	（名）	yuánliào	3.4.3 / 3.6.2
原生动物		yuánshēng dòngwù	4.4.3 / 4.6.2
原生质	（名）	yuánshēngzhì	4.1.1
原子核	（名）	yuánzǐhé	2.6.1 / 3.1.1
原子结构		yuánzǐ jiégòu	2.6.1
原子能	（名）	yuánzǐnéng	2.6.2
原子序数		yuánzǐ xùshù	3.2.1
圆度	（名）	yuándù	2.1.3
圆弧	（名）	yuánhú	1.4.2
圆柱体	（名）	yuánzhùtǐ	2.1.3
缘故	（名）	yuángù	2.2.1
源泉	（名）	yuánquán	1.6.1
源头	（名）	yuántóu	3.4.3
远洋巨轮		yuǎnyáng jùlún	2.2.3
月岩	（名）	yuèyán	3.2.2
匀速	（名）	yúnsù	1.2.1
陨石	（名）	yǔnshí	3.2.2
孕妇	（名）	yùnfù	3.6.1
运气	（名）	yùnqì	1.6.3
运载	（动）	yùnzài	4.1.2
运转	（动）	yùnzhuǎn	2.2.3

Z

词	词性	拼音	编号
杂合子	（名）	záhézǐ	4.3.1
杂交	（动）	zájiāo	4.6.1
杂粮	（名）	záliáng	3.6.1
杂乱无章		záluàn-wúzhāng	3.2.2
杂质	（名）	zázhì	2.4.3
宰相	（名）	zǎixiàng	1.5.1
再生	（动）	zàishēng	4.2.3
在意	（动）	zài//yì	1.5.2
载荷	（名）	zàihè	2.2.3
载体	（名）	zàitǐ	2.2.2 / 3.6.1
脏器类		zàngqìlèi	3.6.1
则	（量）	zé	1.1.3
增生	（动）	zēngshēng	4.6.1
增殖	（动）	zēngzhí	2.6.3 / 4.2.3
赠送	（动）	zèngsòng	2.2.1
占领	（动）	zhànlǐng	3.2.1
战舰	（名）	zhànjiàn	3.1.3
蘸	（动）	zhàn	2.5.2
张力	（名）	zhānglì	4.2.1
掌控	（动）	zhǎngkòng	2.1.3
障碍物	（名）	zhàng'àiwù	2.5.3
着火点	（名）	zháohuǒdiǎn	3.1.3
着魔	（动）	zháo//mó	3.1.3
爪蟾	（名）	zhǎochán	4.6.2
兆	（数）	zhào	4.5.1
针眼	（名）	zhēnyǎn	3.1.1
侦破	（动）	zhēnpò	1.1.2
珍奇	（形）	zhēnqí	4.5.2
真核	（名）	zhēnhé	4.1.2 / 4.5.1 / 3.6.2
真菌	（名）	zhēnjūn	4.4.3 / 4.5.1
真相	（名）	zhēnxiàng	1.3.3
振动捣固机		zhèndòng dǎogùjī	2.2.3
振动幅度		zhèndòng fúdù	2.2.3
振动频率		zhèndòng pínlǜ	2.2.3
振动式粉碎机		zhèndòngshì fěnsuìjī	2.2.3
振动式压路机		zhèndòngshì yālùjī	2.2.3
振幅	（名）	zhènfú	2.2.3

词	词性	拼音	位置
振源	（名）	zhènyuán	2.2.3
震动	（动）	zhèndòng	2.3.1
震惊	（动）	zhènjīng	3.5.3
争先恐后		zhēngxiān-kǒnghòu	2.1.1
争执	（动）	zhēngzhí	1.6.2
蒸发	（动）	zhēngfā	4.4.3
蒸馏	（动）	zhēngliú	3.1.2
蒸汽	（名）	zhēngqì	2.1.1
蒸腾作用		zhēngténg-zuòyòng	4.4.3
拯救	（动）	zhěngjiù	2.5.2
整数	（名）	zhěngshù	1.5.2
整形	（动）	zhěngxíng	4.6.2
正比	（名）	zhèngbǐ	2.5.1
正电荷	（名）	zhèngdiànhè	2.3.2
正电子	（名）	zhèngdiànzǐ	3.1.1
正割	（名）	zhènggē	1.4.2
正切	（名）	zhèngqiē	1.4.2
正弦表	（名）	zhèngxiánbiǎo	1.4.2
支撑	（动）	zhīchēng	2.1.2
支架	（名）	zhījià	2.1.2
肢体	（名）	zhītǐ	2.1.2
脂肪酶	（名）	zhīfángméi	4.2.2
脂肪酸	（名）	zhīfángsuān	3.6.1
脂类		zhīlèi	3.6.3
脂溶性		zhīróngxìng	3.6.1 4.2.1
脂质	（名）	zhīzhì	4.2.1
执行	（动）	zhíxíng	3.1.3
直角	（名）	zhíjiǎo	1.1.2
直角圆锥曲线		zhíjiǎo yuánzhuī qūxiàn	1.4.3
直接证法		zhíjiē zhèngfǎ	1.1.3
直径	（名）	zhíjìng	2.5.2 4.1.1
值域	（名）	zhíyù	1.3.1
植皮	（动）	zhípí	4.6.2
植食性动物		zhíshíxìng dòngwù	4.4.3
植株	（名）	zhízhū	4.3.1
纸屑	（名）	zhǐxiè	2.3.1
指示	（动）	zhǐshì	2.4.2
指数	（名）	zhǐshù	1.3.3
制动	（动）	zhìdòng	2.2.1
制品	（名）	zhìpǐn	3.5.1
治本	（动）	zhìběn	3.4.3
治标	（动）	zhìbiāo	3.4.3
治理	（动）	zhìlǐ	3.1.2
质能公式		zhìnéng gōngshì	2.6.2
质能关系		zhìnéng guānxi	2.2.2
质体	（名）	zhìtǐ	4.1.2
质子	（名）	zhìzǐ	2.6.1 3.1.1
致癌剂	（名）	zhì'áijì	4.2.3
致密	（形）	zhìmì	3.5.2
致命	（动）	zhìmìng	1.2.1 4.6.3
智慧	（名）	zhìhuì	1.5.1
智力	（名）	zhìlì	4.3.2
中和	（动）	zhōnghé	3.1.2 4.5.3
中间体	（名）	zhōngjiāntǐ	3.4.3
中介	（名）	zhōngjiè	2.6.1
中微子	（名）	zhōngwēizǐ	3.1.1
中止	（动）	zhōngzhǐ	1.6.1
中子	（名）	zhōngzǐ	2.6.1 3.1.1
忠诚	（形）	zhōngchéng	3.1.3
种群	（名）	zhǒngqún	4.4.2
中奖	（动）	zhòng//jiǎng	1.6.3
重核裂变		zhònghé lièbiàn	2.6.2

重金属	（名）	zhòngjīnshǔ	3.3.1
重离子	（名）	zhònglízǐ	3.2.2
重力	（名）	zhònglì	2.1.2
重水	（名）	zhòngshuǐ	2.6.3
重子	（名）	zhòngzǐ	2.6.1
周期性		zhōuqīxìng	2.2.3 3.2.1
轴	（名）	zhóu	1.4.3
侏儒症	（名）	zhūrúzhèng	4.6.2
株型	（名）	zhūxíng	4.3.1
诸如	（动）	zhūrú	3.4.1
逐条		zhú tiáo	2.3.3
逐一	（副）	zhúyī	1.1.2
逐一而论		zhúyī'érlùn	3.5.2
主罚	（动）	zhǔfá	2.1.3
主教	（名）	zhǔjiào	2.3.1
主轴	（名）	zhǔzhóu	2.2.3
主族	（名）	zhǔzú	3.2.1
伫立	（动）	zhùlì	3.1.3
注射器	（名）	zhùshèqì	4.6.2
贮运	（动）	zhùyùn	3.4.1
驻波	（名）	zhùbō	2.2.2
蛀	（动）	zhù	3.5.2
铸成		zhùchéng	3.5.3
专用术语		zhuānyòng shùyǔ	2.3.1
转化	（动）	zhuǎnhuà	2.2.1
转弯	（动）	zhuǎn//wān	2.2.1
转移	（动）	zhuǎnyí	2.1.2
转炉	（名）	zhuànlú	3.5.3
装置	（动）	zhuāngzhì	2.3.1
撞击	（动）	zhuàngjī	2.2.3
追溯	（动）	zhuīsù	2.3.3
坠入		zhuìrù	2.2.3
卓越	（形）	zhuóyuè	3.3.1
灼	（动）	zhuó	2.5.2
琢磨	（动）	zhuómó	2.5.2
孜孜不倦		zīzī-bùjuàn	3.3.1
子代	（名）	zǐdài	4.3.1
子宫	（名）	zǐgōng	4.6.3
子集	（名）	zǐjí	1.1.2
自爆	（动）	zìbào	2.4.1
自变量（元）	（名）	zìbiànliàng (yuán)	1.3.1
自然	（副）	zìrán	1.3.2
自养生物		zìyǎng shēngwù	4.4.3
宗师	（名）	zōngshī	1.5.1
棕色	（名）	zōngsè	4.3.3
纵坐标	（名）	zòngzuòbiāo	1.3.1
走样	（动）	zǒu//yàng	2.5.2
足以	（动）	zúyǐ	1.1.3
阻力	（名）	zǔlì	2.1.1
组织	（名）	zǔzhī	4.1.2
组织液	（名）	zǔzhīyè	4.1.2
作案	（动）	zuò'àn	1.1.2
作物	（名）	zuòwù	3.4.1
作用力	（名）	zuòyònglì	2.1.2
坐标	（名）	zuòbiāo	1.4.1 4.4.2